ANTONIN ARTAUD, *Auto-Retrato* (Col. Florence Loeb).

Artaud e o Teatro

Coleção Estudos
Dirigida por J. Guinsburg

Equipe de Realização – Tradução: Carlos Eugênio Marcondes Moura; Revisão de Texto: J. Guinsburg; Revisão de Provas: Plínio Martins Filho; Produção: Ricardo W. Neves e Raquel Fernandes Abranches.

Alain Virmaux

ARTAUD E O TEATRO

PERSPECTIVA

Título do original em francês
Antonin Artaud et le théâtre

Copyright © Éditions Seghers, Paris, 1970

Dados Internacionais de Catalogação na Publicação (CIP)
(Câmara Brasileira do Livro, SP, Brasil)

Virmaux, Alain
    Artaud e o teatro / Alain Virmaux ; [tradução
Carlos Eugênio Marcondes Moura]. -- São Paulo :
Perspectiva, 2009. -- (Coleção estudos ; 58 /
coordenador J. Guinsburg)

    Título original: Antonin Artaud et le théâtre
    3º reimpr. da 2. ed. de 1990.
    Bibliografia
    ISBN 978-85-273-0221-0

    1. Artaud, Antonin, 1896-1948 - Crítica e
interpretação 2. Arte dramática 3. Teatro 4. Teatro
- História e crítica I. Guinsburg, J. II. Título.
III. Série.

09-02271   CDD-792

Índices para catálogo sistemático:
1. Arte dramática : Teatro 792
2. Espetáculos teatrais 792
3. Teatro : Artes da representação 792

2ª edição – 3ª reimpressão

Direitos reservados em língua portuguesa à
EDITORA PERSPECTIVA S.A.

Av. Brigadeiro Luís Antônio, 3025
01401-000 – São Paulo – SP – Brasil
Telefax: (0--11) 3885-8388
www.editoraperspectiva.com.br

2009

Sumário

PREÂMBULO... 1

    Falar de Artaud 1
    A Máscara do Mito 3
    Teatro ou Poesia 4

1. DA EXIGÊNCIA DO TEATRO AO HOMEM-TEATRO 9

O Sofrimento 9
O Teatro: Uma Exigência e uma Necessidade 12
    Um conflito interior permanente 12
    Uma necessidade de comunicação 13
    Uma ânsia de unidade 14
    Um instrumento de ação sobre o mundo 15
Pontos de Referência Biobibliográficos................................. 16
Permanência Efetiva da Teatralidade..................................... 17
    Toda uma obra sob o signo do teatro 18
    A dramatização da palavra 19
    Uma forma permanente de expressão dramática: a correspondência 20
    A obsessão dualista 23
    Um comportamento teatralizado 24
    O homem-teatro 25

2. DA CONDENAÇÃO DO TEATRO OCIDENTAL À REIVINDICAÇÃO DE UM TEATRO MÁGICO E CRUEL 35

Grandes Linhas Provisórias 35
Primeiras Aproximações de uma Visão Teatral 37
    Uma Prática Evidente do Teatro 39
    Dados Permanentes do Projeto de Artaud 42
    A crueldade 42
    O duplo 44
    O transe 46
    As Obsessões: Temas e Procedimentos 49
    O incesto 49
    A roda 51
    Os manequins 53
    As dissonâncias 55
    A atualidade 57
Evoluções e Variações 61
    A atitude social 62
    O julgamento de si 64
    O emprego das máquinas 66
    A encenação 68
    O lugar cênico 70
    O acaso 72
    O Drama das Palavras 76
    As metáforas 77
    A tentação do estilo e sua superação 79
    A luta contra a palavra: etapas e resultados 84
    A desintegração da palavra 89

3. DOS INTERCESSORES AOS APARENTADOS 113

Uma Dinastia Espiritual 113
Inspiradores dos Séculos Passados 115
    Artaud e Sêneca 116
    Artaud, Shakespeare e os elisabetanos 119
Artaud e o Século XIX Alemão 121
    Artaud e Büchner 121
    Artaud, Kleist e Hölderlin 123
    Artaud e Nietzsche 124
    Dramaturgos Próximos 126
    Artaud e Strindberg 126

Artaud e Jarry 128
Artaud e Pirandello 132
Grandes Correntes do Pensamento Revolucionário 134
Artaud e o futurismo 134
Artaud e Dadá 136
Artaud, o surrealismo e o "grand jeu" 139
Teóricos do Teatro Contemporâneo 141
Artaud, Appia e Craig 141
Artaud e os teóricos alemães e russos. O caso Brecht 146
Artaud, Copeau e o Cartel 150
Convergências de Toda Espécie: Sua Riqueza e seus Limites 156
Artaud e os pintores 158
Artaud e os músicos 159

4. DOS FRACASSOS PROVISÓRIOS ÀS RESISTÊNCIAS DURADOURAS 175
Os Fracassos: Seu Caráter Permanente e Inelutável 175
O ator de teatro 176
O homem de cinema 177
O organizador e o animador de teatro 180
O autor e o encenador 182
A ação sobre o espectador 184
Os Fracassos: Significação e Superação 186
Curvas e paralelas do fracasso e da depuração das realizações 187
Curvas cruzadas do fracasso e da implantação em profundidade 189
Resistência e Objeções: Sua Admissibilidade e seus Limites . 191
Objeção histórica 192
Objeção da ambigüidade 194
Objeções às carências e à falências 195
A carência revolucionária 196
A carência poética 198
A falência 198
Objeção ao idealismo ou ao desconhecimento do público 199

5. DAS REPERCUSSÕES IMEDIATAS À FECUNDIDADE PÓSTUMA 219
A Extensão de uma Irradiação 219
Influências Imediatas: Os Contemporâneos 220

Roger Vitrac e o teatro do incêndio 220
O teatro de virulência 222
Sylvain Itkine, Jean-Louis Barrault, Roger Blin,
Jean Vilar 223
Ionesco e Beckett 226
Adamov, Ghelderode, Tardieu, Vauthier, Genêt,
Pichette e o teatro da ruptura 226
Correntes Atuais: Filhos ou Herdeiros de Artaud? 234
O happening 235
Marc'O, Jack Gelber, o psicodrama e o teatro americano 239
Peter Brook 242
O Living-Theatre 245
O teatro-laboratório de Jerzy Grotowski 249
Uma Nova Geração: Ler ou Viver Artaud? 254
Abordagens metódicas de Artaud 255
Uma etapa decisiva: viver Artaud 256
Artaud e a revolução através do teatro 259
Além do teatro: o lugar de Artaud na criação de hoje 263
CONCLUSÃO: UM TEATRO IMPOSSÍVEL? 297
DOSSIÊ
LISTAS-REPERTÓRIO 297
TEXTOS DE ANTONIN ARTAUD 305
  Cartas Inéditas 305
  Textos Raros 313
  Notas da Encenação de Antonin Artaud para *Os Cenci* 336
TEXTOS SOBRE ARTAUD 355
  Textos Inéditos 355
  Três Textos Maiores 361
  Documento 376
  BIBLIOGRAFIA 379

Para Odette

AGRADECIMENTOS

Agradecemos, pela contribuição essencial que deu à realização deste livro, a Mlle Rose-Marie Moudouès, secretária geral da Société d'Histoire du Théâtre.

Agradecemos igualmente a: Mmes Pierre Albert-Birot, Tania Balachova, Maria Casarès, Marie-Anne Colson-Malleville, Anie Faure, François Guérin, Jacqueline Hopstein, Florence Loeb, Marie-Ange Malausséma, Evangeline Peillon, Suzanne Tézenas; MM. André Almiro, Lucien Arnaud, Robert Aron, Pierre Asso, Jean-Louis Barrault, Henri Béhar, Raymond Bernard, Roger Blin, Julien Bertheau, Raymond Chirat, Alain Cuny, Pierre Estoppey, Jean-Pierre Faye, André Frank, Pierre Frilay, Henri Gouhier, Pierre Jean Jouve, Marcel L'Herbier, Robert Maguire, Pierre Moreau, Jacques Robichez, André Veinstein; M. François Chapon e à Bibliothèque Jacques Doucet, ao Gabinet des Estampes de la Bibliothèque Nationale, ao Centre de Recherche pour un Trésor de la Langue Française, C.N.R.S. Nancy, às Editions Gallimard, à Phonothèque da O.R.T.F.

Expressamos nossa particular gratidão a Mme Paule Thévenin *pelo apoio constante que nos proporcionou.*

SISTEMA DE ABREVIATURAS

A freqüência das remessas às *Obras Completas* de Artaud (Gallimard), bem como a textos maiores ainda não coletados nas *O.C.*, tornou necessária uma designação simplificada das referências. Ler-se-á portanto:
— IV 98 por *Obras Completas*, tomo IV, p. 98.
— Re. I 107 por *Obras Completas*, tomo I (nova edição 1970), p. 107.
— Su. I 83 por *Obras Completas*, suplemento ao tomo I (1970), p. 83.
— *Tar* 59 por *Os Tarahumaras*, reedição 1963 (Marc Barbezat, L'Arbalète), p. 59.
— *V.G.* 15 por *Van Gogh, o Suicida da Sociedade* (ed. K, 1947), p. 15.
— *Jug.* 27 por *Para Livrar-se do Julgamento de Deus* (ed. K, 1948), p. 27.

No âmbito das *O.C.*, os textos citados mais amiúde serão designados da seguinte maneira:
— *Duplo: O Teatro e seu Duplo.*
— *Bali:* "Sobre o Teatro Balinês".
— *Para Acabar:* Para acabar com as obras-primas.
— *Crueldade I:* "O Teatro da Crueldade" (Primeiro Manifesto).
— *Serafim:* "O Teatro de Serafim".

Enfim, pela freqüência com que são mencionados, dois números especiais de revistas exigiram uma abreviatura específica:
— *R.B. 22* (*Cahiers Renaud-Barrault*, maio 1958, n. 22-23).
— *R.B. 69* (reedição parcial e completa do mesmo caderno, 1969).
— *T.Q. 20* (*Tel Quel*, inverno 1965, n. 20).

Artaud e o Teatro

Preâmbulo

FALAR DE ARTAUD

"Ainda não somos capazes de dar a atenção devida ao destino de Artaud", escrevia Maurice Blanchot há cerca de dez anos (R.B. 22, p.60). Poderíamos fazê-lo hoje? A primeira década que sucedeu à sua morte foi a das tempestades e das paixões inflamadas[1]. Finda essa época, o tempo do fervor parece ter-se instaurado. Durante muito tempo falou-se de Artaud no presente; ele, então, era objeto de controvérsias. Mas eis que se fala dele no passado: agora ele é aceito. Destinaram-lhe um lugar em um Panteão de onde seu grito chega até nós abafado. Compreende-se que essa mutação aflija um pouco aqueles que se acercaram de Artaud vivo. É que agora ele surge classificado, amalgamado, integrado, quase "canonizado", segundo a expressão de Alain Vian[a]. "A juventude há de considerar eternamente como seu esse estandarte calcinado", dizia André Breton[b], e a profecia está hoje concretizada.

Apoteose derrisória, ou mesmo revoltante? Que uma sociedade, tendo rejeitado do seu seio o poeta vivo porque ele a

---

a. Palavra pronunciada por Alain Vian, irmão de Boris, no filme de JACQUES BARATIER, *A Desordem tem Vinte Anos,* 1967, diálogo do filme publicado em *L'Avant-Scène Cinéma,* n. 75, nov. 1967.

b. A. Breton, número especial — Artaud em *A Torre do Fogo,* n. 63--64, dez. 1959, p. 5.

incomodava, tente recuperá-lo tardiamente, para digerir comodamente uma obra doravante fechada sobre si mesma, para suprimir sua virulência, injetando-lhe em doses maciças os "tranqüilizantes" (análise, fichamento, inserção no emaranhado devidamente catalogado das correntes e das doutrinas) que a desvirtuarão ao congelá-la, enfim, numa imobilidade inofensiva — eis aí uma empresa sem dúvida banal, mas que pode provocar indignação. Não nos surpreende o fato de alguns amigos de Artaud sentirem-se tentados a substituí-lo, na ausência dele, a fim de recusar a insultante investidura outorgada pela sociedade oficial e burguesa. Daí, em alguns, uma atitude de mutismo ou de obstrução "contra os *voyeurs* e os idiotas" (Roger Blin). Artaud não era um morto qualquer; uma fidelidade intransigente à sua memória parecia impor essa recusa de homenagens de encomenda.

Com sua costumeira violência o próprio Artaud tinha denunciado o culto prestado pela sociedade ao artista que ela matou: *Os mesmos que em tantas ocasiões puseram a nu e à vista de todos suas almas de porcos vis, desfilam agora diante de Van Gogh, a quem, em vida, eles próprios ou seus pais e mães achincalharam acintosamente* (V.G. 71). Mas ao mesmo tempo em que fulmina essa duplicidade da sociedade, Artaud aceita a tentativa de reabilitação póstuma, na convicção de que no fundo dessa ignomínia jaz um elemento de eficácia, benéfica, apesar de tudo. *Uma exposição de quadros de Van Gogh é sempre uma data na história,* enfatiza, comparando a força dessa obra, *reinserida enfim na atualidade corrente e recolocada em circulação,* àquela que é desencadeada pela fome, por uma epidemia, uma erupção vulcânica, um terremoto ou uma guerra (V.G. 24).

Prova decisiva[2]: o culto que com tão boa vontade se presta aos artistas malditos só parece chocante porque acontece quase sempre *a posteriori*. O que é escandaloso é a atitude social em relação ao vivo, não a consideração que enfim se dispensa à obra do morto. Pois essa consideração é o sinal de que sua voz foi ouvida, após ter sido abafada durante muito tempo. É uma ressurreição vitoriosa, onde se denuncia enfaticamente a virtude de uma obra, até nas suas falhas e impurezas. Para se chegar a isso, foi necessário, segundo as palavras de Baudelaire, "possuir uma força de ataque maior do que a força de resistência desenvolvida por milhões de indivíduos"[a]. Foi necessária também a morte do artista. "É verdade que Baudelaire, Lautréamont, Rimbaud e tantos outros poetas tiveram de pagar com sua morte o direito de sobreviver na consciência dos homens. Será crível que, nos tempos que

---

[a]. BAUDELAIRE, *Diários Íntimos*, "Fusées", IX; Cf. *Obras Completas*, Pléiade, 1956, ed. Y.G. Le Dantec, p. 1193.

correm, uma dupla morte seja necessária — a do poeta e a de sua época — para que essa consciência se manifeste sob a forma de uma tardia reabilitação?" (Tristan Tzara). Tudo ocorre, efetivamente, como se esse duplo desaparecimento fosse em parte necessário. Ao que tudo indica, dispomos hoje das condições para que possamos falar de Artaud. "Aqueles que vivem, vivem dos mortos"[a].

A MÁSCARA DO MITO

A distância no tempo permite, portanto, falar de Antonin Artaud. Mas não de modo totalmente livre, porque um novo obstáculo interpõe-se agora entre ele e nós: o mito. Se Etiemble pôde outrora descrever e denunciar o mito de Rimbaud, é provavelmente porque a força desse mito declinava. E também porque foi substituído no exato momento pelo mito crescente de Artaud. Tal comparação não é apenas formal. A tese de uma estreita relação entre as duas obras pôde ser levantada: "Da *Carta do Vidente* à *Carta à Vidente* e de *Uma Temporada no Inferno* às *Cartas de Rodez,* segue-se uma linha inexorável", afirmava em 1948 um crítico anônimo, que frisava, ademais, que o nome de *Artaud* era "formado pela contração, ou mesmo copulação, do de *Art*hur Rim*baud*"[b]. Um detalhe desse tipo nos dá a impressão de assistir diretamente ao processo de "mitificação": vê-se o mito tomar corpo[3]. Temos aí matéria para uma verdadeira pesquisa sociológica.

Na verdade, a progressão não foi linear. Num primeiro momento, uma lenda nasce, afirma-se, nutre-se de todas as contribuições. Logo após a morte de Artaud, ocorreu um estranho fenômeno: o desencadear de homenagens, polêmicas, folhetos, comitês, discussões e processos. Esse alvoroço e a interminável crônica do "caso Artaud" suscitaram a lenda e ajudaram-na desde logo a se implantar melhor. Ela aproveitou-se inclusive dos apelos à serenidade e das confessadas tentativas de "desmitificação". O desenvolvimento irresistível do mito procedia, portanto, de um evidente fenômeno de aglutinação.

Hoje, como já indicamos, o mito tomou uma forma nova. Deixou de ser contestado e de crescer por causa dessa contestação. Estabeleceu desde então os seus próprios fundamentos. Agora, todos citam Artaud e valem-se dele. Revistas

---

a. "Alienação e Magia Negra", em *Artaud o Momo,* Bordas, 1947, p. 56.

b. Texto assinado "O Alquimista"; número especial Artaud, da revista *K,* n. 1-2, 1948; citado por ETIEMBLE em *Rimbaud,* obra coletiva, col. Génies et Réalités, Hachette, 1968.

literárias e programas de teatro invocam constantemente seu nome. Chega-se até a atribuir-lhe obras que jamais foram suas [4]. Ele serve, enfim, de respaldo a diversos exageros. É tamanho o entusiasmo que não há mais necessidade de qualquer estimulante exterior. O mito vive e resplandece graças a seu próprio dinamismo. Paralelamente, a revelação progressiva das *Obras Completas* conquista para Artaud uma audiência que continua a se expandir. Mas talvez não esteja distante o momento em que o conhecimento aprofundado da obra e de sua complexidade decrescerá, à medida que o mito suscitar novos adeptos. No limite extremo. Chegaremos àquilo que constitui o fim último dos mitos e sua forma perfeita: a veneração unânime de um nome e a ignorância unânime do que ele recobre. O mito de Artaud não se fez ainda, mas corre o risco de tornar-se um dia apenas a subsistência do nome de Artaud.

Em lugar dessa forma derradeira, existe atualmente uma espécie de "aura" ao redor da fisionomia terrível que as últimas fotografias revelam. "Nossa posição foi a de evitá-lo; raramente saímos vencedores dos mitos", escreve Robert Maguire [a]. Não podemos, com efeito, nem combatê-los, nem ignorá-los. Quando muito podemos descrevê-los ou tentar explicá-los. Artaud, atualmente, é inseparável do mito de Artaud. Nossa pesquisa não tentará negar uma lenda que se tornou parte integrante da própria fisionomia. Sobretudo porque ela tem sua origem, em parte, naquilo tudo que era considerado como teatral na personalidade de Artaud, e que encontra, hoje, um campo de ação privilegiado entre os jovens animadores que pretendem reconstruir o teatro contemporâneo. O mito de Artaud é sobretudo o do homem-teatro, e é principalmente no universo do teatro que ele desabrochou.

TEATRO OU POESIA?

Resta levantar uma última preliminar. Poderemos escrever um dia sobre Artaud e o teatro? Mais precisamente: teremos o direito de isolar o homem de teatro e o "teórico" da Crueldade de todos os outros Artaud: o desenhista, o viajante, o poeta, o autor de *Heliogábalo*, da *Correspondência com Jacques Rivière*, das *Cartas de Rodez*, etc.? É sempre aberrante dissociar, pelas necessidades de um estudo, as obras de um mesmo criador; e isso não é ainda mais inconcebível no caso de Artaud, cuja obra inteira e cuja vida formam um todo inextricavelmente ligado? Falar de Artaud tendo em vista apenas aquilo que nele concerne ao teatro, é mutilá-lo, é

---

[a]. R. MAGUIRE, *Le Hors-Théâtre*, Paris, 1960, p. 403. Tese datilografada.

desnaturar seu grito, é, enfim, nada compreender de sua obra. Não há, quanto a ele, estudo válido que não seja global.

Objeção fundamental: podemos contestá-la em nome de um pragmatismo fácil, mas com a condição de logo ultrapassar essa reação empírica. Lembraríamos, assim, que o renome de Artaud e o desenvolvimento do "mito" foram assegurados principalmente pelos escritos sobre o teatro. Frisaríamos que se toda uma geração de animadores recorre hoje a Artaud — mesmo que seja abusivametne — isso obriga a privilegiar o papel desses escritos, e mais acentuadamente de *O Teatro e seu Duplo*. Em suma, mostraríamos que foi criado um estado de fato, que pode ser combatido, mas que seria absurdo pretender negar: vinte anos após a morte de Artaud, a posteridade operou em sua obra impetuosa uma simplificação sem dúvida lastimável, da qual ele ressurge com a dignidade de doutrinador de teatro, que outrora lhe fora recusada. Imagem falsificada, mas com a qual deveremos nos conformar, pois não saberíamos modificá-la, sem antes conhecê-la, e sem levar em consideração a sua presença.

Feita esta advertência necessária, constatemos que a objeção permanece intacta e que é preciso ir mais além. Em relação a Artaud, falar apenas de teatro seria empobrecê-lo e deformá-lo. Não é viável enxergar nele um especialista do teatro, como se o teatro tivesse sido em suas mãos uma "especialidade" entre outras, que ele tivesse exercido esporadicamente, como homem superiormente dotado, ao modo de Cocteau: "Será necessário esclarecer agora que, apesar da imensa influência que elas exerceram e continuam a exercer sobre a arte dramática contemporânea, as idéias contidas em *O Teatro e seu Duplo* não constituem a bem dizer uma teoria? Bem menos que uma reflexão sobre o teatro, elas constituem a expressão de uma revolta constrangida por sua origem ao desvendamento brutal das aparências", diz pertinentemente Marthe Robert (*R.B.* 22, p. 57 e *R.B.* 69, p. 44). Começamos a pressentir que o teatro, para Artaud, é certamente muito mais do que o teatro. Será portanto tentador seguirmos Maurice Blanchot quando escreve sobre *O Teatro e seu Duplo* que "é precisamente uma Arte Poética. Reconheço que ele fala aí do teatro, mas o que está em jogo é a exigência da poesia, que só pode se consumar recusando os gêneros limitados e afirmando uma linguagem mais original (...) Não se trata mais, então, apenas do espaço real que o palco nos apresenta, mas de um *outro* espaço"[a].

Uma Arte Poética? Se aceitarmos essa definição, torna-se absurdo continuar acreditando que se possa escrever sobre

---

[a]. M. BLANCHOT, "A Cruel Razão Poética", em *Artaud e o Teatro de Nosso Tempo*. Citado por P. THÉVENIN e por J. DERRIDA, em *T.Q.*,

Artaud e sobre o teatro. Mas além da simples questão de palavras, se fosse o teatro a coisa primordial, e não a poesia? É essa a interpretação de Jacques Derrida[5], que contesta a análise de Maurice Blanchot e afirma com vigor a primazia do teatro sobre a poesia no pensamento de Artaud: "Só o teatro é arte total onde se produz, além da poesia, a música e a dança, a ressurreição do próprio corpo" (*T.Q. 20*, p. 65, n. 17). Fique bem claro que isso não simplifica nossa tarefa, levando-se em conta que "falar das teorias de Antonin Artaud conduz a um estudo ponderado de toda a sua obra" (P. Thévenin, *T.Q. 20*, p. 39). Simplesmente torna-se concebível tratar o teatro como o pivô central: é isso que resume a obra e a personalidade de Artaud, que surge como o homem transformado no próprio teatro, esse homem-teatro de que falou Jean-Louis Barrault. A vocação teatral, efetivamente, merece ser considerada essencial no caso de Artaud; todos os seus atos, todos os seus escritos, mesmo aqueles que não pertençam diretamente à teoria e prática do teatro, podem ser considerados como provenientes dessa preocupação fundamental. *Heliogábalo,* por exemplo, pode ser facilmente definido como "um episódio do Teatro da Crueldade"[a] , fórmula cuja correção importa agora precisar.

Nas páginas seguintes procuraremos, com efeito, confirmar a posição adotada aqui, e tentaremos mostrar que toda a obra e a vida inteira estão, assim, colocadas sob o signo da teatralidade. No limiar desta investigação, a objeção maior repousava na ilegitimidade de uma dissociação entre escritos teatrais e não teatrais. Objeção superada, na hipótese de que toda a produção de Artaud dimane efetivamente do teatro. Talvez o teatro não seja a única chave que permita chegar ao seu universo mental; será para nós, ao menos, uma chave decisiva.

20, pp. 39-40 e pp. 65-66. Texto reproduzido na íntegra em *Diálogo Infinito,* Gallimard, 1969.

a . Do texto publicitário escolhido para divulgar o tomo 7 das *O.C.*, Gallimard, contendo *Heliogábalo.*

Notas ao Preâmbulo

1. Os que se interessam pelos detalhes relativos a essas disputas — pois nada que diz respeito a Artaud, mesmo a pequena história póstuma, é desprovido de significação — poderão se reportar aos dois números especiais da revista *La Tour de Feu*, dezembro de 1959 e abril de 1961.

2. É curioso sublinhar que o *Van Gogh* de Artaud é o único de seus escritos que lhe valeu louros e uma consagração: o prêmio Sainte-Beuve em 1947.

3. Somos tentados a englobar neste fenômeno de "mitificação" as diversas glosas relativas ao fato de que Artaud não morreu deitado. O que nos remete à gesta dos heróis que morrem de pé (Tarass Boulba, Cyrano...).

4. Ver a esse respeito a carta de David Rattray publicada em *Le Monde* de 19.2.1966: "Uma falsa imagem de Artaud nos Estados Unidos".

5. É interessante reproduzir *in-extenso* a nota de J. Derrida: "É porque a poesia como tal permanece aos olhos de Artaud uma arte abstrata, quer se trate de palavra ou de escritura poética. Somente o teatro é arte total onde advém, além da poesia, a música e a dança, o surgimento do próprio corpo. Desta forma é o pensamento de Artaud em seu eixo central que nos escapa quando vemos nele *antes de mais nada* um poeta. Salvo, evidentemente, se fizermos da poesia um gênero ilimitado, isto é, o teatro com seu espaço real. Até onde poderemos seguir M. Blanchot quando ele nos diz: 'Artaud nos deixou um documento maior, que nada mais é do que uma Arte poética. Reconheço que aí ele fala do teatro, mas o que está em causa é a exigência da poesia de uma tal forma que ela poderá se realizar somente recusando os gêneros limitados e afirmando uma linguagem mais original... então não se trata mais somente do espaço real que o palco nos apresenta, mas de um *outro espaço*...'? Até que ponto temos o direito de acrescentar entre aspas 'poesia' quando citamos uma frase de Artaud definindo 'uma idéia maior do teatro'"? (cf. *A Cruel Razão Poética*, p. 69). Cf. *T.Q. 20*, p. 65, nota 17.

1. Da Exigência do Teatro ao Homem-Teatro

O SOFRIMENTO

Fale-se ou não de teatro, em Artaud tudo começa pelo sofrimento. É o coeficiente invariável que é preciso colocar na base de todo estudo concernente a ele, sob pena de contra-senso. "Na obra de Antonin Artaud, desde seus princípios até o seu final, há uma persistente continuidade", escrevia Tristan Tzara, "é a da dor corpórea projetada sobre a vida mental"[a]. Sua existência é balizada por tratamentos, curas diversas, múltiplas temporadas em clínicas, em casas de saúde, em sanatórios. Desde a meningite da qual escapa, por pouco, aos cinco anos[b] até ao câncer no reto, que finalmente o levou[c], ele foi como que um predestinado à doença. Entrementes, nenhuma época de sua vida escapa totalmente ao mal. Esse mal tem várias facetas, mas para Artaud tudo se reduzirá ao Mal único, ao sofrimento único de existir.

Sofrimento muito agudo, entrecortado por raros intervalos, atestados por diversas cartas. Mas como Artaud deu importância fundamental — e especialmente nessa *Correspondência com Jacques Revière,* que esclarece toda sua obra

---

a. TRISTAN TZARA, *As Cartas Francesas,* n. 201, 25.3.1948.
b. M.A. MALAUSSÉNA, *A Torre do Fogo,* n. 65-64, dez. 1959, p. 79.
c. P. THÉVENIN, em *T.Q.,* 20, p. 33.

futura — à impotência criadora que lhe provinha de seu mal, ficou um pouco esquecida a noção de que esse mal era também e em primeiro lugar físico. Março de 1929: *A horrível compressão da cabeça e do alto da coluna vertebral, o peito opresso, as visões de sangue e de morte, os torpores, as fraquezas sem nome, o horror geral em que me encontro mergulhado com um espírito no fundo intacto, tornam inútil esse espírito* (III, 125). Julho de 1930: *A opressão sobre a nuca é sempre arrasadora, cada vez que pretendo me pôr a trabalhar* (III, 192). Janeiro de 1932: *Minhas lutas não são as de um cérebro que vai bem* (III, 269). Constatação sempre retomada, apenas mais insistente nas cartas aos médicos [a].

E por certo, mesmo nas cartas a Rivière (1923-1924), encontra-se menção à dor física: ... *eu sofro, não somente no espírito, mas na carne e na minha alma de todos os dias* (I, 39 e Re. I, 50), mas nisto Artaud não insiste, preocupado sobretudo em fazer o interlocutor compreender *o desmoronamento central da alma, essa espécie de erosão, essencial e ao mesmo tempo fugaz, do pensamento* (I, 25 e Re. I, 35). Ele voltará a tratar várias vezes desse fenômeno, e a descrição quase clínica, ou ao menos serena e metódica, que dele fazia a Rivière transformar-se-á pouco a pouco numa espécie de lamento obsedante em que o físico e o mental não mais se dissociam: *Sempre senti essa desordem do espírito, esse aniquilamento do corpo e da alma, essa espécie de contração de todos os meus nervos em períodos mais ou menos aproximados* (I, 98 e Re. I, 124). Pode-se notar que mesmo o sofrimento puramente psíquico se exprime geralmente em termos físicos: *Eu sinto sob meu pensamento um chão que desmorona* (I, 109 e Re. I, 139). Com variantes, essa imagem de erosão é a que retorna mais freqüentemente.

Deixando de lado o aspecto clínico do fenômeno, consideremos especialmente sua dupla incidência: ela dá a Artaud a sensação de uma definitiva impotência criadora; deixa-lhe no entanto bastante força e lucidez para expor seu mal [b]. Tormento agudo, mas não mortal; lancinante e corrosivo, mas não fulminante, mantém-se no nível exato onde possa lesar a vida sem paralisá-la completamente, onde possa corroê-la sem destruí-la de imediato. "Impossível caminhar sem tropeçar, sem perder as forças, e no entanto sem nunca chegar

---

a. Ver principalmente as "sete cartas" que encerram o tomo I das *O.C.* e são reproduzidas *passim* no suplemento ao t. I; ver também Su. I 103, 108, 164.

b. *Eu só encontro um pouco de lucidez apenas para penetrar no meu próprio desastre* (Su. I 153). — O sofrimento de A.A. é analisado de maneira lancinante nas *Cartas a Génica;* ver sobretudo a admirável carta de 22 ago. 1926, pp. 259-266.

ao fim das forças", escreve Roger Laporte[a].

Com o correr dos anos, a tortura se agrava. Descrição inquieta, interrogação angustiada, furor, sufocação, grito: Artaud passa de um estádio a outro, mas o mal progride seguindo uma linha quebrada. O grito, por exemplo, aparece muito cedo, e é imediatamente dilacerante: *Eu não tenho vida! Eu não tenho vida!!! Minha efervescência interna está morta* (I, 298 e Su. I, 83-1927). Muito depressa nasce também a certeza de uma maldição e a convicção de que o sofrimento não provém de seu próprio ser, mas de uma vontade má que o atinge do exterior: *Asseguro-te que não há nada em mim, nada naquilo que constitui a minha pessoa, que não seja produzido pela existência de um mal anterior a mim mesmo, anterior à minha vontade, nada em nenhuma das minhas mais hediondas reações, que não venha unicamente da doença e não lhe seja. em qualquer dos casos, imputável* (I, 102-103 e Re. I, 129). Entre a análise metódica e a raiva exasperada, a maior parte da obra e quase toda a correspondência são consagradas a dizer a outrem, ou melhor, a tentar relatar incansavelmente a tortura indizível.

A Mais surpreendente descrição que Artaud nos deixou de seu mal talvez não se encontre nas cartas. Dirigindo-se a Rivière, aos Allendy, ao Dr. Soulié de Morant, ele procura tornar seu caso inteligível, traduzi-lo numa linguagem compreensível, colocar-se ao alcance de seus interlocutores. Ao contrário, num roteiro datado de 1925-26 — *Os Dezoito Segundos*[b] — propõe uma espécie de transcrição direta de seu estado interior, de seus males e dos fantasmas que deles resultam. Embora o herói evolua num universo imaginário, a efabulação é tão perfeitamente transparente que nos desvenda o autor no primeiro lance, por assim dizer. Pondo de parte a originalidade técnica daquele roteiro[1], como não reconhecer Artaud nesse homem vestido de negro, de olhar fixo, de quem se diz ser um ator "no ponto de atingir a glória"?

Foi acometido por uma doença esquisita. Tornou-se incapaz de atingir seus pensamentos; conservou sua lucidez intacta, porém a mais nenhum pensamento que se lhe apresente ele consegue dar uma forma exterior, isto é, traduzi-lo em gestos ou palavras apropriadas.

As palavras necessárias lhe faltam, não respondem mais a seu apelo, ele se vê reduzido a assistir a um desfile interior feito apenas de imagens, um acúmulo de imagens contraditórias e sem grande relação umas com as outras.

---

a. R. LAPORTE, Antonin Artaud ou o Pensamento em Suplício, *Le Nouveau Commerce*, n. 12, inverno de 1968, p. 25.

b. Roteiro publicado pela primeira vez com a data de sua composição nos *Cahiers de la Pléiade*, primavera de 1949. Reproduzido nas *O.C.*, t. III, pp. 11-15.

Isso o torna incapaz de misturar-se à vida dos outros, e de entregar-se a uma atividade (...).
De repente batem à porta. Entram esbirros de polícia. Atiram-se sobre ele. Colocam-lhe a camisa de força: é levado para o manicômio. Torna-se realmente louco (...). Mas uma revolução varre as prisões, os sanatórios, e as portas dos hospícios se abrem; ele é solto. É você, o místico, bradam-lhe, você é o Mestre de todos nós, venha. E, humildemente, ele diz não. Mas é arrastado. Seja rei, dizem-lhe, suba ao trono. E ele, trêmulo, sobe ao trono (...).
Pode ter tudo, sim, tudo, salvo o domínio de seu espírito (...). Ele não é sempre senhor de seu espírito (...). Se a gente pudesse apenas ser senhor de sua pessoa física. Possuir todos os meios, poder fazer tudo com as próprias mãos, com o próprio corpo (...).

Talvez nenhum texto de Artaud ilustre tão fielmente a fórmula inicial de *O Umbigo do Limbo*: *Lá onde os outros propõem obras, eu não pretendo senão mostrar meu espírito* (I, 49 e Re. I, 61). E essa definição de sua atitude criadora relaciona-se diretamente com nosso propósito: para explicar aos outros homens *a retração íntima de (s)eu ser e a castração insensata de (s)ua vida (Ibid.)*, Artaud procurará *mostrar*. Exporá aos olhos de outrem o funcionamento de sua vida interior. Assim, a obra recobre a vida: *Não concebo uma obra como separada da vida (Ibid.)*. Desde então, essa necessidade de identificar vida e criação desemboca numa saída lógica: o recurso ao teatro.

O TEATRO: UMA EXIGÊNCIA E UMA NECESSIDADE

"O teatro não podia ser, portanto, um gênero entre outros para Artaud, homem *do* teatro, antes de ser escritor, poeta ou mesmo homem de teatro" (*T.Q. 20*, p. 58), escreve Jacques Derrida, no núcleo de uma demonstração cerrada que é preciso ler e meditar. Por que a orientação de Artaud para o teatro pode, passado tanto tempo, ser colocada como primordial? Vários tipos de explicação podem justificar esta escolha necessária.

Um conflito interior permanente

Primeira constatação é a mais elementar: há teatro porque há conflito. O homem Artaud é o palco de um confronto incessante, de um combate interior jamais terminado. Seus escritos estão repletos de alusões à sua "ruptura", à sua deslocação interna, e seria fácil acumular aqui as citações: *brecha profunda na integridade de (s)ua vida mental, diálogo no pensamento, divisão de (s)eu espírito em dois*, etc. Basta folhear suas obras para ficar-se impressionado pela insistência com que ele cita seu próprio nome, como se fosse uma testemunha do que ocorre dentro de si; *O Pesa-Nervos: Eu me conheço porque me assisto, eu assisto a Antonin Artaud* (I, 93 e Re. I, 118). "Ele não conhece — comenta Gaetan Picon — nada mais que seu espírito: o drama, nele, não tem nenhum outro contendor"[a].

Esse desdobramento não é raro; grandes escritores nos dão testemunho disso. Mas em Artaud, ele jamais consegue ser perfeitamente reabsorvido e superado em uma criação artística. Exprime-se continuamente em termos de αγων : ... *Já há muito tempo não comando mais meu espírito e todo o meu inconsciente me comanda com impulsos que vêm do fundo de meus acessos nervosos e do fervilhamento de meu sangue* (I, 107 e Re. I, 137). Artaud descobre então o seu eu como sede de uma luta encarniçada. Tão encarniçada, mesmo, que lhe é impossível desligar-se dela para falar de outra coisa. Incapaz de exprimir qualquer coisa além desse entrechoque, dessa carnificina interna, ele recorre instintivamente ao teatro. Por quê? Porque a expressão dos antagonismos constitui o princípio de todo teatro, mas sem dúvida também na esperança de destravar o conflito interior representando-o, isto é, projetando-o fora de si.

Esclareçamos que com o passar dos anos o conflito evoluirá. Pouco a pouco, o confronto de que não cessamos de ser testemunhas, não oporá mais o Artaud lúcido e o Artaud insano, mas sim o Artaud puro e virtuoso, e as forças do mal que o acossam de fora. Mutação previsível desde o tempo (1924) das cartas a Rivière (Cf. I, 41 e Re. I, 52), e que se consuma depois do fracasso de *Os Cenci* (1935). Desde então, o conflito se torna metafísico, e o teatro é abandonado enquanto representação projetada. Artaud curva-se sobre si mesmo, renuncia a uma dramatização fictícia, e decide dizer e redizer seu mal com uma veemência obsessiva, sem procurar mais transposição alguma. Uma vez persuadido de que é a presa de forças situadas fora dele, só tolerará o teatro dentro de si mesmo.

Uma necessidade de comunicação

Segunda justificativa, muito ligada à primeira, do recurso ao teatro: a necessidade que tem Artaud de derrubar a parede, de se comunicar com o mundo, de se fazer aceito pelos homens. "A maldição é *seu eu*. E o desejo, no fundo, é o mundo"[b]. Ele aceita, finalmente, sua singularidade, mas ape-

---

[a]. G. PICON, *Mercure de France,* abr. 1957; texto reproduzido no *Uso da Leitura,* t. 2, pp. 189-194, ed. Mercure de France, 1961.

[b]. G. PICON, *ibid.,* Cf. Su. I, 1949: *Eu não sinto necessidade de dizer nada e procuro alguma coisa para dizer.*

nas como vítima de um conspiração maléfica; mas de início ele a havia recusado com todas as suas forças porque, isolando-o, ela o mortificava. A julgar pelas respostas que lhe mandava Jacques Rivière, espírito no entanto aguçado e aberto, pode-se imaginar as inúmeras manifestações de ceticismo com as quais o jovem Artaud devia se debater quando tentava explicar à sua volta o que o fazia sofrer. É claro que as dúvidas ou os consolos inábeis exacerbavam seu mal, reconduzindo-o a uma solidão prontamente enraivecida. Para escapar à introversão era preciso redescobrir o contacto com os homens, imaginar um meio de desarmar sua incredulidade[a], obrigá-los enfim que o aceitassem como um deles.

Método empírico e de duvidosa eficácia, mas os doentes acreditam que podem atingir facilmente a causa da moléstia lutando contra seus efeitos. A necessidade furiosa de ser compreendido vem de que a doença suscitou a incompreensão. O teatro parece, também, muito adequado para suprir tal necessidade. Permite satisfazer à dupla aspiração, centrípeta e centrífuga, do jovem Artaud: introversão e comunicação, simultaneamente. O teatro poderia "tornar-se, enfim, esse cavalo de Tróia que o introduziria na cidadela dos vivos"[b], autorizando-o a explorar suas riquezas interiores. Tudo nos leva a crer que a breve participação nas atividades do grupo surrealista atende a esse mesmo duplo intento: inserir-se em um sistema de relações diretas com os outros, sem abdicar às exigências do seu eu atormentado. O surrealismo, como o teatro, oferecia o interesse de uma aventura coletiva. A pintura, em contrapartida, a poesia, que o atraem, só podiam entrincheirá-lo no gueto de sua solidão.

Uma ânsia de unidade

A necessidade de comunicar-se com os homens toma também a forma do desejo de ser reconhecido por eles, e é um terceiro modo de provar que o teatro é uma chave decisiva para o universo de Artaud. Ser reconhecido pelos homens significa, primeiramente, ser aceito como um deles, e, depois, ser admitido na sua individualidade e sem nenhuma restrição. Reivindicação, aliás, contraditória: é exigir, no seio da normalidade, um lugar à parte, e contestar por isso mesmo a idéia de normalidade. Contradição apenas aparente: lembram-se do ator dos *Dezoito Segundos* que sonha que o fizeram rei?[c] A

---

a. Principalmente por isso nasce a recusa de ser julgado curado; cf. Su. I, 82 (ao dr. Allendy): *Eu lhe digo isso para que o senhor não se desinteresse de mim.*

b. Dr. J.L. ARMAND-LAROCHE, *Antonin Artaud e seu Duplo,* Ed. Pierre Fanlac, Périgueux, 1964, p. 135.

c. Cf. *supra,* p. 11.

soberania reconcilia a necessidade de estar rodeado e a de ser distinguido.

Daí o teatro. "Uma glória direta para si mesmo", eis o que o jovem Artaud procurava lá, segundo Otto Hahn[a]. Glória "para seu corpo. Ele precisava, portanto, reunir uma multidão, apresentar-se a ela para recolher seus aplausos" (*Ibid.*). Glória, também, para seu espírito: "Entre suas numerosas tendências escolheu o teatro, que lhe permitirá manifestar seus diversos talentos de cenógrafo, de ator, de diretor, de poeta" (*Ibid.*). Espera assim abolir o desmembramento de que padece e recobrar a unidade profunda que lhe fugiu desde a infância.

Reconciliação necessária da mente e do corpo, reconhecimento global de todo o seu ser, do qual o palco seria o lugar privilegiado: imagina-se a ânsia nervosa pela unidade desaparecida ou a sede visceral de "estar-no-mundo". *Nós ainda não estamos no mundo*[b], escreve Artaud no ano de sua morte. Mas até o fim o teatro, para ele, representou o espaço mágico onde se faria nascer no mundo o homem novo.

Um instrumento de ação sobre o mundo

Forjar o novo homem: abordamos, assim, um último argumento que demonstra a necessidade do teatro. Para Artaud o teatro não é evasão, asilo ou torre de marfim; é instrumento e meio de ação; permite agir sobre o mundo e sobre o homem. Sua ação não se limita ao autor, ao ator; ela ultrapassa até mesmo o público comum das salas tradicionais. Não visa nada menos do que à reestruturação integral da condição humana. Teatro metafísico — e voltaremos e este ponto — cujo objetivo é duplo: exercer um papel terapêutico e empreender uma recriação. Funções estreitamente ligadas entre si.

A ambição inicial é a de realizar um teatro terapêutico *que se dirige ao organismo através de recursos precisos, e com os mesmos das músicas de cura de certos agrupamentos humanos* (IV, 99). Esta prática remonta a uma *velha tradição mítica do teatro, pela qual o teatro é considerado uma terapêutica, um meio de cura, comparável ao de certas danças indígenas mexicanas*[c]. Herança ancestral, que Artaud visa explorar à luz

---

a. OTTO HAHN, *Retrato de Antonin Artaud*, Le Soleil Noir, 1969, p. 19.

b. Paris-Varsóvia, *84*, n. 3-4, 1948, pp. 54-56.

c. Rascunho de uma carta (14/12/1935) a um correspondente desconhecido. Texto citado com pouca exatidão em *Vida e Morte de Satã-Fogo*, p. 105, e reproduzido aqui graças à gentileza de Paule Thévenin.

das pesquisas mais recentes: *Proponho restabelecer no teatro essa idéia mágica elementar, retomada pela psicanálise moderna, que consiste em fazer com que o doente assuma a atitude exterior do estado ao qual desejaria conduzi-lo, para assim obter a sua cura* (IV, 96). Redescoberta do psicodrama?[a] Ou, de modo mais banal, crença no extravasamento dos complexos e na purgação das paixões pelo exutório do teatro? A intenção de Artaud vai bem mais além de uma terapêutica imediata. Trata-se de uma "cura cruel", onde o ator representa sua vida, enquanto o espectador deve ter seus nervos triturados[b]. Cura, sim, mas pela destruição.

Atingir diretamente o organismo (IV, 97): mas para quê? Para reconstruir o corpo. O projeto de Artaud, na verdade, não é medicinal, e sim ontológico. *O Teatro e seu Duplo* e principalmente os escritos dos últimos anos frisam incansavelmente essa exigência de um corpo novo: *Não aceito o fato de não ter feito meu corpo por mim mesmo*[c]. Mudar o corpo, mudar o mundo, uma coisa não se faz sem a outra: *Não sou dos que acreditam que a civilização deva mudar para que o teatro mude; e acredito que o teatro, utilizado no seu sentido superior e o mais difícil possível, tem força para influir sobre o aspecto e sobre a formação das coisas* (IV, 95). Sonho de uma subversão radical, da qual o teatro seria o agente e o princípio.

PONTOS DE REFERÊNCIA BIOBIBLIOGRÁFICOS

1896 (4 de setembro). Nascimento em Marselha.
1916-1917. Serviço militar. Reforma. Primeiras estadias em Sanatórios.
1920-1921. Domicílio em Paris (Dr. Toulouse). Inícios no teatro (Lugné-Poe)
1922. Encontro com Gémier, depois com Dullin.
1922-1923. Ator no "Atelier" com Dullin, e às vezes desenhista de figurinos.
1923-1924. Ator na "Comédie des Champs-Elysées" (Hébertot) com Pitoëff.
1924-1925. *Correspondência com Jacques Rivière, O Umbigo do Limbo, O Pesa-Nervos.*
1922-1935. Ator de cinema em numerosos filmes mudos, e depois em falados (1927-1931): tentativas vãs de criação cinematográfica).
1924-1926. Participação nas atividades do grupo surrealista.

---

a . A propósito do psicodrama, cf. *infra,* pp. 199-200.
b . Remeter-se ao desenvolvimento sobre *A Crueldade;* cf. *infra,* p. 42.
c . Citado em *84,* n. 8-9 (1949), p. 289 e ss.

1926-1930. "Teatro Alfred Jarry" (quatro espetáculos, oito representações).
1929. *A Arte e a Morte.*
1931. *O Monge.* Descoberta do teatro balinês.
1932. *Manifesto do Teatro da Crueldade.* Assistente de Jouvet no Teatro Pigalle. Projetos de um *Woyzeck* com Dullin e de um "Teatro da N.R.F."
1931-1935. Publicação, em revistas, de diversos textos, que formarão *O Teatro e seu Duplo.*
1934. *Heliogábalo.* Leitura, em casa de Lise Deharme, de *Ricardo II* e de *A Conquista do México.* Projeto de adaptação de Sêneca.
·1935 (6 de maio). *Os Cenci,* Teatro des Folies-Wagram (dezessete representações).
1936. Viagem ao México.
1937. Viagem à Irlanda. Internamento. *As Novas Revelações do Ser.*
1938. *O Teatro e seu Duplo.*
1937-1946. Permanência em sanatório (Le Havre-Rodez).
1945. *Viagem ao País dos Tarahumaras.*
1946. *Cartas de Rodez.* Retorno à liberdade e residência em Ivry (26 de maio). Projeto de montar *As Bacantes,* de Eurípedes, no Vieux-Colombier.
1947. *Van Gogh, o Suicida da Sociedade. Artaud, o Momo. Aqui Jaz.* Conferência no Vieux-Colombier: "Tête-à-tête" (13 de janeiro). Leitura de poemas na Galeria Pierre (19 de julho).
1948. 1º de fevereiro: Interdição da emissão de *Para Livrar-se do Julgamento de Deus.* 25 de fevereiro: Intenção afirmada em carta de consagrar-se "doravante exclusivamente ao teatro". 4 de março: Morte em Ivry.

PERMANÊNCIA EFETIVA DA TEATRALIDADE

Existem biografias pormenorizadas de Artaud[a]. Como é outro o nosso propósito, basta-nos relembrar aqui algumas datas essenciais, destinadas a oferecer uma visão de conjunto de sua trajetória humana e criadora. Essa cronologia sumária permite ver que grande parte de sua vida foi consagrada ao teatro, ou antes ao espetáculo. Excetuam-se apenas o período dos primórdios literários (1913-1920) e os dez anos que se seguiram ao fracasso de *Os Cenci* ou seja, a época das viagens e internações. É-nos possível inclusive mostrar que o teatro impregna até mesmo os anos que não deixaram nenhum

[a] . Ver sobretudo PAULE THÉVENIN, "1896-1948", *R.B. 22,* pp. 17--45.

traço visível de uma atividade teatral definida. (*Eu*) *vou me consagrar doravante exclusivamente ao teatro, tal como o concebo*[a]*:* esse projeto, enunciado quase às vésperas da sua morte, parece esclarecer, retrospectivamente, a ambição essencial de toda uma vida.

Toda uma obra sob o signo do teatro

Consideremos os períodos dessa vida, nos quais o teatro parece estar ausente. Antes de 1920, Artaud nunca teria se interessado pelo teatro? Nada mais duvidoso. É o que prova esta recordação consignada por Alain Cuny e confirmada por outras testemunhas: "Já aos vinte anos, em Marselha, ele preparava um 'teatro espontâneo', que tencionava apresentar nos pátios das fábricas, assim como os elisabetanos pretendiam representar nos terreiros das fazendas"[2]. Mais tarde, em 1935, o autor de *Os Cenci* parece renunciar ao teatro por uma peregrinação que será prolongada pelos internamentos. Renúcia total? Certamente, não. Pode-se "indagar se Artaud, o Viajante, Artaud, o Peregrino, Artaud, o Momo não são as metamorfoses do ator Antonin Artaud, se as viagens e talvez mesmo a loucura não são para ele um outro modo de fazer teatro, de viver o teatro" (V. Novarina)[3]. A demonstração pode, comodamente e sem paradoxo, ser estendida àquelas obras publicadas por Artaud que parecem decididamente não-teatrais: *Heliogábalo,* por exemplo, ou a *Viagem ao País dos Tarahumaras.*

Com efeito, como não notar que nessas duas obras Artaud pretende uma espécie de encarnação e de ilustração de seu Teatro da Crueldade? Os ritos mágicos dos índios Tarahumaras exercem sobre ele o mesmo fascínio das danças balinesas, cuja apaixonada descrição constitui o mais antigo dos textos que formam *O Teatro e seu Duplo,* e o retrato de Heliogábalo prenuncia o personagem de Cenci, com uma força e uma riqueza incontestavelmente superiores: a mesma luta metafísica contra os Princípios, a mesma violência sanguinária, a mesma ruptura de tabus sexuais (inclusive o incesto), a mesma atrocidade do desenlace. *A vida de Heliogábalo é teatral,* escreveu o próprio Artaud[b]. Relendo-se atentamente *O Anarquista Coroado* e os *Tarahumaras,* descobrir-se-á uma infinidade das mais íntimas correspondências com as visões propriamente teatrais de Artaud: virtudes curativas dos ritos sagrados, sublimação do Mal pelo excesso, cerimônias que recorrem a todos os sentidos, etc. Em suma: quando faz obra de poeta ou de erudito, ou quando ele vai buscar no

---

a . Carta a P. Thévenin, 25.2.1948, *Jg.* 107.
b . Rascunho da carta de 14.12.1935; cf. *supra,* p. 15 e nota c.

México as raízes de uma cultura ainda não aviltada pela civilização, Artaud não deixa de se comportar como "homem *do* teatro"[a].

A dramatização da palavra

Nenhuma obra escapa a essa contaminação; os escritos poéticos não constituem exceção, nem tampouco a correspondência, como veremos. Tomemos um texto qualquer de Artaud; nele perceberemos quase imediatamente a palavra erigir-se em diálogo. Um dos melhores exemplos nos é fornecido pela última obra — *Para Livrar-se do Julgamento de Deus*. Obra que se pode chamar de teatral, concebida que foi para o rádio e acompanhada de uma apresentação ("barulhos e batidas", várias vozes, gritos, etc.) destinada a agir sobre o ouvinte; mas, ao mesmo tempo, obra cujo tom é exatamente semelhante ao de numerosos textos — *Van Gogh, Artaud, o Momo, Aqui Jaz*, etc. — redigidos desde sua permanência em Rodez. Ora, em todos esses textos, em uma simples leitura, nos supreendemos com a freqüência do recurso ao diálogo.

Simples procedimento ou necessidade profunda? A forma assumida por esse diálogo não é sempre a mesma. Às vezes ela é apenas pedagógica: "O que quer dizer, senhor Artaud?" Observemos, no entanto, que esse método, utilizado por Artaud em numerosos outros textos — *O que é que isso quer dizer? — Isso quer dizer que...*[b] — já significa que ele se dirige a alguém, e que não pode escrever sem *falar a alguém*. Mas o interlocutor nem sempre é um indagador dócil e anônimo: na maioria das vezes o diálogo converte-se em discussão violenta. Vem, então o incessante duelo de surdos entre o doente e o médico (ou o homem "normal"); duelo no qual a disposição tipográfica tem importância, porque não visa a uma forma poética, mas sim a uma respiração dramática:

O senhor está delirando, Senhor Artaud
O senhor está louco.
— *Eu não estou delirando,*
não sou louco.
(...) *Agora é preciso que o homem se decida sobre sua castração.*
—*Como assim?*
Como assim?

---

a . J. DERRIDA, *op. cit.* Sobre as correspondências entre *Heliogábalo* e *Double* ver P. THÉVENIN, *R.B. 22*, p. 33; entre *Heliogábalo, Os Tarahumaras* e o teatro segundo Artaud, ver V. NOVARINA, *op. cit.*, pp. 17-20.
b . Cf. *As Novas Revelações do Ser*, VII, *passim*.

*sob todos os aspectos o senhor está louco
e louco varrido.
— (...) ponha-me na camisa de força se quiser
mas não há nada mais inútil do que um órgão* [a].

O confronto, nesse trecho, cristaliza-se em diálogo, mas o recurso ao diálogo visível não é indispensável. A frase de Artaud supõe sempre um destinatário, mesmo que este seja a ausência ou o nada. Quer a interpelação seja puramente formal na sua veemência — "E QUE FIZESTE DO MEU CORPO, DEUS?"[b], quer ela questione um adversário múltiplo e indiferenciado

*Eu não admito
Eu não perdoarei nunca a ninguém
por ter podido ser esfolado vivo
durante toda a minha existência*[c]

a frase de Artaud *ataca* perpetuamente. Sua forma privilegiada, portanto, é a invectiva. Todos os poemas, todos os textos com forma aparente de monólogo, encontram-se assim teatralizados.

Uma forma permanente de expressão dramática: a correspondência

Na outra extremidade da curva criadora de Artaud, a primeira de suas obras decisivas, a que ele mesmo quis colocar à testa de suas *Obras Completas,* renegando as produções poétidas de sua juventude, é constituída pelas cartas a Rivière. Ora, a publicação integral dessa *Correspondência*[a] instaurou-a em um diálogo propriamente dramático. Uma progressão aí se esboça aos nossos olhos, com o interlocutor sendo pouco a pouco abalado no seu ceticismo inicial. Obra-chave? O incansável diálogo que buscou com outros interlocutores foi, freqüentemente, a imagem daquele travado à primeira vista com Jacques Rivière, e descobrir isso é algo apaixonante[d].

"Essa literatura involuntária, marginal, acidental — escreve Roger Laporte — é geralmente considerada como um gênero menor, mas no caso em que, segundo a expressão de Kafka, 'a pena é o estilete sismográfico do coração', o diário e a correspondência, se transcrevem os estados impessoais do

---

a . *Jug., passim.*
b . Texto de novembro de 1947, *84,* n. 5-6, 1948, p. 107.
c . Texto de dezembro de 1947, *84,* n. 5-6, 1948, p. 108.

d . Ver sobretudo, a este respeito, a curiosa carta de 1922 a Daniel Henry Kahnweiler (Su. I, 15-17), que delineia com exatidão os pontos do diálogo com Jacques Rivière.

poeta, não serão sismogramas, onde podem ser lidos, mais diretamente do que nos poemas ou nos romances, segredos ainda mais misteriosos?"[5] Seria até tentador sustentar que a melhor via de acesso ao pensamento de Artaud, para quem hesitasse em penetrar desde logo nas obras maiores, são as cartas. Elas revelam um caminho.

Cartas incontáveis e de finalidades diversas. Cartas públicas (ao Legislador da lei sobre tóxicos, aos Reitores das Universidades Européias, ao Papa, ao Dalai-Lama, às Escolas de Buda, ao Administrador da Comédie-Française); cartas particulares tornadas públicas (Cartas a Rivière, Cartas familiares, Cartas sobre a Crueldade e sobre a linguagem inseridas em *O Teatro e seu Duplo,* Cartas de Rodez...); cartas encontradas, enfim, e metodicamente publicadas nas *Obras Completas,* com uma atenção vigilante, por mão anônima e segura. A correspondência privada dos grandes criadores é às vezes banal e decepcionante. Raras são, entretanto, as mensagens estritamente utilitárias e informativas. Por que as cartas de Artaud quase nunca são indiferentes?

É que as relações de Artaud com a maior parte de seus correspondentes são *dramatizadas,* entrecortadas de cóleras, de aquiescências, de descontentamentos, de repentes, de brigas e de reconciliações. Mesmo não tendo sob os olhos as respostas do destinatário[a], mesmo ignorando completamente suas reações ou suas ausências de reação, ou os encontros que efetivamente ocorreram, nós imaginamos as desavenças, as mudanças de humor, os entusiasmos, com uma extrema nitidez, a tal ponto a palavra de Artaud é carregada de eloqüência afetiva.

Tomemos, por exemplo, o conjunto das cartas a Jouvet (*O.C.,* t. III): ele nos dá a ler, com uma perfeita limpidez, a história completa de uma esperança abortada, através da espera, das dúvidas, das recriminações furiosas ou amargas, das retomadas de contacto, dos assomos de ilusão, e até do fracasso final. Idênticas relações espinhosas com Roger Vitrac, André Breton, Raymond Rouleau, Jean Paulhan. Sutilmente, sob as reiteradas perguntas, pressente-se a inércia, calculada ou não, de um destinatário que se esquiva. Adivinha-se também que Artaud não era um interlocutor muito calmo e que mais de um correspondente se cansou de relações tão furiosamente ciclotímicas.

Muitas cartas traem uma espécie de oposição surda, que só explode muito raramente, mas deixa a sensação constante de que a explosão é iminente: o interlocutor é menos um parceiro do que um antagonista a derrubar, ou, pelo menos, a convencer e arrastar; empresa muitas vezes destinada ao

---

[a]. Menos no que diz respeito a Rivière e episodicamente a J. Paulhan (III, 137) e André Gide (V, 340-341 e 343-344).

fracasso, à exceção de Rivière. Em contrapartida, com um pequeno número de amigos sinceros (os Allendy, André Rolland de Renéville...), o tom do diálogo é menos tenso, embora Artaud, vez por outra, não se prive de cutucá-los um pouco[a]. Mas aqui não há mais confronto, e sim aliança: ele reparte com seus amigos esperanças e temores, pede-lhes que o ajudem, conta-lhes os altos e baixos de sua vida com uma confiança infantil[b]. No entanto, quer lute diretamente contra seus correspondentes, ou lute junto com eles contra o mundo, as cartas sempre apresentam a existência em termos de drama.

Esta concepção das relações humanas como um diálogo acima de tudo conflitual encontra sua expressão mais acabada no fato de que Artaud escreveu um grande número de cartas fictícias. Em *O Umbigo do Limbo*, por exemplo, em *O Pesa-Nervos*, em *A Arte e a Morte*, ele insere textos — de forma epistolar, cartas a correspondentes imaginários ou cartas autênticas das quais foi eliminada qualquer menção ao correspondente real. É o caso da "Carta à Vidente" e da "Nova carta sobre mim mesmo" (I, 123 e 372) (Re. I, 154 e 348)[c]. Constata-se também que um texto não epistolar desemboca subitamente e de modo totalmente gratuito na forma epistolar:

A vida diante dele tornava-se pequena. Partes inteiras de seu cérebro apodreciam. O fenômeno era conhecido, mas, enfim, não era simples. Abelardo não considerava seu estado como uma descoberta, mas em todo caso escrevia:
Caro amigo:
Eu sou gigante (...) (I, 129)(Re. I, 161).

No fundo, a carta torna-se o modo ideal de expressão e da melhor forma de aproximação com o eu. Como Artaud chegou a isso? Ele o disse muito claramente em 1932 a Jules Supervielle:

Permita-me encaminhar-lhe meu artigo sob forma de carta. É o único meio que tenho para lutar contra um sentimento absolutamente paralisante de gratuidade, para concluí-lo depois de mais de um mês em que venho pensando nele[d].

Daí essa proliferação da linguagem epistolar que levava Artaud, por exemplo, a pedir suas cartas de volta a seus correspondentes, para inseri-las nos livros a publicar. Será por causa de Rivière que toda a obra está colocada assim, sob o signo epistolar? Rivière, sem dúvida, terá sido apenas a ocasião. Essa infatigável paixão de se explicar liga-se, na verdade,

---

a . Ver Su. I, 167 e sobretudo V, 166: *post-scriptum* de uma carta a Rolland de Renéville.
b . Mesma carta a Rolland de Renéville, V, 162-165.
c . Ver igualmente a "Carta a Ninguém", publicada com outras inéditas, na revista *Opus International*, n. 3, out. 1967, p. 62.
d . Rascunho de carta (sem dúvida não enviada): IV, 293.

a tudo o que dissemos sobre a necessidade do teatro: carência de comunicação, desejo de ser reconhecido, busca desvairada de um impossível "estar-no-mundo", dever, enfim, para o escritor de não
> *ir se encerrar covardemente num texto, num livro, numa revista da qual não sairá jamais*
> *mas ao contrário saltar fora*
> *para sacudir*
> *para atacar*
> *o espírito público* (...) (carta a R. Guilly, 7-2-1948; *Jug.* 98).

A obsessão dualista

Se a correspondência ocupa um lugar preponderante, se o confronto é uma regra da vida e do escrever para Artaud, não é por falta de motivo. O estudo do sofrimento mostrou-o a nós em combates consigo mesmo ou com uma potência exterior e maléfica[a]. Não é de espantar, portanto, que ele tenha pensado a vida e o universo em termos de dualidade. Sua obra nos oferece centenas de exemplos. Um deles é muito evidente, e concerne aos títulos dados às obras. Seria curioso arrolar nas *Obras Completas* todos os títulos que obedecem a um princípio binário. Neles, os dois termos são articulados mais freqüentemente por uma coordenação (*A Concha e o Clérigo*) do que por uma subordinação (*A Revolta do Açougueiro*). Mas é com relação ao teatro que o fenômeno é particularmente notável.

Com efeito, a maior parte dos textos que formam *O Teatro e seu Duplo* ("O Teatro e a Cultura", "O Teatro e a Peste", etc.), atestam essa bipolaridade, e assim também um número considerável de textos ulteriores ("O Teatro e os Deuses", "O Teatro e a Anatomia", "O Teatro e a Clência"...). Tendência à dualidade perfeitamente legítima para um homem que confia em uma interação da vida e do teatro, e que vê no teatro uma espécie de projeção do que deveria ser a vida[b].

Pode-se notar, todavia, que não se trata de uma justaposição banal e que a colocação de duas noções distintas num mesmo plano não reflete apenas um simples gosto pela metáfora poética ou pela aproximação inesperada. A dualidade dos termos impõe ora a idéia de um conflito ("O Teatro Alfred Jarry e a Hostilidade Pública", "Teatro Oriental e Teatro Ocidental", "O Teatro e a Psicologia"), ora a de uma aliança

---
a . Ver análise anterior sobre o sofrimento; cf. *supra,* pp. 9-12.
b . Comparar com nossa análise ulterior (Cap. 2), sobre a noção de duplo (pp. 44-46).

("A Direção e a Metafísica") ou de uma identificação ("O Teatro e a Peste" "O Teatro e a Crueldade"). Ainda assim, em todos os casos, um diálogo se estabelece, um progresso nasce da oposição, cada um dos dois termos apóia-se sobre o outro. O fator comum permanece a dramatização. Tudo é visto por Artaud sob o ângulo do face-a-face. Ele sozinho, o mais das vezes, diante dos homens como na sua conferência do "Veiux-Colombier" — e em face do mundo: tal é, precisamente, sua própria tragédia.

Um comportamento teatralizado

A atividade de Artaud é una e indissociável. Ele não é um homem no qual se possa separar a vida da obra, como já pudemos ver em relação às cartas, e notadamente no caso daquelas que ele mesmo não destinara à publicação. A cisão entre o homem e seus escritos seria tão absurda quanto a divisão, às vezes sugerida por sua obra, entre textos sãos e textos delirantes. Idêntica projeção do teatro em suas obras e em seu comportamento quotidiano. O homem Artaud também apareceu aos que o conheceram, amigos ou não, freqüentemente propenso a teatralizar sua vida.

No início de sua vida parisiense, seu modo de vestir, às vezes descuidado, seu porte e suas maneiras eram os de um dândi, como testemunhou Charles Dullin[a]. Dandismo que fez com que ele se integrasse comodamente na falange surrealista. Breton, Aragon, Eluard, Crevel e alguns outros ostentavam, de fato, aquela beleza insolente e aquela elegância calculada que ainda se podem ver nos jovens galãs dos filmes mudos; além disso, sendo muito fotografado, e guindados a certo narcisismo, possuíam um quê de atores (apesar do anátema lançado por Breton sobre o teatro) e é também por isso que Artaud se dava com eles de igual para igual. Mas mesmo no plano do comportamento exterior, logo ultrapassou esse dandismo inicial, sem falar nas graves divergências que o separaram do grupo.

"Trazia em si ao mesmo tempo o ator e o espectador", dizia André Masson; "observava-se (...). Essa atitude era a sua própria natureza. O sofrimento pessoal existia, mas ele o representava para si, procurando a plenitude do seu sofrimento. Artaud disse a si mesmo: sou eu que representarei Artaud" (*R.B.*, 22, p. 13; *R.B.*, 69, P. 9). Comportamento perfeitamente de acordo com a confissão já citada do *Pesa-nervos: Assisto a Antonin Artaud* (I, 93 e Re. I, 118). Estava, assim, propenso a levar ao extremo cada uma de suas reações,

---

a . CHARLES DULLIN, Carta a Roger Blin (12.4.1948), *in K*, n. 1-2, 1948, pp. 21-24.

dando-lhe uma forma teatral. É o que o levava, por exemplo, movido por seu horror à sexualidade, a interpelar publicamente os casais abraçados, e invectivar furiosamente as mulheres: *Fornicação e putaria, cadelas no cio, eu amaldiçôo vocês...*[a]

O humor propositalmente escandaloso de Artaud foi salientado por alguns de seus amigos, como também o prazer evidente que ele sentia em impressionar e provocar medo. Os que o apreciavam menos ou o conheciam mal, viam nele apenas o ator, que, fora de cena, continua a fazer teatro, e não pode passar sem ele. Eis o porquê das imagens de Artaud entrando na "Coupole" "meio conquistador em ofensiva, meio fera encurralada"[b], de Artaud pegando uma foto das mãos de um amigo e rasgando-a sem explicação[c], de Artaud bramindo violentamente a propósito de uma palavra, e logo acalmando-se subitamente [d]. Essa necessidade aguda de levar cada atitude a seu mais alto grau de expressividade, sem medo do ultraje, caracteriza todas as épocas de Artaud e todos os níveis de sua existência. Particularmente desconcertante para os outros na vida diária, ele se comportava do mesmo modo em cena; podia-se ver Artaud personificar um Carlos Magno aturdido, que se arrastava de quatro para seu trono [e]. Igual exacerbação da conduta durante a pemanência nos sanatórios; os gestos que em Rodez eram atribuídos à sua demência (girar em volta de sua cadeira, recitar fórmulas encantatórias...) constituíam apenas o prolongamento de um comportamento arraigado há muito tempo. Não o exibicionismo pueril de um histrião doente pelo palco, como alguns afirmaram[f], mas deslocação permanente de uma vida desdobrada e que se torna para si mesma seu próprio teatro.

O homem-teatro

Para quem a examina através do recuo dos anos, a vida de Artaud descreve uma trajetória bastante simples. Todas as suas tentativas para fundar um teatro fracassaram uma após a outra. Ou bem elas nunca se concretizaram, como, provavelmente, aquele "teatro espontâneo" de sua adolescência marse-

[a]. Relato de Michel Leiris a OTTO HAHN, *Retrato de Antonin Artaud*, p. 111.
[b]. FERNAND TOURRET, *A Torre do Fogo*, dez. 1959, p. 67.
[c]. Segundo JEAN FOLLAIN, *A Torre do Fogo*, dez. 1959, p. 70 e ANDRÉ FRANK, *Cartas de A.A. a J.L. Barrault*, p. 82.
[d]. Segundo J. FOLLAIN, *ibid*.
[e]. Segundo CHARLES DULLIN, Carta a Roger Blin, 12.4.1948, *in K*, n. 1-2, p. 21 e s. Citado por R. THÉVENIN, *R.B. 22*, pp. 20-21, nota 7. Cf. também J.L. BARRAULT, em *Reflexões sobre o Teatro* (1929), pp. 59-73.
[f]. Cf. FRÉDÉRIC DELANGLADE, *A Torre do Fogo*, dez. 1959, p. 75.

lhesa[a] e aquele "teatro da N.R.F." que parecia próximo de sua realização em 1932, ou então malograram depois de algumas representações, como o Teatro Alfred Jarry e a aventura de *Os Cenci*. As tentativas paralelas de montar uma peça com Dullin ou com Jouvet também não tiveram melhor sorte. Com o fracasso de *Os Cenci*, a tentativa suprema, tudo desmorona: impossível ir mais longe, salvo para renegar o aspecto coletivo da elaboração teatral e para escolher a solidão definitiva.

Foi o que aconteceu: sendo inviável fazer teatro fora de si, Antonin Artaud vai doravante realizá-lo em si. Daí a "loucura" e o internamento, conseqüência lógica: a sociedade afasta quem a rejeita. Depois do hiato dos anos de sanatório, Artaud se reconcilia com o social e, corolariamente, com o teatro; pelo menos (pois o teatro nunca cessou de viver nele) com uma concepção do teatro como projeção para o exterior, como relacionamento com um público. Novas iniciativas, nova série de fracassos: renúncia ao projeto de montar *As Bacantes*, interrupção brusca da conferência de "Vieux-Colombier", interdição da emissão de *Para Livrar-se do Julgamento de Deus*. Este último golpe é o mais rude, e o caso parece simétrico à experiência abortada de *Os Cenci*. Mais uma vez, o desmoronamento da tentativa decisiva remete Artaud à sua solidão, e desta vez definitivamente. Mas só a morte o impedirá de recomeçar e de se consagrar *doravante exclusivamente ao teatro* (*Jug.*, 107), como anunciava uma de suas últimas cartas, já citada, Artaud e o teatro, é Sísifo e seu rochedo.

Trajetória facilmente legível, como se vê. Observando-se mais de perto, descobre-se que seu verdadeiro desfecho não é a irradiação proibida, mas sobretudo a conferência interrompida um ano antes no "Vieux-Colombier". É aí que, deixando de ser "o homem *de* teatro" (J. Derrida), ele se converte no "homem-teatro", de que falou Jean-Louis Barrault[b]. Postura através da qual se encarna a imagem definitiva de Artaud, e na qual se realiza uma fusão total do homem e do ator. "É seu próprio personagem que ele oferecia ao público, com uma espécie de cabotinismo descarado, em que transparecia uma autenticidade total", escreveu André Gide[c]. Identificação inesquecível e atroz, que encheu de assombro todas as testemunhas[d]. É que acabava de lhes ser revelado, pelo próprio Artaud, o que era verdadeiramente o Teatro da Crueldade[6].

---

a . Cf. *supra*, p. 17 e nota 2, cap. 1.

b . J.L. BARRAULT, em *Reflexões sobre o Teatro*, pp. 59-73 e *O Homem-Teatro*, R.B. 22, p. 46.

c . A.GIDE, *Combat*, 19.3.1948. Texto reproduzido em *84*, n. 5-6, p. 151.

d . J. FOLLAIN, *A Torre do Fogo*, dez. 1959, p. 71.

Notas ao Capítulo 1

1. Aqui Artaud recorre a uma dilatação da duração — toda a ação do filme em princípio dura apenas 18 segundos e a última imagem remete-nos à primeira — fato de que se lembrará Cocteau em *O Sangue de um Poeta* (1930) e mais tarde em *Orfeu* (1950). O roteiro de Artaud traz a data de 1925-1926 em *Les Cahiers de la Pléiade*, primavera de 1949.
2. ALAIN CUNY, "Artaud quando vivo" em *K* (1948), n. 1-2, pp.25-28. Ver também ANDRÉ FRANK, *Cartas de A.A. a J.L. Barrault* e a primeira das *Cartas de Rodez*, p. 10. Em 1947 Artaud ainda pensava em um espetáculo em uma fábrica, como informa Jacques Brenner, *Cahiers de la Pléiade*, primavera de 1949, p. 110.
3. V. Novarina (*A.A. Teórico do Teatro*, Paris, 1964, pp. 8-9) chega a se interrogar sobre o retorno provisório à religião que marca a vida de Artaud nos manicômios: "E durante essa crise de misticismo em que sua fé se manifesta através de gestos de teatro, não estará ele desempenhando o papel do cristão?"
4. Note-se que a publicação integral desta *Correspondência* ocorre após Artaud ter recusado a sugestão de seu correspondente de extrair dela "um pequeno romance a partir das cartas, e que seria bastante curioso", pois não se pode *tentar colocar no plano literário algo que é o próprio grito da vida* (I, 38 e Re. I, 49).
5. ROGER LAPORTE, "A.A. ou o Pensamento em Suplício", em *Le Nouveau Commerce* 12, inverno de 1968, p. 22. Em apoio à sua tese, R. Laporte recorda a importância capital das cartas de Flaubert, do diário de Virginia Woolf, do diário e da correspondência de Kafka.
6. A emoção de Gide no Vieux-Colombier é semelhante à que ele havia experimentado no ano anterior, ao reencontrar Artaud após o longo período dos manicômios, acolhendo-o fraternalmente (cf. HENRI THOMAS, em *Le Monde*, 22.11.1969). Mas a revelação do homem-teatro, em 1947, tinha sido preparada por alguns episódios anteriores. Basta reler, por exemplo, no *Diário de Anaïs Nin* (t. I, p. 208), a relação da conferência de A. na Sorbonne sobre

o Teatro e a Peste (1933): vemos aí nascer o mesmo processo: "De uma maneira quase imperceptível, Artaud abandonou o fio que seguíamos e se pôs a representar alguém que morre de peste. Ninguém se apercebeu quando isto começou. A fim de ilustrar sua conferência, ele representava uma agonia (...). Tinha o semblante alterado pela angústia, e seus cabelos estavam ensopados de suor (...). As pessoas, de início, ficaram estateladas. Em seguida começaram a rir" (p. 209). Ver igualmente um outro episódio: Artaud, na Coupole, identificando-se com Heliogábalo, "pois ele se torna em tudo aquilo sobre o que ele escreve" (*Ibid.*, p. 247 e p. 250).

Théâtre ALFRED JARRY

Ventre brûlé
ou La Mère folle

Pochade musicale, par ANTONIN ARTAUD
avec la collaboration de MAXIME JACOB

GIGOGNE
par MAX ROBUR

Les Mystères de l'Amour

par ROGER VITRAC
Mise en scène d'ANTONIN ARTAUD
Maquettes de JEAN de BOSSCHÈRE

joués par

GENICA ATHANASIOU
JACQUELINE HOPSTEIN, JEAN MAMY
EDMOND BEAUCHAMP, RAYMOND ROULLEAU
RENÉ LEFÈVRE

les MERCREDI 1er JUIN
et JEUDI 2 JUIN, à 21 heures

au THÉATRE DE GRENELLE
53, Rue de la Croix-Nivert

METRO : Lignes 5 (Station Cambronne) et 8 (Station Commerce)
AUTOBUS : X (Vaugirard-Gare Saint-Lazare), Y (Javel-Porte Saint-Martin), Z (Place Beaugrenelle-Place Voltaire) - TRAMWAYS : 18 (Porte de Saint-Cloud-Saint-Sulpice), 25 (Auteuil-Saint-Sulpice), 26 (Cours de Vincennes-Mairie du 15e), 28 (Montrouge-Gare du Nord), 89 (Clamart-Hôtel de Ville).

La Location est ouverte au THÉATRE DE GRENELLE
et au THÉATRE DE L'ATELIER, Place Dancourt.

Folheto do primeiro espetáculo do Teatro Alfred Jarry.
(Col. Jacqueline Hopstein)

THÉATRE
ALFRED JARRY

◇

PREMIER SPECTACLE

1ᵉʳ et 2 Juin 1927

::: A 21 HEURES :::

Programa do primeiro espetáculo do Teatro Alfred Jarry (acima e páginas seguintes).
(Col. Jacqueline Hopstein)

Raymond ROULEAU

ADINE (Les Mystères de l'Amour, de Roger Vitrac)
LE PEINTRE (Le Songe, de Strindberg)

Edmond BEAUCHAMP

Monsieur MORIN (Les Mystères de l'Amour, de Roger Vitrac)
LE PRÉCEPTEUR (Le Songe, de Strindberg)

Tania BALACHOVA

AGNÈS (Le Songe, de Strindberg)

Jacqueline HOPSTEIN

Madame MORIN (Les Mystères de l'Amour, de Roger Vitrac)

Alexandra PECKER

LINA, EDITH (Le Songe, de Strindberg)

Auguste BOVERIO

LE POÈTE (Le Songe, de Strindberg)
ANTOINE le FOU (Victor ou les enfants au Pouvoir, de Roger Vitrac)

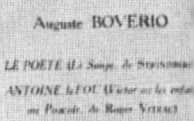

Genica ATHANASIOU

LÉA (Les Mystères de l'Amour, de Roger Vitrac)
YSÉ (Le Partage de Midi, de Paul Claudel)

PROG

VENTRE BRULÉ
ou LA MÈRE FOLLE

Pochade Musicale par ANTONIN ARTAUD
avec la collaboration de MAXIME JACOB

Le Roi	Edmond Beauchamp
Prédestiné de l'Opium	René Bruyez
Doux Farniente	Max Joly
Mystère d'Hollywood	Laurent Zacharie
La Reine	Yvonne Vibert

Orchestre sous la direction de Robert CHABÉ

GIGOGNE

Un Tableau, par MAX ROBUR

Gigogne	René Lefèvre
Le vieux domestique	Geymond Vital
La nourrice	Yvonne Vibert
Le Fils légitime	Edmond Beauchamp

Les Bâtards :

Max Joly, Ulric Straram, Laurent Zacharie, René Bruyez

Ordre du Spectacle : VENTRE BR

… AMME

Les MYSTÈRES de l'AMOUR

Trois Tableaux par ROGER VITRAC

Patrice - le lieutenant de dragons…	Raymond Rouleau
Léa …	Genica Athanasiou
Madame Morin …	Edmond Beauchamp
	Max Joly
Trois Amis …	Ulric Straram
	Laurent Zacharie
Dovic Lloyd Georges …	Jean Mamy
La Vierge …	Jacqueline Hopstein
Le jeune homme …	René Bruyez
Le vieillard …	René Lefèvre
Le directeur …	Max Joly
Théophile Mouchet …	Ulric Straram
M. Morin …	Jacqueline Hopstein
Le Boucher …	Etienne Decroux
L'Auteur …	René Lefèvre
Un agent …	Max Joly

Mise en scène d'ANTONIN ARTAUD

Maquette des Décors par JEAN DE BOSSCHERE

ÈRES DE L'AMOUR - GIGOGNE

LES MYSTÈRES DE L'AMOUR

Roger Vitrac pratique une merveilleuse chirurgie vitale. Il connaît vraiment la répartition de l'esprit. Il en élucide l'activité occulte et illogique avec le bonheur d'un théorème de la raison. Décalage des sentiments, des sensations, des actes avec leur signification générale, humaine, leur magie vitale. En même temps qu'il remonte l'esprit, il en fait vibrer la substance. Ce qu'il écrit a un caractère de révélation. Ce n'est pas le moyen, c'est l'acte même élucidé, et de telle sorte que l'acte, en même temps qu'il s'explique, se détache de la communion des phénomènes, de la virtualité des possibles, et vit.

Les Mystères de l'Amour sont une alchimie de l'amour comme la Connaissance de la Mort est une alchimie de la vie et de l'esprit. Les deux sont distincts. Les Mystères de l'Amour, pièce de théâtre, sont l'alchimie d'un certain amour des amours d'un certain nombre d'êtres, fantoches parfaitement déterminés, impossibles à confondre, mais cependant indétachables de l'abstrait. Qu'on essaie si l'on peut, de concilier les deux termes.

Ces fantoches toutefois ont une existence de chair, ou plutôt d'objets. Ils sont des représentations, des états, des images mais ils sont aussi des Etres, ils sont dans l'esprit des Monstres, impossibles à penser mais toutefois réels, entrevisibles, phénoménaux. L'amour entretient avec l'esprit et avec la Mort des relations que lui-même ignore, mais que l'esprit de Roger Vitrac a percées. Il est bon de sentir à la lisière de son esprit l'existence d'une telle œuvre d'où la logique des faits est bannie et où chaque sentiment devient à l'instant un acte, où chacun des états de l'esprit s'inscrit avec des images immédiates, et prend forme avec la vitesse d'un éclair. Le fantoche abstrait devient objet et reste sentiment, et ne prend pas de matière. C'est tout juste s'il supporte la défroque théâtrale. Bien plus encore, dans cette œuvre, l'allusion proprement dite, l'allégorie n'existe pas. Ce guignol prend réellement possession de l'histoire, il y a une transfusion constante de la réalité historique dans le sang de ces figurines de nuages et de vêtements. Quand Roger Vitrac évoque Mussolini, c'est Mussolini, le vrai, qui se prend dans la trame de l'action, où son théâtre n'a plus de raison d'être ; c'est du moins ainsi qu'il doit être compris.

Roger Vitrac est parfaitement conscient de la méthode de destruction qu'il emploie contre l'amour, et elle lui apparaît un moyen d'atteindre à la réalité essentielle de son esprit. Dans ce travail elle suit des voies supérieures à celles de l'entendement ordinaire, et qui conduisent à la destruction de cet entendement.

Antonin ARTAUD.

La Mise en scène composée par Antonin ARTAUD pour les **MYSTÈRES DE L'AMOUR** est la seule mise en scène autorisée par l'auteur pour toutes représentations futures. Elle devra être indiquée dans toutes rééditions de la pièce.

Pendant les Entr'actes :

Auditions du Phonographe d'Art ROSARIO

Dépôt principal : 14, RUE DE CLICHY, 14

2. Da Condenação do Teatro Ocidental à Reivindicação de um Teatro Mágico e Cruel

GRANDES LINHAS PROVISÓRIAS

Consultada sobre as "teorias" teatrais de Artaud, Paule Thévenin limitou-se a remeter o interlocutor ao texto de *O Teatro e seu Duplo* (*T.Q.* 20, p. 39). Tal atitude é perfeitamente coerente, na própria medida em que qualquer discurso visando explicitar o pensamento de Artaud não passaria, na melhor das hipóteses, de uma paráfrase adaptada de sua obra. É fácil mostrar por quê.

Por um lado, é porque Antonin Artaud disse tudo em *O Teatro e seu Duplo*, da maneira mais clara possível. Esmerou-se inclusive em precisar as noções que podiam deixar subsistir alguma ambigüidade. A idéia de "Duplo" (*Double*) e mais ainda, a de Crueldade, foram por ele várias vezes retomadas (cf. as cartas sobre a Crueldade), com a preocupação de dissipar toda obscuridade e com aquela intenção pedagógica que já destacamos. A exposição jamais permanece abstrata; prova disso são todas as correspondências sucessivas e metafóricas que ela propõe à nossa imaginação: a peste, a alquimia, o quadro de Lucas de Leyde *Lot e suas filhas*, a feitiçaria, o atletismo afetivo... E quando por acaso alguma incerteza subsiste, o contato epistolar passa a fazer as vezes da exposição para atacar diretamente as reticências de um interlocutor determinado (Crémieux, Paulhan, Rolland de Renéville). Assim sendo, torna-se inútil superpor uma outra linguagem à de Artaud: nenhuma conseguiria ser mais concreta, mais esclarecedora, mais sugestiva.

Por outro lado, todo discurso explicativo resultaria provavelmente na tentativa de reintroduzir uma ordem exterior no cerne de um pensamento borbulhante que Artaud organizou conforme a sua própria ordem[a]. Poder-se-ia ser tentado a distinguir, por exemplo, em função de uma clareza superficial, dois passos complementares no projeto de Artaud: destruição do teatro existente — edificação de um teatro novo. Ora, essa separação desfiguraria tudo: as duas atitudes estão estreitamente ligadas em cada um dos textos que formam *O Teatro e seu Duplo*, e é preconizando uma visão renovada do teatro que Artaud luta contra o teatro de seu tempo. É certamente possível reagrupar frases que concernem alternadamente aos dois aspectos do seu combate, mas reconhecendo que tal procedimento desnaturaria a orientação e a unicidade desse combate e arruinaria a vigorosa imbricação dos elementos do processo. Quando muito, pode-se indicar, em termos dinâmicos, que há uma espécie de vaivém perpétuo de um elemento a outro. É a única maneira de não trair Artaud.

Resta a possibilidade de traçar um quadro recapitulativo das idéias centrais de Artaud, assim como se pode estabelecer uma cronologia fatual de sua vida, uma lista de suas obras, de suas encenações ou dos papéis que interpretou[b]. No entanto, tratando-se de idéias e não de fatos, não se deve perder de vista que semelhante quadro empobrece necessariamente e desseca aquilo que pretende descrever, e só encontra justificação na medida em que remete à consulta permanente dos texto. Quem se privasse dessas contradanças indispensáveis, renunciando a um contacto direto com a voz de Artaud — e há poucos estilos que possibilitam, em tal nível, a sensação de ouvir a voz criadora — estaria condenado a despojá-lo de suas virtudes essenciais e a ver nele tão-somente um teórico entre outros. Eis, portanto — para não voltarmos ao assunto — um levantamento possível das principais tomadas de posição de Artaud com relação a teatro; sua única ambição é a de oferecer algumas indicações cômodas para o prosseguimento de nossa investigação; destina-se exclusivamente, convém frisar, a ser superada e a favorecer outros níveis de leitura.

I. CONDENAÇÃO DO TEATRO OCIDENTAL

1. *Rejeição do teatro como divertimento*.
Cf. II, e s. (Th. Jarry) e II, 155 (artigo de 1922).

---

a. Ordem respeitada por J. Paulhan para a publicação de *O Teatro e seu Duplo;* cf. Carta de A.A. a Paulhan, de 6.1.1936, V, 270.
b. Ver dossiê anexo a este estudo.

DA CONDENAÇÃO DO TEATRO OCIDENTAL. 37

2. *Rejeição da "representação" e do teatro como mimetismo.*
Cf. II, 15 (Th. Jarry).
3. *Rejeição da psicologia, da intriga e do repertório.*
Cf. IV, 89-100 (*Por acabar*, passim).
4. *Rejeição da encenação tradicional, verista ou ilusionista.*
Cf. I.213 e s. (art. de 1924) e II, 79 (Th. Jarry).
5. *Relegação do verbo*
Cf. IV, 45, 82, 127, 141 (*Double*).

II. REINVENÇÃO DO TEATRO PARA UMA TRANSFORMAÇÃO DA VIDA

1. *Apelo a um espetáculo integral.*
Cf. IV, 104 e 117 (*Double*).
2. *Apelo a uma linguagem teatral fundada no corpo e na inspiração.*
Cf. IV, 154 e s. ("Atleta efetivo") e IV, 175 e s. (*Serafim*).
3. *Apelo a uma ressurgência do teatro como cerimônia mágica ou mística.*
Cf. IV, 53, 87, 99 (*Double*).
4. *Apelo a um teatro de comunicação e de "cura cruel".*
Cf. IV, 95-99 (*Por acabar*) e 115 (*Crueldade I*).
5. *Apelo a uma renovação da vida através do teatro.*
Cf. IV, 18 ("Teatro e Cultura") e 95 (*Por acabar*).

Observação: Uma leitura, mesmo rápida, de *O Teatro e seu Duplo* permite constar que o teatro psicológico, por exemplo, ou a supremacia do verbo no teatro ocidental são denunciados por Artaud em mais de vinte passagens e muitas vezes no interior de um mesmo texto. A importância da magia ou da metafísica e a exigência da crueldade são, do mesmo modo, incansavelmente evocadas e comentadas. Para não sobrecarregar o quadro acima proposto, deixamos deliberadamente de indicar todas as referências possíveis a uma determinada orientação, limitando as remissões aos tópicos principais.

PRIMEIRAS APROXIMAÇÕES DE UMA VISÃO TEATRAL

A palavra "magia" é uma das que ocorrem com mais freqüência em Artaud, quando ele procura definir o teatro que quer instituir: *Concebemos o teatro como um verdadeiro passe de magia* (II, 23). No entanto a transmutação que ele espera obter já foi realizada em áreas alheias ao teatro. Com efeito, no começo do século e sobretudo sob a influência da arte negra — exercida sobre os fauvistas, sobre Modigliani, Bracque, Picasso, etc. — a arte pictórica européia deixou de ser uma técnica para se tornar magia. Trata-se portanto de fazer com que também o teatro execute a sua revolução.

Para tanto é preciso começar por se descartar de tudo aquilo de que ele se nutre: *O Teatro Jarry foi criado como reação contra o teatro, e para devolver ao teatro a liberdade total que existe na música, na poesia ou na pintura, e da qual ele até agora foi curiosamente privado* (II, 33)[a]. O que a arte negra fez pela pintura as danças de expressão oriental podem fazer pelo teatro: mesmo antes da revelação do teatro balinês na Exposição Colonial de 1931, um espetáculo de danças cambojanas em Marselha, em 1922, diante de uma reconstituição do Templo de Angkor, havia impressionado profundamente o jovem Artaud[b]. No entanto, no fim de sua existência, ele escreverá que *a dança e por conseqüência o teatro ainda não começaram a existir*[c]. Logo, aos olhos de Artaud, a revolução almejada não aconteceu.

E poderia ter acontecido? Pois não se trata somente de uma revolução cênica, mas de uma reconstrução do homem total. Para nos convencermos disso basta examinar o que o termo "teatro" significa para Artaud. Como vimos, emprega a palavra com valores diametralmente opostos, para designar ao mesmo tempo o que ele rejeita e o que ele deseja instaurar. Essa aparência de desenvoltura semântica não procede de um pensamento vago e vacilante, mas de uma intenção precisa e dinâmica: o que Artaud quer é precisamente revivificar a noção de teatro e restituir-lhe o vigor perdido. Desfazer o teatro, refazer um outro teatro: para ele isso constitui uma única ação, uma única ambição, constantemente manifestada. *Eu tive a fraqueza* — escreve em um momento de desânimo passageiro — *de pensar que poderia fazer um teatro, que poderia pelo menos encetar a tentativa de restituir a vida ao valor universalmente menosprezado do teatro* (II, 21). Perspectiva simples e ativa, mas que engloba os dois objetivos complementares que ainda há pouco apontamos para maior clareza da análise:

1. Acabar de desacreditar as formas atuais do teatro, como bastardas e desnaturadas (*Todos os grandes dramaturgos, os dramaturgos protótipos, pensaram à margem do teatro* — I, 213);
2. Instituir uma concepção radicalmente diferente, de retorno ao teatro primitivo (*O que posso afirmar é que se eu tivesse feito um teatro, o que eu teria realizado seria tão pouco relacionado com aquilo que se tem o hábito de denominar teatro quanto a semelhança entre a representação de uma*

---

a. No mesmo sentido cf. também I, 125 e III, 212; ver igualmente Re I, 233.

b. Segundo M.A. MALAUSSÉNA, *A Torre do Fogo*, dez. 1959, p. 79.

c. "O teatro da Crueldade", *84*, n. 5-6, 1948, p. 127.

obscenidade qualquer e de um antigo mistério religioso — II, 26).

Entre Artaud e os homens de teatro de sua geração, existe, além do mais, uma profunda diferença — é que ele não faz do teatro um fim em si: *O Teatro Alfred Jarry destina-se a todos os que enxergam no teatro não um fim, mas um meio, a todos que se inquietam com uma realidade da qual o teatro é apenas o signo* (II, 27). Precisando ainda mais: *O Teatro Alfred Jarry foi criado para se servir do teatro e não para servi-lo* (II, 31)[1]. Servir-se do teatro, mas para fazer o quê? Para remodelar a vida: *É preciso acreditar num sentido da vida renovado pelo teatro no qual o homem, impavidamente, torna-se o senhor daquilo que ainda não existe, e o faz nascer* (IV, 18). Isto nos conduz à impossibilidade de considerar os escritos de Artaud como um simples breviário de dramaturgia e nos faz lembrar o absurdo que ocorreria caso se isolasse, por exemplo, *O Teatro e seu Duplo* do resto de sua obra.

Mas é precisamente uma visão global de sua obra que nos obriga a nuançar a afirmação precedente. Mesmo no sentido que Artaud lhe confere, o teatro não pode ser considerado como uma simples alavanca, ele adquiriu aos poucos um valor próprio. Tentamos colocar em relevo, um pouco mais acima[a], a identificação progressiva que acabava de se produzir entre o teatro e a vida. Torna-se muito significativo que, nos seus últimos escritos, Artaud fale do teatro exatamente como fala da vida; assim, declara ao mesmo tempo que o teatro *ainda não começou a existir* e que *nós ainda não nascemos*[b]. Teatro, duplo da vida? De fato, no final da trajetória, teatro e vida acabam em uma fusão completa.

UMA PRÁTICA EVIDENTE DO TEATRO

Com o correr dos anos uma curva se inclina, sem que seu objetivo essencial jamais seja posto em questão. Entre o Teatro Jarry e o Teatro da Crueldade podemos observar certas variações, mas quanto ao essencial o projeto permanece imutável. Aí está uma das principais características de Artaud: uma idéia fixa, um projeto intangível, formulado há muito tempo e, ao lado disso, uma extrema mobilidade do processo, uma perpétua renovação das iniciativas, uma progressão caprichosa e ziguezagueante. A melhor ilustração des-

---

[a] . Cf. o desenvolvimento de nosso Cap. 1, item "Da Exigência do Teatro ao Homem-Teatro".
[b] . Citações reproduzidas de *84*, 1948; respectivamente n. 5-6, p. 127, e n. 3-4, p. 54.

sa atitude de Artaud, ao mesmo tempo una e múltipla, é revelada através de sua concepção e prática do "teatro total".

Há uma idéia de espetáculo integral que se deve fazer renascer, diz o primeiro manifesto do Teatro da Crueldade (IV, 17) e o Teatro Jarry, alguns anos antes já havia proclamado: *O que nós queremos é* (...) *ressuscitar esta velha idéia, no fundo jamais realizada, do espetáculo integral* (II, 34)[a]. Manipular todos os meios de expressão ao mesmo tempo era, com efeito, depois de Wagner, o sonho de numerosos criadores. Ora, a atividade de Artaud o credenciava, mais do que qualquer outro, para assumir essa ambição "totalitária".

Atividade multiforme, que se manifestou em todos os níveis no universo do espetáculo, não só no plano do trabalho diretamente cênico como também no plano da criação artística. Verticalmente, pode-se dizer, todos os degraus da escada das atividades foram galgados por ele: ator de teatro e de cinema, cenógrafo e maquetista (com Dullin), assistente de direção (com Jouvet), encenador e diretor de companhia, enfim autor. Acrescentemos que, por volta de 1930, dirigiu a realização de duas breves montagens fotográficas[2] e realizou pessoalmente, em 1934, a iluminação da Sala Pleyel para um recital de uma dançarina peruana (VII, 185, e 436 nota 3). Tudo isso sem esquecer que a irradiação censurada de 1948 tinha sido dotada por ele de um acompanhamento sonoro, cuidadosamente planejado e executado.

Horizontalmente, isto é, ao nível de criação individual, deparamo-nos com a mesma surpreendente diversidade. Ele é o autor de alguns ensaios de "drama mental" (*Paulo dos Pássaros, O Jato de Sangue...* I, *passim*), de um argumento de de pantomima (*A Pedra Filosofal* — II, 83-90), de vários roteiros de cinema (III, 11-69)[3], de um musical extraviado (*Ventre Queimado* ou *A Mãe Louca*)[b], de um libreto de ópera (*Não há mais Firmamento* — II, 91-108), de uma pequena peça reencontrada (*Samurai* ou *O Drama do Sentimento* — cf. Re. I, 381), de um roteiro de teatro (*A Conquista do México*)[c], de uma tragédia representada (*Os Cenci*), de uma tragédia extraviada (*Atreu e Tieste*)[d], de uma irradiação interditada (*Para livrar-se do Julgamento de Deus*). E note-se que não levamos em conta, nessa enumeração, sua atividade crítica (comentários de peças e de filmes, publicados em várias revistas), de suas apresentações em público como conferen-

---

a . Sublinhado por Artaud.
b . Ver no nosso Apêndice o roteiro de *Ventre Queimado,* reconstituído por Robert Maguire a partir de depoimentos orais. Cf. também II, 264, n. 18.
c . Ver esboço desse roteiro em *Crueldade II,* IV, 151-153 e roteiro completo em V, 21-29.
d . Ver "A Propósito de uma Peça Perdida", II, 185-191 e 279, n. 76.

cista[4] ou como leitor (*Ricardo II*)[a], realizações que, sem a menor dúvida, tinha estreita ligação com o teatro.

Em conclusão, esta lista é um meio suplementar para comprovar que sendo o "espetáculo integral" um sonho inatingível (O Teatro Jarry e *Os Cenci* não passam de tentativas), Artaud levou a vida constituindo esses elementos sucessivos. E por isso é preciso levar em conta sua vida, tomada como um todo, como a obra que mais de perto se aproxima de sua visão do teatro. *Tenho algo precioso a encontrar,* escreveu a Barrault do México (1936). *Quando eu o tiver nas mãos poderei automaticamente realizar o verdadeiro drama que devo fazer, desta vez com a certeza de conseguir,* e acrescenta à margem desta nota reveladora: *Não se trata talvez de teatro sobre o palco*[b]. Foi como se o fracasso de *Os Cenci* lhe tivesse feito compreender que há um conceito de teatro a ser realizado fora do teatro. Para alcançar enfim o *espetáculo integral* é preciso renunciar ao palco. O "verdadeiro drama" do qual ele fala a Barrault — seja o "drama mental" de seus primeiros ensaios ou o drama projetado na vida dos seus últimos anos — é aquele que leva o teatro a romper com suas limitações.

"Drama" constituiria aliás uma palavra mais apropriada do que "teatro" para designar o projeto de Artaud. O termo pode abarcar todas as atividades criadoras acima enumeradas e se estender mais além. De fato, não existem diferenças fundamentais entre essas tentativas, aparentemente realizadas em ordem dispersa. Precisando melhor: as similitudes temáticas são evidentemente numerosas e isso não é de se admirar, sobretudo num homem que passa a vida proclamando sem cessar seu sofrimento e suas obsessões. Mas ao lado dessas semelhanças inevitáveis, aparecem outras, ao nível das formas que são menos esperadas, tratando-se de meios de expressão profundamente diferentes. Pode-se muito bem comparar, por exemplo, *A Revolta do Açougueiro*, roteiro de cinema (III, 46-52) e a pantomima *A Pedra Filosofal* (II, 83-90). As duas obras procedem evidentemente de uma mesma relação entre os gestos e as imagens, por um lado, e do uso muito restrito da palavra, por outro. Mesmo que os ingredientes variem de uma obra a outra, a relação entre ambas permanece constante. Da mesma forma, e apesar da divergência dos temas, pode-se detectar entre *A Concha e o Clérigo* (III, 21-29) e *A Conquista do México* (V, 21-29), surpreendentes parentescos formais no recurso ao irreal e ao fantástico[c]. A tal ponto que esta última obra, para o leitor fascinado, se desenrola quase

---

a . Leitura de *Ricardo II* e *A Conquista do México*, feita na casa de Lise Deharme em 6.1.1934. Cf. V, 217 e s., 316-318 e nota da p. 352.

b . Carta de 17.6.1936 (palavras sublinhadas por Artaud) reproduzida em *Cartas de A.A. a J.L. Barrault*, p. 105; cf. também *Tar.* 152.

c . Sobre esse parentesco falaremos mais adiante.

como que uma espécie de filme surrealista[5].
Seria fácil multiplicar as semelhanças. Os gêneros, para Artaud, não têm fronteiras. E ele se afastará do cinema porque *o mundo cinematográfico é um mundo morto, ilusório e fragmentado* (III, 97), bem como se afastará do teatro tradicional após o malogro de *Os Cenci*, a fim de procurar no México meios de realizar o "verdadeiro drama". Drama que será desempenhado ao vivo nesses anos que virão. Depois que o teatro rompe com suas limitações, o corpo e a vida de Artaud concretizarão, depurando-a, a velha ambição do espetáculo integral.

DADOS PERMANENTES DO PROJETO DE ARTAUD

Já admitimos que uma fragmentação analítica do pensamento teatral de Artaud[a] trairia seu profundo dinamismo. Somos forçados desde já a tentar novas abordagens. Sob esse prisma o método mais despretensioso poderia ser aquele que oferecesse maiores possibilidades de não trair seu objetivo. Retornemos, pois, a uma leitura detida das obras. Conduzido com suficiente cuidado, esse procedimento desencadeará algumas revelações imediatas. Veremos ressaltarem certas constantes e retornarem incessantemente certas obsessões. Umas já são conhecidas dos exegetas, outras serão desvendadas e podem ajudar nossa busca. Cada uma delas deverá ser estudada de perto.

Não é certamente inútil começar mencionando as constantes explícitas e declaradas, as mesmas que Artaud tomou como emblemas. Ainda que ele tenha multiplicado as definições e colocações relativas à noção do Duplo e sobretudo a da Crueldade, elas são ainda mal compreendidas e escandalosamente falsificadas. Recordemos, portanto, brevemente, que valor Artaud lhes atribuía. O resto depende disso.

A crueldade

É uma das constantes melhor demonstradas e que reaparece em todas as etapas da vida de Artaud. O primeiro manifesto do Teatro Jarry (1926) já apresenta, sem citar a palavra, uma definição muito precisa da crueldade e de seu duplo aspecto: *Jogamos nossa vida no espetáculo que se desenrola no palco; e para o espectador, seus sentidos, sua carne, estão em jogo (...). Ele deve ser convencido de que nós somos capazes de fazê-lo gritar* (II, 13-14). Vinte anos mais tarde Artaud intitula "O Teatro da Crueldade" um de seus últimos escritos e define esse teatro como
  a afirmação

---
a . Ver levantamento provisório indicado nas pp. 36-37.

*de uma terrível
e, aliás, inevitável necessidade*[a].

Entrementes houve, é claro, os manifestos do Teatro da Crueldade, mais tarde os insucessos e o internamento, e a idéia de crueldade progressivamente se aguçou e exasperou, mas, fundamentalmente, ela não se modificou.

Poderíamos nos limitar a remeter agora o leitor a uma página capital de "Acabar com as Obras-primas" (IV, 95), às três "Cartas sobre a Crueldade" inseridas em *O Teatro e seu Duplo* (IV, 120-124) e sobretudo ao começo da terceira das "Cartas sobre a Linguagem" (IV, 136-137). Aí tudo é dito. Tentemos porém dissipar o equívoco ainda reinante, apesar dos esforços de Artaud para destruí-lo no embrião. Há quem afete ainda hoje acreditar que o Teatro da Crueldade signifique teatro de terror e de sangue. O Grand-Guignol, em resumo. Ora, não se trata absolutamente de uma crueldade física ou mesmo moral, mas, antes de tudo, de uma crueldade ontológica, ligada ao sofrimento de existir e à *miséria do corpo humano*[b].

Precisemos um ponto: essa crueldade não exclui sistematicamente a primeira; pode eventualmente recorrer ao horror, ao sangue derramado, etc., mas ela não se detém jamais nessa etapa provisória e limitada porque é de essência metafísica. No teatro, segundo Artaud, *pode* haver sadismo, assassinatos, atrocidades, mas não necessariamente, e caso eles ocorram apenas abrem caminho a um mal muito mais fundamental.

Essa visão da condição humana em uma perspectiva de contínuo dilaceramento pode ser denominada gnóstica. Artaud, que aliás emprega a palavra (IV, 112), prende-se aos fundamentos do gnosticismo na medida em que, como os gnósticos, considera o universo em termos de dualismo e concebe a matéria — e, principalmente, o corpo humano — como essencialmente mau. Existe uma maldade cósmica contra a qual a arma de Artaud é o teatro da crueldade: *A guerra que pretendo fazer provém da guerra que fazem a mim* (*Serafim*, IV, 176).

Tudo procede disto: da vontade de não perdoar nada e de enfrentar por si mesmo os riscos, o que já aparece no Teatro Jarry (cf. *supra: Nós jogamos nossa vida...*); o rigor, quase científico de um método preciso, que não existia no Teatro Jarry (cf. *supra*) e que visa à eficácia terapêutica por meio de um *tratamento cruel;* a procura das contradições destruidoras através de recurso sistemático à dissonância[c]. A

---

a . O Teatro da Crueldade, *84*, n. 5-6, 1948.
b . *Ibid.*
c . A dissonância é uma das principais constantes de Artaud, como veremos adiante.

crueldade é portanto a expressão do conflito primordial e incessante que dilacera o homem e o mundo.

Mas para além dessa guerra de extermínio existe também a avidez de reconstruir um homem novo, um corpo puro, enfim. Os últimos textos de Artaud exprimem sem trégua a convicção de que *o teatro é na realidade* a gênese *da criação (Jug.* 108). Não que ocorra a evolução de uma idéia da crueldade a uma outra: a ânsia destruidora e o esforço empregado para chegar até o embrião inicial consistem ainda aqui em uma única e mesma operação. *Façam dançar enfim a anatomia humana*[a]. Simplesmente o Artaud dos últimos anos enfatiza mais e mais a necessidade da reconstrução do homem. Reconstrução cujos primeiros fundamentos não tinham sido colocados na época de *O Teatro e seu Duplo*, a não ser em *Um Atletismo Afetivo* e sobretudo em *O Teatro de Serafim*.

Assim, quaisquer que sejam as afinidades entre Artaud e Lautréamont, existe uma profunda diferença entre o teatro da crueldade e a célebre frase de Maldoror[b]. O termo resume Artaud e é talvez a melhor chave para penetrar não somente nos seus escritos mas na totalidade trágica de sua aventura. Um estudo aprofundado da crueldade[c] mostraria que ela ultrapassa de muito a idéia de teatro, ou melhor, que o teatro concebido por Artaud tem pouco a ver com o teatro tradicional.

O duplo

Não fosse a evidência em que foi colocada a fim de designar a coletânea dos textos maiores, a noção de *Double* seria menos conhecida pelos leitores de Artaud do que a noção de Crueldade e poderia parecer menos essencial[6]. Acrescentemos que na maioria das vezes é mal compreendida e que comumente se é vítima da mesma redução simplificadora que a crueldade.

Ocorrem três espécies de interpretação, conscientes ou não. Explicação ao nível de uma tendência esquizofrênica, em primeiro lugar: constantemente dividido contra si mesmo, Artaud é levado a ver o mundo e a si próprio em termos de dualidade, como lembramos há pouco; ele também introduz nas suas encenações personagens fictícias, sob a forma de manequins, que representam os duplos das personagens[d].

a . O Teatro da Crueldade, *84,* 1948, n. 5-6, pp. 121-130.
b . "Eu emprego meu gênio em pintar as delícias da crueldade!" (Canto I, seção 4; Lautrémont, *Obras Completas,* Livre de Poche, p. 38.
c . Cf. V. NOVARINA, *A.A. Teórico do Teatro,* pp. 97-109 e 121 e ss.
d . Cf. projeto da encenação para *A Sonata dos Espectros,* II, 113, 124. Ver também o item "Os Manequins", pp. 60-61.

Segunda explicação: a atração pelas doutrinas ocultistas. É certo que as referências constantemente feitas à magia, ou melhor, a ligação estabelecida entre o teatro e a alquimia conferem algum crédito a essa interpretação. Por fim uma última explicação, a mais corrente, recorre à expressão poética: Artaud define o teatro, tal como ele o encara, através de toda uma série de duplos (a peste, a alquimia, uma tela de Lucas de Leyde, etc.), que constituem igualmente metáforas sugestivas. E isso vem de encontro à tese tradicional segundo a qual Artaud é bem menos um teórico do que um poeta do teatro.

Se bem que exista algo a ser extraído de cada uma dessas hipóteses, nenhuma dá conta da importância capital que reveste a noção de Duplo. Retomemos os dados. O texto básico é, evidentemente, a famosa carta a Paulhan, na qual Artaud justifica a escolha de seu título: *Se o teatro é um duplo da vida, a vida é um duplo do verdadeiro teatro* (V, 272, 25.1.1936). Outro texto essencial, e muitas vezes citado é o que abre *O Teatro Alquímico:* o teatro

deve ser considerado como o Duplo não desta realidade cotidiana e direta, da qual ele, aos poucos, se reduziu a ser uma cópia inerte, tão vã quanto adocicada, mas de uma outra realidade perigosa e típica, na qual os Princípios, tais como os delfins, no instante em que mostram suas cabeças se apressam em retornar à obscuridade das águas (IV, 58).

O inegável sucesso estilístico desse período sem dúvida prejudicou Artaud[7]; são frases desse teor que difundiram a idéia de um criador irremediavelmente poeta, no sentido tradicional, enamorado das metáforas e de uma bela linguagem, de um encanto todo especial. Basta ler um pouco Artaud para se constatar que a noção de *Double* não se esgota na referência platônica a uma realidade transcendente e invisível.

Para esclarecer o que é o Duplo pode-se começar por dizer o que ele não é. Não se trata de uma imagem, nem de um reflexo. A peste, por exemplo, não é a imagem do teatro, ela *é* o teatro. Da mesma forma o teatro *é* metafísico do mesmo modo como *é* alquímico. Entre o teatro e seu Duplo não se estabelece uma relação simplesmente metafórica e verbal, mas uma relação de identidade. Corolário: o próprio teatro não é mais um patamar, um meio de ascender a um mundo superior, até então inacessível, mas um resultado; ele constitui uma forma da verdadeira vida que é uma vida renovada. Os Duplos, com efeito, são múltiplos e se entrecruzam indefinidamente.

Com isso a noção de *Double* se revela complementar à de crueldade. "Para além da Crueldade, há o Duplo, escreveu V. Novarina; além dos choque e das dissonâncias, há todo um mundo de analogia e de correspondências (...). Se, através da Crueldade, Artaud quer juntar a divisão, a contradição, o

Perigo, a fim de livrar o homem de sua letargia, pelo Duplo — que se tornou o princípio da linguagem por correspondência e por signos — ele quer tornar sensível a unidade múltipla da vida"[a]. O teatro concebido por Artaud é, portanto, *"um teatro de ambivalência; nele a ilusão é verdadeira, a destruição construtiva e a desordem ordenada*[b]. A partir daí tal ambivalência — anarquia misturada ao rigor — nos conduz à forma acima citada que faz do teatro "a gênese da criação".

O teatro segundo Artaud é o lugar onde se resolvem as antinomias. Deve-se lembrar que a determinação desse lugar ideal era a função que Breton assinalava ao movimento surrealista[c]. A idéia do Duplo não está certamente desvinculada da idéia surrealista, mas ela a ultrapassa consideravelmente. O surrealismo prende-se, antes de mais nada, à atividade do psiquismo, enquanto que o teatro proposto por Artaud[d] se refere ao homem integral. Trata-se de um teatro no qual o jogo dos Duplos se associa à empresa da Crueldade.

O transe

Um outro dado pode parecer essencial à apreensão correta das visões teatrais de Artaud: o transe. O próprio termo raramente aparece nos seus textos (dez vezes somente, em *O Teatro e seu Duplo*), mas somos tentados a pensar que o transe é o estado lógico para o qual deve tender o ator do Teatro da Crueldade. Vivendo sempre em estado de extrema excitação, Artaud parece o modelo designado para encarnar um tal ator. Hipótese de trabalho que convém verificar.

Notemos em primeiro lugar que Artaud não emprega o termo *transe* para designar um certo desempenho do ator. Quando não é um simples *instrumento* (IV, 118), o ator é apresentado como *um atleta do coração* (IV, 154), o que importa em acentuar uma espécie de ascese imposta e em excluir todo delírio anárquico. Dentro dessa perspectiva, o transe é recusado como derrisório e a palavra empregada deliberadamente em sentido pejorativo. *Eu não fui lá como um cabotino criador de transes,* escreve Artaud a Maurice Saillet em 1947[e]. Ele está se referindo ao memorável encontro no Vieux-Colombier, onde, no entanto, para muitos ele pareceu um homem literalmente fora de si. Por isso poderia nos causar admiração esse menosprezo manifestado em relação ao transe.

---

a . V. NOVARINA, *A.A. Teórico do Teatro*, pp. 114-117.
b . *Ibid.*, p. 118.
c . A. BRETON, *Segundo Manifesto do Surrealismo*, 1930; Col. Idées, N. R.F., p. 76.
d . Ver no Cap. 3 o item sobre Artaud e o surrealismo.
e . Cartas a Maurice Saillet, *K*, n. 1-2, 1948, pp. 108-114.

Pode mesmo parecer estranho que Artaud evite fazer referência ao culto dionisíaco, que poderíamos supor próximo de suas vistas. Um tal culto, com efeito, provoca, "êxtase, participação mágico-religiosa em um estado de entusiasmo, centrada sobre os participantes cujos espíritos a ela se entregam; é essa 'presença-presente' menos do homem do que do seu *double* original (...) que anima tudo" (R. Maguire)[a]. Lendo essa descrição do transe dionisíaco pergunta-se: por que Artaud não faz nenhuma menção a Dionísio, ao mesmo tempo em que se apóia sobre os balineses?

É porque o dionisíaco implica delírio desregrado improvisação e anarquia, e Artaud insiste em promover um teatro onde nada será *deixado ao acaso ou à iniciativa pessoal* (IV, 69). O próprio termo *transe* lhe parece perigoso na medida em que sugere uma magia ocasional a qual precisamente Artaud não aceita mais. O essencial, a seus olhos, será daí em diante o ritual de uma ação, perpetuamente controlada. O transe não é negado, mas ele não se apodera do ator, agora dotado de um estatuto rigoroso e de um método científico. Ele fará nascer o transe mas não se imergirá nele: *Saber de antemão os pontos do corpo que é preciso tocar, é induzir o espectador em transes mágicos* (IV, 182; *Serafim*).

Artaud e a linguagem: problema sempre renovado. Concretamente, a dificuldade nasce do emprego que ele faz das mesmas palavras — teatro, ator, vida... — com conotações profundamente diferentes. Que é o transe? Para os ocultistas e etnólogos é uma espécie de estado no qual certas práticas religiosas ou hipnóticas envolvem o homem até que ele pareça dominado por uma força superior. Releiamos agora o "Rito do peyotl" em *A Viagem ao País dos Tarahumaras*. Artaud descreve uma cerimônia de iniciação durante a qual os dançarinos absorvem o peyotl *a fim de entrar em transe através de métodos calculados* (*Tar*. 12). É exatamente a definição de transe que acabamos de relembrar. Da mesma forma, no final de *Acabar com as Obras-primas*, esse apelo *a um teatro que induza ao transe como as danças dos dervixes e aissauas induzem ao transe* (IV, 99). Com efeito, assim compreendido, o transe religioso das populações primitivas se casa perfeitamente bem com os objetivos assinalados ao teatro da crueldade.

Entrar em transe através de métodos calculados: essa visão se opõe à idéia corrente segundo a qual o transe é uma histeria descontrolada, perturbação cega de um organismo que não se governa mais. O estudo das sociedades primitivas provou que as coisas não se passavam assim e confirmou a intuição de Artaud. Pois os fenômenos de possessão que nós

---

a . ROBERT MAGUIRE, *Le Hors-Théâtre*, p. 409.

denominamos transe obedecem a ritos religiosos precisos, como se pode ver em *Os Mestres-loucos* (1955), o surpreendente filme de Jean Rouch[8]. As possessões rituais "são provocadas por uma cultura da qual não podemos dissociá-las, e elas estão *previstas* no desenrolar da liturgia"[a]. Assim, diante dos dançarinos balineses, Artaud pode ter sido envolvido ao mesmo tempo pelo espetáculo de *guerreiros em estado de transe* (IV, 65) e por uma *adorável e matemática minúcia* (IV, 69); os fatos não são de modo algum deformados em função de uma tese e a observação é etnologicamente impecável, apesar da ignorância confessada de uma civilização ancestral.

O que entusiasma particularmente Artaud no espetáculo dos balineses é que, ao contrário de todo o teatro ocidental, ele encerra *uma lição de espiritualidade* (IV, 68). É justamente essa a originalidade das danças religiosas de possessão em relação a certas formas atuais de liberação coletiva das energias (danças modernas, *happenings*, manifestações exageradas de entusiasmo despertadas por ocasião de competições esportivas ou nas apresentações de ídolos da canção); estas constituem geralmente um fim em si mesmo, aquelas implicam um prolongamento, uma superação metafísica; o verdadeiro transe é sempre religioso, até mesmo místico; estabelece uma aliança com as forças superiores. Entramos em cheio no universo de Artaud.

Mas o importante é que, mesmo sendo religioso, o transe parece próximo também do teatro. Tem-se muitas vezes comparado a possessão que anula a personalidade do dançarino, com a alienação do ator[b]. Os etnógrafos têm enfatizado o caráter de representação dos fenômenos de possessão; Michel Leiris igualmente[c]. Descobriu-se que a representação não é uma característica acrescentada à experiência da possessão, uma "simulação marginal", mas um componente essencial dessa experiência. Dado em espetáculo, o transe não adquire somente uma eficácia suplementar; ele permite ao indivíduo descobrir e conquistar seu "eu" separado. "Através do transe" escreve Jean Duvignaud, "o indivíduo se oferece ao mesmo tempo a imagem de um papel possível e a força de antecipar-se ao tempo da sociedade na qual está inserido"[d].

No transe religioso das sociedades primitivas — e mesmo no transe estático dos místicos cristãos[e] — esse caráter espeta-

---

a . YVES LORELLE, "Transe e Teatro", *Cahiers Renaud-Barrault*, n. 38, abr. 1962, p. 67.
b . Cf. YVES LORELLE, *ibid*.
c . Cf. MICHEL LEIRIS, *A Possessão e seus Aspectos Teatrais entre os Etíopes de Gondar*, Plon, 1958.
d . J. DUVIGNAUD, Existência e Possessão, *Critique* 142, mar. 1969, p. 262.
e . J. DUVIGNAUD, *ibid.*, p. 266.

cular se torna indissociável do resto da experiência. Paralelamente, conhecemos a impossibilidade de separar em Artaud o teatro da vida: sem a presença constante e ativa do teatro o homem e o "poeta" permanecem ininteligíveis.

Assim também a idéia de alienação não é para ele uma formulação cômoda e vagamente simbólica como se tornou para nós. Trata-se na verdade de mudar de pele, de se deixar habitar pelas forças mágicas, como no transe dos ritos de possessão. Ao que o ator de hoje, amedrontado, se recusa. Todo o esforço de Artaud visa derrubar essa barreira do medo. É preciso portanto admitir que, mesmo rejeitando às vezes a palavra, o transe está no âmago de sua visão e de sua prática de teatro.

AS OBSESSÕES: TEMAS E PROCEDIMENTOS

Para além das constantes verificadas e comprovadas começa uma zona ainda mal explorada: a das obsessões e dos retornos. Um número elevado de formulações reaparece freqüentemente na pena de Artaud. O mal de que ele padece, a luta incessante à qual se deve entregar para anular a solidão e convencer os outros dos fundamentos de sua revolta, a resistência e a inércia com as quais se defronta, mesmo entre as melhores pessoas, tudo o conduz à reafirmação lancinante de cada idéia. Mesmo quando não fala diretametne de seu mal, mostra-se sempre cauteloso ao formular suas afirmações de vinte maneiras diferentes, prevendo as possíveis objeções, acumulando imagens explosivas, mudando sem cessar o ângulo de ataque. Com esse procedimento, é inevitável que reapareçam amiúde em seu discurso as imagens e volteios que melhor refletem o seu eu profundo.

Seria possível arrolar todas as constantes? Nosso propósito será sobretudo de sondar atentamente um pequeno número delas. Mas é certo que o levantamento metódico das freqüências verbais no conjunto da obra forneceria ao pesquisador um rico material[9]. Permitiria principalmente estudar como Artaud utiliza a linguagem do corpo e a linguagem do conflito ou a do suplício, que são para ele instrumentos prediletos. Constataríamos também que seu vocabulário se prende muitas vezes às mesmas famílias semânticas: o fogo, por exemplo (queimar, calcinar, chama, incêndio...) ou a epidemia (contágio, lepra, peste, vírus...). Se se ultrapassa agora as palavras e seu poder evocativo, vê-se alguns temas reaparecerem periodicamente.

O incesto

O tema mais notável e freqüente é talvez o do incesto. *Os Cenci* são os seu coroamento, pois o mal aí se propaga como uma gangrena, atingindo não somente o herói, mas também sua filha Beatriz e mesmo o jovem Bernardo. Heliogábalo também é incestuoso. Mas bem antes de *Heliogábalo* e de *Os Cenci* muitos textos de Artaud se referiam ao incesto. Não nos é indiferente saber como.

A palavra é pronunciada rapidamente (I, 76 e Re. I, 91) em *O Jato de Sangue*, e a peça, na sua brevidade provocante, aborda entre outras coisas um assunto muito próximo do tema do incesto: "O encontro brutal do amor-pureza, do amor virginal, com uma sexualidade monstruosa, repugnante[a]". Mais tarde, em "O Teatro e a Peste", Artaud estudará (IV, 34-36), a *Anabela* de Ford — onde se descreve o amor incestuoso do irmão pela irmã — como *um exemplo da liberdade absoluta na revolta*. O mesmo ocorre com "A Encenação e a Metafísica", e o comentário inicial ao quadro de Lucas de Leyde *Lot e suas filhas*, acentua *o caráter profundamente incestuoso do velho tema que o pintor desenvolve em imagens apaixonadas* (IV, 41). Quando Artaud se propõe liquidar com *as obras-primas* e quer referir-se a uma grande obra do teatro antigo, o primeiro exemplo que lhe vem à mente é o do *Édipo Rei*: *No Édipo Rei há o tema do incesto e a idéia de que a natureza zomba da moral* (IV, 90)[b].

A freqüente recorrência desse tema nos escritos de Artaud não se deve evidentemente a um acaso; denota mesmo um interesse constante. Por que essa obstinação? Ela responde superficialmente a uma necessidade de revolta contra a moral e o estatuto social; ao desejo de alcançar enfim uma vida liberta; à vontade de escolher uma situação onde explode exemplarmente a pressão exercida sobre o inconsciente. O incesto é o que melhor caracteriza a violência feita ao nosso ser profundo. Mas esta explicação não satisfaz. Pressente-se que a atitude de Artaud não conduz a uma simples catarse e que ela visa ao mais alto. Sua orientação pode mesmo ser qualificada como metafísica. "Metafísica porque o incesto questiona os fundamentos da sociedade", escreve Gérard Lieber[c], citando a demonstração de Claude Lévi-Strauss, para quem a proibição do incesto constitui "o passo fundamental graças ao qual, pelo qual, mas sobretudo no qual se processa a passagem da

---

a . GÉRARD LIEBER, *A.A., Homem de Teatro*, p. 34.

b . O freqüente recurso a esse tema em *O Teatro e seu Duplo* teria sido encorajado pelo teatro da época? No decorrer do ano de 1932 — dirá Artaud em 1936 ("O Teatro de Após-Guerra em Paris", *Cahiers Renaud-Barrault*, n. 71, p. 18) — "Pôde-se ver a manifestação, em diversas peças, de uma *verdadeira obsessão pelo incesto, e em obras como* Os Criminosos *e* Os Males da Juventude, *de Bruckner, chega-se até mesmo às raízes da moral e do desespero de viver*.

c . G. LIEBER, *ibid*., pp. 51-52.

natureza à Cultura[a].

Resta resolver a principal dificuldade: como conciliar essa insistência colérica em um desvio sexual caracterizado com o horror constantemente manifestado em Artaud pela sexualidade? Não é preciso recorrer à psicanálise para se ter a chave dessa contradição aparente. É o próprio Artaud quem nos fornece a explicação: à imagem de Satã-Fogo, *ele (o sexo) separa e se separa, ele desune e queima a si mesmo, o que ele queima é ele mesmo, ELE SE PUNE*[b]. A verdadeira obsessão não é o sexo, mas a pureza. Exigência de um corpo enfim puro. Para atingir esse fim é preciso castigar-se, destruir em si mesmo a mácula. Daí provêm – outras constantes — a obscenidade, a imundície, a fecalidade, espalhadas com abundância em seus escritos[10], por necessidade de expiação. Não seria exagero falar-se de um catarismo de Artaud.

A roda

Outra obsessão notável: o tema da roda, ou mais acertadamente, do movimento circular, da gravitação. Ele ocorre logo de início, já nas obras da juventude; um dos poemas de *Tric-trac do Céu* intitulado "Neve" termina com *essa roda que gira em êxtase* (I, 349 e Re. I, 254). *Essa inefável roda* e seu *círculo de êxtase* retorna no fim de "A Assunção" (I, 163 e Re. I, 229). Em *O Jato de Sangue*, já citado, Artaud nos faz *ouvir o barulho de uma imensa roda que gira e expele vento*[11] (I, 75 e Re. I, 89). Roda que reaparece no final de *Os Cenci* para o castigo da homicida: *No teto do teatro uma roda gira sobre um eixo que transpassa seu diâmetro. Beatriz, suspensa, pelos cabelos, é empurrada por um guarda que lhe puxa os braços para trás, e caminha na direção do eixo da roda. A cada dois ou três passos que ela dá, ouve-se um grito em meio ao ruído de um cabrestante, de uma roda que gira, ou de vigas que se afastam*[12] (IV, 263).

Essa imagem de tortura lembra o suplício mitológico de Ixion. "O suplício da roda" — escreveu Pierre Jean Jouve — "existia desde o começo e antes do começo: ele é eterno"[c].

a . CLAUDE LÉVI-STRAUSS, *As Estruturas Elementares do Parentesco*, P.U.F., 1949, p. 30. Ver também no novo teatro inglês o retorno aos temas do incesto e do homossexualismo que, como o do infanticídio (cf. *Saved*, de EDWARD BOND, 1965), propõem uma transgressão muito mais radical dos tabus e das leis em vigor do que o tradicional adultério burguês, afinal de contas bastante tranqüilizador.
b . A. ARTAUD, *Vida e Morte de Satã-Fogo*, ed. Serge Berna, Arcanes, p. 36.
c . P.J. JOUVE, *Crítica de Os Cenci*, N.R.F. de 1.6.1935. Ver o texto integral em nosso dossiê anexo. A propósito do emprego dessa imagem em *Os Cenci* notar que Artaud recorre freqüentemente, para descrever seu próprio drama, ao vocabulário das torturas: roda, torniquete, tenazes (Re. I, 151).

Além disso, a visão concreta dessa roda, no fim da tragédia, resumia e definia o estilo adotado por Artaud em toda a encenação.

Para defini-la, recorre à palavra "gravitação":

Eu impus à minha tragédia o movimento da natureza, essa espécie de gravitação que move as plantas e os seres como as plantas e que encontramos fixada nas convulsões vulcânicas do solo (V, 45).

Um mês mais tarde, após o fracasso, sentindo que essa noção de gravitação fora mal compreendida pela crítica e pelo público, ele clarificou suas intenções:

Se Orsino descreve círculos de aves de rapina ao redor dos grupos que ele anima, dos personagens que, individualmente, ele comove; se Camilo e Orsino volteiam e se agitam ao redor de Giacomo (...) como o hipnotizador de circo em torno de um espectador que ele quer dominar; (...) se os guardas velados giram em círculo e se deslocam como as horas; se eles retornam sucessivamente aos seus lugares com o ritmo de um pêndulo: aí está essa gravitação secreta da qual poucos perceberam a sutileza (V, 59).

Assim, toda essa mobilidade circular culmina logicamente na roda do suplício final. *Os Cenci* são por excelência a peça do círculo[13].

Uma pesquisa sistemática traria seguramente à luz outras provas dessa obsessão. Notar-se-ia por exemplo que Artaud preconiza para o teatro da crueldade *um espetáculo giratório* (IV, 103) e que ele propõe colocar o espectador *no meio da ação* para que este seja *envolvido e marcado por ela* (IV, 115). Recordaremos também certas práticas às quais Artaud se entregava, sobretudo em Rodez, na presença de testemunhas que na maioria das vezes só enxergavam nelas charlatanismo ou afetação[a]: ele circulava em torno de uma cadeira ou de uma mesa salmodiando palavras de sortilégio, segundo um ritual que lhe era peculiar. Observância do anel mágico? Sabe-se da importância do círculo no domínio da magia: perfeição da linha circular, que constitui uma forma imutável e infinita. Nada impede absolutamente de ver na onipresença da roda uma sobrevivência inconsciente dos velhos mitos, e singularmente um retorno ao rito das ressurreições solares, como sugere Gérard Lieber, que se apóia em Mircea Eliade[b]. Enfim, é permitido pensar, como Siegfried Kracauer, que o círculo é o símbolo do homem às voltas com o caos[c],

---

a . Cf. FRÉDÉRIC DELANGLADE, *A Torre do Fogo*, dez. 1959, p. 75.

b . G. LIEBER, *ibid.*, p. 83. MIRCEA ELIADE, *Tratado da História das Religiões*, Paris, Payot, 1959, p. 135.

c . S. KRACAUER, *De Caligari a Hitler*, Princeton, 1947; tradução italiana. *Cinema Alemão* (1918-1933), Ed. Mondadori, 1954.

DA CONDENAÇÃO DO TEATRO OCIDENTAL... 53

porque seu esforço se encaminha para a forma perfeita e acaba, assim como ele tende para a unidade desaparecida.

Os manequins

Depois dos temas privilegiados do incesto e da roda, uma terceira constante chama a atenção do leitor de Artaud que seja um pouco observador: o recurso sistemático aos manequins, preconizado nos manifestos, sugerido nas obras escritas para o teatro e nos projetos de encenação, aplicado concretamente em quase todos os espetáculos montados por Artaud.

Impossível enumerar todos os exemplos. Observaremos unicamente que o uso dos manequins, recomendado desde a época do Teatro Jarry (II, 47), é retomado com insistência no primeiro manifesto do Teatro da Crueldade (IV, III, 116, 117); que Artaud efetivamente recorre aos manequins em *Os Mistérios do Amor, O Sonho* e *Os Cenci;* que prescreveu sem emprego em *A Sonata dos Espectros* e que o texto *A Pedra Filosofal* encoraja a sua utilização. Além do mais, nos seus projetos pretendia conferir maior amplitude a tal procedimento. Passemos ao julgamento.

Quando assistiu Jouvet no Teatro Pigale, Artaud não hesitou em lhe propor (para *A Doceira da Aldeia,* de Alfred Savoir) uma fórmula de encenação bastante inesperada:

O que acharia você, para a cena do sonho final, de uns vinte manequins de cinco metros de altura, dos quais seis representariam as personagens mais características da peça, com seus traços salientes, aparecendo de repente e bamboleando com um ar solene ao ritmo de uma marcha guerreira propositadamente estranha, repleta de consonâncias orientais, acompanhada de estouros de fogos de Bengala e de rojões? Cada uma destas personagens poderia ter consigo um atributo e uma dentre elas carregaria, por exemplo, o Arco do Triunfo sobre seus ombros (III, 284).

Finalmente o ápice dessa escalada — o primeiro manifesto do Teatro da Crueldade aconselha para o cenário o emprego de *manequins de dez metros de altura representando a barba do Rei Lear na tempestade* (IV, 117).

Parece difícil deixar de sublinhar a qualidade de humor peculiar a Artaud, esse tom de jogo, de distância tomada em relação a sua personagem, sobre os quais insistem quase todos os que dele se aproximaram, e sobretudo Jean-Louis Barrault e Arthur Adamov[14]. Assim sendo, o humor e uma certa necessidade de aturdir ou amedrontar não explicam tudo. Mesmo a constância do emprego de manequins nas encenações e os escritos ressalta à saciedade uma intenção deliberada, não um simples artifício jocoso. Intenção, e até mesmo estratégia que parece se exercer em vários níveis.

Ao nível mais simples a utilização dos manequins permite uma evidente economia de figurantes [15], na medida em que apresenta personagens mudas, praticamente imóveis, como os doentes prostrados no quadro de *O Sonho* de Strindberg. Outra vantagem: ela autoriza a erupção do fantástico e do burlesco, por exemplo, na pantomima intitulada *A Pedra Filosofal*, quando Arlequim engravida Isabela e retira de sob seu traje um pequeno manequim, que é uma réplica do doutor ou, então, quando o doutor corta a machadadas os "pacientes" para suas experiências sádicas (II, 83-90). Mas trata-se aí apenas de um nível elementar de utilização. Outros diretores recorreram a isso ou poderiam tê-lo feito[16].

O que é característico de Artaud e só a ele pertence é a maneira, num segundo nível, de empregar os manequins para figurar os duplos das personagens reais[a]. O procedimento intervém com o máximo de clareza no projeto da encenação da *Sonata dos Espectros* (II, 113 e s.). Somos advertidos de improviso de que as personagens podem ser substituídas
por seus duplos inertes, sob forma, por exemplo, de manequins que vêm, de repente, tomar seus lugares.

Mais adiante descobrimos repentinamente
ao lado de cada personagem uma espécie de duplo vestido como eles. Todos esses duplos, caracterizados por uma mobilidade inquietante e representados (pelo menos alguns dentre eles) por manequins, desaparecerão lentamente, mancando, enquanto que todas as personagens se agitam, como que despertadas de um sono profundo (II, 120).

Será preciso especificar que nada disso tudo ocorre em Strindberg, exceto talvez o fato de que determinada personagem da peça (a leiteira) é visível unicamente para uma outra(o estudante)? A bem dizer, pouco importa saber em que medida Artaud traiu Strindberg, posto que uma sistemática traição aos autores entrava explicitamente no programa do Teatro Alfred Jarry. Um universo imaginário é aqui criado a partir de um processo simples, que figurava de longa data na mitologia e na literatura germânicas[17], e essa materialização de *doubles* por Artaud reordena uma visão do mundo e do homem, que sabemos ser dualista e fracionada.

Os manequins de *Os Cenci* carregam a mesma intenção simbólica (eles *estarão lá para fazer os heróis da peça dizerem aquilo que os atormenta e que a palavra humana é incapaz de exprimir* — V, 46), e pode-se estranhar que Artaud não tenha procurado lhes atribuir outro valor exceto esse. É que *Os Cenci* não são ainda o *Teatro da Crueldade*, mas preparam-no (V, 46). Ora, existia uma possibilidade que Artaud muitas vezes evocou, mas que de fato nenhuma de suas raras encenações

---

a . Ver a esse respeito o estudo anteriormente dedicado a *O Teatro e seu Duplo* (p. 44).

explorou concretamente, pelo menos ao nível dos manequins: a deformação, sobretudo no sentido do gigantismo, à qual nos referíamos ainda há pouco.

As dissonâncias

Por que manequins gigantes? Note-se que a desproporção desejada não se aplica somente a eles. É algumas vezes localizada sistematicamente nos objetos que formam os elementos do cenário. Para *A Sonata dos Espectros* Artaud insiste duas vezes sobre o fato de que certos objetos indicados pelo autor serão *maiores que o natural, bem maiores que o natural* (II, 117 e 119). Exigência confirmada e ilustrada pela encenação de *Victor:* as fotos[a] revelam que Artaud concebera para a peça de Vitrac um ambiente burguês de um realismo levado ao exagero. No primeiro ato, um imenso bolo de aniversário enfeitado com longos círios de igreja cobria inteiramente a mesa e, no segundo ato, um vaso com uma palmeira de três metros de altura ocupava o centro do salão. Perseverança na desproporção que precisa ser relacionada com uma pesquisa mais apurada de contraste e dissonâncias.

Essa busca se aplica a todos os elementos do espetáculo e portanto também aos atores. Em *Os Mistérios do Amor*, por exemplo, Artaud não hesita em colocar no papel da Sra. Morin um homem de grande porte (Edmond Beauchamp) e no papel do Sr. Morin, uma atriz de pequena estatura (Jacqueline Hopstein): portanto, contraste em graus diferentes. Mas é em relação a ruídos e vozes que ele aprofunda pesquisas apoiadas no contraste. *Sonata dos Espectros: os passos das pessoas que vão entrando serão aumentados e produzirão seu próprio eco* (II, 119), e logo pensamos no eco amplificado dos passos do velho Cenci (IV, 214, 216). Ou então *ouvir-se-á um perpétuo barulho de água que aumenta cada vez mais até se tornar obsessivo* (II, 117). Quase todos os projetos cênicos de Artaud contam também com a intervenção do vento, um vento geralmente furioso[17a]. O procedimento, como vimos, não varia: escolha de um dado realista, em seguida exacerbação desse dado até a completa descaracterização.

Cada elemento sonoro — e Artaud insiste muitas vezes nesse ponto — será tomado à vida. É assim que *os atores desempenharão seus papéis com verdade,* mas *a naturalidade das entonações e dos gestos será propositalmente ampliada, solta e como que posta em exergo; será preciso encontrar um tom de uma naturalidade pouco utilizada, escondida e como que esquecida, porém tão verossímil e tão real quanto um outro* (II,

---

a . Três fotos da encenação de Artaud constam da Ed. Denoël (1929), de *Victor*, de ROGER VITRAC.

138). A partir desse desvio proposital, ocorrerá evidentemente que a encenação leve ao extremo as discordâncias assim obtidas, de acordo com as exigências da ação dramática. Pode-se ler no argumento de *Não há mais Firmamento* que *as vozes, os barulhos, os gritos, se destimbram de modo esquisito* (II, 93). Daí os contrastes radicais no interior mesmo do realismo corrente:

O vozerio se tornou geral, mas não ultrapassa o diapasão de uma conversação normal, com elevações de voz aqui e ali, como se ouvíssemos um eunuco intelectual e pretensioso. Tudo isso causa uma impressão de equilíbrio e de nauseante distinção (II, 105).

É impossível deixar de observar que Artaud empregava correntemente esses efeitos de dicção violentamente contrastados, e até mesmo nas circunstâncias menos dramáticas da vida cotidiana[a].

Além do mais, é surpreendente constatar que é exatamente sobre as questão das dissonâncias que ele não conseguiu chegar a entender-se com Olivier Messiaen e Louis Jouvet, a quem dava assistência na encenação de *A Doceira da Aldeia*. A carta que enviou a Jouvet é, a esse respeito, reveladora do radicalismo de sua visão e dos obstáculos com os quais ela se deparava, sobretudo em homens mal preparados para recebê-la:

Os ruídos puramente imitativos que o órgão jamais imitará perfeitamente não serão compreendidos porque eles não são claros. Já que criamos dissonâncias, façamo-las, porém advertindo o público: nós fazemos dissonâncias. *Ele contestará ou aplaudirá mas não permanecerá nesse estado de constrangimento provocado pelas meias-medidas e pelas coisas mais ou menos bem sucedidas* (III, 296).

A utilização de manequins, de marionetes e também de máscaras (cf. II, 105) não corresponde, portanto, de maneira alguma a um desejo de uniformizar a interpretação e de transformar os atores em instrumentos passivos. Ela participa antes, através de um jogo constante baseado na diferença entre o manequim e o ator vivo, entre a máscara e o rosto de carne, dessa pesquisa sistemática e generalizada das dissonâncias, que caracteriza todos os projetos e trabalhos cênicos de Artaud. Dissonâncias, como vimos, em vários graus: em lugar de circunscrevê-las ao domínio de um único sentido, nós as faremos transitar de um sentido a outro (IV, 150).

Qual a origem, enfim, dessa procura de dissonâncias? Pode-se, é claro, ligá-la à recusa violenta do mimetismo (*a*

---

[a] . Cf. *supra*, p. 25 e nota c: depoimento de Jean Follain.

Arte não é imitação da vida - IV, 310)[a]. **Mas esta atitude negativa só poderia desembocar em um desejo de originalidade a todo custo. Há mais. No Teatro da Crueldade a utilização das dissonâncias visa dar pleno efeito** *a todos os velhos meios experimentados e mágicos de ganhar a sensibilidade* (IV, 150). Ela permite edificar um espaço cênico inteiramente diferente, *pródigo em imagens, repleto de sons* (IV, 104) e que exerce sobre o espectador, atacado frontalmente em todo seu organismo, uma ação global, **magnética e** mágica, através da qual ele chega a um *sentido renovado da vida* (IV, 18).

A atualidade

Vale a pena examinar uma última obsessão: a da atualidade. Ela se justapõe estranhamente à nostalgia, constantemente expressada, dos grandes mitos primitivos. Nenhuma oposição, entretanto, entre essas duas atitudes. Artaud é atraído pelas fábulas antiquíssimas que remontam ao passado da humanidade, pelos ritos que perpetuam obsessões milenares, como ocorre entre os balineses e, ao mesmo tempo, procura logicamente que espécie de ajuda fábulas e ritos podem prestar a seu mal presente e a uma geração que ele imagina presa aos mesmos tormentos que os seus. As palavras *atual* e *atualidade* retornam com efeito muito freqüentemente nos escritos de Artaud [b]. Às vezes de maneira apenas implícita, a idéia de atualidade é invocada para sublinhar o extremo interesse da apresentação de uma obra, e isso até os últimos dias de sua vida:

Jamais uma irradiação foi esperada com mais curiosidade e impaciência pela grande massa do público que aguardava unicamente essa emissão para compor uma atitude em face de certas coisas da vida (Jug. 94-95)[c].

Quer se trate da palavra ou da idéia, a insistência no retorno é perturbadora; a adaptação de *Atreu e Tieste*, de Sêneca, *fez dela uma obra de extrema atualidade* (II, 185); *há em* Os Cenci *elementos de uma terrível atualidade* (V, 249); as tentativas feitas no Teatro Jarry *procuravam manifestar um estado de espírito atual* (III, 202) e essa palavra é sublinhada, por Artaud, etc.

Inicialmente somos tentados a pensar que essa referência permanente à noção de atualidade procede de uma estratégia

---

a. Sobre a recusa de um teatro que imitaria a vida, cf. também IV, 91, 92, 94, 99.
b. Em *O Teatro e seu Duplo* anotamos 33 empregos da palavra "atual" e seus derivados. Cf. nota 9, cap. 1.
c. Carta a Fernand Pouey, 7.2.1948.

ingênua; para tranqüilizar os empresários que se alarmariam com o aspecto "vanguardista" de suas experiências, Artaud se empenha em repetir que elas apresentam um interesse imediato para o público, sem falar de um interesse comercial para as administrações dos teatros (cf. III, 206). É assim que sugere a Yvonne Allendy recomendá-lo a Marinetti em Roma, enviando com sua carta algumas fotografias que lhe *darão uma idéia do estilo claro e vigoroso, e de um efeito às vezes angustiante, insistente e muito atual, que ele introduziu nas suas pesquisas de encenação* (III, 90).

Ao que parece, trata-se de anular as restrições e provocar interesse.

No entanto, o retorno quase obssessivo dessa idéia em todos os escritos de Artaud — e não somente nas cartas destinadas a lhe assegurar um meio concreto de se exprimir — dão a entender que para ele a atualidade não é um simples truque publicitário, mas corresponde a uma convicção profunda, e que a própria palavra *atualidade,* como as palavras *teatro* ou *crueldade,* assumem a seus olhos uma significação particular. O que nos leva a acreditar nesse fato é, na época do Teatro Jarry, a sugestão feita aos autores de procurar *alcançar uma espécie de universalidade adequada às necessidades desse tempo* (II, 30), onde fica patenteado que a atualidade enfocada deve ser concebida em seu sentido mais amplo. Mais explícito ainda é este texto de 1929:

Toda obra que não obedeça ao princípio da atualidade carecerá de qualquer espécie de interesse[a]. *Atualidade de sensações e de preocupações mais que de fatos* (II, 34).

Por fim a publicação *O Teatro Alfred Jarry e a Hostilidade Púlica*[b] preconiza *como tema:* a atualidade[c] *entendida em todos os sentidos* (II, 44).

A plasticidade da palavra acarreta as mesmas conseqüências já verificadas no teatro: assim como há um teatro a ser condenado e um teatro a ser inventado, existe para Artaud uma atualidade que ele rejeita e uma outra que ele reivindica.

Compreende-se então que o teatro, na medida em que permanece fechado em sua linguagem, onde se mantém em correlação com ele mesmo, deva romper com a atualidade[d], *que seu objetivo não é o de resolver conflitos sociais ou psicológicos, de servir de campo de batalha às paixões morais, mas de exprimir objetivamente verdades secretas...* (IV, 84).

Texto cristalino: o teatro deve banir a atualidade no seu sentido mais restrito, isto é, os problemas em voga na arte e na

---

a . Sublinhado no texto.
b . Folheto redigido por Vitrac, mas, no essencial inspirado por Artaud. Cf. V, 347 (nota a propósito da p. 172).
c . Sublinhado por nós.
d . Sublinhado por nós.

vida dos homens. É sob esse enfoque que se aborda a *inatualidade profunda* (VII, II) de *Heliogábalo*. Rejeição das modas atuais no que elas encerram de exterior e de passageiro, confirmada pela recomendação (*Crueldade I*) de evitar o mais possível o figurino moderno.

Qual é portanto a atualidade superior que Artaud quer instaurar? Nem sempre a definição que ele apresenta é muito explícita:

Mas, diriam, um teatro tão afastado da vida, dos fatos, das preocupações atuais... Da atualidade e dos acontecimentos, sim! Das preocupações, no que elas encerram de mais profundo e que é o apanágio de alguns, não! E no Zohar, *a história de Rabi Simão, que queima como o fogo* (IV, 117).

O dinamismo arrebatador dessa passagem dissimula sua insuficiência; com efeito, é atribuir à *atualidae* uma tal amplitude de sentido que a palavra acaba por se diluir nela.

Mas acontece que Artaud tomou consciência das fragilidades de seu manifesto, do qual foi tirada a citação precedente[18]. Seguindo então um processo que encontramos em todas as etapas de sua vida, ele se obstinou, em muitas cartas a Paulhan, em precisar seu projeto inicial, atenuando suas insufiências e esforçando-se em fazer com que o aceitassem[19]. Ao fazer isso explicou, e dessa vez muito claramente, o que entendia por atualidade.

É na terceira *Carta sobre a Linguagem* que retoma a noção de atualidade:

O interessante nos acontecimentos atuais não são os acontecimentos em si mesmos, mas o estado de ebulição moral no qual eles mergulham os espíritos, o grau de tensão extrema. É o estado de caos consciente no qual não cessam de nos envolver (...). Pois bem, é dessa atualidade patética e mítica que o teatro se desviou, e é com justa razão que o público se desinteressa de um teatro que ignora a realidade a esse ponto[20] (IV, 139).

Atualidade *patética e mítica*. Diríamos hoje: atualidade não *fatual*. Ela designa um estado generalizado de caos espiritual. O esquema é simples: tudo vai mal, a humanidade se sente à beira do abismo, vivemos todos *atualmente* em contínuo mal-estar e, portanto, precisamos de um teatro que nos auxilie a superar nossa angústia, como as festas teatrais da Antiguidade ajudavam os homens a exorcizar seu medo dos deuses.

Em suma, a atualidade assim compreendida se aplica a uma ameaça obscura, que neste momento pesa sobre os homens. Apenas o abismo no qual corremos o perigo de ser tragados a qualquer hora é e não é verdadeiramente atual.

Artaud exerceu de bom grado — ou seria preciso dizer "desempenhou"? — entre seus contemporâneos esse papel inquietante de profeta dos últimos dias da humanidade. Mero papel de efeito, diziam seus inimigos, interpretado no entanto por um ator definitivamente marcado pelos papéis alucinados (Marat. Savonarola. etc.) que lhe haviam confiado no teatro e no cinema; tendência a atribuir a toda uma época, diziam os médicos, um mal de que ele padecia sozinho, pela recusa de sua morbidez. Mas entregaram tais papéis a Artaud unicamente porque ele era um ser alucinado em seu estado natural[a], e é fato, igualmente, que toda uma geração de entreguerras tornou-se vítima da incerteza e do desatino. Uma das cartas a Rivière analisa com perfeita lucidez essa relação com sua época; Artaud percebe que o mal de que está acometido não lhe é peculiar — *dessa fraqueza padece toda uma época. Exemplo: Tristan Tzara, André Breton, Pierre Reverdy* (I, 139 e Re. I, 50), mas entre todos ele é o mais envolvido: *Neles a alma não foi fisiologicamente atingida (Ibid.).* O que lhe confere o direito *de falar* (I, 28 e Re. I, 38) e talvez de falar em nome de uma época que ele por sua vez representa e ultrapassa.

Daí a insistência sobre a confusão espiritual de seu tempo. O programa do Teatro da Crueldade prevê, entre outras coisas, *uma adaptação de uma obra da época de Shakespeare, inteiramete de conformidade com o estado de perturbação atual dos espíritos* (IV, 119). Variante manuscrita que não deixa de oferecer interesse:... *obra da época de Shakespeare, prenhe de alusões aos acontecimentos atuais e sobretudo ao estado de perturbação atual dos espíritos* (IV, 376, nota 37). Para fins da publicação, Artaud suprimiu portanto as palavras que acabamos de sublinhar, com o intuito de demonstrar que ele pretendia permanecer fiel à definição, dada em outra passagem, de uma atualidade superior.

Com o passar dos anos a insistência persiste e acaba por tornar-se obsessão. Maio de 1933: *No período angustiante e catastrófico em que vivemos, sentimos a necessidade urgente de um teatro que não seja superado pelos acontecientos, cuja ressonância nos atinja profundamente e que domine a instabilidade dos tempos* (IV, 101). Julho de 1934: *Jamais, como na época atual, se fez sentir a necessidade de um espetáculo exaltante, generoso, pleno de virtudes profundas* (II, 186). Maio de 1935 (a propósito de *Os Cenci*): *e me pareceu que numa época como essa onde a natureza fala mais alto que os homens, seria conveniente ressuscitar um velho Mito, que toque ao vivo nas inquietações de hoje* (V, 49).

No texto que Artaud escreveu em 1932 para Edgard Varèse (*Não há mais Firmamento* — II, 91-108) encontramos

---

[a]. "Ele representava muito bem esses papéis e representava ben somente esses papéis" (FERNAND TOURRET, *A Torre do Fogo*, dez. 1959 p. 65).

DA CONDENAÇÃO DO TEATRO OCIDENTAL... 61

a prova decisiva de que essa obsessão por uma catástrofe cósmica não era fingida por interesse publicitário. Esse libreto de ópera é a nosso entender, apesar da falta de acabamento, uma das obras mais notáveis de seu autor. Pois exprime e coloca com grande força sua obsessão pelo fim do mundo. Obsessão que correspondia a uma convicção íntima de Artaud, vendo tudo se esboroar nele e em torno dele; mas obsessão que foi também a de numerosos artistas entre as duas guerras[21]. A essa espécie de terror difuso em relação a um cataclismo planetário — quando a fissão do átomo não havia ainda ocorrido — Artaud oferecia um semblante, o seu. Toda sua obra, e não somente *Não há mais Firmamento*, e toda sua vida possuem uma cor de apocalipse. Nessa perspectiva, o valor que ele atribui à palavra *atualidade* não se distancia do que ele confere ao termo *crueldade*.

Falta mencionar que Artaud pode justapor ocasionalmente os dois valores de um termo que ele tinha cuidadosamente contraposto (donde o agrupamento de *atualidade* com *teatro, crueldade* ou *vida*). Escrevendo o argumento de *A Conquista do México*[22], acentua, como de hábito, o que o fato encerra de atual, mas aqui a atualidade deve ser entendida no seu duplo sentido, aquele que ele já condenou e aquele que ele continua a preconizar. Em sentido restrito (atualidade fatual): *A Conquista do México*.

porá em cena acontecimentos e não homens (...). Esse assunto foi escolhido (...) devido à sua atualidade e por todas as alusões que ele comporta, relativas a problemas de um interesse vital para a Europa e para o mundo. Do ponto de vista histórico, A Conquista do México *coloca a questão da colonização*[23] (IV, 151).

Em sentido mais amplo (atualidade transcendendo os acontecimentos): esta obra

acentua de maneira patética, candente, o esplendor e a poesia sempre atual da velha base metafísica sobre a qual essas religiões se edificaram (IV, 152).

Mesmo obsessivos, os temas preferidos de Artaud não deixam, como vemos, de evoluir, flutuar e às vezes se contradizer. A unidade, nessa obra, é sempre portadora de diversidade.

EVOLUÇÕES E VARIAÇÕES

Nem *O Teatro e seu Duplo*, nem o conjunto dos escritos sobre o teatro constituem um verdadeiro *corpus* e não seria possível imaginar como conseguir o estabelecer *a posteriori*. Artaud não é, sob nenhum prisma, um doutrinário do teatro. As freqüentes variações de seu pensamento são a melhor prova dessa afirmação. Não que seu pensamento tateie ou resvale na incoerência. Mas jamais se poderá surpreendê-lo preso a uma estrutura cristalizada. Até os últimos dias ele se nos apresenta em contínuo movimento; Artaud questiona sem cessar o que poderia passar por estratificado. Sua conduta em relação às idéias, mesmo que sejam suas, reflete a que ele pratica com os indivíduos. Nele nada é estabelecido de uma vez por todas.

A atitude social

Já sublinhamos a dramatização de suas relações com os outros[a]. Com ele raramente mantinham-se relações uniformes; eram, ao contrário, cruzadas, ziguezagueantes, em contínua mutação.

Não é portanto de admirar que tenha variado em tudo e por tudo nas suas apreciações sobre alguns de seus contemporâneos, notadamente sobre os componentes do Cartel.

Artaud começara por admirar Dullin (*Estou entusiasmado com sua obra* — III, 117), antes de indispor-se violentamente com ele[b]. Depois do rompimento e da breve permanência com Pitoeff, numa carta de 1927 dirigida a Paulhan, ele se admira de que a N.R.F. *se prenda ainda a essas podridões oscilantes, a esses fantasmas anti-representativos que são Jouvet, Pitoeff, Dullin, e mesmo Gémier, etc. Quando cessarão de revolver a imundície?* (III, 130).

Ora, essa condenação sem apelo não impedirá que Artaud, após o fracasso do Teatro Jarry, solicite a Jouvet, em 1931, aceitá-lo em seu grupo (*Eu tenho necessidade de comer* — III, 203) e depois tente em vão obter com que Dullin lhe permita montar em 1932 o *Woyzeck* de Büchner às terças-feiras no Atelier (V, 75-81)[c], peça que ele pedira autorização a Jouvet para ler-lhe[24].

Em seguida às violências proferidas contra os homens do Cartel, tais esforços reiterados para trabalhar com eles podem parecer desconcertantes. Essas variações de conduta são severamente julgadas no homem comum; entre políticos são taxadas de tibieza e causam escândalo, por revelarem cinismo e total ausência de integridade. O procedimento de Artaud para com Jouvet ou Paulhan chocou, aliás, muitos leitores, que nisso viram "bajulação"[d]. Contudo não se trata disso, porque

---

a . Cf. *supra*, p. 20.

b . Sobre os sentimentos de Artaud por Dullin e seu teatro descobriu-se nas *Cartas a Génica* surpreendentes alternâncias: pesadelo, efeito mágico, este chiqueiro, este necrotério (pp. 26, 49, 131, 153, 154). Mais tarde, em 1936, Artaud fará o elogio de Dullin, ator, em "O Teatro de Após-Guerra em Paris", *Cahiers Renaud-Barrault*, n. 71, p. 9.

c . Sobre o projeto de montar *Woyzeck*, cf. também III, 229 e 235.

d . P. DE MASSOT, A Árvore Calcinada, *Les Nouvelles Littéraires*, 26.4.1962.

essas reviravoltas desconcertantes não são jamais ditadas por uma concepção estreita e limitada do interesse pessoal[a].

Não é nem mesmo o interesse material que leva Artaud a esses arrependimentos, a despeito do que se poderia acreditar. Sem dúvida a carta a Jouvet acima citada revela uma privação extrema e deixaria acreditar que, desprovido de trabalho e de recursos, ele se dirigia ao Cartel da mesma forma como iria a Canossa. Nada, porém, é menos certo: se Artaud escreveu a Jouvet que tinha *necessidade de comer* era apenas um modo de falar, ou melhor, um esforço para convencer. De fato, nessa época (1931), não estava reduzido a passar fome; conseguia papéis no cinema e poderia consegui-los no teatro. Acontece que visava muito mais; queria realizar seu teatro e conjurar a má sorte que provocara o fracasso do Teatro Jarry.

O que propôs a Dullin e a Jouvet não foi ser ator em suas companhias — o que eles, sem dúvida, teriam aceitado — e sim montar espetáculos em seus teatros. Para alcançar seu objetivo e afastar a má sorte que acreditava ter se abatido sobre ele, dedicou-se então a representar o jogo trivial da comédia social. Adotou o papel do criador em apuros, do artista na miséria, porque esse esquema tradicional é mais apto do que qualquer outro a desarmar as restrições e a conseguir a adesão; Jouvet ou Dullin não poderiam recusar apoio a um companheiro em dificuldades. Assim ele venceu o destino. Quase toda sua conduta em meio a esses acontecimentos pode ser interpretada como um simulacro, mas que visa alcançar um fim invariável e claramente enunciado: a transformação da vida pelo teatro. Essa conduta "representada" pelo teatro obedece seguramente a uma exigência espiritual e não apenas material.

O que prova que estas bruscas mudanças não são mera dissimulação é o fato de intervirem em todos os níveis do comportamento. Como acabamos de ver, Artaud não agiu dessa maneira somente nas suas relações profissionais. Como vimos, ele fez o mesmo com seus amigos e seus familiares; suas relações particulares apresentam as mesmas variações desconcertantes. Existem ainda[b], endereçadas aos seus médicos ou a diversos membros de sua família, cartas de Artaud que são amigáveis, plenas de confiança, francas. Cartas de que os destinatários se prevaleceram a fim de afirmar que ele não havia absolutamente execrado sua família ou os médicos

---

a . A propósito de Jouvet notamos de passagem que, no que diz respeito a Giraudoux, Artaud evoluiu logicamente, entre 1923 e 1936, da admiração (Re. I, 27) ao desprezo pelo "escritor sofisticado e estilizado", transformado em "dramaturgo estilizado e sofisticado" ("O Teatro de Após-Guerra em Paris", *Cahiers Renaud-Barrault*, n. 71, p. 15).

b . Ver os números especiais consagrados a Artaud por *A Torre do Fogo:* n. 63-64, dez. 1959 e n. 59, abr. 1961.

que dele cuidaram. E tais testemunhos não podem de forma alguma ser postos em dúvida. O erro consiste em pretender que possam definir a personalidade de Artaud[25]. Pois é igualmente impossível renegar trechos das *Cartas de Rodez* e fragmentos de *Aqui jaz,* nos quais os médicos e a família são tratados com uma violência que nada perdoa. Mas então existem dois Artaud distintos? Há solução de continuidade entre as obras de uma quase normalidade e os delírios da alienação? É a explicação fácil à qual se tem recorrido com superficialidade. É também o âmago do problema.

Tais variações violentas não testemunham de fato uma quebra. Ao longo de toda a vida de Artaud, constata-se essas bruscas passagens de um pólo ao outro, de uma atitude à atitude contrária. Os sucessivos sanatórios não interferirão em nada: Artaud, internado, continua a oscilar da adoração à execração, no que se refere à sua família, aos médicos, às mulheres e à religião... Seria muito cômodo atribuir à esquizofrenia tudo aquilo que possa modificar o conceito que sobre ele se formulou. Ou então seria preciso admitir que sempre foi louco, com ou sem sanatório, a menos que se reconheça que jamais o foi. *Sou muito menos louco do que se pensa* — escrevia a Jouvet em 1931 — *e não o serei de forma alguma no dia em que venha a ter algumas responsabilidades importantes* (III, 207). Pode-se dizer que na sua vida só existiu uma única constante, a da perpétua variação.

O julgamento de si

Isso não significa que não haja ocorrido nenhuma evolução no pensamento de Artaud e que seja necessário estratificá-lo nos seus movimentos oscilatórios. Permanece certo que no curso dos anos o peso dos sucessivos fracassos tornou mais intensas as obsessões, notadamente depois da infeliz tentativa de *Os Cenci,* e que os internamentos lhes acrescentaram a sua própria carga traumatizante. Situadas nos dois extremos de uma curva produtiva. *A Correspondência com Jacques Rivière* e o texto *Para Livrar-se do Julgamento de Deus* não são obras que se possa simplesmente superpor: de uma a outra, há o fosso que separa o homem em luta contra certas tendências do seu eu e o homem que aceitou assumir totalmente sua personalidade. Isto posto, a oscilação ciclotímica durou até o fim, com a mesma sinceridade absoluta e profunda, e a melhor prova dessa sinceridade encontra-se na relação de Artaud consigo mesmo e com sua obra.

Muitas vezes, com efeito, contesta seus próprios escritos. Quando intercede por seus poemas junto a Rivière, não é porque lhes atribua grandes qualidades intrínsecas. Reconhece de bom grado que seus versos não são bem realizados; pede somente que, aceitando publicá-los na N.R.F., Jacques Rivière reconheça o interesse do processo interior que o levou a escrevê-los. Muito tempo depois, recusa-se a abrir suas obras completas com sua primeira coletânea por ele publicada — *Tric-trac do Céu*, 1922 — porque, diz Artaud, *esse livrinho de versos (...) não me representa de maneira alguma*. E explica: esses primeiros poemas *têm um arzinho obsoleto e as afetações inquietantes de um estilo que começava a despontar no fim da outra guerra* (I, 78 — Re. I, 9-10).

É claro que seria fácil encontrar outros exemplos de escritores renegando como fracassadas suas obras da juventude. Em Artaud o fenômeno é mais arraigado; não contente em repudiar à distância a obra de outrora[a], freqüentemente critica a obra que acaba de terminar. Concorda com Paulhan que seu manifesto do Teatro da Crueldade *está MEIO gorado* (V, 179)[b]. Declara a Roland de Renéville pensar, como ele, que sua conferência na Sorbonne, sobre "O Teatro e a Peste" *oscila perpetuamente entre o fracasso e a mais completa chocarrice e uma espécie de grandeza...* (V, 205)[c]. Um fragmento manuscrito de *Heliogábalo* — obra com a qual, aliás, estava satisfeito — admite que o livro apresenta *partes terrivelmente empoladas e redundantes* (VII, 495). Sua última obra importante, *Para Livrar-se do Julgamento de Deus,* não escapa também a essa impiedosa severidade contra si mesmo, e ele pediu que fossem feitos cortes no *texto rociocinador, dialético e querelante do início (Jug.* 101, carta de 17/2/1948).

Quando essa autocrítica é veiculada em sua correspondência, pode-se supor que ela deve algo à estratégia social, mesmo no plano da amizade. Além do mais ela se manifesta tardiamente. Ora, Artaud foi ainda mais longe no julgamento de si mesmo, até a absoluta liberdade. Acontece-lhe contestar até mesmo a página que está em vias de escrever; eis a prova nesta reflexão súbita, no meio do prefácio às suas *Obras Completas: Esta última frase foi escrita com cocô de mosquito* (I, 10, Re. I, 12).

Não se trata de um exemplo isolado. Um dos manuscritos do estudo "Sobre o Teatro Balinês" contém a seguinte apreciação marginal, relativa a três parágrafos "raivosamente riscados"[d]: *Idiota e pretensioso, tolo, surpreendentemente empolado, verborrágico e filosófico como um cretino* (IV, 423). Mas esse condescendente furor contra si mesmo não é ainda o elemento mais singular da questão. Pois, apesar da violência

---

a . Obra, convém lembrar, já parcialmente renegada no seu tempo, segundo depoimento a J. Rivière.

b . A propósito do fracasso do manifesto (*Crueldade I*) cf. também IV, 137 e V, 177.

c . Sobre o relativo fracasso dessa conferência cf. também V, 210. Além do mais, Artaud mostrou-se sempre muito rigoroso com suas próprias interpretações no teatro (*Cartas a Génica,* 129) e no cinema (Re. I, 69 e Su. I, 35).

d . Termos devidos ao editor das *Obras Completas:* IV, 422 (a propósito da p. 298, nota 5).

da condenação, Artaud manterá o essencial da passagem incriminada, quando da publicação em revista e depois em volume. Segunda contradição, que é pelo menos tão significativa quanto a primeira. Esse duplo movimento se encontra também no julgamento proferido em 1946, sobre *O Umbigo dos Limbos* e *O Pesa-Nervos:*

Na hora, eles me pareceram cheios de insuficiências, de falhas, de lugares-comuns (...) *Mas decorridos 20 anos, me pareceram surpreendentes, não como um sucesso em relação a mim mesmo, mas em relação ao inexprimível. É assim que as obras adquirem autonomia e que, mentindo em relação ao escritor, constituem por si mesmas uma verdade bizarra que a vida, se fosse de fato autêntica, não deveria jamais ter aceito*[a].

Poderíamos ser tentados a enxergar uma prova de imaturidade nesse incansável vaivém de um julgamento que não chega a fixar-se. Artaud encoraja mesmo essa interpretação: *Sou inquieto por natureza e incerto do valor do que escrevo* (V, 73). Mas a angústia crônica ou a dilaceração de um espírito dividido contra si mesmo não fornecem mais do que uma explicação geral e já conhecida. Nas contestações às vezes raivosas de seus próprios escritos, há outra coisa. Há o desejo furioso de forjar um instrumento, um meio de expressão sem medida comum com o famoso estilo dos escritores — *o estilo me causa horror*[b]— e há ainda o despeito de constatar que ele ainda não domina esse instrumento. Daí as cóleras provisórias, na medida exata desse despeito. Por meio delas, escapa vez por outra um sentimento de impotência. Como então seria possível que Artaud, que não podia permanecer muito tempo de acordo consigo mesmo, não tivesse variado sem cessar nas suas relações com os outros ou nas suas idéias sobre o teatro?

O emprego das máquinas

Uma das variações mais evidentes de Artaud no domínio cênico, concerne ao emprego de máquinas no teatro. Ele se lhes opôs muitas vezes, com vigor. Desde 1927 denunciava o maquinismo como um dos males essenciais da civilização (II, 25) e vinte anos mais tarde atribui à máquina a responsabilidade pelo fracasso e pela interdição de seu programa radiofônico:

Lá onde está a máquina
está sempre o abismo e o nada:
há uma interposição técnica que deforma e aniquila o que fizemos (*Jug.* 107. Carta de 25/2/1948).

---

[a] . Carta a Peter Watson (27/7/1946), *Critique*, out. 1948, pp. 868-874.

[b] . Texto de *Prepostos e Súplicas;* trecho publicado sob o título "Fragmentos" na *Gazette des Lettres*, n 39, 28/6/1947.

A máquina aqui denunciada é evidentemente a transmissão radiofônica. Para renunciar à máquina, seria preciso renunciar ao próprio princípio da irradiação. Pode-se admitir que Artaud tenha aceitado correr o risco, na esperança de alcançar de um só golpe um público imenso. Mas não sucede o mesmo no teatro, onde a máquna pode em princípio ser recusada. O que aconteceu com *Os Cenci?*

Eis o que Artaud escreveu para impor a idéia de que *Os Cenci não constituem ainda o Teatro da Crueldade:*

Haverá entre o *Teatro da Crueldade e* Os Cenci *a diferença que existe entre o barulho de uma queda de água ou o desabamento de uma tempestade natural, e o que pode permanecer de sua violência em sua imagem, uma vez fixada* (V, 46).

A intenção é clara: trata-se de advertir, *antes* das representações[a], de que que todos os meios materiais desejados não foram obtidos e que a encenação não será portanto aquela com que se sonhou. Mais precisamente, Artaud sente como uma grave infração aos princípios do Teatro da Crueldade o fato de ter sido forçado a renunciar ao som direto para recorrer ao som retransmitido.pois a condição essencial de uma ação física sobre o organismo do espectador reside, segundo ele, na presença direta do ator (o que condena o cinema, onde o ator não é mais do que um reflexo) ou do objeto sonoro (o que condena o disco ou o rádio, onde o som original é apenas retransmitido).

A frase citada a respeito de *Os Cenci* soa como uma confissão de derrota.. Mas não é o único envolvimento de Artaud com as máquinas, como o provam os dois projetos de encenação que submeteu a Jouvet em 1931. Em um deles — *A Sonata dos Espectros,* de Strindberg — sugere um truque, aliás tradicional (substituição do cenário por uma maquete colocada diante de um espelho e profusamente iluminada), processo ilusionista ainda bastante artesanal para ser aceito por um detrator da maquinaria (II, 122). Em um outro — *O Golpe de Trafalgar,* de Vitrac — ele vai muito mais longe (II, 133): condenando a insuficiência característica da sonoplastia no teatro, não hesita em preconizar o emprego do disco, isto é, de ruídos gravados e repetidos sem risco de alterações em cada representação[26]. Ora, é justamente o que ele se censurará por ter tolerado, *antes* do fracasso de 1935 e *depois* da interdição de sua irradiação em 1948: a máquina (filme, disco, rádio) como intermediária que impede o contacto físico direto entre o espetáculo e o público e institui uma relação pervertida.

Uma tal disparidade entre os princípios firmados e as

---

a . Texto publicado em 1.5.1935 em *La Bête noire.* As representações de *Os Cenci* começaram em 6.5.1935.

proposições ou atividades concretas encerra algo de desconcertante. Tanto mais desconcertante quanto lemos numa carta ao mesmo Jouvet que Artaud recusava arrogantemente a política de meias-medidas:

Não se deve deixar que as resistências de uns, a incredulidade de outros e sobretudo o medo das reações do público nos façam renunciar à idéia que tivemos, nem nos impeçam de extrair o máximo dela (III, 297).

Ora, às voltas com as dificuldades materiais de um espetáculo que tinha de montar sozinho, Artaud se vê constrangido, ele também, a renunciar a uma de suas exigências primordiais. Sua hostilidade feroz em relação à máquina pode muito bem ser questionada, no momento oportuno. Notaremos no entanto que os entorses nessa determinação permanecem circunstanciais, e que ele não arreda pé da necessidade de ocorrer no teatro uma comunicação atuante.

A encenação

Em outros setores, tudo se passa como se sua atitude tivesse evoluído ao correr dos anos. É o que sucede na encenação e no espetáculo. *É preciso ignorar a encenação*, escreveu Artaud em 1924 (I, 213) e mais adiante: *seria igualmente necessário que o aspecto estritamente espetacular do espetáculo fosse suprimido* (I, 216). Atitude confirmada dois anos mais tarde por um primeiro manifesto do Teatro Jarry, professando o desprezo por *todos os meios de teatro propriamente ditos, tudo o que constitui aquilo que se convencionou denominar encenação, tal como iluminação, cenários, guarda-roupa*, etc. (II, 16). O público, em suma, deveria vir ao teatro *não tanto para ver, mas para participar* (I, 216). No entanto, ao cabo de alguns anos, o segundo manifesto do Teatro da Crueldade (1933) afirma: *Nós pretendemos basear o teatro, antes de mais nada, sobre o espetáculo* (IV, 148).

Contradição? Não, apenas manipulação de palavras. Sabemos que Artaud emprega correntemente o mesmo termo em sentidos opostos, para exprimir ao mesmo tempo o que ele pretende destruir e o que ele quer instaurar. Com *espetáculo* ou *encenação*, age mais ou menos como com *teatro* ou *crueldade*, não por ausência de rigor no discurso, mas por desejo instintivo de "conferir um sentido mais puro às palavras da tribo", segundo o famoso verso de Mallarmé [a]. Além do mais, trata-se para Artaud "de contribuir para a ruína do teatro existente através de meios especificamente teatrais" [b]. O importante não é atingir por todos os modos o público do teatro?

a . "Túmulo de Edgard Poe".
b . HENRI BEHAR, *Estudo Sobre o Teatro Dada e Surrealista*, p. 236.

Os espectadores "deverão sentir diretamente a angústia metafísica que as cenas representadas tenderão a provocar"[a].

Dito isto, não se pode negar que se processa uma certa evolução entre os primeiros manifestos e as realizações que se seguem. O que Artaud condena nas pessoas de teatro de sua geração? O verismo e sobretudo o ilusionismo. O verismo, herdado de Antoine, pois o teatro não tem porque *arremedar* a vida (II, 28) e porque vamos ao teatro *para nos reencontrarmos no que temos não somente de melhor, mas de mais raro e de mais* refinado (I, 214). O ilusionismo professado pelos homens do Cartel, em que o teatro *trapaceia* a vida (II, 28) e a *reteatralização* do teatro — segundo *seu novo grito monstruoso — impede de reintroduzir o teatro na vida* (I, 214).

Eis aí uma dualidade excludente, completamente categórica, mas que se mostrará muito depressa sujeita a remanejamentos. A condenação do verismo não impede Artaud de reclamar a utilização dos *objetos do real* (II, 79) e de sugerir, por exemplo, para o cenário do primeiro ato de *A Sonata dos Espectros, o artifício de uma fonte em relevo, contendo talvez água verdadeira que escorra, ou ainda plantas verdadeiras ou artificiais, mas não pintadas* (II, 117 e 121) para o terceiro ato.

Mas *não pintadas*[b]*:* pois o que Artaud abomina acima de tudo é justamente a falsificação enganosa: *Nada menos capaz de nos iludir do que a ilusão do acessório falso, do papelão, e dos telões pintados, que o teatro moderno nos apresenta* (II, 79). No entanto, diante de problemas concretos de uma encenação (*A Sonata dos Espectros*), Artaud recorre ao artifício e à pintura ilusionista:

As calçadas de uma ladeira aparecerão no fundo, igualmente em relevo, como numa cena de cinema, até serem cortadas por uma aresta brusca. Pode-se ver algumas fachadas de casas no alto da ladeira (II, 117).

Cabe a objeção de que se trata no caso de projetos que foram propostos a Jouvet, que não pretendiam ser a expressão do Teatro da Crueldade e que de resto os manifestos deste último não tinham ainda sido formulados. De qualquer forma, Artaud já se vê compelido a abalar um tanto os princípios estabelecidos desde a época do Teatro Jarry.

---

a. ROBERT ARON. Conferência de 25.11.1926 (citada por GUY CROUZET, *La Grande Revue*, dez. 1926).

b. Sublinhado por nós. Outra declaração significativa, a propósito de *Mistérios do Amor*, encenados em 1927. Pela primeira vez pôde ver no palco objetos verdadeiros (um leito, um armário, uma lareira, um caixão) submetidos a uma ordem surrealista que é desordem para a realidade comum, respondendo à lógica profunda do sonho, na iminência de se realizar bruscamente na vida" ("O Teatro de Após-Guerra em Paris", *Cahiers Renaud-Barrault*, 71, p. 17).

Da mesma forma a utilização dos manequins, e, de um modo mais geral, dos objetos gigantes[a] — mesmo que não se filie à estética ilusionista — não poderá parecer bastante próxima aos métodos denunciados nos animadores de Cartel? Entre o gigantesco bolo de aniversário previsto por Artaud para o primeiro ato de *Victor* (1928) e o enorme aparelho telefônico exibido por Gaston Baty em *Terreno Baldio*, de Jean Victor Pellerin (1931), o espectador profano não devia quase sentir a diferença, relacionando todos esses processos a um mesmo espírito de vanguarda[27]. Em Artaud, com efeito, as deformações e as ampliações procedem, como vimos, de uma pesquisa sobre o desequilíbrio e as dissonâncias, que visava privar o espectador de seus refúgios habituais. Mas fica patenteado que o inspirador do Teatro da Crueldade se resignou por fim a utilizar certos artifícios que ele condenara nos homens de teatro de seu tempo, e que ao nível da encenação, cumpre constatar uma sensível atenuação dos *princípios rigorosos, inesperados, de aspecto rebarbativo e terrível* (IV, 137), que ele havia estabelecido de inicio.

O lugar cênico

Essa diferença previsível entre o rigor das primeiras exigências e os compromissos, é possível reencontrar inúmeras vezes nas ligações de Artaud com o teatro e, por exemplo, na sua concepção do lugar cênico. Ele sempre desejou para seu teatro um lugar novo e fundamentalmente diferente das salas tradicionais. Prova isso "o teatro espontâneo" com o qual sonhava há vinte anos e que seria realizado *no meio das fábricas*[b].

Jamais deixou de sonhar com isso. Em 1924, escreveu que *seria preciso mudar a conformação da sala e que a cena se deslocasse segundo as necessidades da ação* (I, 126). No entanto, as representações do Teatro Jarry foram dadas em locais convencionais: Teatro de Grenelle, Comédie des Champs-Elysées, Teatro de l'Avenue. Mas nem por isso Artaud renunciou à sua primeira idéia.

Perseverança atestada em 1932 por um texto bastante conhecido (*Crueldade* I):

Foi por isso que abandonando as salas de teatro existentes atualmente usaremos um galpão ou uma granja qualquer e os reconstruiremos segundo os processos que resultaram na arquitetura de certas igrejas e lugares sacros e de certos templos do Alto Tibete (IV, 115).

a . Cf. *supra*, pp. 53-57.
b . Cf. *supra*, p. 18 e nota 2, Cap. 1.

Nesse recinto, o espectador será colocado no centro e o espetáculo se desenvolverá ao seu redor. *Nós preconizamos um espetáculo giratório* (IV, 103). Eis o ideal almejado. Agora é interessante saber como vai evoluir essa primeira exigência, em face das dificuldades materiais encontradas para realizá-la. A coletânea de cartas publicadas no tomo V das *O.C.* é particularmente elucidativa sob esse aspecto.

Essas cartas constituem em primeiro lugar um eco muito fiel dos princípios formulados pelo manifesto:

Eu não sei onde nos alojaremos, mas creio que me decidirei por um galpão que mandarei arrumar e reconstruir seguindo os princípios observados na arquitetura de certas igrejas (V, 100).

Num primeiro tempo, Artaud espera passivamente que os fatos se ajustem à idéia que lançara:

Estou portanto neste momento à procura de meu galpão ou de minha igreja, e como tive a idéia de um teatro em comprimento *um amigo de Daumal ficou boquiaberto ao saber que essa idéia me ocorrera, porque, disse-me ele, os templos do Egito ou da Grécia ou mesmo as catedrais são longos porque estão inscritos no Pentáculo de Salomão. Estou seguro, aliás, de que nem precisarei procurar meu galpão, e que aparecendo o artigo da N.R.F. ele surgirá como todo o resto,* milagrosamente [a] (V, 171).

Fé cega no milagre, que é característica de todo esse período da vida de Artaud e de que poderíamos facilmente citar numerosos outros exemplos.

Cedo, porém, parece tomar consciência de que é preciso ajudar o milagre a nascer, e as contingências materiais se manifestam imediatamente:

A grande dificuldade está em achar o galpão, a fábrica ou a capela dessacralizada em Paris [b] *e num bairro de fácil acesso ao público* (V, 173).

Este fim de frase — *um bairro de fácil acesso* — deixa transparecer a necessidade de contemporizar um pouco com o ideal maior para que o teatro possa vingar. Estamos no caminho das primeiras concessões.

Desde então o processo iniciado se acelera e Artaud escreve a Paulhan um mês mais tarde:

Eu lhe pediria que escrevesse uma carta à administração do Néo Parnasse, 19, rue de la Boétie, na qual você proporia da parte da N.R.F., e da minha, alugar o teatro por um período de dois meses de ensaio, solicitando que fizessem um preço global, incluindo a iluminação... (V, 182).

---

a. Palavras sublinhadas por Artaud.
b. Palavras sublinhadas por Artaud.

Está claro que doravante a idéia do galpão foi abandonada. No ano seguinte Artaud projeta montar o *Woyzeck* de Büchner, *no* Raspail 216, *no fim das férias. Seu proprietário me cede o teatro* em estado de funcionamento, *com administração, iluminação e maquinaria* (V, 125).

Mesmo refrão alguns meses mais tarde; trata-se desta vez de uma adaptação de Sade (por Pierre Klossowski) que Artaud pretendia montar num local já encontrado (mais uma vez o Raspail, 216?). *Dão-me um teatro, com todas as despesas pagas* (V, 232).

Vai ser preciso ainda mais um ano para que tudo isso resulte finalmente nas dezessete representações de *Os Cenci* no Teatro Folies-Wagram. Teatro que merece de André Frank a seguinte descrição: "o longo corredor de acesso, a imensa platéia precedida por uma galeria, o comprido *foyer,* mesmo a decoração das paredes, tudo indicava um lugar mais adequado ao *music-hall* do que a uma ousada renovação da arte cênica"[a]. O fracasso foi em parte devido a esse fator, mesmo que o público dos *Cenci* fosse, além do mais, o menos indicado para compreender a tentativa de Artaud[b]. Aliás, é provável que, mesmo entre os mais entendidos, o contraste violento entre o aspecto revolucionário dos manifestos e as concessões visivelmente aceitas para a representação de *Os Cenci* deve ter causado uma decepção bastante viva.

Alguns anos, até mesmo alguns meses foram pois suficientes para que a idéia original de um lugar cênico profundamente renovado se abastardasse e se descaracterizasse ao contato com dificuldades materiais. No entanto, os escritos de Artaud não se modificaram em relação ao assunto; foram os fatos que impuseram à sua idéia uma distorção pejada de conseqüências negativas.

O acaso

Ocorreu também que Artaud tivesse oscilado em relação a pontos essenciais de sua visão teatral, e que seus escritos trouxessem a marca dessa hesitação. O fenômeno é evidente, principalmente no que se refere à noção de acaso. Ela exerce um papel decisivo na época do Teatro Jarry: *No teatro que queremos fazer, o acaso será nosso Deus* (II, 17). Supremacia que *O Teatro e seu Duplo* contradiz: *Basta de magia ocasional* (IV, 163). Como se produziu semelhante reviravolta?

O culto do acaso, no início, decorre logicamente da

---

[a] . A. FRANK, Prefácio às *Cartas de A.A. a J.L. Barrault,* Bordas, 1952, p. 78.

[b] . Público lucidamente descrito por Pierre Jean Jouvet. Ver nosso dossiê anexo.

admiração manifestada em 1921 pelos métodos de Charles Dullin:

No final das contas, o delicioso reflexo do feliz achado aparece como a recompensa do esforço. Assim fica preenchida essa condição de surpresa que, segundo Edgard Poe, está na base da arte (II, 154).

É inútil sublinhar, além disso, até que ponto essa estética da surpresa liga estreitamente Artaud ao grupo surrealista. A busca do "acaso objetivo" guia Breton e os seus em direção às "petrificantes coincidências", em *Nadja,* sobretudo [28].

Artaud não se fixará muito tempo nessa deificação do acaso. No Teatro da Crueldade tudo deve ser minuciosamente calculado e regulado; a improvisação tende a desaparecer. Não que seja rejeitado o caráter único e espontâneo da expressão teatral. Artaud insiste amiúde (*Para acabar:* IV, 91, 94, 99) sobre o fato de que no teatro tudo não vale mais do que uma vez[a], e enfatiza também a necessidade de uma *criação espontânea no palco* (IV, 49). Preconiza até mesmo a pesquisa do *imprevisto objetivo* (IV, 53). O que mudou então desde o Teatro Jarry?

Simplesmente, a unidade e a explosão criadora não são mais entregues a um acaso todo-poderoso. A partir de agora há uma recusa em apoiar tudo sobre esse elemento. Ao mesmo tempo, as funções do sonho e do inconsciente se vêem modificadas. Ora, o inconsciente e o sonho eram as duas fontes do Teatro Jarry. O inconsciente sobretudo: tratava-se então de conseguir com que

tudo o que existe de obscuro, de fugidio, de irrevelado no espírito se manifeste numa espécie de projeção material, real (II, 22).

Alguns anos mais tarde, Artaud condena o teatro de seu tempo, que somente interrogou o inconsciente

para lhe extrair o que ele pôde entesourar (ou esconder) da experiência acessível e de todos os dias (IV, 57).

Em relação ao sonho, a mutação é ainda mais evidente. O Teatro Jarry propunha-se manifestar no palco

tudo o que pertence à ilegibilidade e à fascinação magnética dos sonhos (II, 23).

O Teatro da Crueldade pretende fazer da representação

algo tão localizado e tão preciso quanto a circulação do sangue nas artérias ou o desenvolvimento, aparentemente caótico, das imagens do sonho no cérebro (IV, 109).

Assim o sonho cessa de ser anarquia ou gratuidade para se tornar sistema organizado. Como tal, ele pode ter participação em uma nova concepção de teatro, não mais fundamentada sobre o acaso, mas sobre a ciência.

A ciência como substituta do acaso. Que ciência?

---

a . Sobre a recusa da repetição cf. também II, 15 e 27 (Teatro Jarry).

Artaud nos dirá. Uma ciência tão exata quanto possível e relativa aos recursos do corpo, aos efeitos da luz e do som sobre os corpos. É isso que pretendem *Um Atletismo Afetivo* e *O Teatro de Serafim*. Torna-se necessário, a partir de agora, fundamentar a expressão teatral em um método rigoroso e restrito; daí a fórmula citada e que completamos:

Basta de magia ocasional, de uma poesia que não dispõe da ciência para escorá-la (IV, 163 e 181).

Evolução de agora em diante irreversível: um dos últimos textos de Artaud terá por título *O Teatro e a Ciência*[a], e todos os textos posteriores aos sanatórios estarão de acordo sobre a importância decisiva do corpo, que é preciso reconstruir para que nasça enfim o teatro.

Essa evolução não encerra uma contradição? Pode-se, com efeito, perguntar de que maneira, no teatro, *poesia e ciência devem daqui por diante se identificar* (IV, 163, 182). Artaud exige, de um lado, uma codificação extremamente elaborada da expressão, enquanto que, por outro, continua a criticar o caráter estático do teatro ocidental. Em 1931 ele o estigmatiza:

como uma espécie de mundo gelado (...) com músicas reduzidas a uma espécie de enumeração cifrada [b] *cujos signos começam a apagar-se* (IV, 54-55).

No entanto, alguns meses depois, emprega os mesmos termos para definir a linguagem cênica do futuro Teatro da Crueldade, falando de

encontrar novos meios de transcrever essa linguagem, seja porque esses meios se aparentam aos da transcrição musical, seja porque se faça o uso de uma espécie de linguagem cifrada [c] (IV, 112).

Artaud não retorna, por um outro caminho, ao que ele havia denunciado?

Para além das questões de vocabulário e combate permanente contra a linguagem[d], tem-se de fato aqui o testemunho de uma surpreendente variação que leva um criador do culto da espontaneidade ao culto de uma inspiração controlada. De onde provém essa mudança? Aventou-se a hipótese de que ela poderia provir da influência preponderante exercida pelo espetáculo dos dançarinos balineses[e]. É certo que essas representações provocaram em Artaud uma impressão muito forte, testemunhada pelo longo estudo que lhes dedicou, e a

---

a . O Teatro e a Ciência, *L'Arbalète*, ed. Marc Barbezat, n. 13, verão de 1948, pp. 15-24.
b . Sublinhado por nós.
c . *Idem*
d . Combate contra a linguagem que será estudado no próximo item.
e . V. NOVARINA, A.A. *Teórico do Teatro*, p. 92.

abundância dos manuscritos e das variantes (cf. V, 335 e s.), das cartas nas quais descreve seu entusiasmo a diversos correspondentes e, enfim, a inserção em *O Teatro e seu Duplo* (IV, 64-81). Ora, o que o impressionou foi a precisão científica da encenação,

com efeitos metodicamente calculados e que impedem todo recurso à improvisação espontânea (IV, 66). Nesse teatro tudo, com efeito, é calculado com adorável e matemática minúcia. Aí nada é relegado ao acaso ou à iniciativa pessoal (IV, 69).

Se o acaso deixa de ser um deus no Teatro da Crueldade e cede lugar à ciência, a culpa seria pois dos balineses.

Na realidade, Artaud só se mostrou tão impressionado pelo teatro balinês porque este concretizava uma evolução já encetada no próprio Artaud. A prova é fornecida pelo texto do projeto de encenação que ele preparou para *O Golpe de Trafalgar*, de Vitrac. Convém lembrar que esse projeto foi submetido a Louis Jouvet. Em que data? Abril de 1931[a]. Trata-se portanto de um trabalho efetuado *antes* de Artaud ter assistido ao espetáculo balinês. Com efeito, a Exposição Colonial abriu as portas a 2 de maio de 1931[b] e foi o exemplar da N.R.F. datado de 11.10.1931 que publicou o entusiástico texto intitulado *O Teatro Balinês na Exposição Colonial*[29]. Ora, o projeto enviado a Jouvet prenuncia, com algumas semanas de antecipação, a mudança de inspiração que se poderia crer tivesse sido suscitada graças à influência dos balineses.

Esse projeto insiste, por exemplo, muitas vezes na necessidade de reconstituir os barulhos *com um cuidado minucioso* (II, 132), daí a idéia de gravá-los em discos[c]. Artaud chega até mesmo a exigir que tudo aquilo que não possa ser antecipadamente gravado seja ESCRITO e colocado em pauta, como uma música (II, 136). Mesmo método para a movimentação dos atores:

As evoluções das personagens, suas entradas e saídas, seus encontros, o modo como se cruzam, serão regulados uma vez por todas e com uma precisão meticulosa que preverá, se possível, até um simples acaso. Esse trabalho de precisão deve ser atacado no início, já na fase dos ensaios, em lugar de ser realizado no fim. É tudo (II, 138).

---

[a]. Ver carta a Jouvet, de 29.4.1931 (III, 207) cuja data retifica a indicação dada em II, 276, nota 14, Cap. 3.
[b]. Data fornecida pelo folheto surrealista "Não visitem a Exposição Colonial", MAURICE NADEAU, *Documentos Surrealistas*, Seuil, 1948, p. 181.
[c]. Cf. *supra*, 67.

E para ilustrar essa quota que ele pretende reservar ao imprevisto, Artaud imagina acrescentar ao terceiro ato *a música inexplicável de um acordeão* (II, 136). Qualquer possibilidade de improvisação fica assim eliminada. O próprio acaso é codificado com antecipação.

Nessas condições, o entusiasmo pelos balineses se explica sem nenhuma dificuldade. Artaud exulta porque eles traziam água ao moinho. Eles não são mais a causa, mas a confirmação da mudança[a]. Depois disso, é forçoso no entanto constatar que o problema continua: por que essa mudança? Por que a ciência foi assim bruscamente chamada a substituir uma *magia ocasional?*

A eliminação do acaso em proveito da ciência se esclarece quando consideramos que "a ciência não é mais do que uma magia reforçada"[b]. A eficácia direta visada pelo teatro mágico, baseada no sonho e no inconsciente, será atingida pelo teatro científico com facilidade ainda maior. Diante dos bailarinos de Báli, Artaud se sente reforçado na sua convicção de que o poder do teatro se relaciona com a meticulosidade da encenação e que não seria mais admissível submeter-se aos caprichos de uma improvisação tateante e incerta; os modos de expressão dos bailarinos são vistos por ele como

signos convincentes que transmitem a impressão de que os milênios não lhes esgotaram a eficácia. Eles nos demonstram a eficácia e o valor superiormente atuante de um certo número de convenções bem apreendidas e sobretudo magistralmente aplicadas (IV, 86).

O essencial continua sendo o poder mágico do teatro. Antes o acaso parecia detentor de um tal poder; depois a ciência revelou sua faculdade de comunicar melhor os ritos precisos de uma magia ancestral. Houve assim uma transferência, mas que não atingiu o essencial. Nessa questão, algumas palavras, tais como sonho, adquiriram um sentido diferente. Mas isso não deve nos surpreender. Sabemos que Artaud estava perpetuamente colocado entre duas linguagens, que o atraíam para direções opostas: a linguagem corrente e também a sua linguagem. É um conflito que reflete o combate interior, aliás rico de ensinamentos.

O DRAMA DA PALAVRA

A palavra situa-se no âmago de todos os confrontos que dilaceram Artaud. Não existe domínio onde não apareça: ela

---

a . Artaud apontou ele próprio em 1936 *uma estranha semelhança de espírito entre os espetáculos do Teatro Alfred Jarry e os do Teatro Balinês,* "O Teatro de Após-Guerra em Paris", *Cahiers Renaud-Barrault,* 71, pp. 17-18.
b . V. NOVARINA, *ibid.,* p. 93.

alimenta as obsessões, fundamenta as contradições... E não é simplesmente porque estamos lidando com um escritor e com um ator que a palavra é aqui considerada. Ela é verdadeiramente o núcleo de um drama: alternadamente e ao mesmo tempo Artaud a maneja e a rejeita, a denuncia e a reivindica. As flutuações de certos termos — *teatro, crueldade, sonho* — nos deram uma primeira idéia dessa luta contínua entre o criador e seu instrumento. Luta da qual seria instrutivo descobrir as diversas formas e seguir as etapas até o desfecho esperado.

As metáforas

Ao lado das constantes temáticas[a], existem constantes estilísticas que não são menos reveladoras. Nota-se assim, em Artaud, uma vontade carregada de expressividade que o impele constantemente a uma linguagem metafórica. Mas ele não se abebera em seu próprio arsenal de imagens da maneira como o fazem os poetas tradicionais. Se emprega uma determinada imagem, ele o faz pelo seu dinamismo próprio e não por suas virtudes "estéticas". De preferência, escolhe mesmo imagens ou grupos de imagens que exprimem uma oposição, um conflito ou, pelo menos uma distância, um obstáculo impossível de transpor. Escolha lógica, porque de acordo com sua visão dualista do mundo.

Certos recursos expressivos nascem facilmente de sua pena, verdadeiros modismos de estilo que seria difícil não notar. É o caso de alguns dos trechos citados acima. Repitamos:

Haverá entre o Teatro da Crueldade e Os Cenci *a diferença que existe entre o barulho de uma queda d'água ou o desabamento de uma tempestade natural, e o que pode permanecer de violência em sua imagem, a partir do momento em que ela foi fixada* (V, 46)[b].

Evoquemos também esta incisiva profissão de fé, que mal é uma metáfora:

Se eu tivesse feito um teatro, o que eu teria realizado seria tão pouco relacionado com aquilo que se costuma denominar teatro quanto a semelhança entre a representação de uma obscenidade qualquer e a de um antigo mistério religioso (II, 26)[c].

O procedimento é extremamente simples. Analisando-o, percebe-se com surpresa o velho esquema retórico dos autores

---

a . Cf. *supra*, pp. 49-61.
b . Cf. *supra*, p. 67.
c . Cf. *supra*, p. 38.

de máximas, tal como o empregava um La Rochefoucauld: A está para B como A' está para B'. Notemos que, no segundo exemplo que acabamos de citar, a oposição atinge o limite máximo na relação entre A e B ou entre A' e B', como pretendia Artaud mas que a relação de A com A' ou de B com B' aqui se acha reduzida a quase nada. Com efeito, muitas vezes ele repetiu que o teatro de seus contemporâneos se baseava na obscenidade (cf. IV, 93) e que o teatro dele era uma *tentativa mística* (II, 24) e que era preciso retornar ao *teatro oriental de tendências metafísicas* (IV, 54). Aí, o processo metafórico foi apenas esboçado.

Não ocorre o mesmo quando Artaud se apóia sobre esse esquema para demonstrar a diferença quase incomensurável que existe entre a imagem que ele propõe a título indicativo e o ideal que ele quer alcançar:

Os sons e a luz serão desencadeados seguindo o ritmo sincopado de um telégrafo Morse ampliado, mas que será para o Morse o que a música das esferas ouvida por Bach é para o "Clair de Lune" de Massenet (II, 91).

Belo exemplo da desproporção manifestada entre as palavras empregadas e seu poder de ação; com efeito, a diferença de valor entre os dois músicos citados, por maior que se nos configure, é ainda inferior a essa idéia de uma distância infinita que Artaud nos impõe à viva força através do *élan* dinâmico da frase.

Uma vez alertado por esse procedimento, o leitor o reencontra com bastante freqüência. As formas são diversas. Sem multiplicar os exemplos, evoquemos este aqui, que permite a Artaud associar dois motivos de entusiasmo, os balineses e o quadro de Lucas de Leyde, *Lot e suas Filhas*.

Existe a mesma diferença entre essa pintura pouco conhecida (mas de inspiração superior, de realização superior, de uma perfeição quase mágica) e a pretensa grande pintura de Ticiano, de Rubens, de Veronese, e mesmo de Rembrandt, e outros eméritos artesãos de quinquilharias, onde está em jogo apenas a epiderme da luz, das formas e da significação, que entre o teatro dos iniciados, ancestrais dos balineses, e o nosso mesquinho teatro (V, 67).

Aqui o importante é frisar que o esquema original, ainda que muito reconhecível, tende a deformar-se e a distender-se sob a pressão interna da paixão inspiradora.

No fim sucede que uma cólera descomunal faça quase explodir o velho quadro retórico, transformando pela força da inspiração a eloqüência equilibrada em invectiva inspirada. É isso que se pode constatar num artigo em que Artaud compara a expressão teatral de sua época a uma *rude língua de selvagens,* o que nos proporcionará um último exemplo:

E eu me refiro à língua desses selvagens trogloditas que fizeram seu cérebro baixar à altura de seus excrementos, e que está tão longe dos selvagens iniciados, ainda muito apegados às suas tradições primitivas, quanto o barulho de bater manteiga e outros ritmos elementares do teatro japonês estão afastados dos mesmos ruídos e ritmos deformados e sobrecarregados de expressão, graças à espiritualidade misteriosa que os envolve, nos teatros tibetano e balinês (II, 171).

Aqui não se trata mais do procedimento de redução metafórica, que dispensava Artaud de precisar seu pensamento e lhe permitia permanecer numa vaga dissimulação graças à expressividade virulenta da imagem. Impressiona-nos, evidentemente, o extraordinário vigor de sua imprecação — e também a surpreendente condenação do teatro japonês[30] — mas sobretudo a sabotagem impiedosa de um sábio procedimento clássico, exercida através da própria violência das palavras e do movimento.

A tentação do estilo e sua superação

O estilo me causa horror e percebo que quando escrevo eu o pratico sempre[a]. Que pensar dessa confissão aberta? Como vimos, Artaud utiliza de bom grado as formas clássicas do discurso, pronto no entanto a fazê-las explodir por dentro. O que ele censura a si mesmo é o fato de ainda recorrer, instintivamente, para fundir seu pensamento, a moldes caducos e inadequados. Tentação do estilo, da bela linguagem, da literatura, que é preciso sempre vencer. O problema é bem resumido através da célebre fórmula final de *O Teatro e a Cultura:*

Se existe ainda alguma coisa infernal e verdadeiramente maldita nestes tempos, é o deter-se artisticamente sobre as formas, em vez de agir como os supliciados que são levados ao fogo e que abençoam suas fogueiras (IV, 18).

Apelo para rejeitar a arte como preocupação exclusivamente estética, mas apelo lançado por um período harmonioso, com imagens sugestivas, numa linguagem artisticamente perfeita. Como sair daí?

Muitas páginas de Artaud culminam em belezas propriamente literárias. Não nos esqueçamos desta definição do teatro como o duplo de uma *realidade perigosa e típica, onde os princípios agem à maneira dos delfins que, quando mostram a cabeça, se apressam em voltar à escuridão das águas* (IV, 58).

Mas é sobretudo o estudo "Sobre o Teatro Balinês" que seria necessário evocar aqui. O entusiasmo de Artaud transforma a relação descritiva numa espécie de hino ininterrupto, vibrando em achados poéticos:

---

a . Cf. *supra*, p. 66 e nota b.

Eles dançam e esses metafísicos da desordem natural, que nos reconstituem cada átomo do som, cada percepção fragmentária como se estivesse pronta a retornar a seu princípio, souberam criar entre o movimento e o barulho articulações tão perfeitas que esses ruídos de madeira oca, de caixas sonoras, de instrumentos vazios, parecem ser produzidos por esses dançarinos de cotovelos descobertos que os executam com seus membros de madeira oca (IV, 78).

É de se apreciar a precisão da constatação e o fato de que essa precisão não exclui o lirismo. Nesses períodos admiravelmente ritmados, há um sopro e uma eloqüência cuja originalidade se acomoda facilmente com o recurso a alguns procedimentos tradicionais da retórica poética.

Objetar-se-á que se tratava de uma resenha destinada a uma revista que passava por austera e que Artaud devia se conter por respeito a um certo polimento formal. Mas constata-se o mesmo êxito expressivo nos escritos que não pertencem a gêneros ortodoxos e que não exigiam execução bem acabada. É o que ocorre com as obras redigidas sem nenhuma regra e que permaneceram algumas vezes inacabadas, como o libreto de *Não há mais Firmamento*. Talvez o bom êxito[a] neste caso se deva precisamente à falta de acabamento; um libreto, um argumento, um roteiro, são apenas projetos, simples esboços, e a imaginação do leitor pode encontrar aí campo livre para infinitas ilações. No entanto, para alcançar esse poder de sugestão, a simples falta de acabamento não basta; torna-se também necessária a soberana arte do verbo evocador. Seria essa a razão pela qual as obras de Artaud que permaneceram na fase de projetos figuram entre suas consecuções menos contestáveis? Pode-se citar a pantomima de *A Pedra Filosofal*, o argumento *Não há mais Firmamento*, o texto *A Conquista do México* e talvez também alguns roteiros de cinema. As coisas se passam como se Artaud tivesse necessidade de escapar às barreiras dos gêneros tradicionais e inventar suas próprias formas de expressão — cf. *Heliogábalo* — na livre esfera da criação pura.

Resta saber se essa consecução não se justifica por razões que têm pouco a ver com o teatro. Em suma, não é o mérito propriamente literário que nos cativa acima de tudo? O preâmbulo de *A Conquista do México* rejeita energicamente o emprego da palavra no espetáculo proposto; quando muito pode *servir para anotar ou colocar em pauta, como em papel de música, o que não se descreve com palavras* (V, 24). Ora, o roteiro que vem em seguida parece-nos que falseia essa formulação.

Longe de ser um instrumento de notação muito dócil e

---

a . Sobre o interesse de *Não há mais Firmamento*, cf. *supra*, p. 60.

muito humilde, a palavra se desdobra, na verdade, com um grande poder de evocação e se nos manifesta como o agente essencial do encantamento.

Tudo treme, geme, como se fosse uma vitrina anormalmente abarrotada. Uma paisagem que pressente a tempestade chegar; objetos, músicas, fazendas, trajes perdidos, sombras de cavalos selvagens passam no ar como meteoros longínquos, como o raio sobre o horizonte repleto de miragens, como o vento que se inclina, veemente, ao rés do solo num clarão precursor da chuva e dos seres (V, 25).

A invasão da metáfora parece filiar essa descrição ao discurso poético tradicional. Em lugar de uma *sinopse* despojada, que o preâmbulo parecia prometer, encontramo-nos em presença de um poema, orquestrado com magnificência. Em termos de lingüística, dir-se-ia que Artaud, longe de reduzir a palavra à denotação, como anunciara, na verdade conserva e amplia suas funções de conotação.

Há contradição também aqui? Tudo leva a crer que sim. Para começar, Artaud se desvencilha da preocupação de inventar a nova língua necessária, indicando somente, de maneira rápida, a quais exigências ela deveria obedecer. Depois, com as mãos livres, ele se deixa ir sem qualquer retenção ao encontro de sua visão; conseqüência (previsível): a palavra, que se pretendia domesticar, se vê ampliada. Mas poderia ele agir de outra maneira? Na medida em que hesitava em criar sua própria linguagem, como censurá-lo por ter recorrido, na falta de um instrumento melhor, à linguagem poética, a única que poderia provisoriamente permitir-lhe atingir outros espíritos?

Esperando a chegada do novo instrumento que lentamente ele edifica, é lógico que Artaud tenha recorrido à "magia" poética tradicional. Solução que acha defeituosa, mas que nos gratifica com páginas impressionantes, como a dos funerais de Montezuma:

Uma cadência, um murmúrio. A multidão de indígenas cujos passos fazem o ruído de mandíbulas de escorpião. Depois, a agitação diante dos miasmas, cabeças enormes com narizes inchados pelos odores — e nada além de espanhóis imensos, mas trôpegos. E como um maremoto, como a explosão brusca de uma tormenta, como a rajada da chuva sobre o mar, a revolta que domina gradualmente toda a multidão de tanga, com o corpo de Montezuma morto, vagando sobre as cabeças como um navio. E os espasmos bruscos de batalha, e a espuma das cabeças dos espanhóis cercados que se arrebentam ensangüentados de encontro às muralhas verdejantes (V, 28-29).

A bem dizer, nesta página a arte do verbo não está em desacordo com a ambição de *conferir às palavras quase a mesma importância que elas adquirem nos sonhos* (*Crueldade*

I, IV, 112). O que nos oferece *A Conquista do México* é efetivamente um teatro sonhado. Pensamos na definição dos primeiros ensaios teatrais, *Paulo dos Pássaros*, por exemplo: *drama mental*[31] (I, 208, Re. I, 304). Cada uma de suas obras, cada um de seus projetos de teatro pode ser apresentado como um drama mental, ou melhor, como a redução mental do drama que ele queria realizar. Redução ao nível do sonho e, às vezes, do pesadelo — daí essas *cabeças enormes com narizes inchados* — e outros exemplos semelhantes que poderiam ser encontrados nos roteiros de filmes, sobretudo em *A Concha e o Clérigo*, onde aparece uma mulher,

ora com uma bochecha inchada, enorme, ora mostrando a língua que se alonga ao infinito e à qual o clérigo se agarra como a uma corda (III, 27).

O libreto de *Não há mais Firmamento* recorre a observações idênticas. Mesmo clima de pesadelo:

O personagem do Grande Farejador (...) tem um nariz enorme (...) cabeças torcidas, gigantescas (...) fervilham e balançam em todos os sentidos e formam um círculo em volta dele como uma horrenda guarda de corpo (II, 103).

Mesma amplidão poética do período:

O canto se dissolve, carrega as palavras, um coro de gritos se faz ouvir e nele se sente a fome, o frio, a raiva, nele surgem idéias de paixão, sentimentos insaciados, remorsos, dele emergem soluços, estertores de feras, uivos de animais e nesse concerto toda a multidão se dissolve e abandona o palco, que retorna pouco a pouco a um noturno vocal, luminoso e instrumental (II, 104).

Enfim, mesmas indicações cênicas, de aparência concreta, mas tornadas irreais pela superposição vertiginosa das imagens:

Em determinados momentos as vozes dos sábios, num canto, chilreiam como as andorinhas empoleiradas em fios telegráficos, em outros grasnam como corvos, em outros mugem como bois[a] *ou resfolgam como hipopótamos numa cova* (II, 107).

Afinal a proliferação das metáforas suscita um universo barroco e fantástico, onde a língua habitual do teatro foi dinamitada, mas onde o verbo continua a reinar como mestre absoluto.

Se admiramos o estilo de Artaud é ainda por razões confusas. Vimos tudo o que sua frase pede emprestado inicialmente aos processos oratórios da língua clássica ou romântica, mas constatamos também que ele a ultrapassa. A banalidade de uma fórmula jamais feita é aceita por ele exceto *na falta de uma expressão mais contundente* (I, 235 — Re. I, 351) e a

a . *Sic.*

abundância das "metáforas enérgicas" — escreve Jacques Derrida — faz que *"com as devidas precauções, se poderia falar da veia bergsoniana de Artaud"* (*T.Q. 20*, p. 65, n. 9).

Expressividade veemente, que não foi obtida sem longos e às vezes dolorosos esforços, comprovados por numerosos documentos, manuscritos, fragmentos, variantes do estudo sobre os balineses. Sua superabundância ajuda a compreender, como sublinha o editor das *Obras Completas* (*cf.* IV, 357), que "inúmeras dificuldades" Artaud precisou transpor para conseguir se exprimir. Ele confessa a Paulhan a respeito de um artigo:

Estou em vias de fazê-lo, mas eu o reescrevo sem cessar, como tudo que faço. Preciso de tempo e de inúmeras tentativas e revisões minuciosas antes de encontrar minha forma (V, 84).

Ora, essa penosa ascese deságua muitas vezes no esplendor da palavra. Paradoxalmente? Não, porque Artaud, mesmo quando escreve para uma revista, comporta-se como "homem de teatro"[a]. Os leitores serão tratados como verdadeiros espectadores; por meio de escritura, ele faz seu teatro viver por um instante, o tempo de uma leitura. Mas o verdadeiro teatro lhe forneceria por sua vez todas as formas de expressão ao mesmo tempo, sendo o verbo apenas uma delas. Sobre o papel, dispõe unicamente do verbo. Este terá pois de incumbir-se de todos os desempenhos ao mesmo tempo; vai ser música, luz, cenário, movimento... Sem ter coadjuvantes, está encarregada de insuflar vida ao teatro com o qual Artaud sonha.

Daí a preeminência invasora da palavra, a supervalorização prodigiosa do discurso literário nas obras que pretenderiam minar sua soberania. O processo visado encontra-se invertido: a palavra não somente não é destituída, não somente é confirmada nos seus poderes, mas ganha uma elevação do seu estatuto inicial; de rainha que era, mas rainha simplória e acomodada, torna-se agora força mágica, traço de união misterioso entre o homem e as potências que o ultrapassam.

Resultado dessa escalada: a evidente beleza de certos textos, mesmo se essa beleza transgrida um tanto as normas estéticas habituais. No entanto o próprio Artaud refere-se algumas vezes à beleza de certas obras suas. Mas parece que ele confere ao termo um outro sentido. Numa carta a Paulhan, surpreende-se que a N.R.F. tenha mutilado seu artigo sobre Jean Louis Barrault: *Faltava a última frase! A mais bela de todas!!!* (IV, 387). Reportemo-nos à passagem suprimida, transcrevendo a última frase:

Quem conhece ainda o gesto que se completa e se

---

[a] . J. DERRIDA. Cf. *supra*, p. 19 e nota a.

desmancha, sem forma e sem semelhança, mas no qual a semelhança do cavalo que toma forma não passa de uma sombra nos limites de um grande lamento (IV, 387 e V, 266).

Frase na verdade sugestiva, mas cujo êxito expressivo nos parece menos evidente do que o das fórmulas acima citadas. É preciso portanto admitir que para Artaud o que fundamenta a beleza da expressão é a profunda identificação que ele acredita ter encontrado entre a idéia e as palavras.

Uma outra carta a Paulhan nos permite compreender melhor o que Artaud denomina beleza; ele se propõe iniciar seu manifesto sobre o Teatro da Crueldade com a seguinte frase:

Trata-se de conferir à representação teatral o aspecto de um espaço devorador, de, ao menos uma vez, durante o desenrolar do espetáculo, conduzir a ação, as situações, as imagens a um grau de incandescência implacável, que no domínio psicológico ou cósmico, se identifique com a crueldade.

Artaud acrescenta ainda este comentário revelador: *a mim me parece que esta frase, por poética que seja, é bela* (V, 161).

Assim a beleza da frase não teria nada a ver com seu mérito poético, pois ela é alcançada apesar da "poesia". Condenando seu manifesto por ser muito literário, Artaud escreveu ainda esta frase, que não deixa sombra de dúvida: *Uma coisa mais simples e menos bela teria sido melhor adaptada, portanto, no fundo, (seria) mais bela* (V, 165). Beleza intrínseca, que nada quer dever a seu revestimento formal e estilístico. Detalhe importante: a frase proposta para o início do manifesto figura em epígrafe no texto publicado pela N.R.F., mas desaparece na edição de *O Teatro e seu Duplo* (IV, 106), tendo o próprio Artaud solicitado a sua supressão e substituição (cf. V, 265), como se, finalmente, receasse que a "poesia" causasse danos à beleza.

A luta contra a palavra: etapas e resultados

Essa obstinação em questionar a todos os momentos a literatura confirma que a luta de Artaud contra a linguagem é constante e se desenvolve em todos os níveis. No teatro, ela toma sobretudo a forma de combate contra a supremacia do texto. Combate iniciado antes que o inspirador da Crueldade se envolvesse com o próprio teatro. Na França, por exemplo, Gaston Baty havia denunciado, já em 1921, a tirania de "Sua Excelência, a Palavra"[a]. Ora, nessa época, Artaud não profes-

---

a. Texto publicado nas *Cartas*, 1.11.1921, retomado em *A Máscara e o Turíbulo*, Bloud e Gay, 1926, e mais tarde em *Cortinas Descidas*, Bordas, 1949.

sava ainda nenhum desprezo pelo texto; elogiando em 1922 um dos primeiros espetáculos de Dullin, afirma energicamente que *acima das personagens paira o texto* (II, 158). Esse escrito de juventude testemunha a considerável evolução que iria se produzir nele e levá-lo, uns dez anos mais tarde, à condenação radical da palavra, formulada em numerosas passagens de *O Teatro e seu Duplo*.

Inicialmente Artaud valoriza, pois, o texto teatral. Mas isso não dura. Num estudo de 1924, denuncia a moda da "reteatralização" do teatro e a cegueira que resulta desse fato:

A escravização ao autor, a submissão ao texto, que carga fúnebre! Mas cada texto engloba possibilidades infinitas. O espírito, e não a letra do texto (I, 213).

Relutância contra o verbo, portanto, mas de alcance ainda limitado: Artaud recomenda, *para reaprender a ser místico*, esquecer o teatro mas continuar a dedicar-se a *um texto* (I, 215). A evolução preconizada irá se precisar na época do Teatro Jarry.

Ela se efetuará em várias etapas. Primeiro tempo: o primado da palavra parece ser mantido com convicção, mas convém verificar com que comentários se harmoniza essa afirmação tão categórica:

Uma só coisa nos parece invulnerável, uma só coisa nos parece verdadeira: o texto. Mas o texto enquanto realidade distinta, existente por si mesma, bastando-se a si mesma, e não quanto ao seu espírito, que estamos tão pouco quanto possível dispostos a respeitar, mas simplesmente quanto ao deslocamento de ar que sua enunciação provoca. Ponto final. Eis tudo (II, 18).

Dois anos antes Artaud banira a forma em proveito do espírito, e eis que ele agora condena o espírito em proveito de uma pura linguagem sonora. Assim se acha prefigurado o Teatro da Crueldade no qual

as palavras serão tomadas num sentido de encantamento, verdadeiramente mágico por sua forma, suas emanações sensíveis, e não somente por seu sentido (IV, 149).

Segundo tempo: os animadores do Teatro Jarry

não professam nenhum respeito pelos autores, nem pelo texto, e não pretendem a nenhum preço, nem a nenhum título acomodar-se (II, 31).

Forçoso é constatar que o dogma da invulnerabilidade do texto estranhamente mantido até então, apesar dos ataques cerrados que lhe eram dirigidos — deixou de ser defendido por Artaud. A essa colocação segue-se uma outra: a da absoluta liberdade de ação do encenador. O texto-rei tende cada vez mais a ser substituído pelo encenador-rei. Substituição que será definitiva no Teatro da Crueldade:

Confiaremos à encenação e não ao texto o cuidado de materializar (...) os velhos conflitos (IV, 148).

Por ora o encenador do Teatro Jarry está ocupado em arrebentar os últimos grilhões.

Terceiro tempo: a domesticação, e até mesmo a redução à servidão.

Eu faço de um texto exatamente aquilo que me agrada. Mas um texto em um palco é sempre uma coisa pobre. Então eu o ornamento com gritos e contorsões, que naturalmente possuem um sentido, mas que não se destinam aos porcos (III, 138).

Essa violência verbal exprime uma impaciência pela liberdade. Novamente entronizado, o encenador se revela soberanamente cioso de seus poderes e de seus direitos. Exige todos os direitos. Os animadores e os atores do Teatro Jarry não se poupam:

Sem a menor contensão, eles recheiam o texto com gritos, gemidos, contorsões e queixumes. Pois se o texto não serve para fazer o espectador saltar de sua cadeira, para que serve ele? (II, 56).

No final do processo, o texto, maltratado, humilhado, mutilado por todos os lados, perdeu sucessivamente todos os seus atributos essenciais. Nada mais resta do que contestar sua própria existência.

A isso serão destinadas muitas páginas de *O Teatro e seu Duplo*. A palavra é apontada desde cedo (1931) por Artaud como a principal responsável pela degenerescência do Teatro do Ocidente.

Todos os meios de expressão especificamente teatrais pouco a pouco cederam lugar ao texto, que absorveu a ação de tal maneira que, no fim das contas, pôde-se ver todo o espetáculo teatral reduzido a uma só pessoa, monologando diante de um biombo (III, 215).

É por isso que o teatro *se tornou irremediavelmente passivo* (*ibid.*). O caminho encontra-se desde então aberto a uma condenação inelutável: após ter sido o elemento maior do espetáculo, depois o elemento que se respeita apesar de tudo, depois o elemento que se deixa de respeitar e depois o grilhão de que nos libertamos, o texto tornou-se o inimigo a ser subjugado. Eis por fim no pensamento de Artaud uma evolução que parece coerente e linear.

Mas não é tão simples assim. Com efeito, a palavra está no âmago das contradições de Artaud. Ela constitui talvez até mesmo a contradição essencial. Por exemplo, sua atitude em relação ao texto evoluiu bem menos do que parece. A seqüência de citações que acabamos de reproduzir põe em relevo a intensificação crescente de uma exigência, muito mais do que a modificação real de uma atitude. Apesar da virulência cada vez mais arraigada contra o texto, pode-se perguntar se Artaud mudou verdadeiramente de atitude. No princípio ele mantinha o texto e se revoltava contra a sua tutela. Que diz ele

no final da trajetória? Simplesmente isso: que a palavra não deve constituir apenas um dos elementos da linguagem cênica. Jamais a recusa totalmente, nem a condena à morte:
Não se trata de suprimir a palavra articulada, mas de atribuir às palavras quase a mesma importância que elas possuem nos sonhos (*Crueldade* I; IV, 112).

É verdade que mais tarde a destruição da linguagem será levada em consideração[a]. Mas no tempo de *O Teatro e seu Duplo* Artaud não havia chegado a isso. Desde seus primeiros passos com Dullin, ele somente cortou cada vez mais as asas da palavra, limitando-a a fim de alcançar as proporções exatas, mas sem encarar ainda seu total desaparecimento. É o que escapa a certos comentaristas, que afirmam que para Artaud, nessa época, a linguagem "é precisamente o que se deve eliminar" e que o censuram em conseqüência por se contradizer abertamente. Contradição inexistente, como veremos.

Seu raciocínio é simples. Artaud, dizem eles, começa por reivindicar *que se substitua a poesia da linguagem por uma poesia no espaço* (IV, 46); logo em seguida escolhe *a linguagem articulada* (IV, 56), como único apoio de sua reivindicação de um teatro metafísico. Em resumo, depois de ter dito claramente que ele suprimia a linguagem articulada em proveito da encenação, imperturbável, decide em seguida conservá-la e faz dela o instrumento mais importante da encenação[b]. É de se admirar a incoerência de sua trajetória.

Uma vez mais, são as palavras que, empregadas em sentidos divergentes, embaralham a visão: *Eu acrescento à linguagem falada uma outra linguagem* (IV, 133)[c] . E depois o dinamismo expressivo de Artaud é tal que ele desnorteia seus comentadores: a energia empregada em lutar contra o texto é tão grande que as pessoas enxergam nela uma sede de morte e de aniquilamento. Na realidade, as duas proposições citadas e cuja justaposição escandaliza não se excluem, de modo algum. Quando Artaud fala em substituir a encenação pela linguagem articulada, abstenhamo-nos de compreender que ele se propõe a aniquilar esta última; por ora, ele não pensa ainda nisto; quer somente descoroá-la e em seu lugar entronizar a encenação; reduzi-la a seu devido lugar e então confiar-lhe novas funções, concretas, físicas. E quando fala mais adiante de *fazer a metafísica da linguagem articulada* (IV, 56), a colocação não tem nada de paradoxal: essa linguagem

---

a . Cf. mais adiante o final deste capítulo: "A Desintegração da Palavra".

b . GEORGE CHARBONNIER, *Ensaio sobre A.A.*, Seghers, 1959, p. 168.

c . Sublinhado por nós.

que foi degradada mas não expulsa[a], figura sempre entre os elementos da encenação e sob as ordens desta última. É lógico, portanto, que Artaud escolhesse a linguagem para efetuar sua demonstração: pedagogicamente é o exemplo mais notável para um leitor leigo.

A contradição negada aqui existe, portanto, mas num outro nível. Ela não reside numa dupla vontade de eliminar a palavra e de mantê-la sub-repticiamente, mas sobretudo numa oposição entre o papel secundário, porém bem determinado que Artaud quer consignar ao texto em *O Teatro e seu Duplo* e a função diferente que ele lhe destina de fato, nos seus projetos cênicos e nos seus empreendimentos concretos. Consideremos, por exemplo, o programa anunciado pelo primeiro manifesto da Crueldade (IV, 118, 119); aí são citados os nomes de Shakespeare, Sade, Büchner, Fargue, autores nos quais o prestígio da palavra dificilmente seria relegado a um segundo plano. Artaud nos adverte claramente que as obras do teatro elisabetano seriam *despojadas de seus textos* e pode-se supor que os melodramas românticos anunciados teriam sofrido o mesmo destino. Bastaria isto para arrebatar a seu empreendimento todo caráter de reverência em relação à literatura?

Quando em 1932 pensa montar um primeiro espetáculo, é o *Woyzeck* de Büchner o escolhido (V, 75-78): *Woyzeck,* que figurava no programa do primeiro manifesto *por espírito de reação contra nossos princípios e a título de exemplo do que se pode extrair cenicamente de um texto preciso* (IV, 119). Além do mais, o espetáculo de 1934, que pretendia angariar apoio moral e financeiro para o Teatro da Crueldade, foi organizado na base de uma leitura feita por Artaud, do *Ricardo II* de Shakespeare. *Os Cenci* são apresentados em 1935 sob a dupla fiança "literária" de Shelley e de Stendhal, ainda que o autor se defenda de ter feito uma adaptação das obras de seus predecessores. Eis algumas escolhas pouco adequadas, parece, para destronar a literatura!

As motivações dessa escolha não nos escapam. Trata-se de despertar o interesse, de atrair o público, de lhe preparar um acesso ao Teatro da Crueldade, pois iniciativas desse tipo, se não preenchem uma lacuna, pelo menos antecipam um processo. Foram concessões sem dúvida inevitáveis, só que desmentiam, apesar de Artaud, o projeto de uma reviravolta total do universo cênico e a afirmação reiteradamente proferida de que o texto seria derrubado de seu pedestal e reduzido ao papel de servo dócil. O apoio mendigado a autores consagra-

---

[a]. Como bem notaram GENEVIÈVE SERREAU (*História do "Novo Teatro",* p. 22); J.-P. SARTRE (em *Le Point,* n. 7, jan. 1967, p. 24) e JACQUES DERRIDA (em *Critique,* 230, jul. 1966, pp. 603-604).

dos mantinha irremediavelmente tais tentativas na obediência à literatura.
Artaud tinha no entanto tratado de evitar a armadilha. Isto se vê pela maneira como ele concebeu o espetáculo de 1934 na casa de Lise Deharme. *Ricardo II* servia evidentemente de isca e prato de resistência. Vinha em seguida a leitura:
de um roteiro inédito de teatro, A Conquista do México, *escrito para uma realização direta no palco* (V, 369, nota 1 da p. 316).

A se acreditar em um documento da época, a reunião terminou com algumas palavras de Artaud, que ele redigira previamente e que constituíam um apelo muito direto às contribuições:
E agora eu lhes peço para fazer alguma coisa e passar à ação, mas passar imediatamente (...) Por fabulosa que pareça a encenação (deste roteiro) foram feitos orçamentos e não se precisará mais do que um milhão (V, 317).

Assim Shakespeare não foi nessa noite mais do que um simples trampolim para *A Conquista do México,* verdadeiro pivô da promoção.

Em seguida a esse apelo, as contribuições esperadas infelizmente "não vieram"[a]. E o que veio à luz não foi *A Conquista do México,* mas, no ano seguinte, *Os Cenci.* Ora, *A Conquista do México,* em relação aos *Cenci,* é um exemplo muito claro do que pretendia ser o Teatro da Crueldade[33]. A palavra exerce aí um grande poder de encantamento, como já sublinhamos[b], mas a forma tende a se libertar de todas as sujeições, como ocorre em *Heliogábalo.* Se bem que nos seja permitido lançar a interrogação: supervalorizar o verbo com tal intensidade não é já pretender fazê-lo explodir?

A desintegração da palavra

Interrogado por Paulhan a respeito de *Heliogábalo,* Artaud fornece as seguintes informações:
...a forma não é nada; há exageros de deformações de imagens, de afirmações desvairadas; mas então se estabelece uma atmosfera de loucura onde o racional se desnorteia, mas o espírito avança bem equipado (VII, 185).

Análise sem ambigüidade, arranjo de palavras que não visa instaurar um discurso lógico um "poético", mas ao contrário, desorganizar todo discurso em proveito de uma conquista espiritual em direção ao *verdadeiro e ao Real superior*

---

a . Roger Blin, segundo J.P. FAYE, "Artaud Visto por Blin", *Lettres françaises,* n. 1064, 21.1.1965.
b . Cf. *supra,* p. 79.

(*Ibid.*). No seu novo emprego a palavra vai então servir para desintegrar as funções habituais da palavra.

Desintegração que se opera em diversos planos, e em primeiro lugar no da escrita. Artaud, comenta Jacques Derrida, "sempre preferiu o grito ao escrito" (*T.Q.*, 20, p. 62), e sabemos que a redação do mais insignificante bilhete torna-se para ele um ato de teatro[a]. É precisametne com *Heliogábalo* que ele envereda pelo caminho que o leva à desintegração do texto escrito. Ele se mostra consciente do fato: pela primeira vez, escreveu a Rolland de Renéville, *consegui sentir que escrevo como sempre tive vontade de falar* (V, 192). Mesma afirmação numa simples nota: *Eu sou dos que acreditam que se deve escrever como se fala* (VII, 358). Poema, artigo de revista, conto, livro de erudição; tudo é recolocado numa perspectiva oral, tudo se liga ao teatro.

Segundo nível de desintegração (corolário do primeiro): a sintaxe. *A sintaxe lhes parece verdadeiramente tão importante?* (V, 74) pergunta Artaud a Paulhan, e eis o que ele mesmo reponde:

Não me parece inconveniente que, em alguém em quem se sente o respeito pela sintaxe, ocorram de vez em quando descuidos de monta, caso se sinta que fazem parte da forma do movimento, de um ardor especial, da faceta estranhamente iluminada de um pensamento particular e que tinha necessidade dessa perversão para captar o esplendor secreto, a iluminação de uma de suas facetas ocultas (V, 75).

Considerações, não contra a sintaxe, mas contra a sujeição à sintaxe. Ela também deve ser reduzida ao seu devido lugar, e voltar a ser um instrumento dócil. É uma etapa. Exteriormente, Artaud continua a ostentar um certo respeito pela sintaxe, e é sem dúvida uma atitude estudada, mas ao mesmo tempo faz um elogio entusiasmado do descuido sintático e sobretudo de sua necessidade, de sua fecundidade: o verme está portanto no fruto.

O estilo, a arte de bem dizer constituem um terceiro nível. Tentação permanente para Artaud, que detesta ser estilista e se obstina em ultrapassar o que ele considera uma facilidade e uma trapaça. Mas não basta remover o obstáculo e substituir uma outra concepção de beleza à antiga e tradicional beleza poética[b]. É preciso ir mais longe.e sabotar a bela linguagem, minando-a em seu interior. A tentativa mais notável efetuada por Artaud nesse sentido é provavelmente o texto dialogado de *Os Cenci*. Tratava-se de desintegrar o diálogo literário tal como o praticava um determinado teatro.

---

[a]. Cf. *supra*, p. 83. Sobre o grito e o escrito, ver também Roger Laporte, art. cit., *Le Nouveau Commerce*, 12, inverno de 1968, p. 33.

[b]. Cf. *supra*, pp. 79-84.

Os métodos empregados para alcançar esse objetivo merecem que nos detenhamos neles.

Artaud anunciara muito explicitamente suas intenções: o texto.

foi estabelecido para servir de reativo ao resto. E eu acredito que esta será a primeira vez, pelo menos aqui na França, que se lidará com um texto de teatro escrito em função de uma encenação e cujas manifestações brotaram concretas e vivas da imaginação do autor (V, 46).

Ora, o texto assim concebido foi severamente criticado. Alguns comentadores denunciaram suas insuficiências[a] e lhes atribuíram uma parte de responsabilidade no fracasso final do empreendimento[34]. Vejamos seus argumentos.

Para colocar em evidência o que se acreditava ser a fraqueza do suporte verbal, cita-se de bom grado a cena que abre o terceiro ato; trata-se de uma cena capital, pois contém a revelação do estupro:

"BEATRIZ: *Meu pai!*
LUCRÉCIA: *Que é que ele fez? Tenho medo de saber!*
BEATRIZ: *É preciso vos decidir a compreender que o pior foi feito.*
LUCRÉCIA: *O pior? Que pôde ele fazer de pior além de tudo o que nos tem feito suportar?*
BEATRIZ: *Cenci, meu pai, me manchou.*
LUCRÉCIA: *Meu Deus! Meu Deus! Meu Deus! Meu Deus!"* (VI, 233-234).

Há uma secura evidente nessas réplicas, porém é secura calculada. Espantar-se, zombar ou enxergar nelas pobreza é cometer um grande engano. Será preciso lembrar que esse texto não se destinava a ser lido, mas sim ouvido? Artaud não o inseriu em *O Teatro e seu Duplo*, ao passo que escreveu uma nota sobre o espetáculo de Barrault, posterior portanto aos *Cenci*[b]. Assim, hoje não se pode ler sua tragédia exatamente como se lê seus roteiros ou seus argumentos para o teatro. Na medida em que está circunscrito ao papel, é um texto que oferece ao leigo a mesma significação que uma partitura musical. Na falta da orquestração que a representação cênica introduzia, é preciso abordá-lo com certas precauções, pois sua aparente pobreza é um engodo.

A cena da qual extraímos algumas réplicas é um dos pontos culminantes da ação. Situada quase exatamente no centro da peça, ela propõe uma revelação terrível, a do incesto

---

a. Principalmente G. CHARBONNIER, *op. cit.*, p. 188 ("Isso só subtrai a Artaud a qualidade de autor dramático").

b. O espetáculo de BARRAULT, *Ao redor de uma mãe*, foi criado no Atelier em 4.6.1935, ou seja, mais ou menos um mês depois de *Os Cenci* (6.5.1935).

consumado. Revelação que é transmitida ao espectador unicamente por intermédio da palavra. Para qualquer autor dramático, a tentação de explorar a violência e o patético dessa situação teria sido grande. Ora, a situação se basta por si mesma, desde o instante em que somos simplesmente informados, e sua atrocidade é suficientemente eloqüente para que não haja necessidade de reforçá-la com uma procura de expressividade literária.

Toda "literatura", ao contrário, falsificaria o jogo, interpondo-se indiscretamente entre a situação e nós: foi justamente isso o que Artaud compreendeu perfeitamente, pois "podou" seu texto ao máximo. Assim, o ator que deve narrar uma história horrível sabe muito bem que ela atingirá o máximo de horror se for dita no tom mais neutro possível, com voz quase monocórdia, sem efeitos intempestivos[35]. Artaud se apaga, portanto, e deixa a situação falar, mais do que as palavras. Daí a razão desse diálogo tão chão que acompanha a cena mais intensa. Parece-nos difícil considerar essa escolha uma fraqueza ou um erro, posto que, se refletirmos, ela se revela simplesmente sensata e lógica[a].

É importante precisar um outro ponto: seria errado julgar a linguagem de *Os Cenci* unicamente a partir do trecho que acabamos de citar. Artaud não havia jurado descarná-la sistematicamente, e o verbo readquire por vezes seus antigos privilégios, quando isso não prejudica a situação. A cena da prisão, por exemplo, oferecia uma pausa à ação (ato IV, cena 3), antes da condenação final e da marcha ao suplício. Por isso Artaud insere nessa passagem a melopéia de Beatriz, que reintroduz na tragédia as virtudes do verbo poético.

> *Como alguém que dorme e tropeça, perdido*
> *nas trevas de um sonho mais atroz*
> *que a própria morte,*
> *e hesita antes de abrir as pálpebras*
> *porque sabe que aceitar viver*
> *é renunciar a despertar.*
> *Assim, com essa alma marcada*
> *pelas taras com que a vida me marcou,*
> *eu envio ao deus que me fez*
> *esta alma como um incêndio*
> *que o cure de criar*

BERNARDO: *Eles vêem.*
> *Deixa-me beijar teus lábios quentes*
> *antes que o fogo que tudo destrói*

---

[a]. Seguimos de preferência G. Charbonnier, quando ele supõe que Artaud tivesse "simplificado o texto pois ele mesmo o redigiu" (*op. cit.*, p. 185).

não destrua suas pétalas macias
antes que tudo o que foi Beatriz
se acabe
como um grande vento (IV, 265).
Encontramos nesses versos uma plenitude. Por quê? É que eles casam os valores da poesia tradicional com as obsessões, o vocabulário, os ritmos de Artaud. Seria portanto injusto acreditar que o texto de *Os Cenci* foi deliberadamente sacrificado e constantemente reduzido a um papel funcional. Simplesmente esse papel varia em proporção à importância dos outros elementos do espetáculo. Ora transformado em humilde instrumento de informação, ora reduzido às funções encantatórias, é sempre controlado de muito perto pelo autor: o texto do primeiro manuscrito (cf. IV, 412-414) revela, por exemplo, que uma boa parte da canção de Beatriz foi cortada por Artaud nas representações. Pode-se falar, em relação ao texto, de uma tutela, que prepara os caminhos de sua definitiva deslocação.

Deslocação total, favorecida pelas viagens e os internamentos... No momento, ela ainda está em curso, e Artaud permanece prisioneiro da linguagem. "O homem se comporta" — diz Heidegger — "como se fosse o criador e o mestre da linguagem, quando pelo contrário, é a linguagem que é e permanece sua soberana[a]. Aliás, desintegrar a linguagem, seja; mas substituí-la pelo quê? Artaud respondeu a essa pergunta. Certamente não esquecemos que ele confessou seu horror pelo estilo; a citação[b] havia permanecido (voluntariamente) incompleta. Vamos retomá-la:

O estilo me causa horror, e percebo que quando escrevo estou sempre a empregá-lo; então queimo todos os meus manuscritos e só guardo os que me recordam uma sufocação, um ofegar, um estrangulamento, ocorridos em uma região obscura, pois isso é verdadeiro.

Essa confissão não é isolada. Encontra-se os mesmos reflexos numa espécie de manifesto que prefacia as *Cartas de Rodez*:

Eu amo (...) os poemas dos supliciados da linguagem, que se perdem nos seus escritos (...) Eu amo os poemas que fedem a falhas, e não os pratos bem preparados[c].

O elemento motriz é uma exigência de verdade. Um texto excessivamente bem escrito trai, segundo Artaud, o equilíbrio e a saúde. E as pessoas com saúde não o interessam, não são seus irmãos. A uma alma doente, a um organismo sofredor, devem corresponder obras torturadas e perdidas. Daí a

---
a . Citado por J.-P. SARTRE, *Le Point*, n. 7, jan. 1967, p. 25.
b . Cf. *supra*, p. 66, nota b e p. 79, nota a.
c . *Cartas de Rodez*, Ed. G.L.M., 1946, pp. 18-19. 22.9.1945.

procura sistemática de uma linguagem através da qual seu próprio dilaceramento possa se expandir livre e fielmente. Mas os progressos são lentos.

*Vejo que depois de trinta anos que escrevo
ainda não consegui encontrar
não ainda o meu verbo ou minha língua
mas o instrumento que não cessei de forjar* [a].

Alguns dos últimos escritos levam a pensar que "o instrumento" está quase no ponto. Depois de "O Teatro e a Ciência", Artaud anota em julho de 1947: ...*aí às vezes eu como que rocei a abertura para o tom de minha ternura* [b]. Esse tom, esse ritmo, há tanto tempo procurados, foram enfim encontrados em *Para Livrar-se do Julgamento de Deus?*

*...um exército de homens
descidos de uma cruz
onde deus acreditava tê-los pregado há muito tempo
se revoltou
e coberto de ferro
de sangue
de fogo e de carcaças
avança invectivando o Invisível
a fim de acabar ali com O JULGAMENTO DE DEUS.*

A força dramática e encantatória é grande, mas permanece sob controle e conserva ainda alguma coisa de tradicional. Mais adiante, outras passagens propõem uma forma mais visivelmente "em baixa" e em estado de desintegração:

*...alô eis que eu pensei num teatro da crueldade que
dança e grita
para fazer cair os órgãos
varrer aí todos os micróbios
e na anatomia sem frinchas do homem
onde se fez cair tudo o que está rachado
fazer sem deus reinar a saúde* (Jug. 51).

Para além, enfim, desses ritmos furiosos mas ainda reconhecíveis, para além de tudo, permanecem os "ensaios de linguagem", as palavras-grito, os gritos-sopros, como as *Cartas de Rodez* ou em *A Arva e o Omo, tentativa antigramatical contra Lewis Carrol* [c]. Linguagem nova para um homem novo, para esse corpo superior com o qual Artaud sonhava? Só isso não basta. Estudando a formação das palavras esotéricas ou "palavras-valises", nos últimos textos de Artaud, Gilles

---

a . Citado por MARTHE ROBERT, *R.B. 22*, p. 59.
b . O Teatro e a Ciência, *L'Arbalète*, 13, verão de 1948, p. 23.
c . *L'Arbalète*, 12, 1947. Um recente *Dicionário de Palavras Selvagens* (Maurice Rheims, Larousse, 1969) classifica A. Artaud entre os criadores verbais mais fecundos dos séculos XIX e XX, ao lado de Rimbaud, Fargue, Céline, Audiberti, Queneau.

Deleuze descobre nelas dupla função: desintegrar a linguagem corrente, suscitar uma linguagem diferente e indestrutível. Dois itinerários, que aliás se conjugam: a palavra-paixão e a palavra-ação; "eles nos remetem a dois absurdos, ativo e passivo; o da palavra desprovida de sentido, que se decompõe em elementos fonéticos, o dos elementos tônicos que formam uma palavra indecomponível, não menos carente de sentido" [a].
Descobre-se assim que essa linguagem forjada reflete a mesma antinomia que o teatro segundo Artaud: dissonâncias e correspondências, multiplicidade e unidade, *double* e crueldade. Se todas as tentativas de Artaud nos conduzem ao teatro, é porque o teatro exprime o dilaceramento fundamental de sua natureza.

[a] . G. DELEUZE, O Esquizofrênico e a Palavra, *Critique,* ago.-set. 1968, 255-256.

Notas ao Capítulo 2

1. Comentário que soa como um desafio em relação à estética do Cartel. Ver cap. 3, p. 155, que diz respeito a Artaud e Baty.
2. Uma destas montagens, incluídas na brochura "O Teatro Alfred Jarry e a Hostilidade Pública" (II, 48) parece destinada a ilustrar a pantomima *A Pedra Filosofal* (II, 83-90). A outra havia sido idealizada para interessar um produtor de cinema em relação ao *Monge* (VI, 417).
3. Alguns desses roteiros de filmes devem ser considerados extraviados. Ver em nosso Apêndice o repertório das diversas atividades cinematográficas de Artaud e a nota relativa aos roteiros que não foram encontrados.
4. Artaud manifestou-se como conferencista desde "A Arte e a Morte" no Anfiteatro Michelet, em 22.3.1928 (*R.B. 22*, p. 32, n. 26), até a memorável sessão de 13.1.1947 no Vieux-Colombier.
5. Contestando a atitude de Artaud que denunciava "a velhice precoce do cinema", na mesma revista (*Les Cahiers Jaunes*, "Cinéma 33"), Benjamin Fondane escreve: "Mas leiam seu Manifesto: *O Teatro da Crueldade;* dir-se-ia que ali ele não procura senão uma coisa: o caminho perdido do cinema" (*Ibid.*, p. 12 e s.). Henri Béhar indica também, a propósito da peça *O Jato de Sangue,* que "somente Artaud poderia levá-la ao palco, ou melhor, à tela" (*Estudo Sobre o Teatro Dada e Surrealista*, p. 231).
6. Um estudo estatístico das freqüências em *O Teatro e seu Duplo* ressalta cincoenta e nove vezes a família da palavra "crueldade" e somente vinte e sete vezes a da palavra "duplo"; ver "Quadro das palavras diferentes de *O Teatro e seu Duplo* estabelecido em Nancy, C.N.R.S., Tesouro da língua francesa, julho de 1968. Uma pesquisa sistemática deste quadro certamente traria informações úteis, sob a condição de que ela seja conduzida com as precauções exigidas pela manipulação de dados estatísticos.
7. Mesmo contra a vontade, Artaud tende constantemente para a linguagem cuidada; cf. *O Estilo me Causa Horror* e ver, a propósito desta citação as pp. 66 e nota b; 79 e nota a; 94, bem como todo o item "O Drama da Palavra" (p. 76-95).

NOTAS AO CAPÍTULO 2

8. A importância de ritos precisos para o nascimento e o término do transe é igualmente bem enfatizada em um filme de Merry Otin (*Xamanismo em Java*) apresentado na Televisão (18.3.1969) e depois na sala Pleyel (20.3.1969). Comentando o filme, um especialista em xamanismo pôde falar de ritos de iniciação, de danças arcaicas de êxtase, de técnicas de cura e de "transe dominado ativo".

9. Ver acima a nota 7, Cap. 2. As poucas indicações que fornecemos provêm do Quadro das freqüências levantadas em Nancy relativas a *O Teatro e seu Duplo*. A partir desta base seria preciso estudar em Artaud o vocabulário do círculo, do teatro, do antagonismo, do corpo, da magia, etc...

10. A obsessão fecal aparece bem antes dos manicômios e dos últimos anos. O que seduz Artaud no *Victor* de Vitrac e lhe aparece como o ponto alto da peça, é o personagem episódico de Ida Montemart e sua estranha enfermidade (II, 71-77). Ele chegou a pensar em interpretar o personagem travestido.

11. Deve-se observar que o vento também aparece freqüentemente nas encenações de Artaud; ver II, 103 (*Não há mais Firmamento*); III, 296 (carta a Jouvet, relativa à *A Doceira da Aldeia*; IV, 243 (*Cenci*, Ato III, cena 2).

12. Na verdade a atriz (Iya Abdy) recusou-se a ficar pendurada pelos cabelos na roda (ANDRÉ FRANK, em *La Revue Théâtrale*, n. 13, verão de 1950, p. 32). As fotos que chegaram até nós — ver nossos documentos iconográficos — mostram uma roda colocada sobre um eixo vertical e não mais horizontal.

13. Outras obras de Artaud propõem temas que retomam e lembram o tema da roda — principalmente a ponte de *Não há mais Firmamento* e o projeto de encenação de *O Golpe de Trafalgar* (II, 104 e 134).

14. Segundo A. Frank (*Revue Théâtrale*, n. 13, verão de 1950, p. 29), foi rindo que Artaud teria evocado a figuração da barba de Lear por meio de manequins gigantescos. Aliás, o humor toma a forma de uma necessidade constante de aturdir o interlocutor, e J. Prevel registrou o comentário de uma amiga de Artaud, segundo a qual "não se deve esquecer que ele nasceu no Sul", *N.R.F.*, 1.2.1962, p. 383.

15. No teatro grego antigo "aos personagens vivos dos coros juntava-se freqüentemente manequins vestidos, para fazer massa ou por razões de economia" (Th. GAUTIER, *Lembranças de Teatro, de Arte e de Crítica*, Charpentier, 1885; estudo sobre "as marionetes", originalmente publicado em 15.11.1832 no n. 1 do *Musée des Dames et des Demoiselles*).

16. O recurso aos manequins aparece até mesmo no cinema, como se pode notar na cena final (a distribuição dos prêmios) de *Zéro de Conduite* (1933), de Jean Vigo.

17. Procedimento retomado por Nerval (apaixonado pela literatura germânica); cf. *Aurélia* "(...) estremeço ao me recordar de uma tradição muito conhecida na Alemanha, que diz que cada homem tem um *duplo* e que quando ele o vê, a morte está próxima". *Obras* de Nerval, t. I, Pléiade, 1956.

17a. Ver nota 11, Cap. 2.

18. Ele sublinha o fracasso parcial de seu Manifesto em diversas ocasiões: cf. IV, 137; V, 177 e 179.

19. Exatamente o mesmo processo verificado na correspondência com Rivière: Artaud jamais é tão convincente e preciso como quando ele se empenha em "recuperar" uma obra mal recebida. Aliás, aqui — como sucedeu em relação a Rivière — ele finalmente se decide a publicar suas cartas, arrazoados escritos *a posteriori*, inserindo-os em *O Teatro e seu Duplo*.

20. O mesmo texto volta a definir o sentido da palavra "crueldade" (*Eu, portanto, disse "crueldade" como teria dito "vida" ou como teria dito "necessidade"*; IV, 137) e o sentido da palavra "vida" (*O Teatro deve igualar-se à vida, não à vida individual, a esse aspecto individual em que os CARACTERES triunfam, mas a uma espécie de vida liberada, que ponha de lado a individualidade humana e na qual o homem não passa de um reflexo*, IV, 139). A partir daí compreende-se porque Artaud deu a esta correspondência o título de "Cartas sobre a linguagem" e porque alguns de seus comenta-

dores ligam todo seu empreendimento teatral a um empreendimento poético: é que a reinvenção do teatro passa antes de mais nada por uma reinvenção da linguagem.

21. Cite-se *La Fin du Monde filmée par l'Ange N.D.* (1919), de Bl. Cendrars; *Feu du Ciel*, peça de Pierre Dominique, montada por Baty no Teatro Pigalle (1930); *La Fin du Monde* (1930), filme de Abel Gance... *Ric et Rac* (1.3.1930) denunciava a moda deste tema na literatura, no teatro e no cinema. Ele é encontrado também em J.P. Sartre, *La Grande Peur* (1948), roteiro de cinema inédito.

22. Roteiro cujo caráter grandioso e traçado com simplicidade evoca algumas vezes o filme grandioso e inacabado de S.M. Eisenstein, *Que viva México* (1931-32).

23. Em 1933 (data de composição de *A Conquista do México*), o problema colonial tinha sido tratado por numerosos autores, quanto mais não fosse — entre dez outros exemplos — por Gide, em sua *Viagem ao Congo* (1927).

24. As cartas de Artaud a Vitrac (apêndice do *Roger Vitrac* de H. Béhar; Nizet, 1966) nos informam que durante este mesmo inverno de 1931-1932, Artaud conseguiu ler para Jouvet e depois para Dullin uma outra peça — *O Golpe de Trafalgar*, de Vitrac — discutindo a obra com ambos.

25. Apesar de ser inexato julgar uma mentalidade a partir de alguns testemunhos epistolares isolados, uma recente polêmica literária (entre Philippe Auserve e Claude Roy) acaba de confirmar esse fato: a descoberta de algumas cartas afetuosas de Baudelaire para sua mãe e o general Aspick não nos permitiria transformar o poeta em um menino dócil e sem revolta, que até agora teríamos desconhecido...

26. Observe-se de passagem que esta preocupação em eliminar na medida do possível a margem de afastamento por ocasião das representações sucessivas vai de encontro a uma outra idéia essencial de Artaud: o princípio de não-repetição (cf. II, 15).

27. Sobretudo após 1930, o Cartel limitou-se freqüentemente a explorar e capitalizar os achados estéticos feitos por ele ou fora dele, e não foi unicamente por espírito de perseguição que Artaud escrevia a J. Paulhan, em 1933, que *o manifesto do Teatro da Crueldade só terá servido para permitir aos Srs. Dullin, Jouvet e Michel Saint-Dennis arrumar a vida deles* (V, 221).

28. Quando funda com Vitrac e Robert Aron o Teatro Jarry, Artaud acaba de ser excluído do grupo surrealista, mas esta separação no momento é mais circunstancial que profunda. Em 1928 ocorrerão uma reconciliação provisória (fevereiro: escândalo de *A Concha e o Clérigo* nos Ursulines) e uma ruptura definitiva (junho: duplo escândalo do *Sonho*).

29. Ao que parece Artaud viu os dançarinos balineses em maio de 1931, pois é pouco provável que suas apresentações tenham se prolongado até o mês de julho. Artaud estava ausente de Paris durante todo o mês de junho, devido à filmagem na Champagne de *As Cruzes de Madeira*, como certificam as três cartas de junho de 1931 publicadas no n.3 de *Opus International*, outubro de 1967. Em seguida, salvo engano, as primeiras alusões aos balineses que descobrimos na correspondência aparecem nos primeiros dias de agosto de 1931 (cf. III, 218; IV, 302; V, 66). Portanto maio ou julho, e mais provavelmente maio de 1931.

30. Em 1921 Artaud escrevia a Max Jacob: *Os japoneses são nossos mestres diretos e nossos inspiradores* (III, 118). Aqui, neste texto de 1932 (II, 171) ele toma o partido oposto. Observaremos com interesse que sua admiração não se exerce cegamente, em relação a tudo que é oriental ou primitivo, como poderia deixar transparecer uma leitura apressada. Se bem que ele continue a colocar nas alturas o teatro balinês descoberto no ano anterior (1931), pressentimos aqui uma dessas oscilações pendulares que algumas vezes levavam Artaud a queimar o que ele havia adorado.

31. Ao escrever *drama mental*, Artaud evidentemente queria significar que sua obra era o reflexo de seu próprio conflito interno, mas a fórmula se

aplica igualmente bem à visão quase sonhada de um drama antes de mais nada exterior.

32. "É bastante evidente — escreve G. Lieber (*A.A. Homem de Teatro*, p. 40), que esta longa frase carregada de imagens e que acaba no ritmo ternário deste extraordinário achado de adjetivos para qualificar a noite, está bastante afastada da linguagem concreta do palco".

33. A utilização de *Ricardo II* como simples trampolim para *A Conquista do México* faz pensar um pouco, guardando todas as proporções, na utilização dos *Caracteres* de Teofrasto por La Bruyère. O roteiro de Artaud manifesta em todo caso uma força que *Os Cenci* permitem entrever. Se a adaptação de *Atreu e Tiestes* de Sêneca (sob o título de *O Suplício de Tântalo*) não tivesse sido perdida, bem como o texto de *Ventre Queimado* ou *A Mãe Louca*, talvez julgaríamos de modo diferente o autor dramático. O roteiro de *Ventre Queimado*, tal como foi reconstituído por R. Maguire a partir de depoimentos orais (cf. nosso Apêndice), parece oferecer a esse respeito algum interesse, pois parece propor uma forma teatral liberada na qual a palavra exerce um papel muito secundário. Mas não poderíamos deixar de esquecer que se trata de uma reconstituição muito incerta e que a obra se apresentava como um simples entreato, breve quadro conforme ao gosto surrealista.

34. O próprio Roger Blin — através de J.P. FAYE, "Artaud visto por Blin", *Lettres françaises*, 21.1.1965 — parece querer colocar em segundo plano a contribuição de Artaud: "O que havia de mais interessante em *Os Cenci*, afinal de contas, eram os cenários de Balthus. E a música e os efeitos sonoros de Désormière".

35. Como se sabe, é este sistema do cineasta Robert Bresson, que exige de seus atores a dicção mais incolor possível, a fim de que a interpretação não ofusque a significação.

O Sonho (terceiro espetáculo do Teatro Alfred Jarry, 2 e 9 de junho de 1928). Foto tomada durante a segunda representação, no momento de uma interrupção. Nono quadro da peça de Strindberg. Na cena aparecem notadamente Tania Balachova (de costas), Raymond Rouleau (oficial) e Etienne Decroux (o Mestre de Quarentana).
(Col. Robert Aron)

Série de nove fotografias (acima e páginas seguintes), inseridas na brochura *O Teatro Alfred Jarry e a Hostilidade Pública* — 1930 — II, 35-70). Oito delas figuram nas *O.C.* (II, 48). O nono clichê, graças à gentileza do Sr. François Chapon, conservador da Biblioteca Jacques Doucet, aparece no início da série, que julgamos útil apresentar ao leitor em sua totalidade. Não se pode deixar de cotejá-la com o texto (II, 83-90) da pantomima *A Pedra Filosofal* (1930-1931), que ela parece ilustrar ou que talvez tenha inspirado. Aparecem nesses documentos Artaud, Roger Vitrac e Josette Lusson.

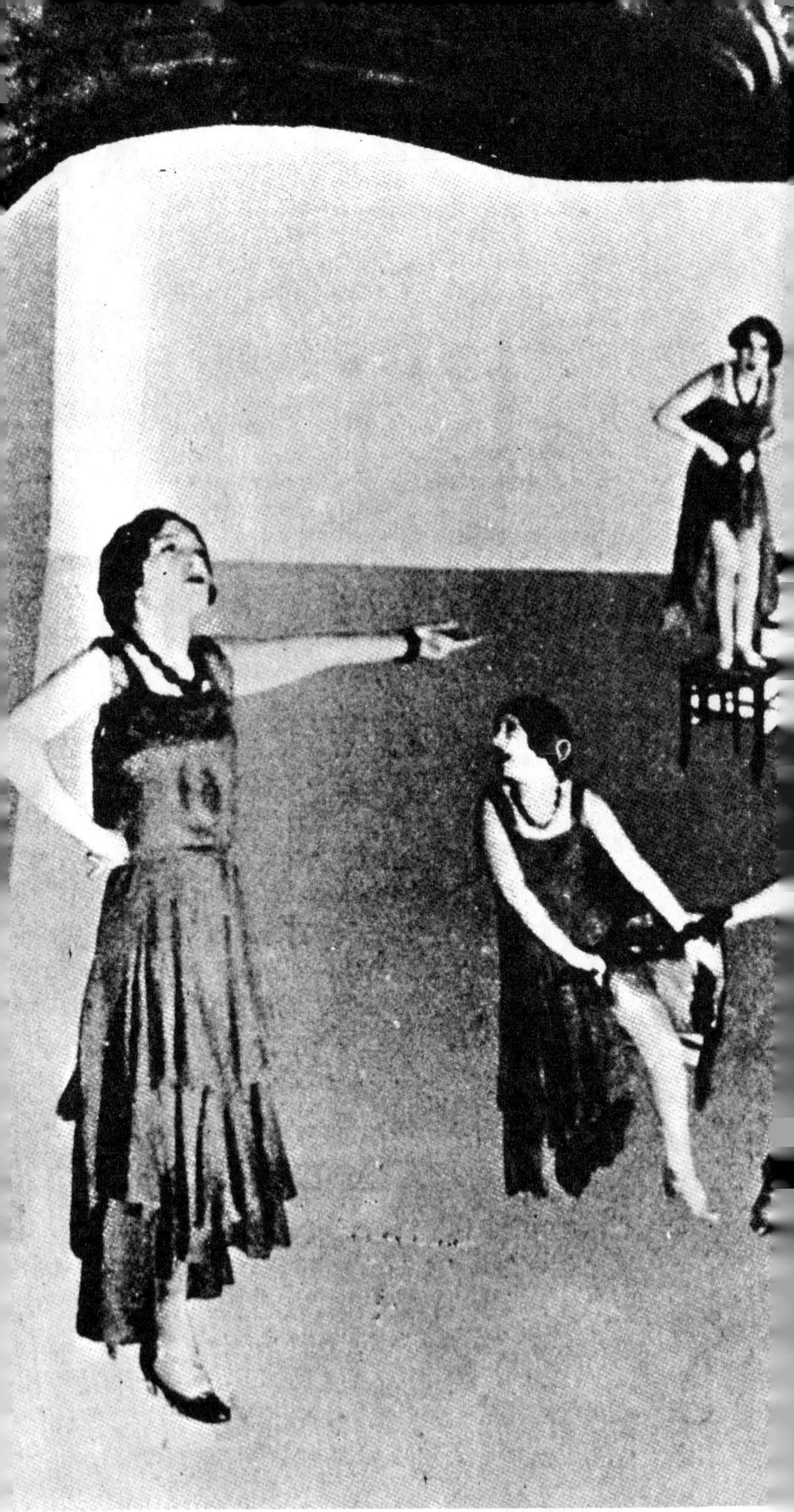

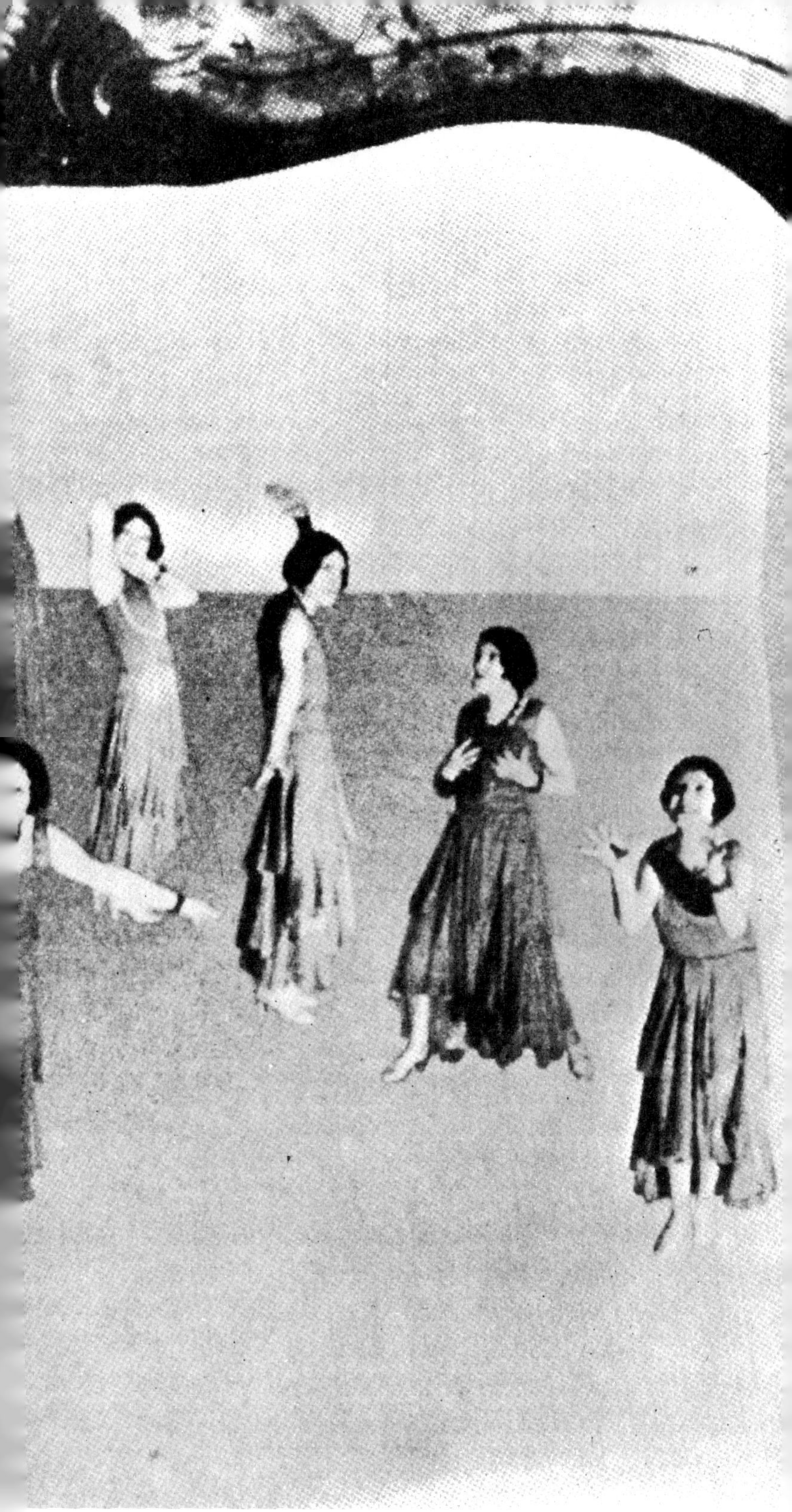

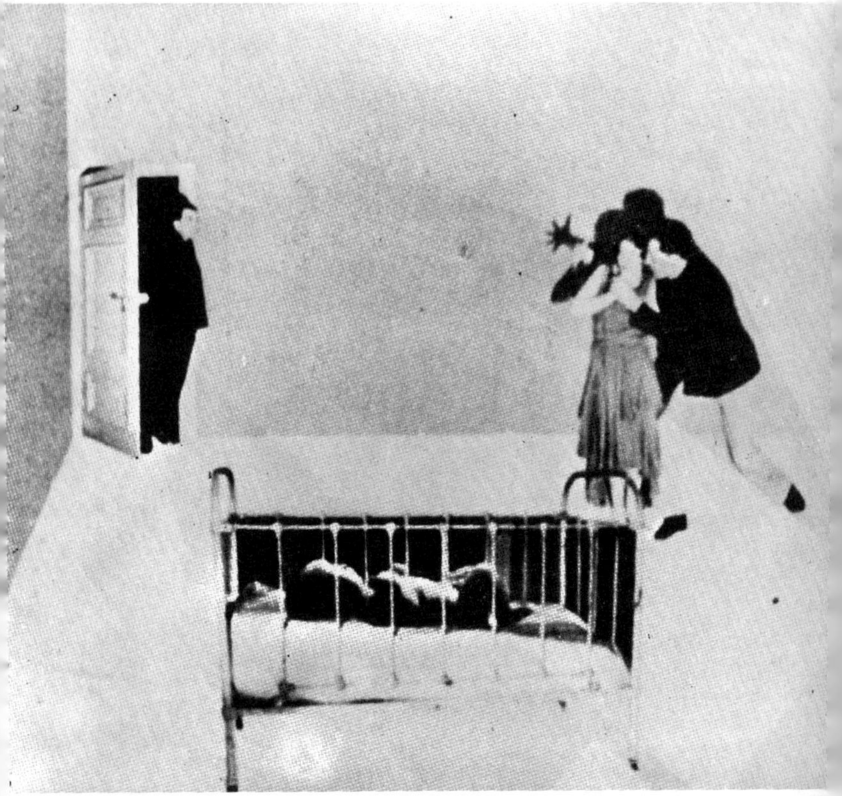

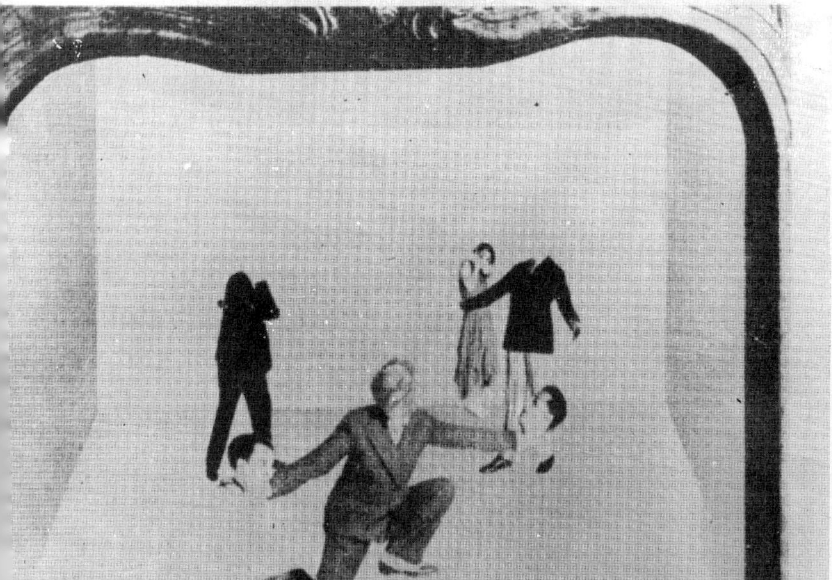

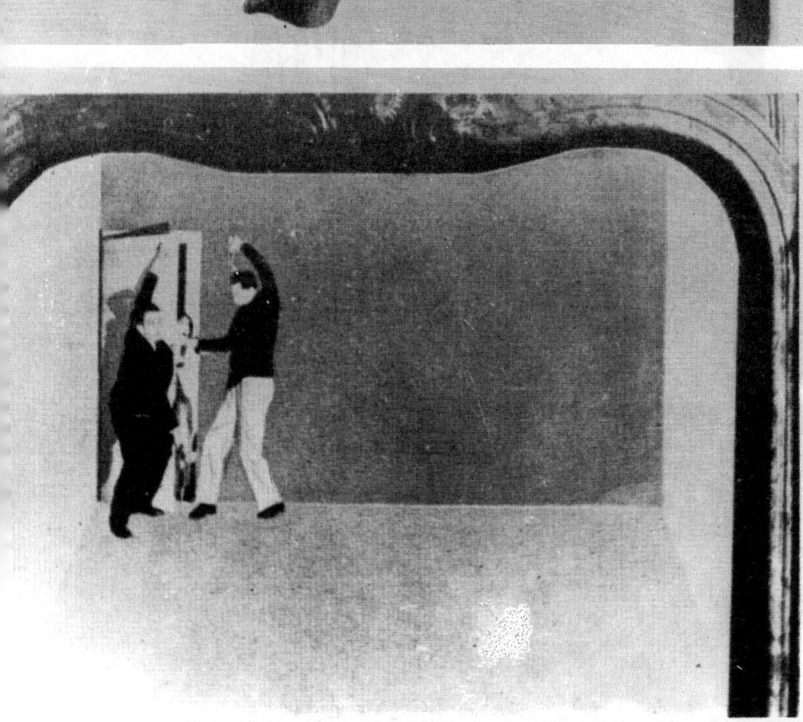

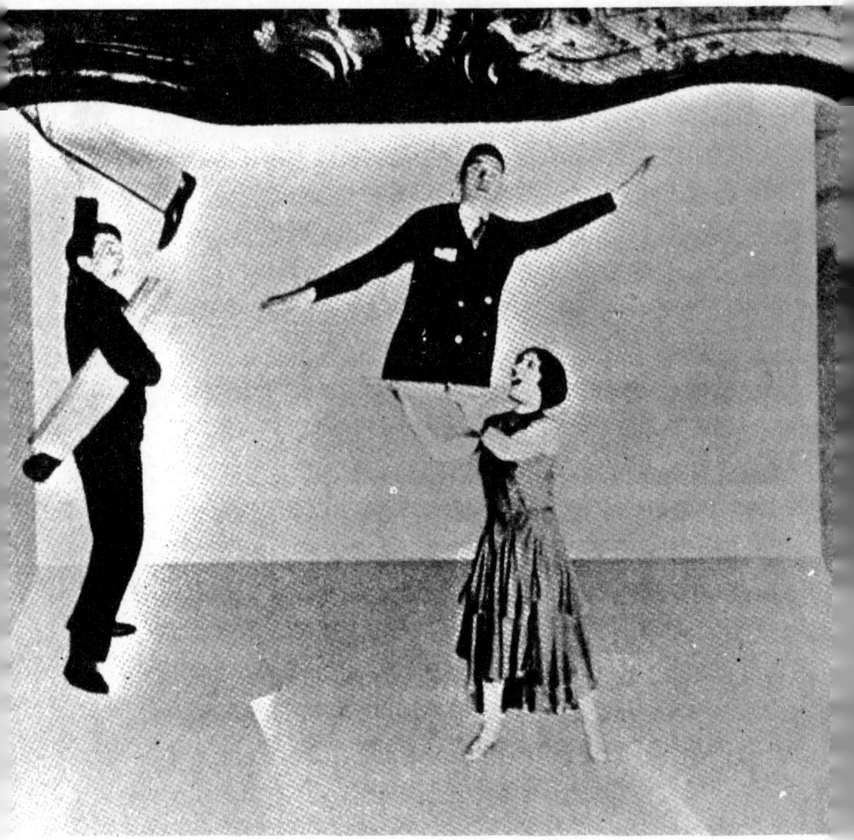

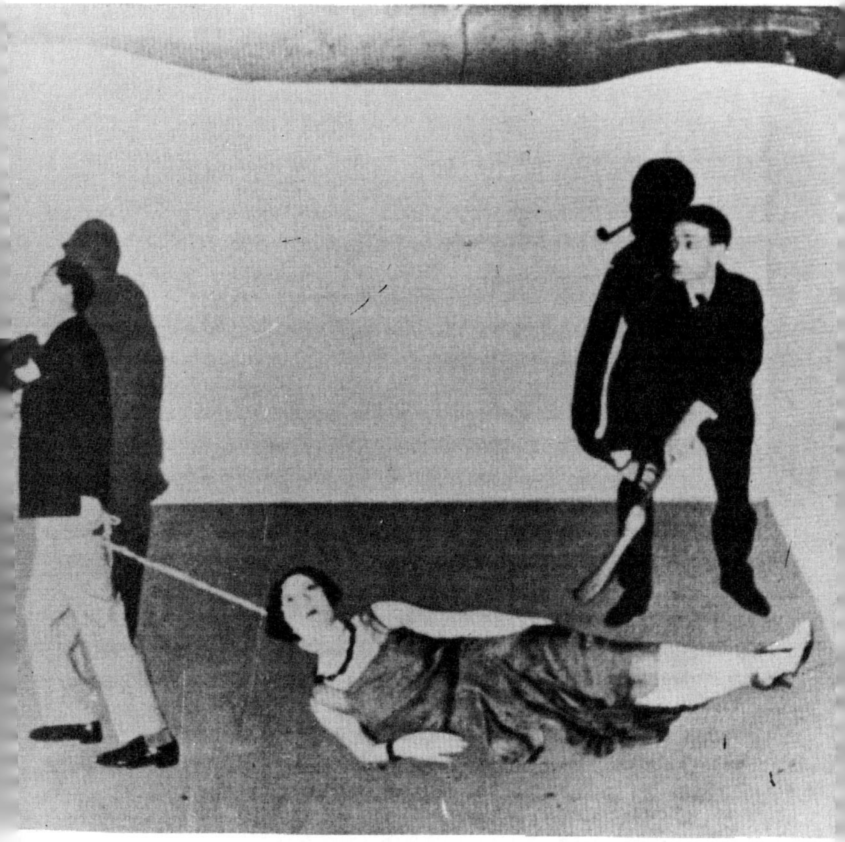

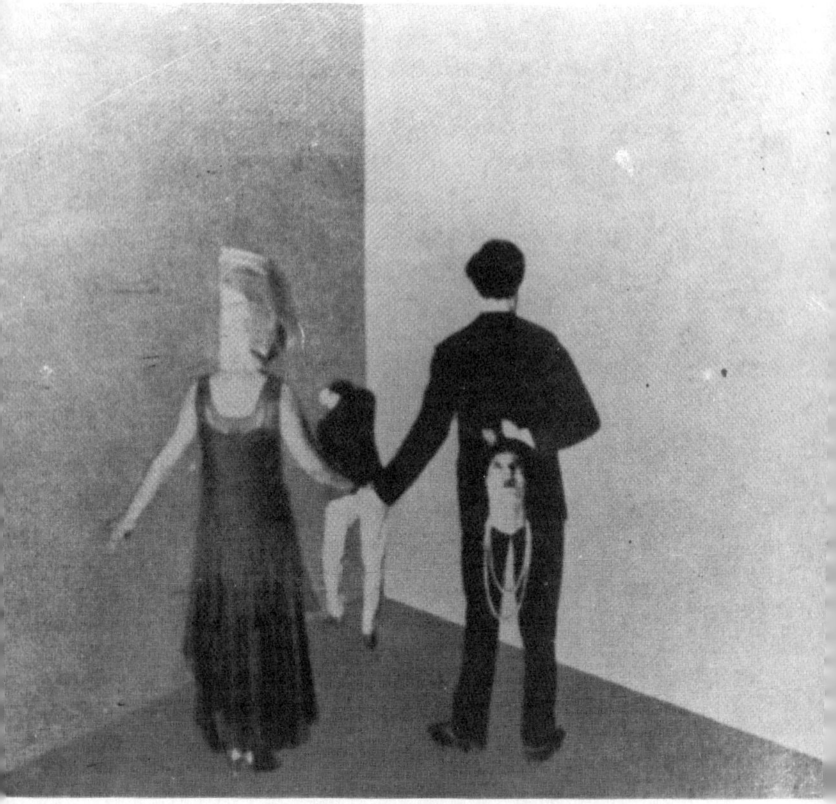

Cartaz da primeira temporada (1928).
Quarto e último espetáculo do Teatro Alfred Jarry, *Vitor ou As Crianças no Poder,* de Roger Vitrac (24 e 29 de dezembro de 1928, e 5 de janeiro de 1929). (Doc. Bibl. Jacques Doucet)

Affiche de la création (1928)

Os Cenci (estréia, maio de 1935). Cena do banquete, I ato, cena 3. Cenário de Balthus. No centro e em primeiro plano, Artaud; à esquerda, Iya Abdy (Beatriz); à direita, Marcel Pérès.

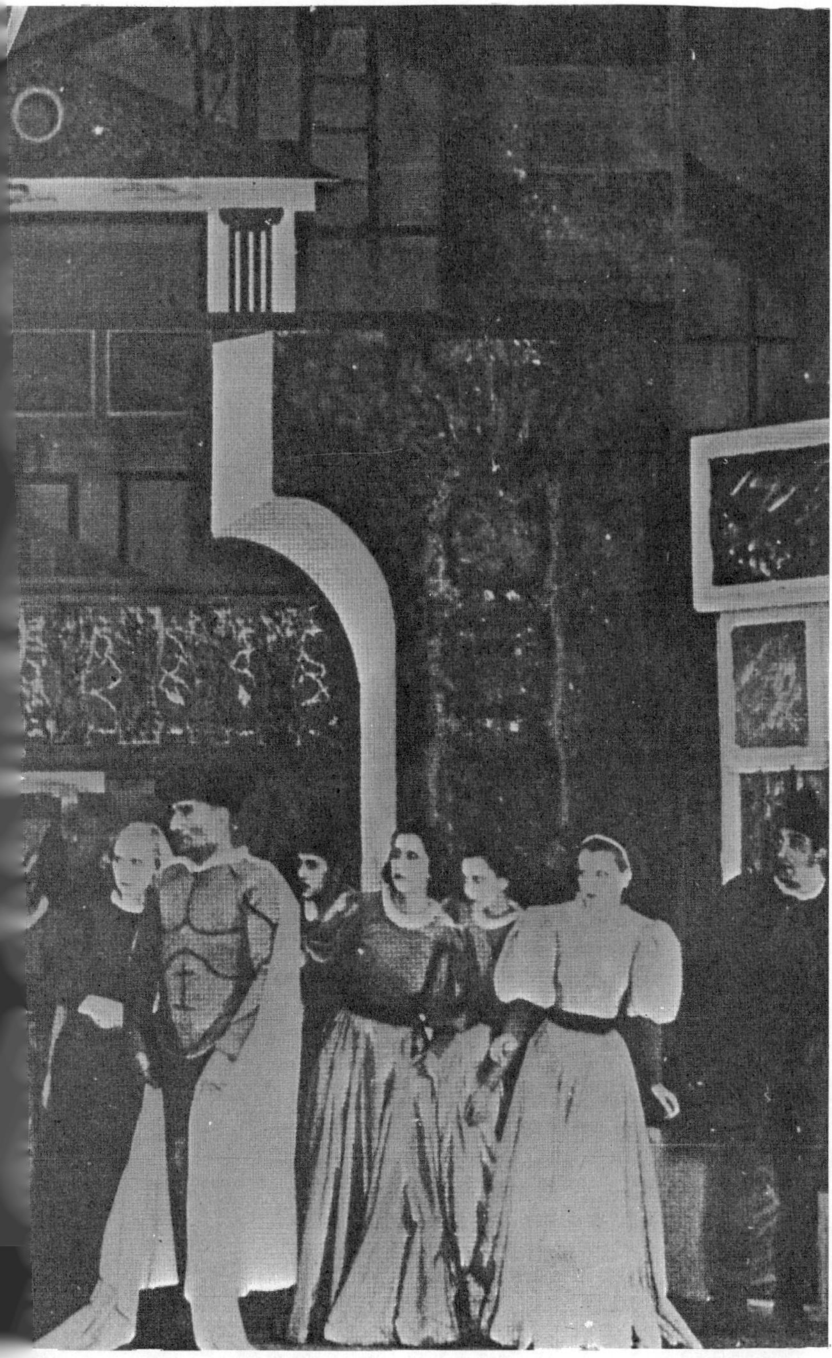

Lucas de Leyde, *Lot e suas Filhas* (Museu do Louvre). Este quadro serve de ponto de partida para a conferência de Artaud sobre *A Encenação e a Metafísica* (IV, 40). O autor dos *Cenci* mostrou-se sensível ao "caráter profundamente incestuoso do velho tema" (IV, 41).

3. Dos Intercessores aos Aparentados

UMA DINASTIA ESPIRITUAL

Artaud foi um homem solitário. E cada vez mais solitário, apesar da solicitude com que o cercaram em seus últimos meses. Jamais conseguiu submeter-se por muito tempo às exigências de uma vida coletiva, nem mesmo com a companhia do Atelier. ("Seu individualismo", escreveu Dullin, "tinha algumas vezes dificuldades em se dobrar ao trabalho de equipe"[a]), nem com o grupo surrealista[1], do qual se separou intempestivamente. Mais tarde ele se reconciliou com Desnos e em seguida com Breton, mas "fora do grupo"[b]. As amizades, mesmo as mais pacientes e fiéis — Paulhan, Roland de Renéville, Blin ou então suas "filhas do coração" — quase nada podiam fazer contra sua solidão essencial. Ele estava emparedado em si mesmo por seu sofrimento.

Os únicos seres dos quais ele se sente verdadeiramente próximo são os que teriam sido atingidos por um mal semelhante ao seu. Ele não encontra, entre os homens de seu tempo, os seus companheiros de solidão e exílio. Mas o passado lhe mostra alguns semblantes nos quais descobre a fraternidade: atormentados, condenados, dilacerados, formaram sua verdadeira família espiritual. Freqüentemente ele os

---

a. CH. DULLIN, Carta a Roger Blin, 12.4.1948, *K*, n. 1-2, 1948, p. 21.

b. J.P. FAYE, Artaud visto por Blin, *Lettres françaises*, n. 1064, 21.1.1965.

cita nos seus últimos escritos[a]. Villon, Baudelaire, Poe, Nerval, Rimbaud, Lautréamont, Nietzsche, Kierkegaard, Hölderlin, Van Gogh... Seria impossível suspeitar nessa atitude uma simples busca de cauções literárias ou artísticas para sua própria obra. Artaud não procura neles nenhuma validação estética para sua conduta, mas uma solidariedade atuante[2], um socorro contra o mal que o oprime. Aos seus olhos, quase todos foram como ele, Artaud, "enfeitiçados", e denunciando os malefícios de que foram vítimas e cujo efeito ainda perdura, pretende denunciar sua própria maldição.

Seria interessante examinar atentamente as ligações que podem existir entre Artaud e cada um dos membros dessa dinastia. Assim eles desempenhariam o papel de intercessores e nos ajudariam a localizar melhor essa figura desconcertante que foi o Artaud criador. O método já foi aplicado a Rimbaud, o qual mereceu um estudo comparativo sistematicamente desenvolvido[b]. O que sabemos a respeito de Artaud se acresceria com certeza, na medida em que pesquisas semelhantes fossem realizadas, principalmente a propósito de Baudelaire, pois o relacionamento entre ambos não se limitou ao empréstimo de um título (*O Teatro de Serafim*[3]); ou então com respeito a Nerval, em cuja obra já surge a obsessão do Duplo (cf. *Aurélia*) e as dolorosas experiências dos manicômios[4].

O estudo não deveria limitar-se aos nomes citados pelo próprio Artaud. Pois, além desses, ele partilhou com vários autores de sua geração um certo número de predileções características: pela filosofia tauísta, por alguns místicos, e entre eles São João da Cruz, pelos românticos ingleses, tais como Maturin ou Lewis[c], por Dostoiévski[d]. O exame detido de todas as correspondências seria evidentemente frutífero[e]. A obrigação de nos impormos um limite nos orientará de preferência para os autores nos quais Artaud encontrou certos elementos de sua visão do teatro, a começar por Sêneca. Tais aproximações poderão ser utilmente prolongadas por outros

---

a . Principalmente nas *Cartas de Rodez* (p. 24), em *Van Gogh* (p. 15), em uma carta (jamais enviada) a Albert Camus, *N.R.F.*, 1.5.1960, p. 1013 e em duas cartas (28.2.1947) a Breton, *L'Ephémère*, n. 8, inverno de 1968, pp. 9, 11, 23, 24.

b . Sobre Artaud e Rimbaud, cf. *supra* p. 3 nota *b*. Ver também *Bilboquet* a crônica "Rimbaud e os Modernos", I, 194-195 e Re. I, 270-271.

c . Recordemos "*O Monge* de Lewis, contado por A.A.", *O.C.*, t. VI, e o projeto de encenar uma peça extraída de um conto de Sade (IV, 119 e V. 231).

d . Indicações fornecidas pelo pintor André Masson em uma entrevista televisionada, programa "Biblioteca de Bolso", 14.5.1968.

e . Somos tentados em acrescentar à lista o Rousseau da *Carta a Alembert* (o teatro como festa, os espectadores diante do espetáculo) e o Mallarmé do *Livro* (perdição do teatro, metafísica).

confrontos com homens e correntes que caracterizaram o teatro europeu do início do século XX. Falou-se muito, por exemplo, de que as idéias de Artaud já tinham sido formuladas por Appia e Craig, se bem que seus textos maiores jamais envoquem uma filiação direta àqueles autores. Daí a necessidade de reconsiderar com cuidado esse tipo de convergências.

Que Artaud possa ser inserido, apesar de sua solidão, numa rede de comunicações e interferências, não é de se admirar. As lutas encetadas para sair precisamente dessa solidão, converteram-no em um homem público, portanto exposto a receber as influências de uma época, e os males que suportou são a expressão mais fervorosa e completa de um mal que atingiu toda sua geração[a], do que aliás tinha consciência.

Isto posto, tomemos consciência de que Artaud não poderá ser resumido apenas através de uma série de encontros, mesmo os ocorridos com os espíritos mais próximos ao dele, e os mais fascinantes. Ao término das confrontações, veremos que ele ainda nos escapa. Isso não constitui porém razão para abandonar nossa tentativa. A forma do diálogo — e mesmo do diálogo dos mortos que ele prazeirosamente empregou em *A Vidraça do Amor* (I, 153 seg. — Re. I, 183 seg.) — é a que melhor convém para falar de Artaud, pois é a que está mais próxima de seu procedimento costumeiro.

INSPIRADORES DOS SÉCULOS PASSADOS

Embora fale "em acabar com as obras-primas", Artaud não considera que as obras da Antiguidade não tenham nada a nos oferecer. Chega mesmo a exigir um retorno

a essa idéia superior da poesia e da poesia pelo teatro, que está por detrás dos Mitos narrados pelos grandes trágicos antigos (IV, 96).

Dentro dessa linha, algumas vezes recorreu a Ésquilo e a Sófocles, mais do que a Eurípides, que representa, como demonstrou Nietzsche, o primeiro marco da elucidação racional dos mistérios primitivos. No entanto, quando Artaud volta a Paris, depois das temporadas nos manicômios, é justamente uma tragédia de Eurípides que ele pretende montar no Vieux-Colombier[b].

Podemos achar muito significativo que o projeto não tenha tido seqüência, mas parece estranho que ele haja pensado em Eurípides no mesmo ano (1946) em que escrevia em "O Teatro e a Anatomia":

---

[a]. Cf. *supra*, p. 60: 1. 39 e Re. I. 50.
[b]. P. THÉVENIN, "1896-1948", *R.B. 22*, p. 42.

Em Ésquilo o homem sofre, mas ainda se julga um pouco deus e não quer entrar na membrana, e em Eurípides, por fim, ele chafurda na membrana, esquecendo onde e quando foi deus [a].

Artaud, na verdade, tinha pensado nas *Bacantes* e essa escolha se explica muito bem, se nos lembrarmos que as *Bacantes*, última peça de Eurípides, ocupa na sua obra um lugar à parte. Dionísio, que encarna o furor orgíaco e os poderes mágicos, triunfa sobre Penteu, que representa o racionalismo estreito. Pretendeu-se mesmo que havia um problema nas *Bacantes*, por causa desse fervor dionisíaco, inesperado em Eurípides. Dúvida igualmente levantada por Nietzsche: "Esse mesmo Eurípides que, no decorrer de sua longa vida, resistiu heroicamente a Dionísio, terminou a carreira glorificando seu inimigo, através de uma espécie de suicídio — como um homem enlouquecido que se precipita do alto de uma torre para escapar a uma vertigem que não pode mais suportar. Essa tragédia é um protesto contra sua própria tendência"[b]. É, portanto, uma peça de Eurípides, mas que escapa a Eurípides. A tese é hoje controvertida, mas compreende-se que ela pudesse seduzir Artaud[c]. De resto, sua predileção não recaía em Eurípedes, nem em Sófocles, nem em Ésquilo, mas em Sêneca.

Artaud e Sêneca

O maior autor trágico da história, um iniciado nos Segredos, e que melhor do que Ésquilo soube expressá-los através das palavras. Eu choro lendo o seu teatro inspirado (III, 300).

Essas são as reflexões que a leitura de Sêneca provocou em Artaud, em 1932. Seria desconcertante esse entusiasmo em alguém que ficasse nas noções aprendidas sobre as tragédias de Sêneca. Frias imitações de peças gregas, exercícios de um letrado mais do que obras cênicas, retórica declamatória e empolada: eis em poucas palavras o que um ensino humanista nos leva a pensar de Sêneca dramaturgo, filho — pesada

---

a . O Teatro e a Anatomia, *La Rue*, 12.7.1946. Sobre a ligação de Artaud com Ésquilo e Sófocles (dos quais o teatro conserva alguma coisa dos ritos orientais) ler o estudo de JACQUELINE MARC-VIGIER, "A. Artaud e o Teatro Grego" (a ser publicado na *Revue des Sciences Humaines*).

b . NIETZSCHE, *Nascimento da Tragédia*, p. 23.

c . Mesmo não tendo vingado, essa escolha de Artaud é premonitória; ela anuncia toda uma corrente do jovem teatro contemporâneo atraída por essa peça de Eurípides; lembremos o *Dioniso em 69* montado em Nova York por Richard Schechner mentor do "Performance Group" (cf. FRANCK JOTTERAND, *O Novo Teatro Americano*, Seuil, 1970, p. 221) e *As Bacantes*, apresentadas em 1969 no Festival de Avignon por Jean-Louis Thamin (cf. GUY DUMUR em *Le Nouvel Observateur*, n. 244, 14.7.1969, p. 30.

herança! — de Sêneca retor. No seu teatro, segundo ensinam os manuais,tudo parece condenável e ultrapassado — sua ignorância absoluta da progressão dramática, sua prolixidade, que será herdada por Crébillon (Sêneca paga por essa longínqua paternidade literária tanto quanto por sua filiação natural), e finalmente seu verbalismo, que é feito para repelir qualquer inimigo declarado da palavra no teatro

Ora, Artaud encontrou em Sêneca o melhor exemplo "escrito" do seu Teatro da Crueldade, cujo nascimento acabava de anunciar[a]. E como sempre, nele o entusiasmo conduz à ação. Projeta organizar imediatamente leituras públicas de Sêneca para possíveis produtores (Cf. III, 303). Em seguida pretende, em 1934, apresentar em Marselha ou Paris uma adaptação original de Atreu e Tiestes de Sêneca (II, 185 e *Cartas a Genica* (303). Quando finalmente monta *Os Cenci*, em maio de 1935, projeta para o mês de setembro uma segunda temporada, que compreenderia principalmente *O Suplício de Tântalo*, ou seja, sua adaptação do *Tiestes* de Sêneca[5]. Esses sucessivos projetos testemunham o permanente interesse pelo trágico latino, mesmo que alguns deles não tenham ultrapassado o plano das intenções.

Com efeito, as leituras públicas projetadas não se realizaram, e foi com uma peça de Shakespeare (*Ricardo II*) que Artaud tentou interessar eventuais comanditários para a produção. Da mesma forma, o projeto de um *Atreu e Tiestes*, em 1934, não teve prosseguimento algum, e foi uma adaptação de Shelley e Stendhal que Artaud propôs no ano seguinte. O fracasso de *Os Cenci* liquidou definitivamente com a esperança de levar à cena *O Suplício de Tântalo*, e para complicar tudo, essa obra de Artaud hoje é dada como perdida. Esses fracassos repetidos evidentemente não diminuíram a fascinação exercida por Sêneca. Resta explicar por que esse teatro apoiado na palavra pôde parecer aos olhos de Artaud como uma das melhores ilustrações possíveis do Teatro da Crueldade.

Primeira explicação (a mais fácil): a acumulação de horrores e atrocidades nas principais tragédias de Sêneca. Mais precisamente o seu lado Crébillon: violências, matanças, sangue derramado. Artaud, que sempre protestou contra a atitude dos que assimilam "crueldade" e "sangue" (IV, 95), teria rejeitado uma tal interpretação. Todavia, as formas mais elementares da violência não foram excluídas de seu teatro, como sabemos[b]; essa crueldade *será, quando necessário, san-*

---

a. O primeiro Manifesto da Crueldade aparece na *N.R.F.* em 1.10.1932 e a carta a Paulhan (*Estou lendo sêneca*, III, 303) é datada de 16.12.1932.
b. Cf. *supra*, p. 42 (A Crueldade).

grenta, mas (...) não o será sistematicamente (IV, 146). De fato, em *Os Cenci* e na maioria das obras que Artaud pretendia encenar, ocorrem mortes, suplícios e sempre um certo sadismo na perpetração deles[a].

O *Tiestes*, de Sêneca, oferecia especialmente uma boa amostragem de atrocidades: o ódio dos dois irmãos, o degolamento dos filhos de Tiestes, o banquete sangrento oferecido por Atreu, a abominável revelação que se segue... Acrescente-se a isso alguns temas caros a Artaud, dos quais ele sublinhou o interesse em algumas notas que sobreviveram à tragédia perdida: *a carga hereditária,* que pesa sobre a raça por causa de Tântalo, o antepassado criminoso[6], e, em sentido mais amplo, a denúncia da família: *A família: que piada!*[7] (II, 191). Assim se encontrava em Sêneca, no mais alto grau, todo o material temático suscetível de interessar Artaud.

Segunda explicação, que implica a primeira: a violência exterior e a crueldade elementar são degraus necessários. Graças a elas e além delas, o dramaturgo nos possibilita o acesso a essas obscuras regiões da alma na qual o teatro psicológico tradicional nunca penetrava. Zona inexplorada e perigosa, até monstruosa, mesmo entre os seres mais normais, e que nos faz pressentir a selvageria primitiva de certos espetáculos herdados dos velhos mitos. "Sêneca" — escreveu Pierre Aimé Touchard — "por sua tendência em descrever o trágico em todo o seu horror, por sua própria retórica, que deixa aberto ao encenador o campo da poesia, parece salvaguardar não só o mistério e a atrocidade dessa demência, mas ainda restituir ao espectador uma dimensão do mundo"[b].

Terceiro nível de interpretação: a linguagem. A linguagem de Sêneca, principal aspecto pelo qual seu teatro parece ter envelhecido, constitui o elemento que, na leitura, comove Artaud profundamente:

Sinto, em seu verbo, que as sílabas crepitam da maneira mais atroz, na efervescência transparente das forças do caos (III, 303).

Era uma idéia capital a seus olhos, pois retorna a ela no *post-scriptum:*

Em Sêneca, as forças primordiais fazem ouvir seu eco na vibração espasmódica das palavras (III, 304).

Linguagem mágica e, portanto, linguagem de iniciado: trata-se efetivamente de reencontrar, através da escolha e da semelhança de certas palvras, uma comunicação direta com as forças misteriosas que regem o universo.

---

a . Se um contra-senso é freqüentemente cometido hoje em relação à palavra "crueldade", as obras escolhidas por Artaud para o seu teatro têm algo a ver com isso.
b . P.A. TOUCHARD, Retorno a Sêneca, *Le Monde*, 19 e 20.11.1967.

Em resumo, o entusiasmo de Artaud por Sêneca nada apresenta de paradoxal e se justifica sem dúvida não só pelo acúmulo excepcional de horrores no teatro do autor latino, mas também pelo mistério da monstruosidade preservada e ainda pela explosão vibrante e significativa da linguagem. Se hoje observamos um *retorno a Sêneca*[a], se suas tragédias são agora revividas em nosso teatro, é justo — como o enfatizaram alguns críticos [b] — atribuir à influência de Artaud a parte preponderante que lhe cabe nessa ressurreição.

Artaud, Shakespeare e os elisabetanos

Depois de *Os Cenci*, e pouco antes de *O Suplício de Tântalo*, Artaud pretendia abrir com *Macbeth* a segunda temporada de sua companhia no Folies-Wagram, e essa escolha não deve nos surpreender [8]. *Macbeth*, muito mais do que outros dramas shakespearianos, oferece a efervescência das forças primitivas, a obsessão do sangue e as intervenções dos poderes invisíveis do cosmo, que Artaud procurava nas grandes obras trágicas da Antiguidade. Já em 1929, sabendo que Baty, pensava em montar *Macbeth*, escreveu-lhe pedindo um dos papéis[c]. Essa fidelidade a Shakespeare, ou mais precisamente ao teatro elisabetano, é uma das características de seus diversos projetos teatrais[d].

Muitas indicações convergentes testemunham com efeito um interesse pronunciado por Cyril Tourneur, John Ford e outros dramaturgos elisabetanos. Note-se, por exemplo, que *A Tragédia da Vingança*, de Tourneur, foi anunciada duas vezes no programa do Teatro Jarry, em 1926-1927 e em 1928 (II, 19 e 30), e foi novamente lembrada em 1932, quando Artaud acreditou poder fundar o teatro na N.R.F. (V, 36)[e]. Além disso, nessa época, propunha-se a montar igualmente *A Duquesa de Amalfi* e *O Demônio Branco*, de Webster, as obras de Ford, etc. (*ibid.*); que a *Anabela*, de Ford, lhe serviu de exemplo eloqüente em "O Teatro e a Peste" (IV, 34, 37); o primeiro Manifesto da Crueldade menciona *Arden de Feversham* (IV, 119), peça apócrifa de Shakespeare, que Artaud planejava encenar com adaptação de André Gide (V, 186 e

---

a . O termo é de P.A. TOUCHARD, cf. *supra*, p. 118 e nota b.
b . GUY DUMUR, *Le Nouvel Observateur*, n. 151, de 4 a 10.10.1967, p. 49, e BERTRAND POIROT-DELPECH, *Le Monde*, 7.10.1967.
c . Ver essa carta no nosso Apêndice. Baty, na verdade, só montaria *Macbeth* em 1942.
d . Projetos que prefiguram diversas pesquisas contemporâneas: ver o *Macbeth* de estilo vodu montado por Charles Marowitz para o Open Space Theater de Londres, por Enrique Ariman no Brasil (cf. *Le Monde*, 2.6.70) e o de Richard Schechner em Nova York (cf. FRANCK JOTTERAND, *op. cit.*, p. 226).
e . A peça de Tourneur é igualmente mencionada numa carta de 1931 a J.R. Bloch (V, 64).

194). Por fim, sabe-se que *Ricardo II* serviu de "isca" para a iniciativa malograda de 1934, tendo em vista interessar eventuais mecenas[a].

Na verdade, excetuando-se a leitura pública dessa tragédia na casa de Lise Deharme, Artaud não representou nem montou nenhuma obra elisabetana. Shakespeare se junta portanto a Sêneca no campo das esperanças abortadas. Nenhum traço visível subsistiu do projeto[9]. Quer isso dizer que os dois autores devam ser colocados num mesmo plano em relação a Artaud? Sêneca encontra-se certamente mais próximo do teatro com o qual ele sonhou. É verdade que a freqüência com que as obras elisabetanas retornam nos sucessivos projetos de Artaud, convida a não registrar o fato sem deixar de lado as interrogações. Por que tal fidelidade?

Pode-se oferecer uma explicação simples. É que os elisabetanos conceberam um teatro que pode parecer centrado na violência e na selvageria. Uma crueldade primária, em suma; não a preconizada por Artaud, mas a que se pode utilizar como ponte para atingir a verdadeira crueldade. Em Shakespeare, como em Sêneca, deparamo-nos com crises, suplícios, monstruosidades de toda espécie. No entanto, Shakespeare e os elisabetanos permanecem nesse plano. Plano do qual não está ausente, porém, a espiritualidade sem a qual as atrocidades se transformariam precisamente em teatro de Grand-Guignol. Em *O Diabo Branco,* de John Webster, que havia chamado a atenção de Artaud (V, 36), as cenas de horror (conspirações, envenenamentos, hecatombe final), se alinham com um apetite furioso pelo exagero. Mas a obra permanece prisioneira de uma certa visão moral do homem, que era a ovelha negra de Artaud. A seus olhos e apesar dessa carga, um tal teatro não era no entanto desprezível: a arte

é também um pára-raios e o que se representa no palco pode acontecer de passar-se na vida (...) É o que foi compreendido em todas as épocas em que o teatro significou alguma coisa, como por exemplo na época do teatro elisabetano (V, 225).

Shakespeare é portanto útil, na medida em que nos conduz àquilo que se pode esperar verdadeiramente do teatro.

É uma utilidade limitada, pois Sêneca vai mais longe, e propõe uma linguagem mais inspirada. Shakespeare e seus êmulos, não. Donde o projeto de montar *"obras do teatro elisabetano despojadas de seus textos"*[b] (*Crueldade I,* IV, 119). É no plano do texto que se evidencia uma carência[c]. Carência dupla; por um lado esse texto nada tem de mágico e,

a . Cf. *supra,* p. 89.
b . Sublinhada por nós.
c . A propósito de Ésquilo, Sófocles, Shakespeare, Artaud sublinha que nossa percepção do seu teatro está truncada: *Nós perdemos o sentido da física*

por outro, favoreceu e permitiu uma desastrosa evolução do teatro ulterior.

Se em Shakespeare o homem, às vezes, se preocupa com aquilo que o ultrapassa, trata-se sempre, em definitivo, das conseqüências dessa preocupação no homem, quer dizer, da psicologia (IV, 92).

A psicologia, eis a queixa maior: *o próprio Shakespeare é responsável por essa aberração, por essa degradação* [10] (*ibid.*).

Na verdade, aparentemente fiel a Shakespeare e aos elisabetanos nos seus projetos, Artaud os viu sempre como um recurso provisório ou uma solução de espera e compromisso. Já em 1921, comentando com Yvonne Gilles seu recente entusiasmo pelos métodos de Dullin, precisava com visível aprovação que *os deuses da Escola não são mais Tolstói, Ibsen, Shakespeare, mas Hoffman e Edgar Poe* (III, 121). E mais tarde, num apelo ao surgimento de novas obras conformes ao estado de espírito almejado pelo Teatro Jarry, há esse gracejo final, em forma de ameaça reveladora:

Mas se elas não surgirem, tanto pior para o Shakespeare, o Hugo ou o Cyril Tourneur que lhes caírem nas garras (II, 31).

Os elisabetanos, na falta de coisa melhor: esse foi sempre o pensamento de Artaud.

ARTAUD E O SÉCULO XIX ALEMÃO

Artaud e Büchner

Alguns poetas e dramatrugos alemães do início do século XIX estavam manifestamente mais próximos das vistas de Artaud do que os autores da era elisabetana[a]. Georg Büchner, em particular, embora no primeiro Manifesto da Crueldade *Woyzeck* constasse do programa apenas *por seu espírito de reação contra nossos princípios* (IV, 119). Mas é uma maneira de lembrar um detalhe essencial do método (*Não representaremos peças escritas* (IV, 117), muito mais do que distância ou desprezo em relação a Büchner).

Com efeito, a descoberta de *Woyzeck* significou para Artaud uma iluminação, conforme testemunha uma carta apaixonada enviada a Jouvet:

Leve em conta apenas o som dolorosamente humano dessa peça, e os seus ecos como gritos que ressoam num subterrâneo ou num sonho, o que o levava a afirmar:

---

do seu teatro e o lado diretamente humano e ativo de uma dicção, de uma gesticulação de todo um ritmo cênico nos escapam (IV, 128-29).

a . Sobre o acentuado interesse manifestado por Artaud em relação aos românticos alemães ver notadamente Su. I, 45.

Nada, atualmente, entre o teatro existente, já escrito, me parece mais urgente do que representar *essa peça* (III, 229).

Durante o inverno de 1931-1932, montar *Woyzeck* foi a grande preocupação de Artaud e seu principal empenho: depois de ter se dirigido a Jouvet, esperava convencer Dullin a deixá-lo apresentar a peça às terças-feiras no Atelier, por conta do teatro (natimorto) da N.R.F. Ao mesmo tempo, sugeriu a Jouvet, *"uma outra peça de Büchner,* Leôncio e Lena*"* (II, 251). A escolha desta comédia pode passar por uma concessão, pois ela é menos importante[11] e menos significativa que *Wóyzeck*, mas confirma o profundo interesse que Artaud manifestava por seu autor. Qual era a razão?

No caso dos elisabetanos, as obras o atraíam somente pelo proveito que poderia extrair delas no palco. As obras de Büchner o interessam menos do que o homem que ele sente por detrás delas. Procedimento que é quase sempre seu, quando o menor recuo histórico o permite. Georg Büchner o fascina como um irmão de sangue, do mesmo modo que Nerval ou Lautréamont. Desde então, para Artaud, mais do que as obras — de *Woyzeck* só restam fragmentos, pois grande parte da tragédia foi perdida — conta a linguagem, essa linguagem de Büchner da qual Albert Béguin disse que ela se situava "nos limites de seu próprio desastre"[a]. Marthe Robert e Arthur Adamov — que figuravam entre os mais fiéis amigos de Artaud — acentuaram que Büchner "efetuou essa união indissolúvel do mundo visível e invisível que está na origem do teatro e permanece a única razão de sua existência"[b]. Entre Artaud e Büchner existe um parentesco espiritual de uma evidência inegável, que bastaria para aproximá-los, mesmo que o inspirador do Teatro da Crueldade jamais tivesse descoberto o autor de *Woyzeck*.

Essa conclusão se confirma ainda mais com *A Morte de Danton,* a primeira das três obras dramáticas deixadas por Büchner. Artaud, pelo que se sabe, não fez nenhuma alusão a um tema que figura nela e que deveria ter mobilizado seu interesse: "a culpa pré-natal, a alienação original" e, proclamada por Danton, a impossibilidade de lançar sobre Deus a culpabilidade do ser; "o ateu trágico", comenta Jean-Marie Domenach, "está concebendo um Nada ainda pior do que a divindade, um Nada responsável, uma espécie de Deus ao inverso, cuja criação é a escória, o pus, ou, como dirá Artaud, o excremento [c]. Processo metafísico, acusação do ser no tribunal do teatro, que prefigura aquela que será proferida

---

a . A. BÉGUIN, *A Alma Romântica e o Sonho,* J. Corti, 1937.
b . Cf. também J. DUVIGNAUD, *Büchner,* Col. Les Grands Dramaturges, Ed. L'Arche.
c . J.M. DOMENACH, *O Retorno do Trágico,* Seuil, 1967, p. 67.

por Samuel Beckett. Com isso veremos que Beckett também deriva de Artaud. O instinto que conduzia este último em direção a Büchner era portanto um instinto seguro.

Artaud, Kleist, Hölderlin

À mesma família espiritual de Büchner pertencem também dois autores da geração precedente: Kleist e Hölderlin[a]. Se podemos aproximar estes dois autores de Büchner, apesar de um certo distanciamento cronológico, é que as obras de todos os três se assemelham aos destroços de um naufrágio. *Woyzeck,* como vimos, só sobreviveu em parte; do mesmo modo *A Morte de Empédocles,* de Hölderlin, permanceu inacabada, e Kleist destruiu o manuscrito de seu *Robert Guiskard,* do qual reconstituirá mais tarde um fragmento, ajudado pela memória. Obras perdidas, criadores banidos do convívio dos homens devido à morte prematura (Büchner), do suicídio (Kleist), da loucura (Hölderlin).

Ao que parece Artaud não conheceu Kleist. "Eu não me lembro de tê-lo ouvido falar de Kleist", escreveu Marthe Robert, "mas não é de se duvidar de que se houvesse conhecido algumas de suas peças — e eu penso particularmente em *A Família Schroffenstein* e em *Robert Guiskard* — ele as teria colocado em destaque no programa do teatro da Crueldade (*R.B. 22,* p. 56, n. 3; *R.B. 69,* p. 44, n. 3). É uma afinidade evidente em vários níveis: sua obra é menos literatura do que ação, porque o autor era "homem de teatro, homem teatral no duplo sentido da palavra"[b]. O temor inspirado a alguns por Artaud, em sua última fase, encontra certa correspondência na repulsa sentida por Goethe diante de Kleist: "Por mais intenso", afirmou este último, "que fosse o desejo de me interessar por Kleist, ele não deixou de provocar em mim arrepios de horror, como um ser que a natureza tivesse criado com grandes intenções e que se tornasse presa de um mal incurável".

Se o exemplo de Kleist não chegou até Artaud, Hölderlin em contrapartida é por ele reconhecido e reivindicado como um irmão de maldição (cf. *V.G. 15*). Aliás, antes de apontá-lo como vítima dos *enfeitiçadores,* Artaud havia declarado sua intenção de um dia montar *Empédocles* (V, 64). A atração é explicável, porém é a nós, e tardiamente, que o parentesco parece perturbador, a tal ponto que numerosas

---

[a]. Na sua recente *Casa Amarela* (Christian-Bourgois, 1969), DOMINIQUE DE ROUX designa como seus intercessores: Nerval, Kleist, Hölderlin, Artaud, assim como Joyce, Pound, Céline, Gombrowicz.

[b]. MARTHE ROBERT, *Kleist,* Col. Les Grands Dramaturges, L'Arche, 1955.

frases escritas sobre Hölderlin e sua obra nos parecem hoje aplicar-se a Artaud quase literalmente: "Abre-se a porta: e no meio da pequena sala uma personagem mirrada nos recebe, com profundas reverências." É a descrição (por W. Waiblinger, em 1830), de uma visita a Hölderlin "encafuado" desde 1806, mas que não deixa de lembrar o Artaud dos últimos anos e sua extrema cortesia com visitantes e familiares, como testemunhou por exemplo Paule Thévenin (cf. *T.Q. 20*, p. 26 e s.).

A identidade vai mais longe do que essa semelhança superficial, e descobre-se logo que certas idéias ou tendências maiores de Artaud já se encontravam em Hölderlin: a recusa de tratar a poesia como um jogo ou uma distração[a] e, corolariamente, uma concepção *heróica* da poesia[b]; a criação poética tida como operação mágica; a aquiescência, enfim, não ao "sentido manifesto das palavras", mas "à sua sonoridade órfica que invade o discurso como um eco vindo de outras esferas" (Stefan Zweig). Assim se explica a tentação, a propósito de Artaud e de Hölderlin, de um estudo comparativo.

Tentação aliás experimentada por Maurice Blanchot, que algumas vezes a repele. ("O que cabe a Artaud só a ele pertence[c]) e outras vezes a acolhe parciamente, pois vê em Artaud e em Hölderlin, como em Nietzsche, enfrentar-se com violência "duas formas inconciliáveis do sagrado" (*R.B. 22*, p. 71). Embora louvando a fecundidade dessa colocação crítica, Jacques Derrida recusa como prematura uma assimilação a Hölderlin, a quem "faltava a decisão essencial de Artaud" (*T.Q. 20*, p. 55). Que decisão? É a recusa de sujeitar-se à soberania da escrita, na medida em que ela é "metafórica"; recusa através da qual o "Teatro da Crueldade" nos levará a "uma nova idéia do *Perigo*" (V, 95), diante da qual "Hölderlin e Nietzsche teriam ainda recuado". É talvez um parentesco espiritual, mas não uma linhagem contínua. Artaud não é filho de Nietzsche. Menos ainda de Hölderlin (*T.Q. 20*, p. 56).

Artaud e Nietzsche

As afinidades Nietzsche-Artaud são no entanto numerosas; é o próprio J. Derrida quem o afirma[d]: Nietzsche figura

---

a . Cf. Carta de Hölderlin a seu irmão (1799), citada por Philippe Jacottet, em HÖLDERLIN, *Obras*, Pléiade, 1967.
b . PIERRE BERTAUX, Uma Poesia para Mudar o Mundo, *Lettres Françaises* n. 1182, de 11 a 17.11.1956, p. 50.
c . M. BLANCHOT, *N.R.F.*, 1.11.1956, p. 881.
d . DERRIDA, *Critique*, 230, p. 597.

aliás, ao lado de Baudelaire, Nerval, Hölderlin, etc., entre os que Artaud julga ter sido, como Van Gogh e ele, vítimas dos "feitiços" (*V.G.* 15). Ele lhes assegura um lugar privilegiado:

Antes dele (Van Gogh) talvez somente o infeliz Nietzsche manifestou a preocupação de desnudar a alma, de livrar o corpo da alma e de pôr a nu o corpo do homem, fora dos subterfúgios do espírito. (*V.G.* 65).

Eis uma homenagem onde o retrato de Nietzsche esboça como sempre acontece em casos semelhantes, um retrato do próprio Artaud. E para explicar essa projeção não é preciso recorrer afoitamente às analogias do comportamento e do destino. Pois as semelhanças abundam: a doença há longo tempo contraída, que corrompe pouco a pouco o espírito e o corpo; a tentação insistente e rejeitada do suicídio, a necessidade de um método fisicamente ritmado (Nietzsche martelava suas frases desferindo golpes de punho no tabique de seu quarto solitário, o que prefigurava "os exercícios de sopro" de Ivry, escandidos por Artaud sobre um cepo de madeira)[a] e a queda final na alienação, que o separava dos homens, como sucedeu com Hölderlin.

Uma similitude menos exterior se revela em diversos pontos, que, em Nietzsche, soam à maneira de certos gritos de Artaud: o desejo de "dizer as coisas mais abstratas da maneira mais corporal e mais sangrenta", a consciência de escrever "não com palavras, mas com iluminações", e de "queimar ao fogo de seu próprio pensamento", e até o messianismo de Zaratustra, que exalta os valores vitais em detrimento dos valores do conhecimento[b].

Tudo isso foi feito com o intuito de sublinhar o traço de união entre os dois homens, mas não atinge o essencial, pois aos nossos olhos eles estão ligados por alguns dados primordiais. Em primeiro lugar, o sentimento de um exílio atroz: "Alguém que tenha vivido enterrado desta maneira não tem mais nenhuma experiência particular para viver, mas sente apenas os sintomas do comportamento geral em relação à sua própria vida; e eu carrego comigo recordações *horríveis* e não estou em condições de me liberar delas"[c]. Em seguida, a importância decisiva concedida ao corpo: "Desgraçado o miserável a quem o corpo parece mau e a beleza diabólica! Atrás de teus pensamentos e de teus sentimentos acha-se o corpo e no corpo encontra-se o "Eu" que só a ti pertence: a *terra*

---

a . Cf. P. THÉVENIN, *T.Q. 20*, p. 30.

b . Nietzsche, *Obras Completas*, editadas por G. Deleuze e P. Klossowski, Gallimard.

c . NIETZSCHE, Fragmentos dos Inéditos Póstumos, I, 112 e VII, 26-63. Trad. de P. KLOSSOWSKI, *Quinzaine Littéraire*, n. 28, de 15 a 31.5.1967, pp. 20-21.

ignota"[a]. Enfim, a obsessão do teatro: "a metáfora teatral circula através de toda a obra de Nietzsche", diz Edgard André[b]. Essa aproximação entre Nietzsche e Artaud, que se propõe por si mesma foi aliás tentada[c], mas ela acabou muito depressa por colocar em relevo aquilo que os separa.

Sem dúvida todos os dois se recusariam a limitar-se a uma explicação teológica do nascimento do teatro e remontam, para além dos deuses, rumo a um ritmo primeiro. Sem dúvida um e outro recusam "o conceito *imitativo* da arte"[d] e a idéia aristotélica, que lhe está ligada, da catarse tradicional. Mas após tal colocação, percebe-se que a comparação desemboca em duas atitudes, perfeitamente antinômicas em relação à arte, Nietzsche deseja um público "apto a conceber a obra de arte enquanto arte, quer dizer, esteticamente"; Artaud, em contrapartida, pretende fazer o espectador *gritar* e rejeita violentamente

o ideal europeu de arte (que) visa conduzir o espírito a uma atitude separada da força e que assiste à sua exaltação (IV, 15).

É precisamente no término de suas tentativas que Nietzsche recai na idéia tradicional do teatro, que é com efeito uma idéia "separada" da vida, enquanto que para Artaud *a vida é double do verdadeiro teatro* (V, 272). Assim, embora esclarecedora e sugestiva, a aproximação entre os dois homens acaba bem cedo num impasse.

DRAMATURGOS PRÓXIMOS

Artaud e Strindberg

Não somos tentados a procurar a propósito de Strindberg, como a propósito de Nietzsche, um parentesco profundo com Artaud. De um modo geral, Strindberg representa somente um momento da vida de Artaud, a época do Teatro Jarry: encenação de *O Sonho,* apresentada somente duas vezes[12]; e o projeto de encenação, submetido a Jouvet, de *A Sonata dos Espectros* (II, 113-124)[e]. Depois não se fala mais do dramaturgo sueco, e os manifestos da crueldade não fazem

---

a . NIETZSCHE, Fragmentos dos Inéditos Póstumos, I, 112 e VII, 26-63. Trad. de P. KLOSSOWSKI, *Quinzaine Littéraire,* n. 28, de 15 a 31.5.1967, pp. 20-21.

b . EDGARD ANDRÉ, Nietzsche Atual, *Magazine Littéraire,* set. 1967. n. 10, p. 50.

c . Por JEAN CAPIN, Sessenta Anos Depois, *R.B. 22,* pp. 157-161.

d . J. DERRIDA, O Teatro da Crueldade e o Fechamento da Representação, *Critique* 230, jul. 1966, p. 597.

e . Projeto talvez oriundo da promessa feita em 1923 por Lugné-Poe ao jovem Artaud (e que não teve prosseguimento) de lhe dar um papel na *Sonata dos Espectros* (cf. *Cartas a Génica,* 62).

nenhuma menção às suas obras.

Este gosto provisório por Strindberg lhe terá vindo através de Lugné-Poe? Em 1920 o Théâtre de l'Oeuvre representou *Os Credores* e a revista *Demain* publicou uma crítica elogiosa assinada por Antonin Artaud (II, 151). Melhor será, portanto, ligar esse período "strindberguiano"a seu ingresso nos arraiais surrealistas, porque são os dramas oníricos que Strindberg escreveu nos últimos anos de sua vida que o atraem. Artaud não se sente nem um pouco motivado pelas peças "cruéis", como se poderia imaginar superficialmente; com efeito, estas (*O Pai, Senhorita Júlia, A Dança da Morte*), obedecem a uma visão naturalista que é antípoda das exigências de Artaud, e o que ele mais tarde denominará Crueldade nada terá a ver com o que Strindberg assim chamava[a].

Além do mais, esses dramas são solidamente construídos no plano dramático, enquanto que uma peça onírica e mística como *O Sonho*, desprovida de um embasamento vigoroso, parece menosprezar as leis tradicionais da dramaturgia. Ora, Artaud escolheu justamente *O Sonho* devido, por um lado, à essa ruptura com as formas esclerosadas do teatro, e por outro, pela proeminência conferida ao sonho sobre a realidade. Nem tudo, entretanto, o agradava nas últimas obras de Strindberg, e sobretudo o misticismo que as invadia.

O projeto de encenação de *A Sonata dos Espectros* contém uma confissão muito esclarecedora a propósito da idéia de que a morte é a única libertação:

A peça acaba com esse pensamento budista, que é aliás uma de suas marcas. Mas é também o que pode torná-la clara para essa parte do público a quem o inconsciente pode causar medo (II, 116).

Doravante, o objetivo de Artaud é evidente: o teatro de Strindberg não passa de um compromisso; constitui um simples degrau na ascensão para a verdadeira Crueldade[13].

Esta perspectiva não deve obscurecer os diversos traços que Strindberg podia partilhar com Artaud: a misoginia, a instabilidade e as crises (relatadas em *A Defesa de um Louco* e em *Inferno*), o temor do suicídio e dos internamentos, o aspecto incômodo e às vezes desarticulado de sua obra, o gosto pela solidão e pelas imprecações, a vontade de criar ele mesmo um teatro que represente seus dramas... Tudo isso não é desprezível, embora seu interesse seja bastante restrito, visto que em cada um dos pontos citados a analogia é imediatamente contestável.

Resta, pelo menos, a possibilidade de invocar a filiação à mesma família espiritual, tão vasta. Testemunha esse fato o

---

[a]. Os principais escritos teóricos de Strindberg foram recentemente publicados na Franca sob o título de *Teatro Cruel e Teatro Místico*, col. Pratique du Théâtre, Gallimard, 1964; um capítulo se intitula "Vivissecções".

livro consagrado a Strindberg por Arthur Adamov[a], um dos mais fiéis amigos de Artaud, e o estudo de Jaspers, que versa ao mesmo tempo sobre Strindberg e Van Gogh[a].

Não nos causa surpresa que tenha ocorrido de fato esse parentesco, essa aliança provisória entre Artaud e Strindberg. Mas não poderia haver continuidade no processo. A ambição muito mais radical do autor de *O Teatro e seu Duplo* anunciava outros caminhos.

Artaud e Jarry

O nome de Lugné-Poe, graças a quem Artaud talvez tenha descoberto Strindberg, pode igualmente ser mencionado a propósito de Alfred Jarry: com efeito, graças à sua iniciativa, *Ubu-Rei* fora encenado no Théatre de l'Oeuvre em 1896[14], e Artaud pôde assistir à *reprise* de 1922. Mas consideremos sobretudo sua relação efetiva com Jarry: Ela coloca um duplo problema: por que Artaud se colocou por algum tempo sob a proteção de Jarry? Por que não montou nenhuma de suas peças e porque deixou de proclamar seu vínculo com o inventor de *Ubu*?

Uma resposta à primeira pergunta — por que um "Teatro Alfred Jarry"? — não leva necessariamente em consideração Lugné-Poe. Toda uma geração de intelectuais se entusiasmara por Jarry. Dadaístas e surrealistas, principalmente, o saudaram como um dos seus precursores. "Alfred Jarry assinou *Ubu-Rei* e morreu devido a isto. Jarry é um dos homens cuja atitude admiramos sem reserva", proclama em 1922 a redação de revista *Littérature,* tal predileção é confirmada por André Breton, que presta homenagem a Jarry nos *Manifestos do Surrealismo*[b] e o inclui na sua *Antologia do Humor Negro*[b], louvando em Ubu "a encarnação magistral do eu nietzschiano-freudiano, que designa o conjunto dos poderes desconhecidos, inconscientes, recalcados". O interesse que Artaud manifesta por Jarry, mesmo na época das relações tempestuosas como o grupo surrealista, é portanto perfeitamente legível.

A expressão — um pouco comparável à de Maldoror — de um inconsciente no estado selvagem é, evidentemente, a que mais atrai Breton. Artaud não é lembrado somente por isso. Além da invasão do irracional, outras características de *Ubu-Rei* devem tê-lo atingido particularmente: a agressão do público e o escândalo da primeira representação; a destruição das

---

a . A. ADAMOV, *Strindberg*, Col. Les Grands Dramaturges, Ed. L'Arche, 1955. Uma tradução francesa do livro de Jaspers sobre Strindberg e Van Gogh foi publicada em Paris em 1953.

b . A. BRÉTON. *Manifestos do Surrealismo,* col. Idées, Gallimard, 1963 (cf. pp. 39 e 112). *Antologia do Humor Negro,* Sagittaire, 1940.

principais convenções teatrais, sendo a linguagem nobre substituída por um estilo vulgar, gaiato e estúpido, e o herói tradicional pelo seu "duplo-ignóbil"[a]; a busca de um cenário que recusa ao mesmo tempo o naturalismo e o ilusionismo[b]. Este último ponto constitui como sabemos, um dos dados principais do pensamento teatral de Artaud; nem a realidade, nem a ilusão (cf. supra pp. 69-70), mas *o falso no meio do verdadeiro* (II, 79).

A descrição do cenário de *Ubu-Rei* por ocasião da estréia permite aliás avaliar o quanto lhe deveram certas encenações do "Teatro Alfred Jarry". Compunha-se entre outras coisas de "um leito com cortinados amarelos e urinol anexo (...) uma forca com um enforcado equilibrando-se em uma palmeira (...) e embaixo o troféu dos ambientes modernos: uma lareira com seu relógio"[c]. Compare-se agora o cenário burguês imaginado por Artaud para o *Victor*, de Vitrac: palmeira gigante, leito conjugal, molduras vazias penduradas no teto [15]. Há sem dúvida maior gratuidade delirante nos elementos utilizados em *Ubu-Rei*, mas o espírito, em linhas gerais, é o mesmo, admitindo-se que a influência exercida tenha permanecido inconsciente ou implícita.

Lendo na íntegra os textos capitais que são "Da Inutilidade do Teatro no Teatro" e "Questões de Teatro"[d], fica-se com a impressão de um parentesco muito grande entre Jarry e Artaud: certa observação de Jarry sobre a necessidade do ator possuir "uma voz especial, que é a voz da personagem" (p. 143), parece prefigurar o projeto de encenação de *O Golpe de Trafalgar*, para cujo final Artaud prevê para cada personagem um tom de voz ao mesmo tempo natural e alterado (II, 138).

Apesar de seus limites, todas essas afinidades[e] tendem a provar que a utilização do nome de Jarry por Artaud, Vitrac e Robert Aron, como um emblema de seus empreendimentos, não era simplesmente uma referência honorífica, um gesto de cortesia ao precursor, mas que ela encerrava um sentido. Que pensar do fato de que nenhuma peça do autor de *Ubu* tenha sido nele montada? É claro que o Teatro Jarry teve uma existência muito breve e muito agitada para que se possa pensar em interpretar suas lacunas ou censurá-lo [16]. Mas é preciso sobretudo oferecer nuanças à constatação da carência

---

a . JARRY, Questões de Teatro, *Revue Blanche*, 1.1.1897; texto reproduzido em *Tout Ubu*, Livre de Poche, 1962, p. 153.

b . JARRY, Da Inutilidade do Teatro no Teatro, *Mercure de France*, set. 1896, texto reproduzido em *Tout Ubu*, p. 140.

c . "O Noticiário sobre Ubu", dossiê apresentado por M. ROBILLOT em *Cahiers du Collège de Pataphysique*, n. 3 e 4, art. de R. VALLIER em *La République Française*.

d . Cf. *Tout Ubu*, pp. 139-155.

e . Cf. JOHN RICHARD NASH, *Jarry, Reverdy and Artaud: The abrupt path*, Stanford Univ., 1967.

e evitar acreditar que os animadores desse teatro tivessem deliberadamente excluído dele a obra de Alfred Jarry.

Na realidade, o programa inicial prevê para a primeira apresentação duas peças curtas de Jarry, extraídas de *O Amor em Visitas: O Medo do Amor,* e *No Paraíso ou o Velho da Montanha* (II, 19 e 260, 261). Projeto abandonado, pois o primeiro espetáculo propunha finalmente uma peça de cada um dos três fundadores do teatro [a]. Jarry não fora no entanto esquecido, pois o último manifesto (1929) anuncia que depois de *Victor.*

o *Teatro Jarry montará durante o ano uma encenação de Ubu-Rei, um Ubu-Rei adaptado às circunstâncias presentes e representado sem estilização* (II, 33).

A idéia não vingou, ao mesmo tempo que morria a esperança de encenar a peça mais recente de Vitrac, *O Golpe de Trafalgar,* e de fazer o Teatro Jarry renascer de suas cinzas.

Artaud desejara pelo menos encenar então uma peça de Jarry [b]. E o surpreendente não é que ele não tenha podido fazê-lo — tantos outros projetos permaneceram no papel — mas que em seguida o nome de Jarry tenha desaparecido totalmente de suas ambições, de seus manifestos, de seus programas. Silêncio talvez explicável: ele quer virar a página, romper com os modos de pensamento ou de ação que julgava ultrapassados e portanto dar as costas a Jarry, como deu as costas ao surrealismo e em seguida a Vitrac. Pode-se objetar que *O Teatro e seu Duplo* encerra algumas reminiscências das idéias antigas, como por exemplo, o interesse manifestado pelos elisabetanos; então, por que não Jarry? É que dificilmente se pode conservar o emblema de uma aventura morta. *Se o Teatro Alfred não existe mais, eu ainda vivo* (III, 202), escrevia em 1931 Artaud a Jouvet.

Poderíamos ser tentados a oferecer uma outra interpretação da renúncia a Jarry. Uma vez livre de Vitrac e de Aron, enfim só, Artaud dá livre curso à sua tendência profunda, que não o conduz à bufonaria atroz, e sim à violência trágica. Basta reler os programas do Teatro da Crueldade: dos Elisabetamos à Bíblia, de Sade a Büchner, ocorrem somente suplícios e dores, em todos os níveis. Aparentemente nenhum lugar é concedido à farsa, ainda que fosse consagrada à zombaria de um mundo absurdo e feroz. Recordaríamos então

---

[a]. *Os Mistérios do Amor,* de VITRAC; *Ventre Queimado ou a Mãe Louca,* de ARTAUD, e *Gigogne,* de MAX ROBUR (Robert Aron).

[b]. Um outro fato o confirma: por ocasião do colóquio "Gênese de um Teatro", em novembro de 1926, a conferência-prefácio de Robert Aron foi seguida de leituras dramáticas: uma cena dos *Mistérios do Amor,* uma cena de Raymond Roussel e algumas páginas de Alfred Jarry (segundo GUY CROUZET, *La Grand Revue,* dec. 1926). Prova de que o patrocínio do autor de *Ubu Rei* não foi invocado platonicamente.

que o temperamento, o mal de que padecia Artaud, o predispunham a ver tudo em termos de conflito, a pintar o universo com as cores do drama; nessas condições, Jarry não era certamente seu homem.

Uma tal explicação menosprezaria, entretanto, um fator capital: a permanência do humor, em meio a uma visão na verdade dolorosa e trágica do homem no mundo. Se bem que essa visão se agrave com os anos, ela jamais eliminará a capacidade de humor. Humor ao nível do comportamento cotidiano, como o testemunharam muitos de seus companheiros [a], e também ao nível das concepções teatrais, como o demonstram os textos. Por que o teatro contemporâneo está em decadência? Entre outras razões,

porque perdeu (...) o sentido do humor verdadeiro e do poder de dissociação física e anárquica do riso (IV, 51).

O primeiro Manifesto da Crueldade insiste sobre a importância do *humor com sua anarquia* (IV, 108) e não deveríamos nos esquecer que *O Teatro e seu Duplo* termina com duas observações, das quais uma se refere aos filmes dos Irmãos Marx (IV, 165-168).

Artaud não é portanto inimigo do cômico [b]. O conceito que ele tem deste último não se assemelha evidentemente ao que dele tinha Vitrac, e foi por isso que seus caminhos divergiram rapidamente [17]. *Victor,* na encenação de Artaud, e na qual Ida Mortemart se tornava o *ponto culminante* (III, 75), quase não devia provocar o riso, pelo menos essa espécie de riso que tranqüiliza [18]. Sem dúvida, teria acontecido o mesmo se ele tivesse podido montar *Ubu-Rei* em 1929. Que aparência teria tido esse *Ubu-Rei adaptado às circunstâncias atuais?* (II, 33). Pode-se imaginar que teria sido bastante espantoso. Jarry, aliás, não achava que sua peça fosse cômica — *Na verdade não há porque esperar uma peça engraçada* - e frisava que Lugné-Poe, antes de confiar o papel de Ubu a Gémier, pretendia ele mesmo representá-lo "ao modo trágico" [c]. É preciso admitir que unicamente as circunstâncias puderam desviar Artaud da obra de Alfred Jarry.

---

a . Notadamente P. Thévenin, A. Adamov, J.L. Barrault. Cf. *supra,* p. 53 e nota 14, Cap. 2.
b . Sua concepção do cômico aparece muito bem numa carta de 1923 a Génica, na qual se declarava decepcionado com os Fratellini: *Eu penso em farsas que poderíamos criar baseados no sinistro, alguma coisa louca, nas quais até mesmo o tom de voz teria um sentido, com oposições entre o burlesco e a humanidade real, a humanidade de todos os dias* (p. 55-56). Ver também no fim da conferência mexicana de 1936, o elogio de Barrault: *"É um teatro que sabe chorar, mas que tem uma consciência enorme do riso, e que sabe que há no riso uma idéia pura, uma idéia benfazeja e pura das forças eternas da vida"* (Cahiers R.B. 71, p. 19).
c . JARRY, "Questões de Teatro", *Tout Ubu,* Livre Poche, 1962, p. 153.

Artaud e Pirandello

Entre os dramaturgos cuja evocação propicia esclarecer melhor a imagem de Artaud, há lugar, acreditamos nós, para uma citação de Pirandello. Não que se possa apontar afinidades importantes entre eles, mas a referência a Pirandello ilustra muito bem a principal evolução de Artaud: a que se detecta no jovem ator dos anos 20 e do profeta do Teatro da Crueldade dos anos 30. Esquematicamente, poder-se-ia dizer que representou Pirandello nos palcos antes de representá-lo mais tarde na vida; ator pirandelliano em sua estréia, acaba por tornar-se, na vida quotidiana, uma personagem pirandelliano.

A estréia de Artaud, com efeito, coincide mais ou menos com a revelação parisiense de Pirandello: revelação devida precisamente a Dullin e a Pitoëff, com quem Artaud trabalha sucessivamente. Chegou mesmo a representar dois pequenos papéis nas duas primeiras peças de Pirandello apresentadas na França: *A Volúpia da Honra,* montada por Dullin em 1922, e *Seis Personagens,* encenada pelos Pitoëff, em 1923. Esses detalhes biográficos e profissionais apresentariam por si só pouco interesse — afinal, Artaud representou também na companhia de Dullin, em uma peça de Molière, e isso não significa nada [a] — se o jovem ator não houvesse paralelamente testemunhado seu entusiasmo por Pirandello.

Ele redige para uma revista marselhesa uma resenha apaixonada (II, 160) da representação dos *Seis Personagens.* Através dela percebe-se muito bem aquilo que o seduziu: foi evidentemente "o jogo de espelhos" — ele próprio empregou a expressão — mas sobretudo o contraste chocante entre os atores reais — *cabotinos nojentos,* diz ele — e os personagens *com rostos de espectros e como que mal saídos de um sonho.* Artaud insiste com ardor nessa idéia de que a verdadeira realidade não está seguramente do lado dos vivos. O vaivém pirandelliano entre a vida e o teatro, o rosto e a máscara, a personagem e o autor [b] não podiam deixar insensível um homem que iria logo mais mostrar a importância que o teatro devia dispensar, segundo ele, ao jogo dos *doubles.* Basta relembrar sua predileção pelos manequins [c].

Só que a noção do Duplo suscitou de fato em Artaud uma visão bem mais complexa do jogo pirandelliano dos espelhos. Desde 1923, seu futuro companheiro do Teatro

---

a . Sobre Artaud e Molière, cf. V, 196. Ver também nossa nota 25, Cap. 3.
b . Ou a marionete, como em *Os Gigantes da Montanha.*
c . Cf. *supra,* pp. 53-54; ver sobretudo o projeto de encenação da *Sonata dos Espectros* (II, 113 e s.).

Jarry, Roger Vitrac, tinha expressado sobre *Seis Personagens* uma opinião diametralmente oposta à sua, zombando da pseudo-originalidade de uma peça na qual ele não via mais do que um belo "sucesso de teatro"[a]. Seja como for, tudo ocorre como se os olhos de Artaud se abrissem e ele vai, ainda uma vez, queimar o que havia adorado.

Por que se afasta ele de Pirandello? Artaud dá uma explicação em 1931, num rascunho de carta a René Daumal: com Pirandello, ficamos no fim com uma concepção psicológica do teatro, ou melhor, uma concepção psicanalítica, que é apenas um passo a mais na mesma direção e não uma verdadeira mudança de orientação; atemo-nos assim a

esta concepção do homem mergulhado no êxtase diante de seus monstros pessoais (III, 216).

O verdadeiro teatro está em outra parte. É a época em que Artaud começa a clarificar sua visão de um Teatro da Crueldade. Logo sua própria existência tornar-se-á teatro e se transformará em um exemplo vivo e dilacerado daquilo que Pirandello havia somente pressentido.

Tomemos o *Henrique IV* de Pirandello: é impossível reler ou rever essa peça sem imaginar que Artaud tivesse, sem a menor dúvida, sido seu intérprete ideal. E a peça do delírio ao mesmo tempo simulado e vivido; a vida e a simulação se entrelaçam inextricavelmente, e nela reconhecemos a própria tragédia de Artaud. Ele conheceu talvez essa obra, pois fora encenada em Paris por Pitoëff em 1925. É uma peça na qual poderia encontrar-se. Nela, a loucura do herói era uma escolha; ela lhe permitia realizar-se plenamente, derrubar o muro das aparências e submeter os homens à sua vontade ("Diante dos loucos, todo mundo deve ficar de joelhos" — 2º ato). Ela lhe confere magicamente uma espécie de grandeza sagrada e de pureza que o leva a rejeitar qualquer idéia humana de cura: "quando os outros se opõem à realização dessa pureza, é preciso ver neles as forças do mal", escreve Guy Dumur[b]. Como não pensar que os psiquiatras simbolizavam para Artaud o mal absoluto? Ele também escolheu o delírio e nele se manteve.

O que é um alienado autêntico? É o homem que preferiu se tornar louco, no sentido em que o fato é socialmente conceituado, a transigir com uma certa idéia superior da honra humana (V.G. 14).

É possível ter uma idéia do que poderia ser a interpretação do personagem de Henrique IV por Artaud (que jamais se impôs no palco ou no cinema a não ser em papéis aluci-

---

a . R. VITRAC, *Os Homens do Dia*, 23.4.1923, P. 7. *O Duplo:* cf. *supra,* p. 25.
b . GUY DUMUR, *O Teatro de Pirandello,* L'Arche, 1967, p. 60.

nados), através da interpretação de Alain Cuny em *Não se sabe como,* de Pirandello (Paris, 1961). Cuny, que conheceu e admirou Artaud, propôs uma interpretação desconcertante de seu personagem, empregando "uma linguagem salmodiada em tons graves e repentinamente agudos, que atingia uma espécie de paroxismo litúrgico" [a]. É lícito considerar que esse estilo de representação devia parcialmente inspirar-se nas lições de Artaud [19]. Depois disso é mister convir que Pirandello não é das pessoas com quem Artaud tenha contraído uma dívida. Certas obras do autor italiano, em compensação, se beneficiariam de um confronto com as visões introduzidas por *O Teatro e seu Duplo*.

GRANDES CORRENTES DO PENSAMENTO REVOLUCIONÁRIO

Artaud e o futurismo

Se aos nossos olhos Artaud está mais próximo de Jarry do que de Pirandello é porque Jarry "pôde meditar na abolição do teatro"[b] e que seu empreendimento destruidor pode ser considerado o deflagrador de certas proposições de Artaud. Em relação a este fato, toma-se consciência de que outros autores, ao mesmo tempo que Jarry ou logo após, e outras correntes de pensamento, tentaram questionar as formas tradicionais da arte, e muitas vezes com violência. Uma violência que Artaud parece, à distância, haver herdado. Com efeito, todo criador, mesmo que seja ilusório pretender explicar sua contribuição pela ação convergente de fatores predeterminantes, permanece tributário de sua época e do esforço das gerações anteriores. É assim que se pôde descobrir entre a doutrina da escola futurista e as idéias de Artaud um certo número de semelhanças inesperadas[c].

Que pretendiam afinal os futuristas? Desde antes de 1914[d], preconizavam o desprezo pela sintaxe, a destruição dos veículos literários tradicionais e a instauração de uma "arte de vida explosiva". De bom grado — e sumariamente — faz-se de Nietzsche, Bergson e D'Annunzio seus inspiradores; na realidade, é a este último que eles parecem dever mais. Como D'Annunzio, os futuristas são atraídos pelo paroxismo e, como ele, pretendem estabelecer um novo relacionamento entre es-

---

a . GUY DUMUR, *ibid.,* p. 151.
b . JACQUES ROBICHEZ, Jarry ou a Novidade Absoluta, *Théâtre Populaire,* n. 20, 1.9.1956, p. 94.
c . Aproximação sugerida por RENÉE LELIÈVRE, *O Teatro Dramático Italiano na França,* pp. 558-59.
d . O Manifesto Futurista de Marinetti é de 20.2.1909, *Le Figaro.*

petáculo e espectadores. Em 1910, D'Annunzio projetava a abertura de um gigantesco Teatro de Festa, cujo palco hemisférico envolveria parcialmente o público: projeto jamais realizado[a], e que não deixou de ter relação com o espaço cênico desejado por Artaud.

A mesma idéia ocorreu, um pouco mais tarde, a um poeta que não se filiou ao grupo de Marinetti, mas cujas pesquisas seguiam o mesmo caminho dos futuristas: Pierre Albert-Birot[b]. Fundador da revista *Sic* publicou em outubro de 1916 um manifesto do "teatro núnico". Apesar da aparente oposição semântica, o "nunismo"[c] visava em geral aos mesmos objetivos que o futurismo. Ora, o manifesto do *Sic* previa para o teatro núnico uma sala completamente circular: "Só pode ser um circo, no qual o público ocupará o centro, enquanto que sobre uma plataforma periférica giratória se desenvolverá a maior parte do espetáculo ligado ao público por atores espalhados no recinto"[20]. Essa concepção revolucionária do espaço cênico seria saudada por Apollinaire no prólogo das *Mamas de Tirésias,* onde lamenta que não se tivesse construído para a peça um teatro novo:

"Um teatro redondo com dois palcos
Um no centro e outro formando como que um anel
Em redor dos espectadores..."[21]

A idéia de um teatro circular não é o único elemento que, em Albert-Birot, nos faz lembrar de Artaud. Nos manifestos "núnicos" e nos prefácios, constatamos muitas indicações dignas de nota: o desejo de "comunicar uma vida intensa e inebriante aos espectadores"; o desdobramento de algumas personagens "de maneira a mostrar os atos e os pensamentos"[22] e a idéia de se recorrer a grandes marionetes[d]; a substituição do cenário por efeitos de luz e por "alguns objetos"; a recusa da psicologia, da intriga, do realismo, da imitação; a proposta de uma peça a construir-se sob os olhos do público à medida que a ação se desenvolve; finalmente, o culto dos processos de discordância e de ruptura.

Todas essas características definem uma ambição ao que parece singularmente próxima dos projetos de Artaud. Até mesmo as tentativas de expressão fonética de *Larountala*[e]

---

a . R. LELIÈVRE, *op. cit.,* p. 237.

b . P. Albert-Birot (1876-1967) teve até uma de suas obras — *Matoum e Tevibar* — encenada pelos futuristas na Itália (1919); detalhe narrado por H. BÉHAR, *Estudo Sobre o Teatro Dadá e Surrealista,* p. 61. Ver também *Sic,* n. 47-48, 15.6.1919.

c . O "nunismo" (do grego *nûn* = agora) queria ser a doutrina do presente, do atual, portanto do "moderno".

d . Cf. J.M. DUNOYER, Um Teatro Anti-realista, *Le Monde,* 18.3.1968, suplemento, p. V.

e . *Larountala,* polidrama em duas partes de P. Albert-Birot, ed. Sic, 1919.

evocam os "Exercícios de Linguagem" contidos nas *Cartas de Rodez*, e nos últimos textos de Artaud. Mas essa aproximação contém dois aspectos: faz explodir a convergência e traz à plena luz tudo o que separa profundamente Artaud do futurismo. Porque tudo aquilo que para o autor das *Cartas de Rodez* é invenção dolorosa de uma forma de expressão à medida do homem novo que ele quer construir, nas obras de Albert-Birot torna-se delírio agradável e jogo sonoro quase gratuito. Essa é a diferença fundamental. As pesquisas teatrais de Albert-Birot são de ordem experimental; correspondem a uma necessidade sincera, às vezes simples tentativa, de explorar, no começo do século, todas as vias de acesso que se abrem para a renovação das formas e dos dogmas. Exprimem um prazer quase infantil da investigação e da descoberta; são a obra de um homem em plena saúde. Quando passamos para Artaud, vê-se o abismo.

De um modo mais geral, o empreendimento futurista testemunha um gosto pelo insólito que raramente descamba para o estranho e para o inquietante, como em Artaud. Ele se volta, ao contrário, para um "cômico liberador"[a]. Sua evolução é acompanhada por uma exaltação que permanece exterior, e não possui nenhuma medida comum com a febre que consome em profundidade o autor de *Van Gogh*. Onde os êmulos de Marinetti utilizam os processos por si mesmos, na alegria de uma criação contínua que se nutre de seu próprio movimento, Artaud pode recorrer a métodos revolucionários: transformados na expressão de sua busca angustiante, eles possuem apenas uma finalidade interior. O processo deixa de ser um procedimento quando está a serviço de uma investigação de ordem espiritual.

Artaud e Dadá

O futurismo nos permitiu verificar que a contribuição teatral de Artaud não se prende somente aos homens e às correntes voltadas ao teatro. E isso reforça nossa convicção de que nele não existe uma atividade teatral distinta das outras atividades. Segundo Robert Maguire, que se limita ao Teatro Alfred Jarry, a tentativa de Artaud deve menos à evolução do teatro do século XX do que à evolução da poesia moderna[b]. Nessa perspectiva, o Teatro Jarry deve muito menos ao teatro ou mesmo a Jarry, do que ao movimento Dadá. Isso não nos afasta de modo algum do nosso propósito, na medida em que Dada desenvolveu precisamente uma atividade poética que é de natureza teatral. Descobre-se aí um novo recurso para

---

a . R. LELIÈVRE, *op. cit.*, p. 558.
b . R. MAGUIRE, *Le Hors-Théâtre*, p. 341.

combater a antinomia poesia-teatro, que encontramos de súbito em nosso caminho[a].
Dadá propôs-se, com efeito, imediatamente como espetáculo. Hugo Ball, divulgador, em Zurique, das primeiras manifestações dadaístas (1916) no célebre Cabaré Voltaire, fora anteriormente assistente de Max Reinhardt; daí a "organização cênica rigorosa das noites de Zurique", como em boa hora recorda Henri Béhar[b]. Muito depressa, essas reuniões — de poesia, dança, música... — implicam um questionamento das relações tradicionais entre palco e platéia. Lança-se mão de todos os meios para fazer o público reagir. Se o público não se mexer, será provocado, desafiado, e chega-se, como nos cabarés de Montmartre, até mesmo às interpelações e às injúrias.

É o procedimento que será retomado pelo Teatro Jarry. Já o primeiro espetáculo, *Gigogne,* de Max Robur (Robert Aron), finalizava com esta apóstrofe dirigida do proscênio pelo ator principal: "Meus senhores, minhas senhoras, vocês não passam de uns salafras!"[c]. Segundo o testemunho de um outro ator[d], a reação do público não teve um caráter violento, e Artaud teria se mostrado por isso muito decepcionado. O processo de Dada também exigia uma reação muito viva da platéia, sem a qual a manifestação não atingiria seu objetivo. Hoje, tornou-se banal a idéia de que é preciso incomodar o espectador a fim de que ele se sinta envolvido e deixe de ser indiferente aos fatos que se desenrolam diante dele. Pode-se considerar que a sistematização desse propósito pertence a Dadá, isto é, Tristan Tzara, Hugo Ball e alguns outros. É uma doutrina empírica, descoberta por eles ao acaso, jamais formulada nem codificada, mas parcialmente retomada por Artaud e pelo Teatro Jarry[e]. Essa primeira convergência se verifica facilmente nos detalhes. Para a comunhão coletiva que se trata de instaurar e que abole toda diferença entre poesia e teatro. Dadá quis inventar outros espaços além do espaço teatral tradicional. Daí as reuniões em salões de baile, no Grand Palais, no Clube do Faubourg, no jardim da igreja de Saint-Julien-le-Pauvre. O balanço dessas tentativas foi freqüentemente negativo. Ainda aqui os dadaístas tinham ido mais longe do que Artaud, cujos projetos revolucionários —representar na rua, em um hangar... — permaneceram letra morta até o fim.

a . Cf. *supra,* p. 4-6.
b . H. BÉHAR, *Estudo Sobre o Teatro Dadá e Surrealista.* Introdução (p. 9 e s.).
c . O ator era René Lefèvre. Relatado por MAGUIRE, *op. cit.,* p. 260.
d . Trata-se de Max Joly. Relatado por R. MAGUIRE, *op. cit.,* pp. 346-47.
e . Cf. H. BÉHAR, *op. cit.,* p. 12, e MICHEL SANOUILLET, *Dadá em Paris,* p. 154.

Mas a transformação do espaço cênico podia ser atingida por outras vias, menos radicais; a escolha, por exemplo, de um cenário e de acessórios desconcertantes. Assim, em determinada manifestação dadaísta, a bicicleta que pendia do teto[a] e que nos lembra o colchão que Artaud suspendeu no ar sobre o leito, em *Partage de Midi* (II, 57). Convém relembrar também nos espetáculos do Cabaré Voltaire, "essas personagens presas em imensos tubos de papelão"[b] e tão próximos dos manequins tão apreciados por Artaud.

Pode-se sublinhar finalmente as afinidades perceptíveis entre Artaud e um dos principais animadores do grupo dadaísta: Georges Ribemont-Dessaignes, cujo *Imperador da China* poderia ter tentado Artaud[c], não somente porque na peça um pai viola a filha, que queria matá-lo, mas também devido ao fato de que os assassinatos e as violências são aí transcendidos por um desejo de rigor e uma exigência metafísica que correspondem muito bem à idéia de crueldade, tal como é definida em *O Teatro e seu Duplo* [23]. A comparação é apoiada por uma indicação: Artaud mostrou grande interesse pela obra de Ribemont-Dessaignes, porque mencionou seu *Fausto*, em 1932, como uma peça digna de ser montada [24] e como tal ele a propôs a Jouvet (III, 257),

Essas analogias por si só, permaneceriam anedóticas[d]. Elas só adquirem sentido porque confluem para uma similitude de projetos mais decisiva. Para que o público seja evolvido e atingido no âmago, é preciso não mais se dirigir à sua razão, e sim ao seu corpo, a todo o seu ser. Anteriormente a Artaud, Dadá descobre a necessidade de forjar uma nova linguagem que agite e faça vibrar em lugar de simplesmente significar. Daí a importância conferida à entonação e ao ritmo: a palavra é gritada ou escandida. Hugo Ball, ao dizer no Cabaré Voltaire seu poema fonético — que com os poemas "bruitistas" e outros prefigura os "ensaios de linguagem" de Artaud, bem como as pesquisas letristas — pronuncia e modula sua composição à maneira das lamentações antigas.

Surge então uma outra forma de convergência com a visão teatral de Artaud: a instauração de um ritual coletivo nas manifestações dadá liga-se empiricamente aos modos de expressão religiosa ou mágica de certas sociedades primitivas. Em Zurique — conta Henri Béhar, que compara os espetáculos dadaístas às cerimônias vodu — "os atores improvisados

---

a . H. BÉHAR, *op. cit.*, p. 13.
b . H. BÉHAR, *op. cit.*, p. 10.
c . Sugestão feita por H. BÉHAR, *op. cit.*, p. 123.
d . Só para lembrar assinalamos também que em 1923 Tzara sondou Artaud para "representar uma de suas peças"; na realidade, *O Lenço de Nuvens*, de que se tratava talvez, foi montada em 1924, sem Artaud (*Cartas a Génica*, 48).

sentiram que seus gestos, suas danças, seus gritos, eram influenciados pelas máscaras de Marcel Janco, inspiradas nas máscaras da África e da Oceania. Assim abandonavam uma parte de sua personalidade (o verniz da civilização, digamos) em proveito das forças ocultas emanadas deles mesmos, sendo a máscara unicamente o instrumento de sua libertação, do mesmo modo que funcionavam como mediadores de um público que também era *tomado*[a].

Reconhecemos nesse fato a dupla exigência formulada desde o tempo do Teatro Jarry, segundo a qual o ator e o espectador devem ser atingidos profundamente pela ação teatral (cf. II, 13). E recordemos o que Artaud diz da crueldade: que antes de mais nada é crueldade para ele (IV, 95) e também para o público. Os poetas dadaístas se fazem atores para se descobrir, para se revelar a eles mesmos, e também para aqueles que os assistem. Eles se transformam assim em "atores-manifestos", e não pregam, porém vivem suas idéias, objeto e sujeito de suas demonstrações"[b]. É exatamente o sentido que assume para nós a última encarnação de Artaud, quando se torna, no Vieux-Colombier, o "homem-teatro", através do qual ele se resume. É claro que os caminhos de Artaud e Dadá divergiram em seguida, mas o que há de comum em seus encaminhamentos iniciais não pode ser negado. Na abordagem que tentamos do gênio teatral de Artaud, e tendo presente de maneira clara os limites de sua evolução, o papel de Dadá aparece como dos mais elucidativos.

Artaud, o surrealismo e o "grand jeu"

Na formação desse gênio teatral pode-se até mesmo considerar Dadá como um fator bem mais determinante do que o surrealismo. Artaud, no plano do teatro, quase nada herda do surrealismo. Limita-se a vivê-lo ao natural, e com tal intensidade que a maior parte dos surrealistas, comparados com ele, fazem figura de aprendizes. Para sondar o inconsciente, não tem necessidade de recorrer a processos, e o aborda jogando-se inteiro nele. No manejo da violência iconoclasta, ultrapassa seus companheiros de *A Revolução Surrealista* e logo os assusta[c]. E se permanece algum tempo à vontade nas manifestações surrealistas, não se deve esquecer

---

a . H. BÉHAR, *op. cit.*, pp. 19-20.
b . H. BÉHAR, *op. cit.*, p. 20.
c . Ver os principais manifestos surrealistas de Artaud no n. 3 de *Les Revolutions Surréalistes* (textos coligidos em I, 257 e s. e em Re. I, 299 e S.). Sobre as reservas de Breton diante da violência de Artaud, cf. *R.B. 22*, p. 7; e *R.B. 69*, p. 5.

que o comportamento propositadamente teatral destas últimas [a] — ações coletivas, provocações do público, elegância afetada dos protagonistas[b] — deve visivelmente quase tudo a Dadá. Para além do aspecto circunstancial das querelas ou das excomunhões, é legítimo indagar se a ruptura de Artaud com os surrealistas não se explica, em um nível mais profundo, pelo fato de que não tinha mais nada a aprender com eles.

Não chegaremos ao ponto de acreditar que não haja permanecido nenhum traço visível de sua passagem pelas fileiras surrealistas. Existem algumas sobrevivências, como por exemplo esse interesse constante pelo *imprevisto objetivo* (IV, 53), depois que o acaso e a improvisação foram banidos do Teatro da Crueldade em proveito de um rigor científico[c]. Além disso, relevam-se algumas convergências de detalhes com as tentativas propriamente teatrais de um ou outro surrealista, tais como a fascinação exercida sobre o grupo pela figura satânica de Gilles de Rais, feita para seduzir Artaud. Desta fascinação dão testemunho os textos de Vitrac e de Breton, bem como uma peça pouco conhecida do poeta chileno Huidobro, amigo dos surrealistas[d]. Na mesma ordem de idéias, note-se que Georges Hugnet dedicara uma peça — *A Justiça dos Pássaros* — à lenda de Barba Azul[e], cuja história Artaud pretendia reconstituir *a partir dos arquivos e com uma nova concepção do erotismo e da crueldade* (IV, 119). Mas tudo isto não passa de bagatelas e devemos nos lembrar que se a conjunção de Artaud com os surrealistas se interrompeu muito cedo, isto aconteceu justamente por causa do teatro.

A distância, parece que a única aliança possível para Artaud seria juntar-se aos homens do *Grand Jeu,* exilados também do grupo surrealista ou voluntariamente situados fora dele. A reivindicação de René Daumal e de Roger Gilbert-Lecomte, como a de Artaud, é de ordem metafísica, e se apóia nas doutrinas e nas tradições do Oriente. Teriam eles tomado consciência desta sua comunidade espiritual? Artaud louvou com fervor uma coletânea poética de Gilbert-Lecomte[f] e conheceu e talvez até tenha freqüentado Daumal[g]. Ele mesmo permaneceu fora do grupo, mas segundo tudo indica sentia-se muito próximo deles. Tinha amigos chegados — sobretudo

---

a . Ler a esse respeito a evocação quase cúmplice, feita por Artaud em 1936, de um antigo escândalo surrealista cuidadosamente planejado (*R.B. 71,* p. 14).
b . Cf. *supra,* p. 25.
c . Cf. *supra,* p. 72 e s.
d . H. BÉHAR, *op. cit.,* pp. 276-77.
e . H. BÉHAR, *op. cit.,* p. 287.
f . Texto de dezembro de 1934, *N.R.F.;* cf. II, 250.
g . Cf., a propósito de III, 213, a nota 39 (III, 321). Cf. também comentário registrado de "um amigo de Daumal" em V, 171; cf. enfim Su. I, 169-170.

Pierre Minet e André Rolland de Renéville — que pertenciam ao *Grand Jeu*. Ocasionalmente ele e diversos membros do grupo escreveram na mesma revista[a]. Artaud partilhou com Daumal e Gilbert-Lecomte a atração pelas obras de René Guénon[b]. Pretendeu até mesmo, através de uma declaração comum, associar Daumal aos seus projetos de teatro (III, 213).

Esse último fato é revelador: no momento (1931) em que, aborrecido com as experiências anteriores (aventura surrealista, Teatro Jarry), Artaud parece cada vez mais rebelde a todo engajamento coletivo novo, pensa em uma eventual associação com René Daumal. É que Daumal podia compreendê-lo melhor. Sentia a mesma fascinação que Artaud por certas formas de expressão teatral nascidas no Oriente e no Extremo Oriente[c]. Além do mais, sofreu durante algum tempo a influência de Alexandre Salzmann[d]. Ora, Salzmann não era somente o discípulo de Gurdjieff, como também o herdeiro de Jacques Dalcroze, cujo ensinamento provinha em parte das concepções de um grande doutrinador do teatro que logo mais encontraremos: Adolphe Appia. Hoje, para quem estuda Artaud, o projeto de uma aliança com Daumal parece natural e evidente. Infelizmente a tentativa não teve seqüência, como tantas outras. Os homens dos quais se aproximou, as correntes às quais pretendia se ligar, conseguiram apenas lançar um clarão fugidio sobre o mistério de Artaud.

TEÓRICOS DO TEATRO CONTEMPORÂNEO

Artaud, Appia e Craig

A relação de Artaud com as teses futuristas ou com as teses do *Grand Jeu* é raramente abordada. Quando se quer provar que *O Teatro e seu Duplo* não surgiu *ex-nihilo* e que a visão teatral de Artaud se insere em uma determinada linha, cita-se sobretudo Adolphe Appia e Edward Gordon Craig. "Insistiu-se muito sobre as relações que existem entre *O Teatro e seu Duplo* e os livros dos teóricos como Craig ou Appia"[e]. Por exemplo, no capítulo consagrado a Artaud,

---

[a]. Artaud colabora em 1933 num número especial de *Cahiers Jaunes*, dedicado ao cinema, ao lado de Roger Gilbert-Lecomte, Monny de Bouilly, Maurice Henry, Hendrik Cramer.

[b]. Sobre o interesse manifestado por Artaud em relação a Guénon cf. V, 71; no que se refere a Lecomte e Daumal ver suas crônicas nos dois primeiros números do *Grand Jeu* reproduzidas integralmente no n. 10 da revista *L'Herne* (1968).

[c]. R. DAUMAL, "Teatro de Baratha", *R.B. 22*, p. 81 e s.

[d]. *L'Herne, ibid.*, p. 248. Notar que Artaud parece ter sido igualmente "marcado" pelo encontro com Salzmann (cf. *R. B. 71*, pp. 15-17).

[e]. JEAN CAPIN, "Sessenta anos Depois", *R.B. 22*, p. 157.

Sylvain Dhomme afirma que seu teatro "se insere no curso da arte dramática", "procede diretamente da liberação dos sortilégios cênicos provocados por Craig e Appia" e chega "a soluções práticas semelhantes a destes dois teóricos e de seus descendentes diretos"[a]. Um levantamento metódico dessas semelhanças já foi tentado[b]. A proximidade das concepções de Appia, Craig e Artaud é tão evidente que seria difícil elidir o problema que ela coloca. É simples: tudo o que se acreditava ser contribuição própria de Artaud, em matéria de teatro, já não existia antes deles em Appia ou Craig?

Vamos partir de constatações imediatas: todos os três exerceram uma influência muito maior graças ao que escreveram do que por suas raras realizações concretas, se bem que todos eles tenham tentado com insistência transformar suas intenções em fatos. Isto, no entanto, aparenta-os apenas exteriormente. Além do mais, todos os três combateram a idéia realista do teatro. Appia rejeitou, por exemplo, a tradição do realismo histórico na cenografia. Trata-se porém de uma atitude comum a toda uma geração de teóricos e animadores de teatro. É preciso ir mais longe para apreender o que aproxima verdadeiramente Artaud de Appia e de Craig.

Descobre-se então uma segunda série de aproximações: as que dizem respeito à essência do teatro. No início, excluindo a explicação histórico-religiosa, o que era o teatro, senão o gesto? "A arte do teatro nasceu do gesto, do movimento, da dança (...). O dançarino foi o pai do dramaturgo", diz Craig[c]. E todo o texto de Artaud "sobre o teatro balinês" (IV, 54, e s.) corrobora esta afirmação, enquanto que a primazia atribuída por Appia ao desempenho do ator sobre todos os outros elementos do espetáculo caminha mais ou menos na mesma direção. Mas se o gesto do ator ou do dançarino vem antes de tudo, conclui-se que nossa arte dramática ocidental trilhou um caminho falso. Segundo Appia, "nossos autores dramáticos são escritores de palavras". Ora, para o verdadeiro artista, "a vida passa adiante de sua representação fixa e imóvel, qualquer seja ela, e com muito mais razão, antes da palavra"[d]. Da mesma forma Craig, que imaginava um teatro silencioso ideal, acreditava que a principal causa da falsa evolução do teatro foi sua anexação à escrita. Ele rejeita a assimilação do teatro a

---

a . S. DHOMME, *A Encenação de Antoine a Brecht*, Nathan, 1959, p. 270.

b . Levantamento efetuado por André Veinstein, na sua preciosa obra *A Encenação Teatral e sua Condição Estética*, passim; ver também em nosso Apêndice o texto de um diálogo com A. Veinstein: "Artaud e a História das Idéias no Teatro Moderno".

c . CRAIG, *Da Arte do Teatro*, Berlim, 1905; primeira edição na Inglaterra, 1911. Paris, Ed. O. Lieutier, pp. 115-116.

d . APPIA, *A Obra de Arte Viva*, Genebra-Paris, Ed. Atar, 1921, p. 68.

um gênero literário, rompendo "com a crença comum de que a peça *escrita* pretende ter um valor real e duradouro para a Arte do teatro"[a]. A partir disso será preciso relembrar a insistência com a qual Artaud também condenava o teatro ocidental *que vive sob a ditadura exclusiva da palavra* (IV, 48)?

Essa proposta de retorno às fontes de purificação do teatro caminha para uma conseqüência lógica, sublinhada com vigor tanto por Appia e Craig quanto por Artaud: a necessidade de um criador único. *Para mim* — escreveu Artaud — *ninguém tem o direito de se proclamar autor, quer dizer, criador, a não ser aquele a quem incumbe a manipulação direta da cena* (IV, 141). Ou mais claramente ainda:

O que pertence à encenação deve ser retomado pelo autor e o que pertence ao autor deve igualmente ser atribuído ao autor, que também se tornou encenador, de maneira a fazer cessar essa dualidade absurda que existe entre encenador e autor (IV, 134).

Essa mesma idéia já ocorrida a Appia: "quem diz dramaturgo diz também encenador; seria um sacrilégio especializar as duas funções. Podemos então estabelecer que se o autor não acumula ambas, não será capaz nem de uma, nem de outra coisa, pois é de penetração recíproca que deve nascer a arte *viva*[b]. Craig, que também preconiza um só criador, considera que unicamente o profissional familiarizado com o palco pode garantir a dupla função; nisto ele parece se diferenciar de Appia e de Artaud. É uma diferença quase inexistente, pois Craig especifica que esse homem pode ser antigo ator ou um antigo autor. Assim, Artaud parece muito próximo de seus dois ilustres antecessores, no que diz respeito aos pontos essenciais que fundamentam uma concepção profundamente renovada do teatro ocidental.

Terceiro grupo de observações, que decorrem das precedentes: antes de tudo, posto que na origem de tudo se encontra o gesto, vai-se procurar colocar em relevo, em um contexto apropriado, as faculdades de expressão corporal do ator-dançarino. Por isso há em Appia a concepção de uma cena arquitetada, com cenários substituídos por um dispositivo construído, feito de escadas e de plataformas, sendo o espaço cênico utilizado nas suas três dimensões. A mesma ambição ocorre em *O Teatro e seu Duplo*:

Introduziremos no espetáculo uma nova noção de espaço, utilizada em todos os planos e em todos os graus da perspectiva, em profundidade e altura (IV, 148 — Crueldade II).

É uma visão "totalitária", cuja extensão legítima é a anexação da sala ao espaço cênico: Appia, que começa por su-

---
a . CRAIG, *op. cit.*, p. 27.
b . APPIA, *A Obra de Arte Viva*, p. 61.

primir a rampa e a cortina, propõe em seguida transformar completamente a arquitetura das salas de espetáculo; foi um dos primeiros a pedir que se acabasse com a diferença entre o palco e a platéia. Essa tendência é menos nítida em Craig, porém é exercida no mesmo sentido [25]. Sabe-se que Artaud levará ainda mais longe essa ambição, preconizando

um espetáculo giratório que em lugar de fazer do palco e da platéia dois mundos fechados, sem comunicação possível, espalhe suas irradiações visuais e sonoras sobre a massa dos espectadores (IV, 103).

Nos três casos trata-se de suprimir toda solução de continuidade entre o público e a ação teatral [26].

Acrescentemos finalmente a essas informações precedentes que, para alcançar sua plena eficácia sobre o espectador, a linguagem cênica, segundo Appia e Craig, recorre ao poder sugestivo da iluminação e utiliza o valor sonoro da palavra a fim de provocar efeitos sensíveis, análogos aos que a música obtém. "Logo, a obra de arte *viva* nascerá da música; sua disciplina será, para a árvore que brota, o adubo ideal, que nos assegurará uma rica floração"[a]. Sabe-se da importância da música para Appia[a]; ele deplorava que o diretor não dispusesse de uma partitura tão rigorosamente precisa quanto a de um regente de orquestra[b]. Não reconhecemos aí uma das maiores preocupações de Artaud?

O espetáculo será cifrado do começo ao fim, como se fora uma linguagem (IV, 118). *É preciso encontrar novos meios de anotar essa linguagem, quer esses meios se assemelhem aos de uma transcrição musical, quer se faça uso de uma espécie de linguagem cifrada* (IV, 112).

O conjunto dessas analogias parece perturbador. Quando se cita Appia ou Craig a propósito de Artaud, não é geralmente sem segundas intenções. Às vezes é até mesmo com o intuito declarado de colocar Artaud "no seu verdadeiro lugar", e de mostrar que o originalidade de sua contribuição teatral é um tanto sobrestimada.[c] É uma reação um pouco surpreendente, pois ela não ocorre quando se evoca Nietzsche, Hölderlin ou Dadá em relação a Artaud. Por que o confronto deste último com alguns grandes teóricos do teatro teria por efeito desvalorizar o conteúdo de *O Teatro e seu Duplo?* Tal atitude, na verdade, não é explicável: corresponde a um desejo muitas vezes legítimo de reagir contra um embasbacamento

---

a . APPIA, *A Obra de Arte Viva*, p. 73. Sobre a importância da música na obra teórica de Appia, basta recordar alguns títulos: *A Encenação do Drama Wagneriano* (1895) e sobretudo *A Música e a Encenação* (1897).

b . Texto de 1921, *Cahiers Renaud-Barrault*, X.

c . Problema que o estudo da objeção histórica retomará no Cap. 4.

superficial e simplificador ante as "idéias" de Artaud. Além do mais, procede de um outro esquema.

Enquanto Artaud permanecia um visionário, um profeta, um poeta, em suma, ele se colocava em um nível quase inacessível e seu projeto não era redutível a nenhum outro. Mas desde que pretendeu encarnar concretamente sua visão e inseri-la numa organização dramática precisa, caiu inevitavelmente de seu paraíso original no domínio limitado e sem mistério das condutas e das necessidades materiais. Tais escolhas, ao que parece, podem ser inseridas em perspectivas identificáveis e já cuidadosametne etiquetadas; daí a comparação e em seguida a contestação. No nível "poético", Artaud é tido como irmão distante de Hölderlin ou de Nietzsche; no nível cênico, é considerado como simples herdeiro, diretamente tributário de Appia e de Craig. E enfim ele é implicitamente acusado de se comportar como se fosse o primeiro, por exemplo, a denunciar a anexação do teatro pela literatura. Ao que parece, ele seria menos censurado se tivesse polidamente reconhecido a anterioridade de Appia e de alguns outros. Mas ele fala em tons messiânicos: por isso são repreendidos com severidade sua soberbia ou sua ignorância.

Ignorância?[a] Trabalhando com Lugné-Poe, com Dullin e com Pitoëff, o jovem Antonin Artaud dificilmente teria deixado de ouvir falar de Appia e de Craig. Refere-se a eles, aliás, num artigo sobre o Atelier escrito em 1922:

As conquistas de Gordon Craig, de Appia, de todos esses libertadores do teatro, vão finalmente encontrar na França um lugar para se manifestar (II, 156).

Mais tarde (1931), num rascunho de carta da Daumal, torna a falar de Appia e sublinha a importância de sua concepção do espaço cênico (III, 215). Portanto, Appia é, para ele, muito mais do que um simples nome. Ele conhece os grandes reformadores do teatro de seu tempo.

Existe sem dúvida um parentesco verdadeiro entre os três, mas que se situa além das analogias formais (liberação em relação à literatura, valorização do criador único, etc.). Uma pesquisa aprofundada ultrapassaria essa vizinhança de andar para descobrir, por exemplo, que Artaud se identifica com Craig na vontade de revelar "as coisas invisíveis, aquelas que o olhar interior percebe"[b] e se identifica com Appia na idéia de que o teatro tem um função orgânica e que, para atingir a vida, deve passar pelo corpo: "Tudo deve ser recome-

---

a . Torna-se difícil acreditar ainda na ignorância de Artaud em matéria de teatro depois de ter lido sua conferência mexicana de 1936, onde ele faz um balanço muito pessoal mas lúcido e bem informado, da atividade teatral entre as duas guerras (*R.B. 71*, p. 4 e s.).

b . CRAIG, *Da Arte do Teatro*. Ed. O. Lieutier. p. 46.

çado pelo começo, quer dizer, pelos fatores de alguma maneira primordiais; a presença do corpo criando o Espaço e o Tempo *vivos*, e a instauração da música nesse corpo, para operar a *modificação* estética que é própria da obra de arte"[a].
As últimas palavras desta citação de Appia mostram claramente os limites do parentesco. Por que *O Teatro e seu Duplo* não se refere jamais a Craig ou Appia (como aliás a nenhum outro teórico renomado)? É que, em definitivo, o teatro preconizado por Artaud está muito longe daquele que eles querem instaurar. Vejamos as diferenças de detalhe: o ator do Teatro da Crueldade não é nem "supermarionete" (Craig) nem o fundamento principal do espetáculo (Appia). A utilização concreta *de manequins, de máscaras enormes, de objetos de proporções singulares* (IV, 116), em lugar do cenário, difere profundamente das concepções de Craig e de Appia, etc. Mas o essencial não reside nisso. E se resume nessa finalidade diferente que Artaud atribui ao teatro, e que já sublinhamos quando fizemos o confronto com as teses futuristas.

A ambição de Appia e de Craig é de ordem estética. Acabamos de ver a importância que Appia concede à *"modificação estética"*. Craig caminha no mesmo sentido: "Deixemo-nos envolver no Teatro pelo sentido profundo da palavra 'Beleza', e poderemos então dizer que o despertar do teatro estará próximo"[b]. A representação torna-se a seus olhos fim absoluto e surgimento de uma nova Arte. Eles são os primeiros a querer "reteatralizar o teatro" e nós sabemos que já em 1924 esse projeto parecia *monstruoso* para Artaud (I, 214). Seu objetivo é de ordem espiritual, e ele não hesita em declará-lo *místico* (I, 125). O confronto com Appia e Craig terá pelo menos permitido recordar esta idéia essencial: para Artaud o teatro está ligado à "metafísica".

Artaud e os teóricos alemães e russos. O caso Brecht

No rascunho da carta a Daumal, Artaud não se contenta apenas em citar Appia. Ele faz o elogio de todo movimento de renovação do teatro que, fora da França, tende a *restituir à arte da encenação e ao espetáculo*, o brilho perdido (III, 215). Os Balés Russos são até mesmo elogiados por *terem devolvido à cena o sentido da cor*[27]. Mas sua admiração se volta sobretudo para o teatro alemão (Artaud cita Piscator e Meyerhold, cuja contribuição acentua), e o teatro russo surgido após a Revolução. Os alemães e os russos souberam substituir o teatro psicológico *por um teatro de ação e de massas* (III, 216).

---

[a] . APPIA, *A Obra de Arte Viva*, p. 74; cf. também p. 37.
[b] . CRAIG, *op. cit.*

A referência não é isolada. Na época de *Os Cenci*, Artaud ainda evoca os métodos russos como exemplares. Lamenta, por exemplo, não ter podido introduzir na sua montagem sinos de dez metros de altura, *como se faz na Rússia*, e justifica seu desejo de dispensar atores profissionais, pois *na Rússia são os operários que representam milagrosamente O Rei Lear* (V, 299-300). Ainda mais: *Os Cenci* foram encenados *para mostrar ao público de Paris uma tentativa que pudesse rivalizar com o que nesse momento se fazia na Europa, nos países onde o teatro voltou a ser uma religião* (V, 50).

Mesmo levando em conta o caráter contingente desses projetos e de sua possível deformação[a], cumpre admitir que a insistência das alusões não se deve ao acaso da expressão.

Com efeito, já em 1922, escrevendo sobre o Atelier, Artaud louvava Dullin por ter desenvolvido um processo copiado dos russos, que *praticam há muito tempo o uso de um certo método de improvisação* (II, 156): nessa frase é legítimo enxergar uma alusão a Stanislavski[b]. Depois disso Artaud rompeu ao mesmo tempo com o método da improvisação e com Dullin, mas continuou devotando ao teatro russo uma admiração sincera, pois em 1931 ele o coloca muito acima do teatro de Pirandello (III, 216). Tudo isso nos mostra um Artaud muito bem informado a respeito das grandes revoluções teatrais de sua época, em contradição com a figura de profeta ignorante, que algumas vezes querem nos impingir. "Em 1932, Artaud está em Berlim e essa viagem não será a única. Naquela cidade assistiu, segundo Paule Thévenin, as realizações dos grandes encenadores alemães e russos, Reinhardt, Piscator, Meyerhold"[c]. Aliás, Meyerhold viera a Paris com sua companhia em 1930, " e é impossível que Artaud não tenha tomado conhecimento do fato"[d]. Podemos também mencionar os diálogos berlinenses com Max Reinhardt no fim de 1930[e]. Em resumo, tudo concorre para provar que Artaud não permaneceu alheio ao teatro de seu tempo.

Percebe-se muito bem o que o impressionou em cada um desses grandes reformadores: Stanislavski, porque, além das

---

a . A última citação foi extraída de um artigo publicado em *Le Figaro* de 5.5.1935, ou seja na véspera da estréia de *Os Cenci*; as precedentes, de uma entrevista dada ao *Petit Parisien* (14.4.1935).

b . Cf. Carta (a Génica) de 1923, onde Artaud declara que Lugné-Poe lembra um pouco Stanislavski com algo de mais sagaz e menos fulgurante (p. 62).

c . J.P. FAYE, Artaud Visto por Blin, *Lettres Françaises*, 21.1.1965.

d . NICOLA CHIAROMONTE, A.A. e sua Dupla Concepção do Teatro, *Preuves*, n. 205, março de 1968, p. 12. Com efeito, Meyerhold foi recebido em junho de 1930 por Baty no Teatro Montparnasse, que estava prestes a ser inaugurado.

e . Carta de Berlim (20.10.1930) dirigida por A.A. ao Dr. e Madame Allendy, e publicada em *Opus International*, n. 3, out. 1967, p. 63.

improvisações, ele se preocupou, com Meyerhold, em "levar o irreal à cena" e em encontrar os meios de agir "inconscientemente sobre o espectador"[a]; Meyerhold, porque procede de Appia[b]: a mesma reação contra a literatura; a mesma recusa relativa à divisão palco-platéia, a mesma importância atribuída ao corpo do ator, a mesma utilização arquitetônica e dinâmica do cenário; Piscator, porque ele quer conferir ao espetáculo um valor de rito e de comunhão, realizando para tal fim "uma modificação técnica do aparelho cênico"; e igualmente Reinhardt, pois este, não contente por ter introduzido o palco na platéia, parecia acreditar numa transformação da vida pelo teatro.

Há outros homens de teatro aos quais Artaud jamais fez a menor alusão, e dos quais se ignora se conheceu ou não as respectivas realizações, mas que, à distância, parecem ter trabalhado num mesmo sentido: Tairov, por exemplo, que rejeitava a submissão do teatro ao texto escrito ("O teatro novo não deve ser um comentário do texto, mas criar sua nova obra de arte própria e autônoma"); Fuchs, que pensava da mesma maneira e que além do mais pretendia fazer do teatro "o lugar material onde o movimento dramático se transforma num movimento espiritual, na alma da multidão"[c]; Evreinov, autor de O Teatro na Vida, via no instinto "congenital" do teatro um meio de ultrapassar a morte; Vakhtangov que, com seu mestre Stanislavski, lutou para impor um "teatro não discursivo", segundo a expressão de Jerzy Grotowski, o qual menciona ainda, entre os homens cujas concepções precederam as de Artaud, o polonês Syrkus, teórico do "teatro simultâneo", etc[d].

Até onde vai a lista dos predecessores possíveis? Eis mais um caso preciso. Artaud, que louva Piscator, não se referiu ao projeto do "teatro total" estudado por Walter Gropius, então diretor da Bauhaus de Weimar, e atendendo a uma solicitação do próprio Piscator (1927). Nessa época o projeto foi abandonado, mas permaneceu famoso, tendo tentado inclusive a Meyerhold[28]. A seguir, não se deixou de assinalar que o "espetáculo giratório" preconizado por Artaud a fim de que a ação envolvesse e penetrasse o público (IV, 115) apresentava forte parentesco com o teatro ideal de Gropius. Na realidade, o espaço cênico sonhado por Artaud é infinitamente menos preciso que o aparelho técnico extremamente aperfeiçoado, concebido pelo arquiteto Gropius — fato que, aliás, acarretou

---

a . STANISLAVSKI, Minha Vida na Arte.
b . Artaud associa em 1931 os nomes de Appia e Meyerhold (III, 215).
c . Citado por BATY e CHAVANCE, Vida da Arte Teatral, Plon, 1932, p. 270.
d . J. GROTOWSKI, Ele não era Inteiramente ele Mesmo, Temps Modernes, abr. 1967, pp. 1887-88.

muitas censuras a Artaud. Mesmo que o objetivo visado — fusão do espectador e do ator na celebração da mesma festa[a] — permaneça análogo nos dois casos, a cenografia de Artaud, artesanal e mágica, se revela sem medida comum com a cenografia moderna e científica de seu predecessor.

Aqui tocamos de perto nos limites da influência exercida sobre Artaud pelos russos e pelos alemães, e a admiração que ele lhes dedicou. Artaud lhes é reconhecido por combaterem o teatro literário e psicológico, ao mesmo tempo que instituem um novo espaço cênico. Mas a partir daí os caminhos divergem. Artaud não pretende fazer o mesmo teatro que eles; o teatro deles é político, o seu é metafísico e mágico. Daí vem a condenação inapelável que lança contra eles, sem que haja nenhuma contradição com os elogios que lhes consagra ocasionalmente. Desde 1924, ele ataca os que

substituíram certas tradições molierescas e oficiais pelas novas tradições vindas da Rússia ou de outros lugares. E no momento em que tentavam se livrar do teatro, pensavam ainda e sempre no teatro (I, 214).

Condenação retomada oito anos mais tarde (1932) com maior clareza:

Considero vãs todas as tentativas feitas na Rússia para fazer o teatro servir o objetivos sociais e revolucionários imediatos, por mais inovadores que sejam os processos de encenação empregados. Tais condutas, na medida em que se submetem aos dados mais estritos do materialismo dialético, viram as costas à metafísica, que eles desprezam, e permanecem apenas uma encenação, na acepção mais grosseira do termo (V, 101).

Essa oposição frontal entre o Teatro da Crueldade e o Teatro Político, denunciada por Artaud, não nos deve levar a concluir pela inutilidade de seu confronto. Apesar da diferença dos objetivos, Artaud segue às vezes, por pouco tempo, o mesmo caminho dos alemães e dos russos; chega mesmo a combater ao lado deles, e está bem menos distanciado deles do que a quase totalidade dos homens do teatro francês. O roteiro de *A Conquista do México,* no qual talvez se exprima perfeitamente a concepção de um teatro mágico, pode ser considerado também pelo seu tema ligado ao teatro político, pois coloca *a questão terrivelmente atual da colonização* (IV, 152). Por isso seria artificial opor sistematicamente Artaud a Brecht[b], como em geral se faz em nossos dias.

---

a . J. POLIERI, "Um Espetáculo Mágico", *R.B. 22,* p. 163 e *R.B. 69,* p. 122.

b . Aconselhamos aqui a leitura do importante estudo de GUY SCARPETTA, Brecht e Artaud, *La Nouvelle Critique,* jun. 1969. O autor tenta mostrar que na elaboração de um teatro materialista, a contribuição de

Esquema banal e simplista: Artaud representaria um teatro de participação, de frenesi, de irrealismo; Brecht, um teatro de "distanciamento", de didatismo, de inserção na história. Em resumo, dois pólos, dois universos irreconciliáveis. Na realidade, as posições não são tão rígidas e não faltam pontes que levem de um universo ao outro, mesmo que a tentativa do "Living Theater", representar a *Antígone* de Brecht, pareça claramente incapaz de preencher a lacuna[a]. Vale e pena reler o libreto de *Não há mais Firmamento* (II, 91, 19): na agitação das multidões, na intensificação da revolta contra os que possuem algo, encontram-se processos e reminiscências que parecem tirados das grandes obras de Brecht.

Teria Artaud conhecido o teatro deste último? Interrogação difícil de se responder. Dispomos todavia de um tênue indício. Sabe-se que Pabst fez para o cinema a adaptação da *Ópera dos Quatro Vinténs*, e o filme, realizado em 1931, não foi aprovado por Brecht. Artaud teve uma pequena participação nesse filme. Convidado por Paulhan para escrever uma crítica a ser publicada na N.R.F., respondeu-lhe que o entusiasmo do público francês pelo filme lhe parecera insignificante:

Com toda certeza a obra inglesa do século XVIII (The beggar's opera), *bem como a segunda versão alemã dessa obra única* (Die Dreigroschenoper), *merecem todas as batalhas e todos os entusiasmos, mas não a transposição cinematográfica de G. W. Pabst* (III, 275).

Um brechtiano de estrita obediência não teria se expressado melhor.

Artaud, Copeau e o Cartel

Em relação aos reformadores franceses do teatro, a posição de Artaud é ainda mais difícil de ser delimitada. Isso se deve principalmente à intromissão de fatores humanos. Artaud trabalhou ou esteve para trabalhar com cada um dos homens do Cartel e já sabemos que suas relações com os indivíduos jamais foram fáceis nem lineares. Além do mais, obrigado a definir-se em relação aos diversos empreendimentos de renovação teatral tentado em Paris há mais de uma geração, Artaud foi naturalmente levado a denunciar as diferenças que o separavam dos principais homens de teatro de seu tempo, a fim de evitar ser confundido com eles numa mesma e obscura "vanguarda".

Artaud é pelo menos tão decisiva quanto a de Brecht, e provoca uma destruição mais radical do que todo o teatro anterior.

a . Ver as linhas dedicadas ao "Living Theatre" no Cap. 5.

No entanto, Artaud, em linhas gerais, conduzia a mesma luta que eles, e o Teatro Alfred Jarry só pôde desabrochar num terreno lavrado pelo esforço de Copeau e do Cartel. Apesar das numerosas divergências e de todos os desacordos, era-lhe impossível romper definitivamente com eles. Por isso observamos nele essa curiosa e permanente alternância de elogios e críticas em relação aos seus precursores imediatos, o que, como já notamos, era sua própria forma de reação ao mundo. Conhecemos sobretudo a violência com que sua opinião mudou em relação a Dullin e a Jouvet [a]. No que diz respeito a Jacques Copeau, a atitude de Artaud é mais ambígua ainda.

Com a exceção de Barrault, Copeau é o único homem de teatro cujo nome é mencionado em *O Teatro e seu Duplo: Meus espetáculos não terão nada a ver com as improvisações de Copeau* (IV, 131). É uma ruptura nítida com o passado; as improvisações que Artaud condenará em 1932 foram praticadas com entusiasmo por ele no tempo que era ator na companhia de Dullin. "Adorava nossos trabalhos de improvisação e contribuía para eles com uma verdadeira imaginação de poeta"[b]. Essa evolução não nos surpreende: do culto do acaso (no início de sua carreira e ainda na época do Teatro Jarry), vimos[c] Artaud passar ao culto da ciência e do rigor.

Nos primeiros anos de sua atividade teatral ele havia procurado seu caminho, hesitando, flutuando, queimando sem cessar o que acabava de adorar. Quando começa a trabalhar com Lugné-Poe, percebe-se que a admiração que demonstra pelo Théâtre de l'Oeuvre é acompanhada de certa ironia em relação a Copeau:

Não há um Colombier atrapalhando, nem discursos, nem o prefácio do Cromwell (...) (II, 151).

No ano seguinte, uma nova paixão, uma nova perspectiva (em 1921). O entusiasmo por Dullin leva o jovem Artaud a tratar Lugné-Poe com desprezo e Copeau com relativa indulgência:

Excetuando o Vieux-Colombier, no momento presente não temos teatro. O Théâtre de l'Oeuvre pode ser apenas considerado um centro de valorização barata das belas tragédias do Norte (II, 153).

Dullin, por sua vez, será renegado, depois de ter sido idolatrado. A estranha dimensão e a freqüência destas mudanças lhe tiram evidentemente um pouco de crédito. O próprio Artaud não as renegava parcialmente, acusando-se por ir *sempre longe demais* (III, 308)?

---

a . Cf. *supra*, pp. 62-64.
b . CH. DULLIN, Carta a Roger Blin, 12.4.1948, *K*, n. 1-2 (1948), pp. 21-24.
c . Cf. *supra*, pp. 72-76 (estudo sobre "o acaso").

Deixando de lado o coeficiente humano e as reações de humor imediatas, somos levados a indagar quais os laços ou quais as incompatibilidades que existem entre Artaud e os grandes renovadores franceses do seu tempo. Numa vista de conjunto, parece efetivamente muito afastado de Copeau: a austeridade, o palco nu, a estilização, o respeito pelas grandes obras, uma preferência declarada pela "cultura" e pela sutileza, a recusa do efeito e da falta de leveza, uma certa desconfiança instintiva pela simplificação "quase bárbara" preconizada pelos teóricos russo-germânicos e mesmo por Craig[a], tudo isso faz de Artaud o antípoda de Copeau .

Algumas vezes temos a impressão de que suas posições se aproximam. Assim, o segundo manifesto do Teatro Jarry, querendo marcar seu desprezo por *aquilo que se convencionou denominar encenação, tal como iluminação, cenários, figurinos e a todo um pitoresco de encomenda,* não hesita em declarar: *Mais um pouco e voltaríamos aos candeeiros* (II, 17). Na verdade, erraríamos em ver nisso um retorno à austeridade de Copeau, e as realizações do Teatro Jarry — esse texto (1926) lhe é anterior — não ilustram de modo algum esse desprezo ostensivo por uma encenação concreta. Há nas encenações de Artaud, segundo ele mesmo confessa, uma importância extrema dispensada à iluminação e aos *objetos verdadeiros:* o recurso aos manequins, aos acessórios gigantes, aos jatos de luz colorida, tudo isto o situava muito longe do racionalismo, do despojamento e da estilização, caros a Copeau[b].

Antinomia total? Seria exagerar demais. Não precisaríamos procurar muito tempo para descobrir entre Artaud e Copeau pontos convergentes, que explicam a época e o inevitável entrelaçamento de correntes de pensamento. Em ambos, detectamos a mesma indignação apaixonada e denunciadora contra as taras de um teatro a soldo de negociantes. Nesse ponto a veemência de Artaud provém da de Copeau. Mas vamos mais longe. A idéia, por exemplo, de que a arte não pode ser separada da vida: Copeau a recebera entre outros de Appia[c], e já examinamos os laços que poderiam existir entre Appia e Artaud. De modo extremamente esquemático, poder-

---

a . CRAIG, *Críticas de um Outro Tempo*, N.R.F., 1923, pp. 247-248.

b . Falando de Copeau em 1936, Artaud acentuou essa estilização dos cenários, louvando muito a arte da iluminação e notadamente o emprego da luz verde; em seguida ele assinala o emprego da luz e de um cenário vermelho no espetáculo de Dullin ("O Teatro de Após-Guerra em Paris", *Cahiers Renaud-Barrault*, 71, pp. 8-12). Sobre a importância das cores (sobretudo do vermelho) nos textos e nos projetos de encenação de Artaud mereceria ser feito um estudo, já esboçado por ERIC SELLIN (*The dramatic concepts of A.A.*), p. 114.

c . Ver no Apêndice o texto da conversa com A. Veinstein sobre "Artaud e a História das Idéias no Teatro Moderno".

se-ia dizer que Artaud faz teatro para refazer o homem, enquanto que Copeau quer refazer o homem para fazer teatro[a]. São finalidades distintas, mas cujos processos não se distanciam tanto quanto possa parecer.

Além do mais, a especificidade da encenação é comum a Copeau, a Artaud e a muitos outros, ou melhor dizendo, a idéia de que o trabalho cênico apresenta um valor todo seu, distinto do substrato literário. E mesmo a propósito da literatura, a diferença Copeau-Artaud é mais aparente do que real. Copeau é conhecido por sua fidelidade intransigente aos clássicos, levada até a recusa de os ajustar às preocupações de seu tempo. Artaud é aquele que quer *acabar com as obras-primas* e com a supremacia do texto literário. Não há entretanto oposição radical, dado que Copeau recusa a idéia de um teatro unicamente livresco. Para nos certificarmos disto, basta nos reportarmos às conferências feitas em 1923 por Henri Ghéon, que se apresentava como o porta-voz do Vieux-Colombier. "Uma dramaturgia sadia começará pelo abandono de uma concepção puramente livresca do teatro, que o esteriliza há mais de cem anos (...) O texto não é tudo (...). O drama tem sua própria linguagem; se não se livra do que está escrito, não tem nem vida, nem virtude"[29].

Essas declarações soam com o mesmo acento que as frases de Gaston Baty, denunciando um pouco mais cedo (1921) "A Senhora Palavra"[b]. Na verdade, dos quatro membros do Cartel, Baty é talvez aquele cujas concepções apresentam maiores pontos comuns com Artaud. É uma hipótese surpreendente, à primeira vista. Baty é com efeito o único representante do Cartel com o qual Artaud jamais trabalhou[c]. Seja como for, é dificíl perceber claramente que tipo de questões o autor de *Para Acabar com o Julgamento de Deus* poderia ter com o monarquista e cristão Baty[30]. Além do mais, em matéria de cenário, por exemplo, este último pregava "o inatual", que se limita a sugerir os objetos, enquanto que Artaud pretendia conferir um novo sentido *aos objetos e às coisas ordinárias da vida* (II, 79). No entanto, se superarmos essas oposições, descobriremos aproximações surpreendentes.

Em primeiro lugar, o anátema lançado contra a "Senhora Palavra" e tudo o que decorre deste fato: Baty foi acusado por várias vezes de concentrar sua escolha em obras literariamente menores, as quais ele podia, sem dificuldade, trans-

---

a . Convém compreender, guardando todas as proporções, essa assertiva brutal, cercando-a de todas as reservas necessárias.
b . Texto publicado em *Les Lettres* (1.11.1921). Reproduzido em *A Máscara e o Turíbulo* (1926) e *Cortina Fechada* (1949).
c . Apesar da tentativa de 1939 (cf. *supra*, p. 119 e nota c, e Apêndice).

formar e recriar por meio da encenação. As vezes ocorre a mesma tendência em Artaud, que paradoxalmente se interessava por obras secundárias ou mesmo de *boulevard,* como as de Alfred Savoir e Stève Passeur[a], que desejava ampliar através de um trabalho cênico grandioso. Sua desenvoltura em relação a *Partage de Midi,* de Claudel, provém em parte da mesma atitude:

Eu faço de um texto exatamente aquilo que me agrada. Mas num palco um texto é sempre uma coisa pobre (III, 138).

Por outro lado, Baty também foi acusado, após condenar a tirania da linguagem, de ter escrito "as peças mais prolixas do mundo"[b] e, como estamos lembrados, Artaud condenava a si próprio por cair em uma contradição análoga a propósito do estilo, levando tal contradição até ao exagero[c]. Existem convergências ainda mais surpreendentes, como por exemplo o romantismo. Baty demonstrou uma paixão constante por todas as formas do teatro romântico: dramas, *féeries,* melodramas...[31] Ora, em Artaud também se faz presente o gosto pelos grandes melodramas românticos. Não tencionava ele, em 1929, *apresentar* Trinta Anos ou A Vida de um Jogador *no Teatro de Bellevile* (III, 182)? Se essa intenção não se repetisse ela pareceria suspeita, pois antes de mais nada Artaud pretendia criar, *através de um espetáculo popular fora de série, um movimento de inaudito esnobismo* (*Ibid.*), capaz de relançar o Teatro Jarry. Mas o mesmo texto visa também uma adaptação cênica do romance de Lewis, *O Monge,* próximo pelo espírito dos grandes melodramas românticos, e sabe-se que Artaud transformou esse projeto num livro (1931), depois que pensou em transpô-lo para um filme[d]. O melodrama não é simplesmente um engodo utilizado pelo autor de *Os Cenci*[e] para atrair o público, porém corresponde a algumas das suas exigências em matérias de teatro: a crueldade em mais alto grau (violências, sangue, perseguições), situações rituais, reaparecimento dos velhos mitos e dos conflitos primitivos.

Daí o destaque dado aos melodramas em *O Teatro e seu Duplo*. O programa do Teatro da Crueldade anuncia entre outras coisas

um ou vários melodramas românticos onde a inverossimilhança torna-se-á um elemento ativo e concreto de poesia (IV, 119).

---

a . "*Penso que sozinha a peça de Savoir não se agüenta e que o dever de uma boa encenação é trair o autor, se for preciso, a fim de conferir à peça uma realização que seja consistente e que se imponha*" (III, 296).

b . A. SALACROU, *Figaro Littéraire,* 17.11.1966.

c . Cf. *supra,* p. 79 e a.

d . Ver o tomo VI das *O.C.;* para o projeto do filme, cf. p. 417.

e . *Os Cenci,* aliás, podem ser considerados como pertencendo à espécie dos melodramas: inocência perseguida, violências, castigos...

O lugar que Artaud lhe destina é muito semelhante ao que ele reserva às obras elisabetanas, das quais o teatro romântico conservou alguns traços:

Eu desafio a que me mostrem um espetáculo válido, e válido no sentido supremo do teatro, desde os últimos grandes melodramas românticos, quer dizer, desde há cem anos (IV, 91).

Baty teria sem dúvida referendado essa afirmação, mesmo que chegasse aí ao fim de um outro caminho.

Poderíamos levar mais longe a comparação. Mostrar, por exemplo, que tanto para Artaud como para Baty, o teatro nasceu do movimento e da dança — a idéia de Craig já era essa — e que mais tarde, a partir de determinada época, degenerou. Que época? A Renascença:

é que fomos habituados há quatrocentos anos, quer dizer, desde a Renascença, a um teatro puramente descritivo e que narra, que nos fala da psicologia (IV, 92).

Baty também acusava a Reforma e a Renascença de ter colocado as preocupações literárias em primeiro plano no teatro[a]. Porque, segundo sua visão, o verdadeiro teatro é o dos mistérios, que reunia a multidão no átrio das catedrais. Notaremos que o autor de *Os Cenci* referiu-se também à tradição dos mistérios, mesmo que o haja feito num sentido bem diferente [32].

As aproximações não são portanto de pouca monta: mesma visão das origens do teatro, mesma nostalgia de um espetáculo espiritualizado e popular, concebido como arte total, mesma recusa de um teatro antes de mais nada literário mesmo interesse pelos dramas elisabetanos e pelos melodramas românticos, mesma importância atribuída à iluminação e aos jogos de luz. Sobre o assunto poderíamos estabelecer evidentemente uma lista simétrica de divergências e de incompatibilidades. Retornaremos sempre ao mesmo ponto: a finalidade do empreendimento. Artaud repetiu sem cessar que não se devia enxergar *no teatro um fim mas um meio* (II, 27). Eis a razão pela qual, à formula de Baty, que fundou "Os Companheiros da Quimera" em 1921 ("A Quimera não se serve da arte; ela a serve"[b]), Artaud propõe em 1928 uma definição que assume exatamente o sentido contrário:

O Teatro Alfred Jarry foi criado para se servir do teatro e não para servi-lo (II, 31).

Eis aí a reaparição da fronteira intransponível que separa Artaud de *todos* os grandes inovadores de seu tempo.

a . Ver *A Máscara e o Turíbulo* (1926) e *Vida da Arte Teatral das Origens a Nossos Dias* (1932) em colaboração com René Chavance.

b . Frase final do primeiro comunicado dos "Compagnons de la Chimère", dez. 1921. Citada por P. BLANCHART, *Revue d'Histoire du Théâtre*, 1953 (I-II), p. 17.

CONVERGÊNCIAS DE TODA ESPÉCIE: SUA RIQUEZA E SEUS LIMITES

Além dos principais renovadores do teatro contemporâneo, não seria de maneira alguma fora de propósito comparar também a obra de Artaud com algumas correntes que são às vezes esquecidas, porque fizeram menos alarde que outras. Assim, lembremos de Etienne Decroux, que colaborara no Teatro Jarry para a encenação de *O Sonho,* de Strindberg, e foi dos que apregoaram a supressão da palavra. Já em 1931, tornara-se o teórico da pantomima, de uma violenta estilização gestual e de um teatro voltado para o ator [33]. Seria fértil indagar sobre o papel exercido após 1921 pelo laboratório "Arte e Ação" no contexto das perspectivas abertas ao advento de um teatro experimental. Artaud se beneficiou com o clima de pesquisa então criado, embora não estivesse diretamente envolvido com esses empreendimentos.

Entre os autores que, por volta de 1925, se interessaram pelo laboratório "Arte e Ação" citemos o nome de Ghelderode. A produção do dramaturgo belga, pouco conhecida na França nessa época, é na verdade um pouco anterior aos grandes textos de Artaud. Bastaria isso para afirmar que "Ghelderode pode ser considerado sob numerosos pontos de vista como um precursor das teorias de Artaud sobre o teatro"[a]? Conviria melhor, ainda aqui, falar de convergência, mas voltaremos ao assunto[b].

De imediato parece-nos evidente a ligação entre Artaud e o expressionismo alemão, tal como este se manifestou no teatro e no cinema. À distância, tem-se às vezes a impressão de que o estilo de Artaud como ator se aproximava dos filmes mudos alemães da escola expressionista. É uma aproximação superficial, mas comumente efetuada: em 1930, comparava-se a maneira de representar de Artaud à do grande ator alemão Conrad Veidt, e o intérprete de Marat no célebre *Napoleão* de Gance protestava contra essa assimilação (III, 110)[c]. No entanto, ele ficou fascinado por *Nosferatu o Vampiro,* filme de Murnau (1922). Segundo seu parente Louis Nalpas, durante algum tempo pretendeu assinar tudo o que escrevia com o nome de *Nosferatu* e nessa época pensou em um roteiro no qual o vampiro sugava não o sangue de suas vítimas, "mas o

---

[a] . FRANCO TONELLI, *Um Estudo das Teorias Teatrais de Artaud.* Tese, 1966, Louisiane State University; resumo em *Dissertation abstracts,* v. XXVII, n. 12, Parte I, Jun. 1967.

[b] . Como a maior parte da obra de Ghelderode foi revelada na França após a guerra, examinaremos na quinta parte a relação que se pode descobrir entre seu teatro e os escritos de Artaud.

[c] . Antes de protestar, o próprio Artaud havia utilizado a aproximação (cf. *Cartas a Génica*, p. 224), ajudando-a talvez a implantar-se.

seu cérebro, a fim de aspirar suas idéias[a]". Se bem que o tema seja diferente, pensamos no roteiro de *Os 32* (III, 30 e s.), carregado de referências à mitologia dos vampiros e aos procedimentos estilísticos do expressionismo alemão. Assinalemos enfim que Artaud reivindicou energicamente — mas em vão — o principal papel do filme de Jean Epstein baseado na *Queda da Casa de Usher*, de Edgard Poe; quando revemos hoje esse filme de 1927[b], visivelmente influenciado por *Nosferatu*, ficamos surpreendidos ao constatar que o papel de Broderick Usher estava na medida exata de Artaud: *Minha vida é a mesma de Usher e a de sua sinistra morada* — escreveu a Gance (...). *Penso como Usher* (III, 134-135).

Esse papel que lhe seria idealmente ajustado, mas que ele não conseguiu, traz-nos à memória a concordância igualmente ideal que acreditamos descobrir entre seu personagem e o de *Henrique IV* de Pirandello[c]. Afirmar que Artaud poderia ter recriado um extraordinário personagem pirandelliano não tem, apesar de tudo, maior sentido, do que enxergar nele, como já se fez, um personagem shakespeariano, dostoievskiano ou kafkiano. É uma rotulação sumária, que não deixa de recorrer aos processos empregados por uma certa imprensa. Pelo menos o epíteto, sugere um determinado contexto espiritual e um aspecto de grandeza. No que nos diz respeito, nossa intenção consistirá em tentar isolar Artaud dos fogos cruzados que o cercam por todos os lados. É um método cuja eficácia, embora relativa, se prende menos aos ângulos escolhidos do que ao intrincado da rede que eles formam. Não que se possa esperar um total desvendamento ou uma impossível equação: trata-se somente de reduzir a distância que nos separa de Artaud.

Com esse intuito, não seria embaraçoso multiplicar os confrontos. Alguns deles seriam provavelmente gratificantes, como os que são sugeridos no programa do primeiro Manifesto da Crueldade: Artaud e Sade (ele quis montar *O Castelo de Valmore*, em uma adaptação de Pierre Klossowski, baseado em *Eugénie de Franval* (cf. IV, 119 e V, 231), Artaud e Fargue (de quem ele anunciava, em 1932, *"uma peça de uma extrema liberdade poética"* (IV, 119); Artaud e a Bíblia (a "tomada de Jerusalém" lhe teria fornecido inspiração para uma crueldade ao mesmo tempo espetacular e metafísica (IV, 119); Artaud e a Cabala (até chegara a escolher uma passagem do *Zohar* (IV, 119). Um dos principais ensinamentos da Cabala consiste, aliás, na importância conferida ao valor sonoro, e

---

a . Relatado por HENRI FESCOURT, *A Fé e as Montanhas*, ed. Paul-Montel, 1959, p. 206.

b . Jean Debucourt interpretou o papel de Broderick Usher neste filme.

c . Cf. *supra*, p. 133.

não ao valor semântico, das palavras[a]; constatamos aí uma ligação com as concepções permanentes de Artaud[34]. É por tudo isso que as alusões diretas são raras e episódicas. Ora, existem certos campos aos quais o pensamento de Artaud se aplica bem mais sistematicamente. Como não mencionar, por exemplo, no contexto de sua visão do teatro, a freqüência das referências pictóricas?

Artaud e os pintores

A pintura exerceu bem cedo um grande fascínio sobre ele. Desde que chegou a Paris, em 1920, dedicou numerosas e lúcidas[b] crônicas às Exposições, o que o levou a interrogar-se sobre sua verdadeira vocação. André Masson conta que certa manhã Artaud o acordou para lhe fazer esta pergunta: *Você acha que eu sou melhor como ator, desenhista ou poeta? (R.B. 22, p. 14 e R.B. 69, p. 10).* Está claro que o teatro lhe pareceu então a melhor maneira de não dissociar esta tripla vocação: escreveria peças, representá-las-ia e desenharia — tal como fez na companhia de Dullin[c] — os cenários e os figurinos. Essa ambição totalizante evoluirá com os anos, mas o teatro continuará a lhe parecer inseparável da pintura.

A prova mais evidente dessa conexão nos é dada, em 1931, por seu entusiasmo pelas telas de Lucas de Leyde, que ele coloca imediatamente muito acima *da pretensa grande pintura de Ticiano, Rubens, Veronese e mesmo Rembrandt;* e acrescenta:

Ela não deixa de apresentar semelhanças com o teatro balinês. E isso dá a impressão de um certo teatro superior (V, 66, 67).

Foi também a partir do quadro de Lucas de Leyde, *As Filhas de Lot,* que ele estruturou sua conferência sobre "a encenação e a metafísica", inicialmente intitulada "Pintura" (IV, 34, n. 1). Parentesco orgânico do teatro e da pintura que a última das "Cartas sobre a Linguagem" retoma e desenvolve:

Seja ela qual for, a encenação muda deveria, através de seu movimento, de suas personagens múltiplas, de sua iluminação, de seus cenários, rivalizar com o que há de mais profundo em pinturas como As Filhas de Lot, *de Lucas de Leyde, bem como em certos* Sabbats *de Goya, algumas* Ressurreições *e* Transfigurações *de El Greco,* A tentação de Santo

---

a . Cf. H. BÉHAR, *Estudo Sobre o Teatro Dadá e Surrealista*, pp. 242-243.

b . Cf. principalmente o tomo II a partir de 197 e *passim* (crônicas diversas).

c . A respeito de Artaud cenógrafo (na companhia de Dullin) cf. P. THÉVENIN, *R.B.* 22, p. 19. Ver também III, 123-125.

Antonio, *de Jerônimo Bosch* e a inquietante e misteriosa Dulle Griet *de Breughel o Velho* (...) (IV, 144).
Se ele se detém mais longamente nesta última tela, é porque *nela o teatro fervilha por toda parte* (IV, 145).
Note-se que essa lista não menciona pintores que em outras épocas Artaud reconhecia como seus: Lucas Cranach (I, 185), Delacroix (*meu pintor preferido* — I, 186), Paul Klee (*um pintor mental* — I, 196 e Re. 272) e sobretudo Van Gogh. Ele é atraído pelas obras pictóricas que exprimem uma visão dramática no sentido mais amplo da palavra: as que tornam sensível um confronto de forças em meio a uma iluminação confusa, dividida e trágica. Um confronto de Artaud com o mundo da pintura obriga, além do mais, a não esquecer dois homens que foram seus amigos: André Masson (*o maior pintor do mundo* — I, 64 e Re. I, 78) e Balthus, estreitamente ligado à montagem de *Os Cenci,* depois que Artaud o descobrira no ano precedente (1934), como pintor (II, 248) e como cenógrafo de teatro (II, 179 e 181). Foi também como cenógrafo de teatro — na *Antígona* de Cocteau, com a companhia de Dullin — que ele, em 1922, pôde presenciar e admirar Picasso trabalhando (*R.B. 71,* p. 12). Como não recordar, com o passar dos anos, o retorno final à vocação abandonada na sua juventude? No fim da vida, Artaud retorna ao antigo sonho de ser desenhista, e enche cartas e cadernos com um número considerável de desenhos e retratos, lineares ou sobrecarregados, "realistas" ou mágicos, mas sempre dolorosos e torturados[a].

Artaud e os músicos

Nesse domínio torna-se indispensável salientar também o interesse de um cotejo entre a tentativa teatral de Artaud e as pesquisas efetuadas na área musical por alguns ilustres reformadores. No Teatro da Crueldade, a importância do elemento sonoro (palavras, ruídos, instrumentos) devia ser extrema, como testemunham os Manifestos. Porém essas proposições não permaneceram no plano teórico. Durante sua breve colaboração com Jouvet, Artaud não conseguiu encontrar uma maneira de entrosar-se com o músico Olivier Messiaen, que resistia às suas sugestões relativas a *A Doceira da Aldeia* (III, 291). É provável por outro lado que existisse uma verdadeira cumplicidade entre Artaud e Edgard Varèse, nesse mesmo ano

---

[a] . Os desenhos de Artaud são encontrados em diversas obras que lhe dizem respeito, por exemplo nos livros de G. CHARBONNIER (*Ensaio sobre A.A.*) e do Dr. J.L. ARMAND-LAROCHE (*A.A. e seu Duplo*). Mais recentemente uma importante seleção de desenhos nos foi oferecida pela revista *L'Ephémère,* n. 8 (1968).

de 1932. Seu projeto de ópera foi infelizmente momentâneo e dele não restou nada além do libreto inacabado de *Não há mais firmamento* . Pelo menos o projeto de uma música *que envolvesse a platéia* (II, 91) seria concretamente retomado na época de *Os Cenci*.

Com a ajuda de Roger Désormière, Artaud conseguiu instalar o espectador *no centro de uma rede de vibrações sonoras* (V, 46) graças a alto-falantes distribuídos pela sala. Não estaríamos diante de uma das primeiras experiências relativas àquilo que na época ainda não se denominava estereofonia? Quanto mais o autor de *Os Cenci* se mostra rebelde às formas tradicionais da expressão musical[a], mais se percebe que ele se liga à ação revolucionária tentada pelos pioneiros da música contemporânea[b]. "Pude encontrar nos escritos de Artaud", diz Pierre Boulez, "as preocupações fundamentais da música atual; tê-lo visto e ouvido ler seus próprios textos, acompanhados de gritos, ruídos e ritmos, mostrou-nos como efetuar uma fusão do som e da palavra, como fazer explodir o fenômeno, quando a palavra nada mais consegue; em resumo, como organizar o delírio" (*R.B. 22,* p. 125 e *R.B. 69,* p. 71).

A lista das afinidades possíveis não se esgotaria jamais. É isto uma demonstração da riqueza de Artaud? É sobretudo uma prova da originalidade de sua visão teatral. Trata-se de um universo que possui muitas chaves e não tem nenhuma. Nenhuma comparação, nenhuma pesquisa das origens o explicaria definitivamente. Nem mesmo o acréscimo dos paralelismos, pois sem dúvida alguma sua enumeração não acabaria. É sintomático que ao cabo das pesquisas, Artaud ainda escape ao nosso domínio. Sua contribuição permanece literalmente irredutível. Da mesma forma, examinando sua posteridade, encontraremos numerosos herdeiros. São novas luzes, que nos permitirão aproximarmo-nos cada vez mais, numa hipotética curva assintótica, da trajetória de Artaud, mas sem esperança de abarcá-lo completamente. Fora de alcance, mas não fora de vista, Artaud permanece um homem solitário.

---

a . A repugnância de Artaud em relação à música tradicional já era evidente por volta de 1925 (cf. depoimento de J. HORT, em *A.A. o Suicida da Sociedade,* pp. 92-93); ela é confirmada por um texto dos últimos anos, publicada em *Cahiers Renaud-Barrault,* III, 1954, p. 66.

b . Em relação a esta questão, cf. P. THÉVENIN, "Uma Música de Cena Exemplar", em *Roger Désormière et son Temps,* obra coletiva, Mônaco, ed. du Rocher, 1966, pp. 54-65.

Notas ao Capítulo 3

1. Evocando o comportamento quotidiano de Artaud durante a época de sua participação no grupo surrealista, André Masson enfatizou "seu lado *dandy*, seu lado não gregário que o fazia chegar após os outros, partir antes de todo mundo, sempre só" (*R.B. 22*, p. 12 e *R.B. 69*, p. 8). É também o testemunho de Anaïs Nin: "Irritável. Gagueja em alguns momentos. Sempre sentado em algum canto isolado, ele se afunda em uma poltrona como em uma caverna, como se estivesse na defensiva". *Diário*, t. I, p. 215.

2. Os surrealistas e principalmente Breton sempre manifestaram seu pendor pelas dinastias. A revista *Littérature* (n. 9, fev.-mar. 1923) trazia um *sketch* de Breton, Péret e Desnos — *Comme il fait beau!* e no pano de boca figurava uma árvore genealógica com os nomes de Sade, Nouveau, Vaché, Cravan, Lautréamont, Roussel, Henri Rousseau, Apollinaire... Mesma enumeração, aproximadamente, em *Littérature*, n. 11-12, out. 1923, sob o título "Erutarettil" (cf. H. BÉHAR, *Estudo sobre o Teatro Dadá e Surrealista*, p. 198, n. 17). O mesmo Breton, escrevendo em 1964 um prefácio ao *Concílio de Amor*, de Panizza, recria uma outra dinastia de "malditos": "Dante e Milton, Bosch e Swift, certos gnósticos, Gilles de Retz e Sade, Lewis e Maturin, o Goethe do *Segundo Fausto* e o Hugo das últimas obras, Lequier, Nietzsche, Baudelaire, Lautréamont, Rimbaud" (Pauvert, coll. Libertés, p. 11).

3. Há numerosos pontos de convergência entre Baudelaire e Artaud. Vamos enumerá-los sem seguir uma ordem: a importância da droga, o "roçar da imbecilidade", o julgamento severo exercido pelos dois em relação à Bélgica (em seguida a conferências), a paixão dedicada à pintura... Alguns veredictos de Baudelaire — sobre a pintura de Horace Vernet, por exemplo ("É masturbação!") — parecem prefigurar as violências de Artaud.

4. Poderíamos citar muitos parentescos perturbadores entre Nerval e Artaud. A necessidade que este último tinha de apoiar a ponta de uma faca sobre um lugar preciso de seu crânio, durante seus últimos anos, foi freqüen-

temente assinalada e comentada (cf. THÉVENIN, *T.Q. 20*, p. 29 e Dr. ARMAND-LAROCHE, *A.A. e seu Duplo*, p. 66). Ele recorda a necessidade que o narrador de *Aurélia* (Pléiade, p. 369) sentia de colocar o engaste de um anel em um ponto sensível da nuca (análise do procedimento por P.G. CASTEX, em *L'Information littéraire*, nov.-dez. 1967, n. 5, p. 196). Indiquemos um último traço entre muitos outros: em Artaud (*Cartas de Rodez*, a Henri Parisot, p. 23): "(...) aqui os outros internados derrubam tinta em meus livros e meus escritos"; e em Nerval: "Todas as manhãs meu trabalho devia ser refeito, pois os loucos, com ciúmes de minha felicidade, comprazíam-se em destruir-lhe a imagem" (*Aurélia*, Pléiade, p. 379).

5. Consultar ANDRÉ FRANK, "Encontros com A.A. e J.L. Barrault", em *Cartas de A.A. a J.L.B.* (Bordas, 1952), p. 63. A. Frank escreve que Artaud "chegava até mesmo a afirmar ter escrito longos trechos de *O Suplício de Tântalo*"; uma das cartas publicadas na mesma obra (pp. 95-97) termina com este P.S.: *Preciso ler para você minha tragédia: O Suplício de Tântalo*. Pode-se datar esta carta, como o pensa o editor, do inverno de 1935-36? É pouco provável. Após o fracasso de *Os Cenci*, Artaud entregou-se rapidamente a uma sede de pureza e de forças novas que o orientavam em direção ao México, e ele então se afastou totalmente do teatro, limitando-se a preparar a edição de *O Teatro e seu Duplo*, ao mesmo tempo testamento e compensação.

6. O título escolhido por Artaud é ambíguo: Tântalo é ao mesmo tempo o ancestral criminoso cujo espectro assombra o palácio de Micenas e a criança de quem Tiestes é o pai: todos os dois são diversamente supliciados pela ação. Encontramos os mesmos dois personagens de Tântalo no *Tiestes* extraído de Sêneca pelo dramaturgo belga Hugo Claus: essa peça devia ser montada por Blin e um resumo dela foi publicado no n. 60 (abril de 1967) dos *Cahiers Renaud-Barrault*, dedicado a Sêneca e à sua *Medéia*.

7. Denúncia da família que será retomada em *Os Cenci*, como Artaud anunciava a Gide em 10 de fevereiro de 1935: (...) *eu ataco a superstição social da família* (V, 241).

8. Segundo A. FRANK (*Cartas de A.A. a J.L.B.*, p. 63 e *Revue théâtrale*, n. 13, verão de 1950, p. 26). Ver também em 1932 a alusão ao texto de Quincey ("As Batidas na Porta em *Macbeth*") sobre a qual Artaud chama com entusiasmo a atenção de Paulhan: V, 116 e 338.

9. Podemos no entanto encontrar em *Os Cenci* um eco das violências elisabetanas: o assassinato fracassado do velho Cenci (Ato III, Cena 2) parece tomado a *Arden de Faversham*, no qual Artaud já havia notado "a cena do assassinato malogrado" (V, 194), julgando-a particularmente apropriada para uma transposição cênica sugestiva; o que o leva a *mostrar* a primeira tentativa de crime contra Cenci, enquanto que Shelley, em quem ele se inspirava, havia se limitado a narrá-la em cena. Ver a alusão a Shelley em V, 64.

10. O texto de *O Teatro e seu Duplo* do qual estas frases são tiradas propõe-se justamente "acabar com as obras-primas", e é significativo que a propósito deste mesmo *Ricardo II* de Shakespeare, do qual Artaud fez uma leitura em casa de Lise Deharme, ele tenha notado precisamente: *Temos mais o que fazer do que remontar obras-primas* (IV, 310). No âmbito desta recusa das obras-primas a hostilidade de Artaud aos grandes "clássicos" franceses jamais foi desmentida. Testemunha esse fato a carta (1925) "ao administrador da Comédie-Française" (III, 127), na qual Corneille e Molière são criticados com extrema violência. É conveniente inseri-la no contexto das batalhas coletivas empreendidas então pelo grupo surrealista contra todos os valores estabelecidos; mas notaremos que alguns anos mais tarde, em uma carta a Gide muito calma e ponderada (1933), após ter dito e repetido que *o tempo das violências surrealistas gratuitas* (V, 170 e 185) para ele tinha terminado, Artaud recorda sem rodeios sua hostilidade em relação a Molière, *que me entedia, que jamais me fez rir e que eu detesto* (V, 196).

11. É preciso notar que esta obra — *Leôncio e Lena* — não é no entanto desprezível. Podemos enxergar na intriga uma cópia banal de Shakespeare, de Marivaux ou de Musset (*Fantasio* é ligeiramente anterior à

NOTAS AO CAPÍTULO 3   163

comédia de Büchner), mas a língua é nova e o herói exprime, a respeito da vacuidade do ser e do nada, idéias que evidentemente o aproximam de Woyzeck e de Danton.

12. Apesar dos dois escândalos de *O Sonho* — partida dos suecos no dia 2 de junho, intervenção da polícia no dia 9 de junho de 1928, em seguida à manifestação organizada pelo grupo surrealista — a acolhida da crítica tinha sido favorável, e a encenação recebera elogios. Artaud tentou remontar a peça em um outro teatro, e com essa finalidade recorreu em vão a Jacques Hébertot. Ver no Apêndice alguns trechos da correspondência inédita de Artaud com Hébertot.

13. Será preciso tomar ao pé da letra a frase de Breton relativa a Artaud e a *O Sonho* (segundo Manifesto do Surrealismo, 1930, em A. Breton, *Manifestos do Surrealismo*, Gallimard, col. Idées, 1963, p. 84: "(...) uma peça do vago Strindberg à qual ele mesmo não dá nenhuma importância"? Subjacendo à polêmica, há talvez o eco de alguma confidência, o reflexo do sentimento exato de Artaud em relação a esta obra.

14. Acrescentemos que por ocasião da estréia, o personagem de Ubu foi interpretado por Firmin Gémier, outro protetor (juntamente com Lugné--Poe) dos passos iniciais de Artaud, e que a peça foi remontada na encenação de Lugné-Poe em 1922, no mesmo ano em que Gémier descobre o jovem Antonin Artaud e o recomenda a Dullin. Todas essas coincidências não explicam nada, mas dão conta da importância de Jarry no próprio meio em que Artaud começava a se situar.

15. Ver as três fotografias que ilustram a encenação de Artaud na edição Denoël (1929) de *Victor* e que são reproduzidas em nosso Apêndice. Pode-se igualmente aproximar da descrição de Jarry aquilo que Artaud escreve de sua visão cênica de *Partage de Midi* (Ato III: 2º espetáculo do Teatro Jarry): *Quanto ao cenário, ele era verde! Havia dois travesseiros, um suspenso no ar acima de um leito (sabe, o leito de ferro das peças de Bataille), o outro repousava no chão, na extremidade de uma corda* (II, 57). Notemos finalmente que para o II quadro de *O Sonho* (terceiro espetáculo), o cenário concebido por Artaud previa duas escalas em lugar dos bancos de escolares previstos por Strindberg.

16. Esta contradição de um Teatro Alfred Jarry que acaba finalmente por não encenar nenhuma peça de Jarry remete-nos à contradição ulterior que freqüentemente foi censurada em Artaud: por um lado, os Manifestos do Teatro da Crueldade que, entre outras exigências, proscrevem absolutamente o teatro literário, por outro lado, o fato de que tais manifestos finalmente só foram ilustrados por uma adaptação de Shelley e Stendhal.

17. Na brochura "O Teatro Alfred Jarry e a Hostilidade Pública" encontra-se uma frase de aspecto ambíguo: "O Teatro Alfred Jarry espera tornar-se o teatro de todos os riscos" (II, 44). Garante-se, como mostraram Robert Maguire (*Le Hors-théâtre*, p. 398) e Henri Béhar (*R. Vitrac*, pp. 151--155), que esta frase é da mão de Vitrac, como de resto o essencial da brochura, mesmo se ela foi "pensada" em suas grandes linhas por Artaud (cf. V, 347, n. 1 na p. 172). Nessa frase lê-se claramente a discórdia inevitável entre Artaud e Vitrac. Ver pp. 220-222.

18. De modo inverso, a recente *Victor* montado por Jean Anouilh (Ambigu, 1962), na intenção declarada de colocar a peça ao alcance do público mais vasto possível suscitou muitos risos e não "incomodou" ninguém. Talvez seja preciso fazer uma exceção ao surpreendente — e até mesmo inquietante — *Victor* interpretado por Claude Rich.

19. Na verdade, a mesma observação poderia ser feita em relação a outros personagens interpretados por Alain Cuny. Assim, em *Tête d'Or*, de Claudel: "(...) é preciso ver Alain Cuny, este monumento de tragédia, devorar o espaço e devorar sua própria voz: raramente aquilo que poderia ser falsidade, no gesto e na dicção, alcançou tão seguramente a altitude trágica e até mesmo o insustentável, como queria Artaud" (GILLES SANDIER, em *La Quinzaine Littéraire*, n. 46, março de 1968, p. 23). Cf. também GUY

DUMUR, em *Le Nouvel Observateur*, 31.1.1968, p. 34.

20. No n. 21-22 de *Sic* (set.-out. 1917), Pierre Albert-Birot publica o plano de um teatro conforme à sua visão, o que lhe assegura uma certa anterioridade em relação aos homens de teatro e aos arquitetos — ver o que escrevemos sobre Walter Gropius na p. 148 e nota 28 do Cap. 3 — que preconizarão ulteriormente o recurso a um espaço cênico circular. Mais tarde, ele condenará a idéia do espetáculo transportado para a sala de espetáculos, por ter visto na companhia de Gémier uma aplicação que lhe pareceu um rétorno decepcionante ao realismo (*Sic*, 28.4.1918).

21. É interessante apresentar um trecho mais importante deste diálogo das *Mamas de Tirésias*; Apollinaire nele define uma concepção do lugar cênico, mas também do teatro em geral, que não é estranha ao nosso propósito:

"Aqui tentamos infundir um espírito novo ao teatro
Uma alegria, uma volúpia, uma virtude
Para substituir esse pessimismo velho de mais de um século
O que é bem antigo para uma coisa tão aborrecida
A peça foi feita para um teatro antigo
Pois não nos teriam construído um teatro novo
Um teatro redondo com dois palcos
Um no centro, o outro formando como que um anel
Em redor dos espectadores e que permitirá
A grande apresentação de nossa arte moderna
Casando freqüentemente, sem ligação aparente, como na vida
Os sons, os gestos, as cores, os ruídos
A música, a dança, a acrobacia, a poesia, a pintura,
Os coros, as ações e os cenários múltiplos
Vocês encontrarão aqui ações
Que se juntam ao drama principal e o ornamentam
As mudanças de tom, do patético ao burlesco
E o uso racional das inverossimilhanças
E de atores, coletivos ou não
Que não são forçosamente extraídos da humanidade
Mas de todo o universo
Pois o teatro não deve ser uma arte enganosa"
(APOLLINAIRE, *As Mamas de Tirésias*, "Prólogo", em *Obras Completas*, t. 3, ed. Balland-Locat, 1966, pp. 619-620).

Assinalemos que a encenação das *Mamas de Tirésias*, no espetáculo de estréia (1917), estava a cargo de Pierre Albert-Birot e que este, ao mesmo tempo, escrevia *Larountala* (*"polidrama"*, 1917-1918), a fim de que a obra fosse encenada em dois palcos, um pequeno e um grande (ver *Le Monde*, 16.3.1963: página dupla sobre Albert-Birot; cf. também o *Pierre Albert-Birot*, de Jean Follain, Seghers, 1967). Encontramos finalmente em *O Jato de Sangue*, de Artaud (I, 74-81) (e Re. I, 88-96), uma espécie de referência longínqua à peça de Apollinaire: da mesma forma que, neste último, Tirésias-Teresa se livra de suas mamas, em Artaud uma ama de seios monstruosos torna a aparecer no final "completamente achatada".

22. Da mesma maneira, Yvan Goll — que é colocado, bem como Albert-Birot, "na linha de Apollinaire" por Henri Béhar — utiliza por várias vezes o processo do desdobramento em seu *Matusalém*. E lembremos que Artaud desempenhava diversos papéis — entre eles o de um cardeal — no filme realizado por Jean Painlevé para acompanhar a peça de Yvan Goll, estreada em 1924 no Teatro Michel (P. THÉVENIN, *R.B. 22*, p. 23).

23. *O Imperador da China*, de Ribemont-Dessaignes, foi encenado em 1925 pelo Laboratório "Arte e Ação" e remontado em Roma em 1927, o que pode explicar o fato de que Artaud tenha preferido orientar-se em direção a obras originais.

24. Se Artaud se interessa pelo *Fausto* de Ribemont-Dessaignes, é sem dúvida por causa de seu humor; ele recomenda a peça a Jouvet ao mesmo

tempo em que indica duas comédias: *Leôncio e Lena*, de Büchner, e *O Golpe de Trafalgar*, de Vitrac. Este programa parece destinado a chamar a atenção de Jouvet através da sugestão relativa a obras capazes de atrair o público, divertindo-o, no lugar de ser a verdadeira expressão das tendências profundas de Artaud.

25. Stanislavski registrou em suas *Recordações* como Craig montou *Hamlet* em Moscou: "Craig não queria entreatos e cortinas. Os telões devem ser uma continuação arquitetônica da platéia (...). A platéia e o palco não se distinguem um do outro e encontramo-nos transportados para um outro mundo" (citado por S. DHOMME, *op. cit.*, p. 93).

26. André Veinstein lembrou — ver em nosso Apêndice a entrevista "Artaud e a história das idéias no teatro moderno" — que Appia tinha chegado até mesmo a desejar o desaparecimento do público, conclamando os espectadores a tornarem-se atores, e profetizando o nascimento de uma arte dramática *com* ou *sem espectadores;* o que está perfeitamente de acordo com sua vontade de eliminar o divórcio entre a vida e a arte, através do que se chega a uma idéia cara aos surrealistas e a Antonin Artaud.

27. O elogio dos Balés Russos é tirado do projeto de carta a Daumal (III, 215) que data de 1931. Um pouco mais tarde, no texto de "Para Acabar com as Obras-Primas", escrito provavelmente em 1933 (cf. IV, 371, n. 1), Artaud põe as coisas no seu devido lugar: *Os balés russos, mesmo no momento de maior esplendor, não ultrapassaram jamais o domínio da arte* (IV, 94).

28. A evocação do nome de Walter Gropius nos leva a assinalar a recente exposição dedicada à Bauhaus no cinqüentenário de seu nascimento (Museu Nacional de Arte Moderna e Museu de Arte Moderna da Cidade de Paris, abril-junho de 1969). A nova idéia do espaço teatral introduzida por Gropius e Piscator não passava da realização de uma concepção mais radical, formulada em 1912 por Van de Velde e retomada um pouco mais tarde por Auguste Perret: um palco cercado de três lados pelo público. Meyerhold esteve a ponto de realizar um teatro concebido a partir deste princípio: forma oval, dupla área de representação, anfiteatro cercando um palco ligado à platéia através de passarelas... O projeto carecia de exatidão (Informações tiradas da *Revista da História do Teatro*, 1967-4, p. 350 e s.: "A edificação teatral moderna vista por Meyerhold", estudo de Mikhail Barkhine e Serge Vakhtangov, trad. de Nina Gourfinkel). Acrescentemos que o projeto Gropius- -Piscator inspirou mais recentemente o arquiteto André Wogenscky na realização do teatro anular e giratório que constitui uma das três salas de espetáculos existentes na Casa de Cultura de Grenoble, inaugurada em fevereiro de 1968.

29. Henry Bataille (1872-1922), autor dramático que conheceu importantes sucessos de *boulevard* nos primeiros anos do século XX, havia denunciado o abuso de um teatro da palavra. Isto mostra até que ponto Artaud inovou pouco; nessa época uma quantidade de encenadores e homens de teatro se declaram em princípio hostis à tirania do verbo, ao palco à italiana, etc. A novidade de Artaud é portanto de outra natureza: no sentido que ele confere a essas conquistas já antigas.

30. Em relação a Baty, Artaud demonstra sentimentos confusos, oscilando (como é hábito seu) entre o elogio e a severidade (cf. *Cartas a Génica* 47 e 54). Quando em 1936 faz um julgamento de conjunto, fala de sua admiração por Marguerite Jamois, intérprete favorita de Baty, e louva as concepções cênicas deste último, mas frisando que ele não soube realizá-las completamente (*R.B. 71*, pp. 12-13).

31. As atividades e os projetos de Baty denotam, com efeito, uma atração permanente pelo repertório romântico: dramas de Musset — montou *Le Chandelier, Les Caprices de Marianne, Lorenzaccio* — ou de Hugo (queria encenar *Hernani*); *féeries* do Boulevard do Crime, de onde ele extraiu peças para marionetes; e finalmente melodramas, como *La Tour de Nesles*, que ele desejara montar (cf. H.R. LENORMAND, *Confessions d'un auteur dramatique*, t. 2, Cap. I, Albin Michel, 1953) ou como a peça inédita que ele escreveu

em 1941 — *Artifices* — e que ele intitula "tragicomédia", se bem que concebida e construída como um melodrama.

32. A bem da verdade, a referência feita por Artaud aos mistérios é um pouco suspeita. Ela não é encontrada diretamente em seus escritos, mas unicamente no texto de duas entrevistas concedidas pouco antes da estréia de *Os Cenci*. Além do mais, existe uma divergência entre os dois artigos (aparecidos com um dia de intervalo), e relativa ao conteúdo exato das palavras de Artaud. Segundo a primeira entrevista, o autor de *Os Cenci* teria feito alusão aos Mistérios de Eleusis (V, 300); de acordo com o segundo, ele teria evocado os Mistérios da Idade Média (V, 302). Em qual deles acreditar? Jean-Pierre Faye ("Artaud visto por Blin", *Les lettres françaises*, n. 1064, 21.1.1965, *in fine;* ver o texto completo em nosso Apêndice) relata, segundo Blin, que Artaud se referia nessa ocasião aos mistérios medievais. Isto resolve provisoriamente o problema ou antes o deixa em suspenso, enquanto não tivermos uma confirmação dessas declarações através de um texto preciso de Artaud que, até o momento e salvo engano, não está a nosso alcance.

33. As concepções de Etienne Decroux são expressas em "Minha Definição do Teatro": texto publicado em "Gestes et Jeux", *Cahiers du Group Proscenium* (jan. 1931) e reproduzidos em *Paroles sur le Mime* (Gallimard, col. Pratique du théâtre, 1963, pp. 37-43). A importância das teses de Decroux foi evocada por Nicola Chiaromonte em seu estudo sobre Artaud (em *Preuves*, março de 1968, p. 16). É útil finalmente assinalar que Jean-Louis Barrault, que foi discípulo de Decroux antes de se ligar a Artaud, sob certo aspecto representa um traço de união entre os dois homens.

34. Na mesma ordem de idéias poderíamos estudar com proveito a atração de Artaud pelos "Iluminados" e os grandes inspirados. Uma carta de 1932 anuncia a Paulhan um ensaio sobre René Guénon (citada também em "A Encenação e a Metafísica", IV, 54) e seus dois estudos sobre Dante e sobre Apolônio de Tiana (V, 71), projeto que aparentemente não teve seqüência, excetuando-se a dedicatória de *Heliogábalo* (1934) aos manes de Apolônio. Sobre o interesse de A.A. por René Guénon, ver também Su. I, 47.

Os Cenci (estréia). Beatriz (Iya Abdy) e seu pai (Antonin Artaud). À extrema esquerda, Pierre Asso.

Os Cenci (estréia). Artaud no papel de Cenci, Ato II, fim da cena 1 (ele está só em cena: " – *E tu, noite...*").

Os Cenci (estréia). Ato II, cena 2. Giácomo (Julien Bertheau, à esquerda) e Orsino (Pierre Asso).

Os Cenci (estréia). Preparação do assassinato, ato IV, cena 1. Beatriz (Iya Abdy) e os dois assassinos mudos (Roger Blin e Henry Chauvet, da esquerda à direita), que ela enfeitiça, girando em volta deles "e os envolve como múmias, com o punho para fora".

Lipnitzki

Seis fotografias (acima e páginas seguintes) da recente encenação dos *Cenci* (Brno, Teatro do Estado). Estréia em 15 de setembro de 1967. Amplidão decorativa e suntuosidade dos trajes. A encenação não permaneceu fiel às indicações cênicas do próprio texto dos *Cenci,* mas às fotos de lipnitzki de 1935. Comparando estes documentos com os que lhes correspondem no momento da estréia, surpreendemo-nos com o aspecto austero da encenação, que não possui a nuança barroca do espaço trabalhado por Artaud e Balthus. (Col. Paule Thévenin)

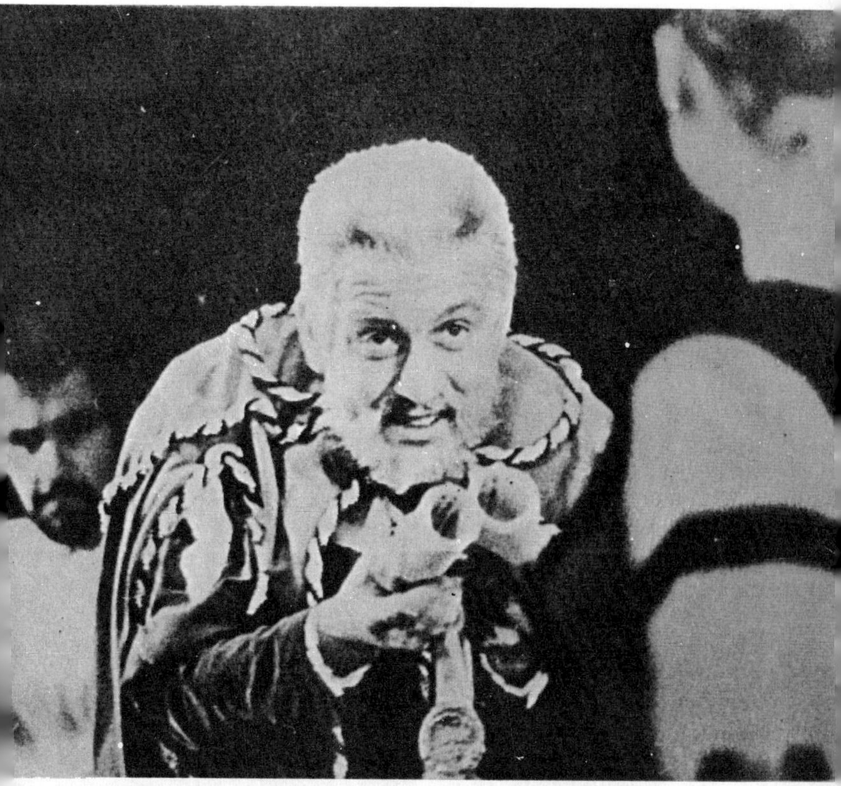

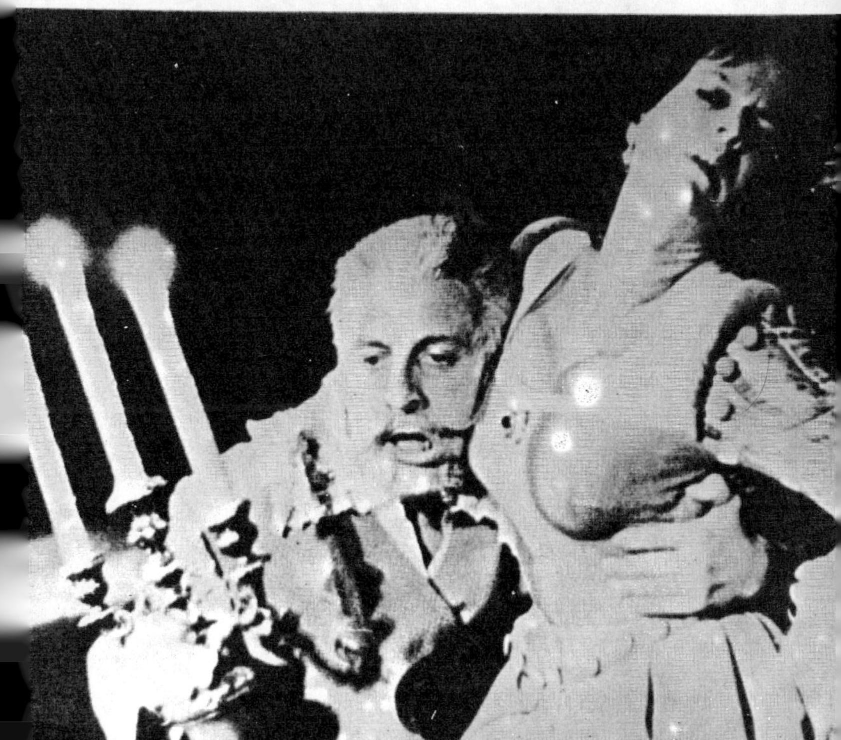

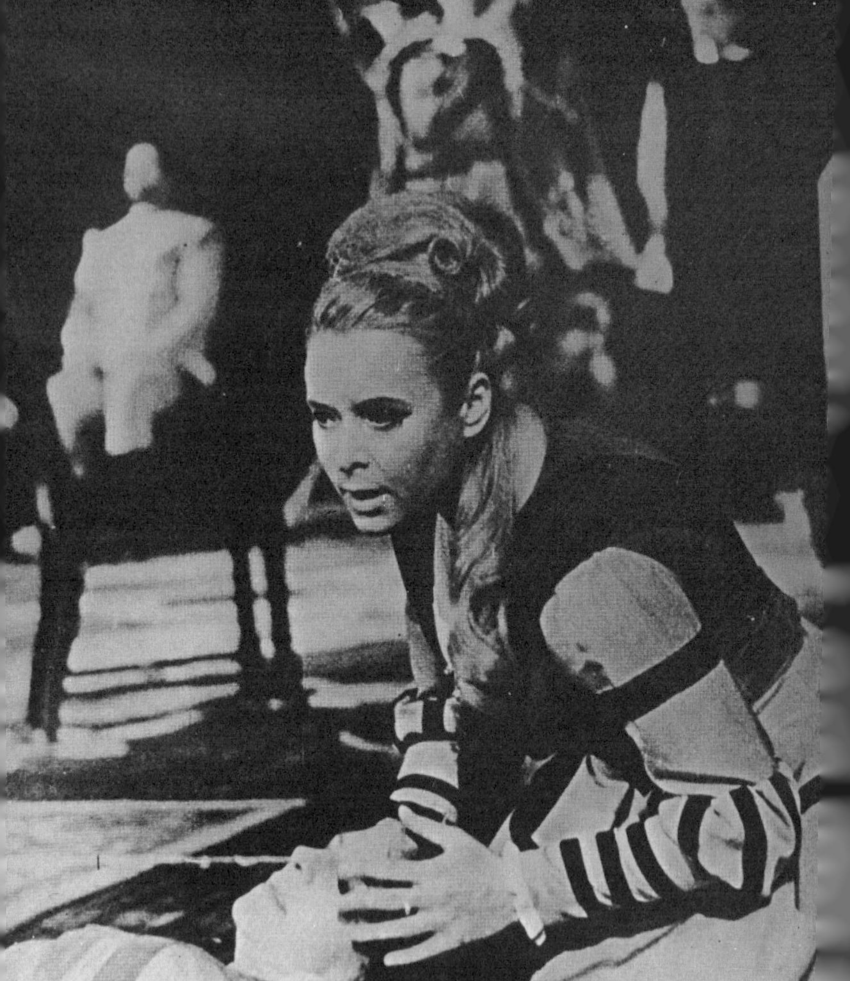

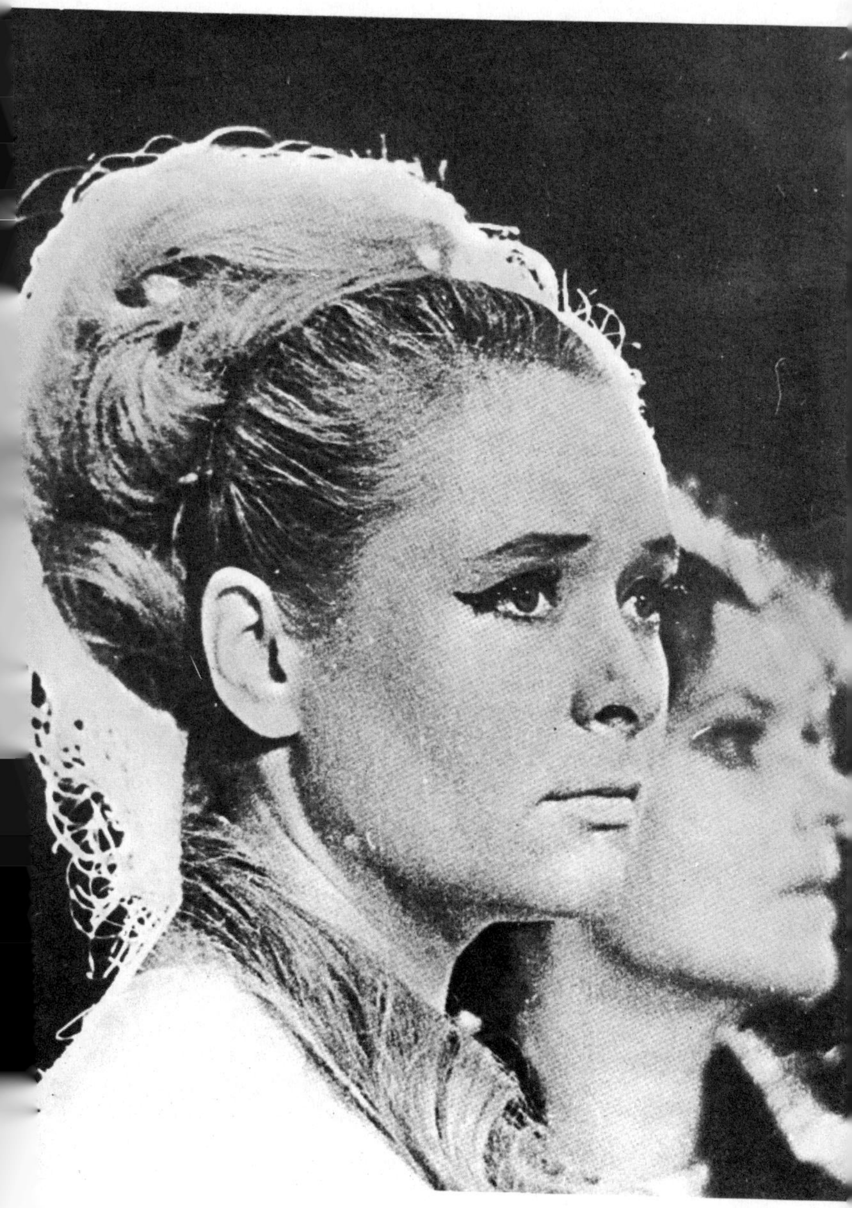

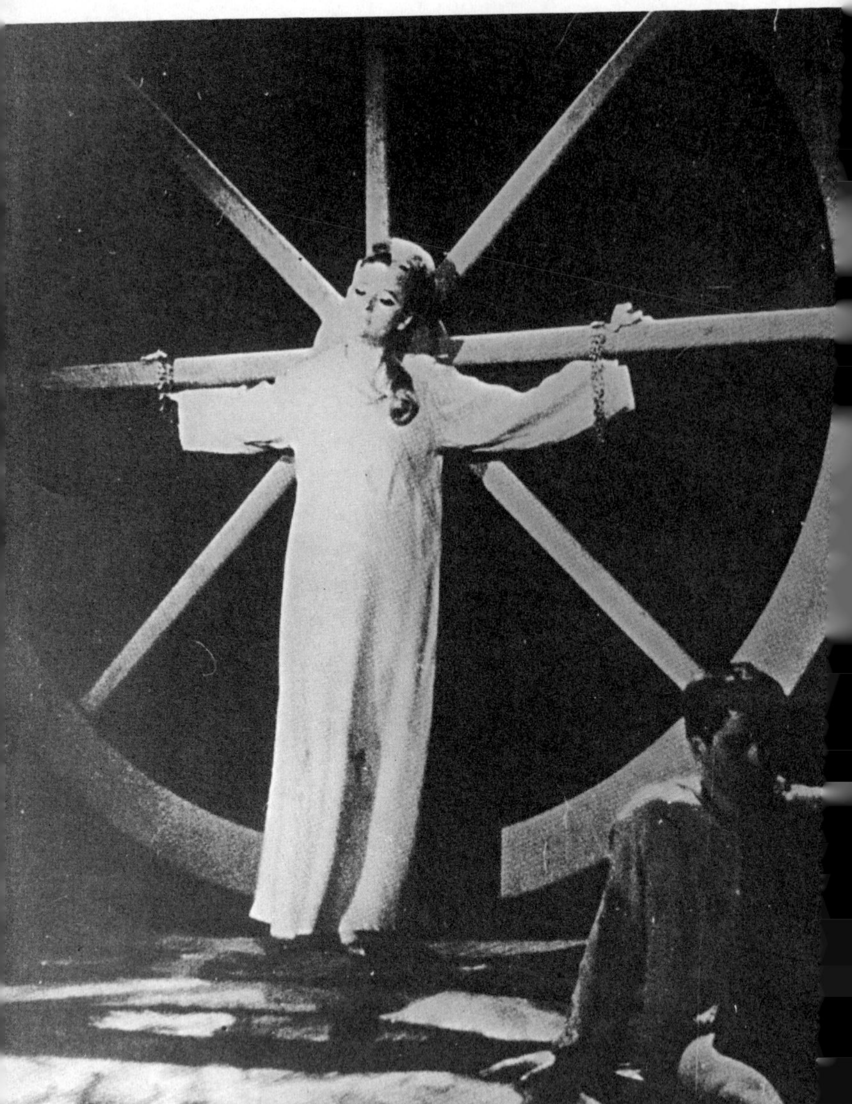

4. Dos Fracassos Provisórios às Resistências Duradouras

OS FRACASSOS: SEU CARÁTER PERMANENTE E INELUTÁVEL

A posteridade de Artaud é incalculável, dizíamos nós. Sua importância é hoje mundialmente reconhecida e pode-se até mesmo falar de um mito Artaud. No entanto sua existência parece situada sob o signo do fracasso. Fracasso quase permanente, que afeta sobretudo sua vida de relação com o universo e consigo mesmo. O teatro, que representa a seus olhos o meio privilegiado desse duplo relacionamento, não podia escapar ao contágio. Como é natural, ele é o campo dos malogros mais retumbantes e decisivos. Já vimos que o empreendimento gorado dos *Cenci* encerra uma etapa da vida de Artaud. Ele mesmo define 1935 como *um ano maldito, ano das decepções e do Fracasso*[a]. Do mesmo modo, após o interminável episódio dos manicômios, o segundo período de sua existência se encerra por assim dizer com a irradiação de *Para Acabar com o Julgamento de Deus,* cuja interdição precedeu somente de algumas semanas a morte de seu autor. Assim, a vida pública de Artaud, como observamos[b], tende a reproduzir a mesma curva, que acaba em um final análogo. Mas é fácil constatar que, além disso, cada um de seus empreendimentos no universo do espetáculo obedece, nos seus pormenores, ao mesmo processo de fracasso.

---

a . A. ARTAUD, *Vida e Morte de Satã-Fogo,* ed. Serge Berna, Arcanes, 1953, p. 106.
b . Cf. *supra,* "O Homem-Teatro", pp. 25-26.

Claro que é preciso estabelecer nuanças: o processo é sempre idêntico, mas também é sempre dessemelhante, porque sempre interrompido e desigual. Altos e baixos? Nada mais normal. Em Artaud, porém, eles são muito mais acentuados, muito mais vivamente contrastados do que em qualquer outra pessoa. Antes da queda, ou da renúncia, ou do fracasso final, pode-se quase sempre perceber momentos de euforia, de êxito provisório, de relativo sucesso. O fenômeno é particularmente interessante quando se examina sua carreira de ator.

O ator de teatro

O início de sua carreira foi brilhante, digno de atenção, quase fulgurante. Artaud foi unanimemente reconhecido, aceito e consagrado pelos homens de teatro mais importantes dessa época. Chegou a Paris no começo de 1920. Apenas se instalou e logo Lugné-Poe se interessou por ele, arranjou-lhe um papel e dois anos mais tarde fez-lhe um elogio extraordinário[1]. Nesse meio tempo, Artaud saiu-se bem numa prova com Gémier, que logo o recomendou a Dullin, o qual o contratou imediatamente. Foi um período fértil: representou numerosas peças, desenhou cenários e figurinos..."Os anos passados no Atelier foram talvez os melhores de sua vida" (P. Thévenin, *R.B.* 22, p. 20). Com Dullin, sente-se como se estivesse em casa e o declara na sua correspondência com Max Jacob e Yvone Gilles (III, 117, 121), revelando um entusiasmo provavelmente muito semelhante ao que o levou um pouco mais tarde a filiar-se ao grupo surrealista.

No entanto, a euforia do Atelier foi de curta duração, e o mesmo sucederá a Artaud. Não que Dullin lhe confiasse papéis menos importantes. Mas a harmonia entre os dois depressa se rompeu, devido ao individualismo rebelde de Artaud e à sua obstinação em levar cada idéia às mais extremas conseqüências, sem se preocupar com o interesse coletivo. Nas entrelinhas do depoimento deixado por Dullin, percebemos os germes de um desentendimento quase inevitável[2].

No elenco de Pitoëff, onde ingressou em seguida, ainda lhe foram entregues papéis dignos de interesse, porém menos importantes do que aqueles que obtivera na companhia de Dullin. Pouco a pouco foi parar nas personagens episódicas, e até secundárias, o que o reconduzia ao nível de sua estréia com Lugné-Poe[3]. Não é exatamente que o ponham de lado, ele é que se põe de lado: não só toma consciência de suas próprias concepções, que deseja ardorosamente levar à prática, e reluta em aplicar os métodos alheios, como também se revela de uma perigosa instabilidade no exercício de seu ofício de ator, abandonando durante os ensaios o papel do Ponto em

Seis Personagens à Procura do Autor, de Pirandello, em seguida reintegrando-se no elenco e no papel alguns dias após a estréia, ou então esquecendo de comparecer a uma vesperal do teatro[a]. Dessa instabilidade jamais se despojará, mesmo quando diretor[4]. A isso se acrescenta uma dicção "difícil", já notada por Lugné-Poe[b], e um estilo de interpretação considerado enfático e pomposo pelos críticos[c]. Tudo isso faz dele um ator marginal, e não um artista seguro e tranqüilo.

Isso o leva pouco a pouco a excluir-se ele mesmo de uma profissão para a qual não se sente mais feito. Depois de uma breve temporada no elenco de Pitoëff, onde suas participações se fazem cada vez mais rara, abandona em 1924 a carreira de ator de teatro[d]. É uma renúncia que se deve também à importância que o cinema e as atividades do grupo surrealista tomam em sua vida, mas que corresponde sobretudo a uma recusa violenta em compactuar com uma facilidade predeterminada e a uma necessidade incontida de ir mais longe. Artaud deixa voluntariamente diluir-se e desintegrar-se essa carreira que se inicia sob brilhantes auspícios, para ter a liberdade de empreender outras experiências e abrir outros caminhos[5].

O homem de cinema

No domínio cienematográfico, onde Artaud se lança com paixão desde 1923[e], ocorre mais ou menos a mesma trajetória. Bem depressa alcança uma impressionante consagração. As caracterizações de Marat em *Napoleão* de Gance (1925--1927) e do frade Massieu na *Paixão de Joana d'Arc,* de Dreyer (1928), tão caras a todos os aficcionados do cinema, lhe trouxeram imediatamente a notoriedade. Em seguida, participará de uns doze filmes, alguns dos quais assinados pelos nomes mais importantes da história do cinema (R. Bernard, M. L'Herbier, G. W. Pabst, Fritz Lang). Fato curioso: no cinema, jamais voltará a alcançar a glória obtida antes. Papéis cada vez mais episódicos lhe são confiados em filmes cada vez

a . Relatado por JEAN HORT, em *A.A. o Suicida da Sociedade,* pp. 60-61.
b . Característica observada também por outras testemunhas e sem a menor intenção pejorativa: "presença freqüentemente balbuciante" e "dicção confusa", segundo Marcel L'Herbier (depoimento oral) que contratou Artaud para seu filme *L'Argent* (1928).
c . Vários julgamentos críticos, freqüentemente sem indulgência, a respeito de Artaud ator são citados por P. THÉVENIN, *R.B. 22,* p. 20, nota 7. Mas ele também suscitou elogios (cf. *Le Théâtre et Comoedia illustré,* jul. 1922; artigo citado em *Cartas a Génica,* p. 324).
d . A partir de 1923 certas confidências (*Cartas a Génica,* p. 75) revelam sua aspiração à encenação.
e . Graças a Claude Autant-Lara que filma com ele *Fait-divers.*

mais comerciais. A partir de 1932, ele se desencantou com o cinema, persuadido — como escreveu a Jouvet — que *trabalhar nisto é uma vergonha* (III, 302), mas, para viver, continua a aceitar o que lhe oferecem. O ponto mais baixo da curva corresponde a dois filmes onde figura ao lado do cômico Bach [a]. Desde então parece-lhe impossível descer ainda mais e renuncia definitivamente a ser ator de cinema, depois de um último filme com Abel Gance [b].

A experiência que se prolongou de 1923 a 1935 foi finalmente selada por um fracasso. E não foi tudo. Dentro dessa curva descobre-se uma outra, mais concentrada no tempo (1925-1930), porém igualmente esclarecedora: a tentativa malograda de tornar-se autor de filmes. É uma ambição testemunhada por meia dúzia de roteiros, que publicou quando vivo, ou encontrados mais tarde [6]. Acrescentemos *O Monge* a essa produção: se Artaud escolheu "contar" esta obra de Lewis, foi porque ela lhe parecia um maravilhoso assunto para um filme [c].

Ora, nesse domínio também surge primeiro uma estréia de sucesso. Germaine Dulac, realizadora "vanguardista" muito considerada na época [7], aceita filmar um dos primeiros roteiros de Artaud: *A Concha e o Clérigo*. O filme foi rodado em 1927, e Artaud, requisitado pelo filme de Dreyer, se resigna em seguir as coisas de longe. Porém, Germaine Dulac, que provavelmente desconfiava dele e de seus "exageros", cuidou de mantê-lo completamente à distância. O que aconteceu já se sabe: foi o famoso escândalo das Ursulinas, muitas vezes comentado e aliás controvertido [8]. O certo é que o grupo dos surrealistas, reconciliado pelas circunstâncias com Artaud, atacou publicamente a diretora (fevereiro de 1928). No entanto, Germaine Dulac seguira passo a passo o roteiro inicial, traduzindo-o em imagens de uma fidelidade quase literal; mas o autor lhe recriminava justamente essa transcrição cega de um texto, cujo espírito, a seu ver, ela não tinha absolutamente captado.

Teria o incidente afastado outros mecenas ou empresários possíveis? Depois disso nenhum outro roteiro de Artaud foi rodado, apesar dos evidentes esforços que a correspondência (III, *passim*) revela; ele toma contacto com o grande cômico Kruger, estabelece um orçamento muito detalhado para a filmagem do *Mestre de Ballantrae*, adaptado da obra

---

a . *Sidonie Panache* e *L'Enfant de ma soeur*, filmes de H. WULSCHLEGER.

b . *Lucrécia Bórgia* (1935): Artaud interpreta o papel de Savonarola.

c . Ver VI, 417. Artaud havia realizado uma montagem fotográfica (reproduzida no início do tomo VI das *O.C.*) para interessar um eventual produtor; este projeto também não teve continuidade.

de Stevenson, propõe o nome de Walter Ruttmann para a direção dos 32, redige *um projeto de constituição de uma firma destinada a produzir filmes de curta metragem, de rentabilidade rápida e segura* (III, 85). Nada deu certo. Em 1930, perde as esperanças de poder filmar um dia A Revolta do Açougueiro (III, 186), projeto que, segundo tudo indica, lhe era muito caro, e se resigna pedir a Paulhan para publicar o roteiro na N.R.F., o que acontecerá em junho de 1930. Alguns meses mais tarde aparece *O Monge* e essa dupla publicação concretiza o fim de uma esperança em matéria de criação cinematográfica. Todas as soluções de compromisso encaradas sucessivamente por Artaud — não ser diretor, nem intérprete, aceitar um salário reduzido, adaptar obras literárias conhecidas, etc. — de nada valeram.

Convém acrescentar um último dado a esse balanço puramente negativo? Não podendo realizar filmes, Artaud teria aceitado a tarefa de simples crítico cinematográfico. No começo de 1932, insiste com Paulhan para que lhe confie a seção de crítica dos filmes na N.R.F. (III, 273 e 288). Era uma solicitação lógica: o número de janeiro de 1932 acabara de publicar sobre os irmãos Marx uma nota de Artaud (e que seria mais tarde integrada em *O Teatro e seu Duplo* — IV, 165) e Paulhan lhe encomendara um artigo sobre *A Ópera dos Três Vinténs*, filmada por Pabst. Solicitação modesta, além do mais:

É um detalhe prático, mas que tem valor: assinar essa seção me permitiria ter uma carteira de jornalista, que me possibilitaria assistir gratuitamente todas as sessões e todas as estréias de filmes importantes (III, 274).

Pedido que de nada valeu, pois não resultou em nada. Em matéria de cinema, Artaud fracassou em todos os níveis.

Trata-se evidentemente de fracassos menores em relação às derrotas sofridas em seus grandes empreendimentos de teatro. Artaud só acreditou no cinema provisoriamente. Apesar de alguns esforços imediatos para acrescentar a palavra como elemento sonoro aos seus projetos de filmes, o advento do[a] cinema falado o afasta completamente da tela[9] e, em 1933, denuncia a "velhice precoce do cinema" (III, 95). Persiste algum tempo em ser ator, e em dado momento deseja ser crítico cinematográfico, mas para ele isso nada mais é do que um meio material de sobrevivência ou uma atitude de

---

a. Cf. o roteiro de *A Revolta do Açougueiro* e a nota que o apresenta: "(...) *as palavras pronunciadas são colocadas aí unicamente para fazer as imagens ressaltar. As vozes estão no espaço como objetos.* (...) *Encontraremos neste filme uma organização da voz e dos sons, tomados em si mesmos e não como a conseqüência física de um movimento ou de um ato, isto é, sem concordância com os fatos*" (III, 47).

compensação, pois esse campo lhe parece *"podre até os ossos"* (III, 274). Mas é surpreendente que mesmo no domínio secundário de sua atividade criadora, Artaud tenha sido sempre barrado diante da mesma porta, por um instante aberta e depois definitivamente fechada[a].

O organizador e o animador de teatro

Os projetos cinematográficos nos revelaram um Artaud inesperado, ligando-se diretamente a problemas de organização financeira, fazendo orçamentos, estruturando um projeto de firma, etc., em suma, tentando ultrapassar ele próprio os obstáculos materiais inerentes a seus empreendimentos. Fazia questão muitas vezes de mostrar que podia ser *também* um organizador e não um poeta perdido nos seus sonhos, e que saberia impor concepções revolucionárias também no plano prático. Atitude absolutamente de acordo com sua ambição "totalitária":

Mesmo sob o ponto de vista comercial, tenho idéias. E é gratuitamente que me negam toda e qualquer qualidade como organizador. No fundo nunca ninguém me viu trabalhando e nunca me experimentaram (1932 — V, 136).

Daí algumas tentativas de se impor aos outros como espécie de empresário metódico, rápido, eficaz; por exemplo, termina uma carta a Gaston Gallimard empregando uma fórmula estranha:

Homem de negócios, à sua inteira disposição,
e saudações atenciosas (V, 109).

Junto às pessoas a quem procura insiste muitas vezes sobre o fato de que seus projetos serão amplamente rentáveis — *as pessoas que queiram trabalhar comigo ganharão muito dinheiro* (V, 137) — e não se deve duvidar que estivesse profundamente convencido do que afirma. Os fracassos sucessivos deixarão sua fé intacta.

Que fracassos? Na época do Teatro Jarry a administração cabia a Robert Aron, e Artaud era somente encenador. Mas foi ele quem desencadeou os escândalos: o escândalo Claudel, com a representação de um ato de *Partage de Midi*, o que provocou a ruptura com Jean Paulhan[b]; primeiro escândalo de *O Sonho*, de que resultou a ruptura com os suecos que enchiam a sala e tinham contribuído para o financiamento do

---

a . Ao longo das *Cartas a Génica* aparece a mesma atitude ciclotímica em relação ao teatro e sobretudo ao cinema: paixão, e em seguida desencorajamento; interesse e depois desprezo.

b . Ruptura atestada pela correspondência (III, 136-139) e que terminou ño ano seguinte com uma carta de reconciliação de Artaud (III, 177).

espetáculo[10]; segundo escândalo de *O Sonho* — com a intervenção da polícia, — que provocou a ruptura definitiva com o grupo surrealista. Em suma, Artaud, por assim dizer sozinho — Vitrac e Aron permaneceram em parte num segundo plano — cede ao seu demônio familiar que o faz ir até o fim de cada idéia: provoca o vazio em torno de si. É a prefiguração da solidão quase definitiva na qual se fechará depois de *Os Cenci*.

Todo aquele alarido em volta de suas primeiras representações havia contribuído menos para chamar a atenção e suscitar o esnobismo — como esperava Artaud — do que diminuído o número dos que o apoiavam; o Teatro Jarry estava condenado. A amizade generosa de Yvonne Allendy retardou o fracasso final, permitindo as representações de *Victor*[a1]. É todavia significativo que o fim tenha sido precedido por uma última possibilidade de ressalto. Depois de *Victor*, os Noailles[11] enviaram a Artaud "uma soma de vinte mil francos para o seu próximo espetáculo"[a]. Essa quantia financiará a metade da edição da brochura *O Teatro Alfred Jarry e a Hostilidade Pública* (II, 35-70), contendo um apelo ao público que não foi ouvido, e anunciando para junho de 1930 novas representações, que não se realizaram. Devido à ausência de um suporte financeiro suficiente e de um entendimento entre Artaud e Vitrac sobre a peça deste último (*O Golpe de Trafalgar*[12]), o empreendimento, já abalado, resultou em nada.

Quanto ao desastre de *Os Cenci*, é muito conhecido para que se insista no assunto: André Frank, que foi o secretário geral do espetáculo, evocou a atmosfera: "O pessoal reclamava o salário, os fornecedores apresentavam as notas; e a bilheteria, após os dois espetáculos de estréia, estava à beira da catástrofe"[b]. Mas ao lado desses malogros evidentes, quantas renúncias materiais, quantas tentativas hoje esquecidas, porque abortaram! Como, por exemplo, o teatro da N.R.F. cuja fundação Artaud anunciou em 1932 e que não conseguiu vir à luz. Como também o projeto paralelo de montar o *Woyzeck*, de Büchner, com Dullin (V, 77 e s.) e depois no Raspail 216 (V, 215). Seguem-se, a propósito de *Arden de Feversham*, as discussões estéreis com Gide, que finalmente recusaria permitir que anunciassem sua colaboração com o Teatro da Crueldade[c], ao mesmo tempo que Artaud tomava consciência de

---

a1. Cf. nota b. p. 180.

a . Indicações extraídas de um relato de Yvonne Allendy sobre o Teatro Jarry: ver II, 270, (n. 29), 273.

b . A. FRANK, "Encontros com A.A. e J.L. Barrault", em *Cartas de A.A. a J.L.B.*, Bordas, 1952, p. 71. Texto reproduzido de um artigo de A. Frank sobre A.A., em *La Revue Théâtrale*, n. 13, verão de 1950, p. 36.

c . Ver as cartas de Gide a Artaud a esse respeito, em V, 340-341 e 343-344.

seu pouco intersse pela peça (V, 186 e 194). E igualmente as tentativas fracassadas de tornar-se assistente de Jouvet ou o insucesso da reunião na casa de Lise Deharme, no plano de uma tentativa de angariar fundos. E enfim, alguns entusiasmos apaixonados por obras ou intérpretes dos quais ele logo descobre os limites ou as insuficiências[a]: *Eu não consigo escrever sem entusiasmo e vou sempre longe demais,* confiou significativamente a Jean Paulhan (III, 308).

Na mesma ordem de idéias, cumpre assinalar, após *Os Cenci,* a recusa em participar de uma sociedade que Barrault lhe propunha (V, 261). As coisas ocorriam como se Artaud escolhesse com instinto muito seguro todas as linhas de conduta que o cercariam e o conduziriam definitivamente ao fracasso[b]. No entanto, mesmo nessa época, em pleno "ano maldito", não aceita reconhecer sua incapacidade em levar adiante um espetáculo. Junho de 1935: *É preciso demonstrar que não sou um teórico vulgar, coisa em que não acredito* (V, 262). Em dezembro, nota mais lucidamente: *Sucesso no Absoluto de Os Cenci*[c]. Com efeito, de todos esses anos febris durante os quais caminhou materialmente do fracasso à renúncia, o que restou concretamente? De essencial, os manifestos do Teatro da Crueldade e o agrupamento, em um volume, dos seus principais textos sobre o teatro. Permaneceu uma lição teórica, não um convincente testemunho de fato.

O autor e o encenador

O fracasso material poderia ser atribuído unicamente à imperícia ou aos erros do organizador. Ele, de fato, indica uma insuficiência mais grave, que por sua vez diz respeito ao encenador, ao autor, ao diretor do elenco, em resumo, ao responsável técnico pelo espetáculo. Insuficiência do autor? A única peça sua que ele finalmente acabou montando, *Os Cenci,* representa uma solução de compromisso: recurso à adaptação e portanto a uma caução literária, permanência de uma intriga, situações e tipos tradicionais (o tirano, a vítima, o traidor...), permanência do texto dramático na maior parte de seus atributos antigos, etc. A revolução teatral pretendida só teria sido alcançada se Artaud tivesse podido montar, não Shakespeare ou Büchner, ou mesmo Sêneca, mas a rigor *A*

---

a . Entusiasmo e desilusões sucessivas em relação a *Os Trapaceiros* de STÈVE PASSEUR (II, 166 — III, 239 e s., III, 278 e V, 76), *A Doceira da Aldeia,* de ALFRED SAVOIR (III, 279 e s., III, 295), em relação à atriz Annabela em *Como lhe Aprouver* (II, 178, III, 308).

b . "Você age através da destruição e dos suicídios", havia-lhe escrito Jean Paulhan em 1927 (Su. I, 211).

c . Nota extraída de *Vida e Morte de Satã-Fogo,* ed. Serge Berna, 1953, p. 106.

Pedra Filosofal e até *Não há mais Firmamento,* mas sobretudo *A Conquista do México.* A convicção de que esse teatro devia galgar degraus sucessivos para começar a existir e para se impor, cedo revelou-se desastrosa. O cuidado de "compor", aliás tão estranho a Artaud e tão perfeitamente anti-revolucionário, provoca logicamente a ruína da primeira ambição: a da modificação radical do teatro antigo.

Insuficiência do encenador e do diretor? Acontece em primeiro lugar a renúncia progressiva a uma concepção renovada do espaço cênico[a]: Artaud instala-se no Folies-Wagram, depois de haver reclamado um hangar, uma capela, uma fábrica desocupada... É a resignação a condições precárias de trabalho: teatros livres nos períodos de férias; atores mal pagos, vindos de fora do país, recrutados no último minuto; ensaios em número pouco suficientes para poder forjar a homogeneidade de um elenco; público bem "parisiense", superficial e entediado[b]. Surgem também as concessões mesquinhas impostas pelos recursos financeiros dos mecenas: exigências da *vedette*[c] que empresaria em parte o espetáculo e resiste a certas idéias da direção[13]; necessidade de dar um papel à mulher do editor que levanta capitais para a produção...[d]. Enfim, é o abandono de certos princípios essenciais diante da pressão das circunstâncias, e Artaud é, por exemplo, obrigado a recorrer a uma sonorização gravada[e]. Vemos assim como, de concessão em concessão, o realizador chega a sacrificar o que há de melhor em suas ambições iniciais.

Objetar-se-á que ninguém pode escapar a essa lei, nem mesmo Artaud, e que a passagem à ação comporta, em contacto com a realidade, uma diminuição da intuição inicial. Não se trata de desconhecer essa evidência. Caso se possa ainda falar de fracasso e insuficiência, tal se deve ao desnível prodigioso entre o radicalismo das exigências teóricas e a extensão das concessões práticas. Desnível do qual nascem a decepção e o sentimento de uma abdicação. Artaud não desconhecia essa discordância flagrante. Ele guardará até o fim uma consciência aguda da impureza de qualquer formulação através do teatro. Assim se explica o desejo, muitas vezes expresso, de renunciar ao palco. Ou mais exatamente, ele não cessa de reivindicar e de rejeitar ao mesmo tempo o teatro. O melhor exemplo é oferecido pela sessão do Vieux-

---

a . Cf. *supra*, pp. 70-72.
b . Ver no Apêndice a eloqüente descrição do público de *Os Cenci* por Pierre-Jean Jouve.
c . Iya Abdy em *Os Cenci*, interpretando o papel de Beatriz.
d . "A mulher de Denoël, Cécile Bressant, queria fazer teatro. Interpretou o papel de Lucrécia". J.P. FAYE, Artaud Visto por Blin, *Lettres françaises*, n. 1064, 21.1.1965.
e . Cf. *supra*, "O Emprego das Máquinas", pp. 66-68.

Colombier: sozinho diante de um público tenso, Artaud grita e sente até os limites da angústia a derrisão de sua presença em um palco que ele acaba abandonando[a]. É uma conduta que esclarece ao mesmo tempo *o desmoramento total da alma* (I, 25 e Re. I, 35) que sempre o fez sofrer, o seu conseqüente corolário – o desejo-recusa de se comunicar com outrem.

A ação sobre o espectador

No domínio da comunicação, Artaud obstinou-se em querer agir, não exatamente sobre o público, mas sobre cada um dos indivíduos que o compunham. Desde o Teatro Jarry, afirma que é capaz de *fazer esse indivíduo gritar* (II, 14). Como conseguiu ele preencher a ambição de agir direta e fisicamente sobre o espectador?

De acordo com o testemunho do ator Max Joly, que participou do primeiro espetáculo do Teatro Jarry, "a reação da platéia não foi violenta" e Artaud teria ficado "perturbado e decepcionado"; esperava "reações ululantes e berros" da parte dos espectadores e a passividade deles — "a platéia estava 'groggy'", diz Max Joly — provava que "neles nada tinha sido atingido"[b]. Sem dúvida, foi para forçar esse público a reagir, para sacudi-lo, enfim, que Artaud provocou os escândalos Claudel e Strindberg, por ocasião do segundo e terceiro espetáculos.

O resultado foi o inverso do fim esperado: os espectadores reagiram sim, mas através da ironia e da zombaria, não através da cólera. O público voltou ao Teatro Jarry não para ser atingido, mas para se distrair. Segundo Marc Darnault, que foi o intérprete de Victor no último espetáculo, a peça de Vitrac "foi terrivelmente perturbada o tempo todo"[c]. Essa perturbação, por parte da platéia, limitava-se a comentários, piadas, gracejos "espirituosos"[d]. Seria evidentemente possível admitir que essas manifestações eram, para os espectadores, um meio de defesa — como os aplausos, em outras circunstâncias — e provavam portanto, em sentido inverso, a eficácia do espetáculo; ou que até mesmo contribuíam involuntariamente para o mesmo; *as reações cômicas* (*deste público* bem francês)

---

a . Em relação à atitude de Artaud no Vieux-Colombier, cf. P. THEVENIN, *R.B. 22*, pp. 42-43. Ver também as diferentes cartas dirigidas por Artaud nessa ocasião a André Breton; a primeira foi publicada no n. 1 da revista *Le Soleil Noir — Positions* (número especial *A Revolta em Questão*, fev. 1952); cinco outras, mais recentemente, em *L'Ephémère*, n. 8, inverno 1968.

b . ROBERT MAGUIRE, *Le "Hors-Théâtre"*, pp. 346-347.

c . R. MAGUIRE, *op. cit.*, p. 392.

d . Como por exemplo, as bolas fétidas jogadas na platéia para sublinhar a doença do personagem Ida Mortemart; cf. II, 63.

são um suplemento ao programa que o outro público sabe apreciar [a]. Trata-se com certeza de reações sociológica e historicamente reveladoras[b]; porém, são reações bem superficiais e decepcionantes em relação às esperanças de Artaud e de sua convicção em atingir o espectador *o mais gravemente possível* (II, 14).

Com *Os Cenci,* não foi, aliás, mais feliz. Com muito custo alguns críticos se mostraram perturbados com o frenesi sonoro e visual do espetáculo. A peça, diz Roger Blin[c], não foi tumultuada; houve somente algumas risadas, devidas a certas réplicas imprudentes[14]. Em resumo, essa representação, como as do Teatro Jarry, não desperta nenhuma ressonância profunda, salvo em relação a alguns raros espectadores[d]. A que atribuir esse estado de coisas?

Invoca-se freqüentemente a interpretação de Artaud como uma das maiores causas do fracasso. Cita-se sua dicção pouco inteligível, sua ênfase [15] e a falta de harmonia de sua interpretação com a dos outros atores — todos os defeitos, em suma, que lhe foram atribuídos no início da carreira[e]. O que apresenta um interesse mais real em tais julgamentos são as considerações, expandidas pela severidade dos críticos: "Ator execrável", escreveu Pierre Audiat, mas em seguida acrescenta: "E no entanto, com sua violência absurda, seu olhar perdido e seu quase indisfarçável furor, ele nos transporta para além do mal e do bem, até um deserto onde a sede do sangue nos queima"[f]. Convém frisar que este tipo de julgamento ambivalente acompanhará Artaud ao longo de sua carreira. Quando representava Carlos Magno em *Huon de Bordeaux* (1923) de Alexandre Arnou, atingia "a grandeza através do ridículo", segundo Marcel Achard (citado por P. Thévenin, *R.B. 22,* p. 20, n. 7), e esse julgamento foi confirmado pelo próprio Alexandre Arnoux: "Extraordinário, graças à falsidade"[g].

Um quarto de século mais tarde, a mesma ambivalência de julgamento ressurgia na evocação feita por André Gide da sessão do Vieux-Colombier. Ele vê em Artaud "ao mesmo tempo um cabotino, até mesmo um farsante", mas também

a . "O Teatro Alfred Jarry e a Hostilidade Pública", II, 42.

b . Basta comparar a medíocre acolhida de 1928 ao sucesso causado em 1962 pelo *Victor* encenado por Jean Anouilh. Por outro lado, o *Victor* apresentado em 1970 pela O.R.T.F. (encenação de Guy Lauzin) provocou protestos dos telespectadores, em nome da moral ultrajada.

c . Depoimento oral.

d . Além do artigo elogioso de P.J. Jouvet (cf. Apêndice) ver a carta de Roger des Zouis citada por A. em *La Bête noire* (1.6.1935), V, 56.

e . Cf. *supra,* p. 176.

f . Crítica de *Paris-Soir* citada em *Cartas de A.A. a J.L. Barrault,* pp. 163-164.

g . Depoimento oral.

"um ator prodigioso", e dessa conferência conserva uma lembrança "quase sublime por alguns instantes, revoltantes também e quase intoleráveis"[a]. Desse conjunto de testemunhos contrastantes resulta que Artaud no palco divide o espectador, ao mesmo tempo fascinado e repelido. Enquanto ele desempenha papéis (como, por exemplo, na companhia de Dullin), os comentaristas se declaram simplesmente divididos ou desconcertados, e a reação deles não vai além disso. Depois, com o correr dos anos, esse sentimento de atração-repulsão do espectador é acompanhado por uma impressão física de mal-estar, acentuadamente sensível no comentário de Gide e corroborado por numerosas pessoas que assistiram à conferência do Vieux-Colombier. É só no fim de sua vida que Artaud consegue se aproximar dessa ação física e direta, que esperava exercer sobre cada espectador e que não conseguira criar no Teatro Jarry nem mesmo com *Os Cenci*, e na medida em que se transforma inteiramente no "homem-teatro" de que falou Jean-Louis Barrault. Pode-se então continuar a falar de fracasso? E mesmo o conceito de fracasso, aplicado a Artaud, não deverá voltar a ser questionado?

OS FRACASSOS: SIGNIFICAÇÃO E SUPERAÇÃO

A análise dos fracassos de Artaud conduz, como vemos, a uma contestação positiva. Seus fracassos possuem sentido, pois afinal de contas eles deixam entrever uma eficácia. Ao examiná-los um por um, e em seguida nas suas relações entre si, fazemos uma outra descoberta — não há simplesmente uma sucessão, uma série de fracassos mais graves ou menos graves, em diversos níveis; existe uma curva de fracassos, cujo traçado é relativamente regular e cujo movimento poderia ser considerado descendente. Está claro que não se trata exatamente de uma linha contínua: já vimos que os anos que vão de 1921 a 1935 contêm uma série de malogros de importância crescente, até o "ano maldito" de *Os Cenci*, e que depois do interregno dos manicômios ocorre uma segunda série de fracassos, em dezoito meses (1946-1948), uma espécie de redução da primeira trajetória[b]. Trata-se de uma linha interrompida, na qual, não obstante, é visível um decréscimo progressivo.

E não é tudo. O fracasso é sempre algo mais do que o fracasso. Dito de outra forma, a marca do malogro não reside apenas no seu nível de gravidade; ela se situa sobretudo na relação entre uma certa forma de projeto e uma certa forma de recusa oposta pela realidade. A escala de renúncias, abortos e

---

a . Á. GIDE, Carta a Henri Thomas, *R.B. 22*, pp. 126-127.
b . Cf. *supra*, "O Homem-Teatro", pp. 25-26.

desastres, pequenos ou grandes, torna-se agora bem conhecida. Sabemos além do mais que no final da vida de Artaud, o fracasso se torna ambíguo; que anuncia outra coisa; que ele promete sua própria superação. Isto obriga a reconsiderar os malogros anteriores, que não parecem nada mais que puros fracassos. Cedo veremos que os fracassos, antes de produzir seus frutos a longo prazo, procederam de uma vontade crescente de depuração. É uma segunda curva, que segue a primeira ou se cruza com ela.

Curvas e paralelas do fracasso e da depuração das realizações

Paralelamente a cada fracasso, e elucidando-o, ocorre uma vontade crescente de purificação. Especificando melhor: a sucessão das tentativas dramáticas de Artaud, desde sua estréia como ator até alcançar o ideal do Vieux-Colombier, trai um esforço, conduzido sempre mais longe, de purificação e despojamento. Ao lado disso, os malogros materiais e exteriores parecem sempre mais retumbantes e mais definitivos. Somos tentados a denominar descendentes as duas curvas assim descritas, porque o termo ilustra, ao longo de toda uma existência pública, o desmoronamento cada vez mais brutal dos projetos, e o aprofundamento de um processo cada vez mais esmiuçado.

Esse aprofundamento se exerce principalmente no sentido de uma busca progressiva da solidão. Artaud rejeita, uma após outra, todas as ligações que o uniam às coletividades ou aos grupos de ação. Quer se apresente como simples executante, mesmo privilegiado (com Dullin ou com os surrealistas), ou que assuma a direção grupal (Teatro Jarry) ou individual (*Os Cenci*) de um empreendimento dramático, Artaud se sente sempre preso, sempre dependente dos outros. É uma recusa à disciplina exigida pelo trabalho coletivo, é uma recusa ao empobrecimento individual acarretado pelas inevitáveis concessões àqueles a quem se serve ou a quem se dirige, mas ao mesmo tempo é um desejo intransigente de pesquisar livremente no interior de si mesmo, para detectar e trazer à tona o que estava bem escondido. Nesse nível, o apetite de solidão, longe de significar um debruçar-se sobre si mesmo cômodo e egoísta, equivale a uma rigorosa e dura ascese pessoal.

Por isso, depois de *Os Cenci* e da recusa em participar de uma sociedade proposta por Barrault (V, 261), Artaud empunha seu bastão de peregrino. Só que o México ainda não representa a solidão almejada: é preciso ganhar a vida, fazer conferências, escrever artigos, obter uma missão, participar de uma expedição... A verdadeira solidão começa a ser encontrada na Irlanda, de onde será prolongada através da solidão ainda mais total dos manicômios. Artaud entra para o manicômio como outros entram para o claustro ou para o convento.

Idêntica clausura, idêntica ruptura voluntária com o social. Mas não se escapa dos homens nem nos conventos, nem nos manicômios. Artaud retoma pois a fuga e, dessa procura encarniçada de uma impossível solidão, a conferência do Vieux-Colombier revelará enfim os reflexos que bem conhecemos. Por não ter podido jamais interpor uma verdadeira barreira entre a sociedade e ele, foi em si mesmo que Artaud conseguiu impor essa ruptura profunda que o coloca definitivamente fora de alcance, num isolamento vertiginoso.

No entanto, a solidão não significa para Artaud um fim em si mesma. A depuração constante do seu método segue também outros caminhos. Ocorre uma recusa progressiva do texto alheio e uma orientação — através da trituração cênica de obras contemporâneas (Claudel) ou da adaptação de obras antigas (Sêneca, Shelley...) — dirigida para uma criação pessoal (*Para Acabar com o Julgamento de Deus*). Recusa progressiva do texto teatral sob sua forma tradicional e orientação para uma nova forma dramática; leitura pública (*Ricardo II* e *A Conquista do México*); "monólogos" de várias vozes ou sob formas contrastadas (conferência do Vieux-Colombier, leituras na Galeria Pierre, gravação do programa de rádio, interditada). Recusa progressiva dos efeitos exteriores de provocação (época do surrealismo e do Teatro Jarry) e orientação no sentido de um investimento psicossomático do espectador. Através disso tudo atingimos uma noção invocada ainda há pouco: a eficácia, longamente procurada e por fim atingida nos últimos anos[16].

Essa eficácia e a evidência de uma progressão regular, tanto na linha dos fracassos, como na linha de uma depuração metodicamente pesquisada, levam irresistivelmente a pensar que esses malogros nada têm de aleatório e que não aconteceram devido a um desencontro. A falência de um empreendimento pode às vezes se explicar por razões contingentes e, com respeito a essas decepções de Artaud, poderíamos ser levados a esse tipo de interpretação. Na verdade, a análise precedente prova a inadequação de tal método. As coisas ocorrem como se os fracassos de Artaud fossem inevitáveis e mesmo necessários.

De nada adianta, com efeito, deplorar que ele não tenha se entendido com Dullin ou Jouvet, que uma segunda oportunidade não lhe tenha sido dada depois de *Os Cenci* ou que a irradiação de *Para Acabar com o Julgamento de Deus* tenha sido proibida. Não poderíamos interpretar esses acontecimentos como desgraças ocasionais, como podem ter legitimamente pensado as testemunhas imediatas e alguns amigos fiéis, sinceramente desejosos de ajudar Artaud e de afastar a má sorte. O recuo do tempo permite-nos julgar melhor: não se trata de golpes sucessivos de um destino cego, mas da expressão de um destino. Artaud estava fadado a ver sempre seus objetivos gorarem, mesmo quando começavam bem, e não poderia ter sido de outra forma. O que nos leva a empregar, em relação a ele, a palavra destino — que se deve tomar num sentido quase físico e não metafísico ou religioso, ainda que haja um parentesco comprovado entre seu caso e o dos heróis trágicos da Antiguidade — é que o fracasso não é a derradeira palavra dessa vida dilacerada.

Curvas cruzadas do fracasso e da implantação em profundidade

A existência de Artaud só nos revela a face aparente do fracasso. Suspeitamos que a face oculta, a significação do malogro, repousem na eficácia enfim alcançada pelo Artaud da última fase, e voltaremos a encontrá-las na fecundidade póstuma de suas idéias. Parece que foram necessários diversos fracassos, os manicômios e a morte, para que o homem assumisse seu verdadeiro semblante. Curvas descendentes, como já dissemos, de sua vida humilhada e de sua exigência de depuração; curva ascendente em relação à sua influência e ao seu prestígio desde 1946, pouco antes de sua morte. Movimento oscilatório, no qual alguns pretenderão ver um símbolo crístico ou uma evocação teológica (o resgate dos pecados, a "permutação" espiritual...). Fiquemos na constatação: nenhum recurso a uma transcendência se impõe para exprimir a miséria e a glória de Van Gogh.

A curva dos fracassos exteriores não assume portanto sentido e valor se não for completada e cruzada pela curva inversa da implantação em profundidade.

As duas curvas se quebram e nos últimos meses de sua existência se entrelaçam inextrincavelmente. Na realidade, as duas curvas sempre se apresentaram simultaneamente, e Artaud recuperou em profundidade o que perdia superficialmente, como por exemplo, no episódio das cartas a Rivière; ele, porém, era quase o único a perceber sua coexistência, como o demonstra uma nota de dezembro de 1935, ano das decepções e do fracasso e do sucesso no Absoluto de *Os Cenci*[a]. Em contrapartida, após o manicômio, as duas curvas inversas se tornam visíveis a todos.

Essa visibilidade é mais claramente percebida por ocasião da irradiação de *Para Acabar com o Julgamento de Deus*. Por um lado, ela é interditada e, por outro, a interdição provoca enérgicos protestos. Conseqüência de ambos os fatos: mais de cinqüenta personalidades das letras e das artes[b]

---

[a]. Extraído de *Vida e Morte de Satã-Fogo*, ed. S. Berna, Arcanes, 1953, p. 106.

[b]. Estas cincoenta pessoas não são absolutamente identificáveis, em quantidade ou em qualidade, com aquele Paris que, em 1935, zombava de *Os Cenci*, e que P.J. Jouve descreveu lucidamente. Mas a aproximação sugere apesar de tudo e até certo ponto a evolução dos espíritos ocorrida em doze anos, em relação a Artaud.

exigem, depois de tomar conhecimento da gravação do programa, a suspensão da interdição; esta provoca além do mais a demissão de Fernand Pouey, diretor dos programas literários e dramáticos do rádio; polêmicas se levantam na imprensa entre partidários e opositores da irradiação[a]. Bastaria comparar esta efervescência à acolhida feita a *Os Cenci* em 1935 — Pierre-Jean Jouvet foi então o único a tomar pública e inteiramente o partido de Artaud. Em 1948, pelo contrário, o malogro aparente da tentativa foi seguido por uma implantação profunda do pensamento de Artaud. Pode-se mesmo dizer que o fracasso revela essa adesão crescente e mesmo a favorece até certo ponto.

Um ano antes deu-se quase o mesmo fato com a conferência do Vieux-Colombier (13 de janeiro de 1947). O lado negativo da questão foi a resistência do público diante das revelações sobre os "encantamentos"[b], a renúncia de Artaud, que resolveu "fazer a mala e ir-se embora"[c], o descontentamento de certos espectadores indispostos com seu "temperamento de ator" e desejosos "de que ele não recomeçasse"[c]. De positivo houve o sentimento muito vivo e experimentado por alguns, mesmo entre os mais desligados, de um momento excepcional, de uma qualidade perturbadora; e, de modo mais geral, o prodigioso silêncio de uma sala repleta e tensa. Através dos testemunhos, percebe-se uma grande parte da assistência como que hipnotizada com o que se passa, física e espiritualmente envolvida, segundo o desejo de Artaud.

Seria aliás digno de interesse saber quais os que testemunharam nesse sentido e se sentiram tocados no mais profundo de si mesmos, na verdade abalados e modificados pela reunião. Jean Follain: "não acredito que nenhum dos que estavam nessa noite da platéia do Vieux-Colombier tenha podido esquecer aquela presença trágica"[d]. André Gide: "Artaud triunfava, descartava a ironia, a tolice insolente; ele dominava"[e]. Silêncio igualmente atestado por Arthur Adamov e por Roger Blin[f]. Diante da violência evidente do choque

---

[a]. Sobre a polêmica que se seguiu à proibição, ver "Trechos de Notícias", *Jug.*, 61-79.

[b]. MAURICE SAILLET, art. de *Combat*, 24.1.1947 e 7.2.1947, reproduzido em *K*, número especial 1-2 (1948), p. 105 e s.

[c]. Carta de A.A. a A. Breton, citada por P. THÉVENIN, *R.B.* 22, p. 43.

[d]. J. FOLLAIN, *Torre de Fogo*, dez. 1959, p. 71.

[e]. A. GIDE, *Combat*, 19.3.1948; citado em *48*, número especial 5-6 (1948). p. 150.

[f]. A. ADAMOV: "A Platéia Guarda um Silêncio de Morte, Artaud Impõe o Respeito", *L'Homme et l'enfant* — "Souvenirs Journal", Gallimard, 1968. p. 82. — R. Blin: "(...) naturalmente nenhum riso na platéia"; extraído de uma entrevista dada em relação ao filme de JACQUES BARATIER, *Le Désordre a 20 Ans* (1967); publicado em *L'Avant-scène Cinéma*, n. 75, nov. 1967. p. 51.

assim dado e recebido, que valor tem a renúncia inopinada de Artaud? Sua partida brusca constituiu mesmo um dos elementos do choque recebido. Podemos até medir o caminho percorrido desde as zombarias do Teatro Jarry e de *Os Cenci* e as que acolheram a conferência sobre "O Teatro e a Peste".

Quando da gravação do programa de rádio proibido, Maria Casarés se lembra de que ninguém ousava rir ou sorrir no estúdio, onde, no entanto, Artaud lançava os gritos mais estranhos. Todos os técnicos e assistentes estavam petrificados. Ela conservou desta ocasião um sentimento de mal-estar intolerável; não física, precisou, mas espiritualmente[a]. Todos os que se aproximaram de Artaud nos seus últimos anos se mostraram sensíveis a essa "presença" espiritual às vezes insustentável. O fato de que a irradiação tenha ou não sido autorizada afigura-se, visto à distância, despido da menor relevância. A proibição parece até apresentar uma certa lógica. O fracasso nada podia subtrair à potência do brado; estava na sua ordem. Artaud triunfava apesar do fracasso, no fracasso e mesmo através do fracasso.

RESISTÊNCIAS E OBJEÇÕES:
SUA ADMISSIBILIDADE E SEUS LIMITES

Está certo: triunfo contemporâneo das idéias de Artaud. Mas o problema de Artaud não foi destrinchado nem resolvido com um simples brado de vitória. As polêmicas, a lenda, os números especiais de revistas, os colóquios, as teses, a "canonização" garantida[b] compensam talvez as humilhações de sua vida entre os homens. Tudo isso serve sobretudo para nos tranqüilizar, persuadindo-nos de nosso senso de justiça. O Panteão moral no qual instalamos Artaud repara aos nossos olhos o descrédito de seus anos terrestres e apaga, acreditamos, a iniqüidade de outrora. É impossível no entanto arquivar o processo: ele jamais se encerrará. Artaud, nos dias de hoje, continua a ser julgado e até mesmo rejeitado e é a oposição às suas idéias — às vezes deturpadas — que deverá agora prender nossa atenção.

Já encontramos e analisamos de passagem algumas dessas resistências. Valerá a pena retomar o assunto, porque os adversários, detratores ou simples refutadores de Artaud têm seguramente o que nos ensinar a seu respeito. As objeções, mesmo mal fundadas — e teremos que nos pronunciar sobre o impacto e sobre o alcance de cada uma — delineiam o perfil que elas atacam. Certamente essa forma de indagação exige agrupamento e seleção. Não seria o caso de considerar isolada-

---

[a] . Depoimento oral.
[b] . Cf. *supra*, "Falar de Artaud", n) Preâmbulo, p. 1, nota a.

mente, nem de avaliar palmo a palmo cada censura dirigida ao autor de *O Teatro e seu Duplo,* nem de se deter em certas alergias: a violência de Artaud, seu exagero, sua obsessão pela fecalidade repugnam a alguns, incapazes de decifrar aquilo que eles querem tomar apenas como pura demência e por coprolalia. Retenhamos somente as leituras críticas, que, embora insuficientes por vezes, foram perspicazes. O catálogo levantado através deste método é pouco volumoso: quatro ou cinco objeções essenciais. O exame delas torna-se elucidativo.

Objeção histórica

A importância de Artaud é sobrestimada; a originalidade histórica de sua contribuição para o teatro de hoje foi consideravelmente supervalorizada: essa é a principal objeção e já a encontramos em nosso caminho [a]. Poupemo-nos de retomar em pormenor essa questão da dívida real ou suposta de Artaud para com os grandes teóricos do teatro contemporâneo e reconsideremos de outra maneira o problema, encarando-o globalmente. Formulada um tanto diferentemente conforme os comentaristas [17, b], a objeção pode ser resumida de maneira muito simples: no teatro, Artaud praticamente nada inventou; só deu uma forma fascinante às idéias postas em circulação antes dele. E se ele se impôs à posteridade, conseguiu-o graças ao poder envolvente de seu brado. É portanto como poeta que ele merece ser admirado, e não como profeta de uma pretensa nova dramaturgia.

Observar-se-á que Artaud jamais se considerou o descobridor de novas fórmulas teatrais [18], e jamais afirmou ter inventado o espetáculo total, o teatro de arena, o despojamento da palavra, ou determinados procedimentos concretos encarados pelo Teatro da Crueldade. Quer isso dizer que tudo que ele desejava para esse teatro já se encontrava em Appia, Craig ou alguns outros? É por falta de perspectiva histórica e de informação que numerosos inovadores de hoje se filiam muito mais a Artaud do que a outros teóricos que o precederam? Na verdade, é quase indiscutível que o *happening,* por exemplo — mesmo levando em conta diferenças profundas [b] — procede muito mais diretamente de Artaud que de Appia. Não é também por erro ou brutal simplificação que Julien Beck ou

---

[a]. Ver nosso Cap. 3 e principalmente o item intitulado "Teóricos do Teatro Contemporâneo"; cf. *supra,* pp. 141-155.

[b]. J. POLIÉRI, "Um Espetáculo Mágico", *R.B. 22,* pp. 162-165 e *R.B. 69,* pp. 121-124 — A. Veinstein: cf. Apêndice ("A. e a História das Idéias no Teatro Moderno"). — J. Grotowski (cf. nota 97, *Temps Modernes,* abril de 1967, pp. 1887-1888).

Peter Brook [a] proclamam seu vínculo com *O Teatro e seu Duplo*. Nessas condições vê-se que esses inovadores acharam em Artaud o que não haviam encontrado em outra parte, pois aqui o esnobismo não explica nada. O que foi que encontraram, mesmo que tenham deformado o que encontraram? É difícil formulá-lo resumidamente, mas está aí o cerne do problema e um meio possível de apreciar como convém a objeção histórica.

Toda contestação de uma originalidade histórica em nome da cronologia pode ser contestada: poder-se-ia provar sem maior óbice que nunca ninguém inventou alguma coisa. Encerrado esse parêntese necessário, retornemos a Artaud. A acusação levantada contra ele é a de não ter criado nada mais do que uma *forma:* acusação pouco coerente, caso se admita que não existe forma sem conteúdo. O Teatro da Crueldade não se teria imposto lenta e cada vez mais soberanamente, com o passar dos anos que se seguiram à morte de Artaud, se ele houvesse contribuído apenas com seu brado, ou com um arranjo novo de idéias antigas.

E daí? Pode-se sem dúvida admitir que a concepção "artaudiana" do teatro como festa, o princípio de uma recusa obstinada da repetição, o apoio procurado na magia para assegurar à festa um prolongamento metafísico, a exasperação sistemática, enfim os movimentos, as linhas, os ruídos, tudo isso constitui um projeto ao qual seria difícil atribuir verdadeiros precursores: exatamente tudo aquilo que, mal compreendido, adulterado, caricaturado, engendrou finalmente o *happening* e diversas formas contemporâneas de pesquisa dramática. Na verdade, o plano histórico nesse caso carece de importância. Se a lição de Artaud se impôs depois de sua morte com tamanha força e evidência é por outra razão: é porque houve identidade de um ser com sua contribuição.

A verdadeira originalidade histórica de Artaud não reside em sua obra e nem mesmo em sua vida. Ela se encontra sobretudo numa espécie de ligação necessária entre o seu sofrimento e sua reivindicação. Já se sabia que ele não era o descobridor acidental de terras desconhecidas até então, nem um pesquisador de gabinete ou de palco. Por que, desde essa época, suas idéias foram festejadas e reconhecidas? Porque são a expressão concreta de seu tormento vital, porque formulam fervorosa e inelutavelmente sua "carência" essencial, porque Artaud não podia deixar de proclamá-las. Por isso pareceram novas, embora só o fossem pela metade, porém isso não vem ao caso [b]. Esse acordo entre uma sensibilidade e um apelo

---

a . Para um estudo mais desenvolvido sobre a dívida do *happening,* do Living Theatre e de Peter Brook em relação a Artaud, ver nosso Cap. 5.

b . A esse respeito, reportar-se à opinião de Jerzy Grotowski; cf. *supra,* p. 192 e nota b, e sobretudo a nota 13, Cap. 4.

apaixonado a uma revolução da vida pelo teatro era novo, e a tal ponto que não ocorreu ilusão histórica ou falta de perspectiva. Com Artaud produziu-se uma criação: a de uma relação nova e determinante entre certa visão do teatro e o homem no qual essa visão se tinha, literalmente, encarnado.

Objeção da ambigüidade

O projeto de Artaud é contestado ao nível da lógica e da coerência racional, mais freqüentemente do que ao nível da história e da cronologia. Suas contradições são denunciadas e salientadas com insistência. Geralmente isso não é feito para condená-lo. Pressente-se mesmo que as contradições definem o gênio característico de Artaud: "É na tensão verdadeiramente espasmódica entre duas tendências opostas e na imobilidade indecisa que resulta disso" — escreve um comentarista italiano — "que reside, creio eu, sua significação e sua força sugestiva"[a]. A respeito dessa lucidez, permanece um mal-estar entre os pesquisadores, muito afeitos ao jogo cartesiano dos conceitos, para não trair de vez em quando alguma perplexidade e algum embaraço. "Que sentido coerente", indaga o mesmo crítico, "pode-se pois tirar de uma coletânea tão pouco coerente das idéias de Artaud sobre o teatro[b]?"

Em alguns autores transparece mais ou menos conscientemente a certeza de que se as idéias de Artaud não se impuseram totalmente, e muito mais cedo do que aconteceu, a culpa cabe à sua confusão e à falta de coerência que elas encerram. "Para ultrapassar a cultura, em primeiro lugar é preciso assimilar a cultura. Infelizmente suas teorias sobre a crueldade, seu conhecimento do teatro ritual do Extremo-Oriente, sua familiaridade com a metafísica tibetana ou hindu nas quais acreditava encontrar a salvação para o Ocidente, parecem ter sido formuladas ao acaso", constata peremptoriamente Eugène Ionesco[c]. Sem nos pronunciarmos sobre a validade das imputações cuja responsabilidade atribuímos ao autor, retenhamos seu princípio essencial: Artaud dispunha de uma bagagem "cultural" muito disparatada, e isso poderia explicar a desordem de suas próprias concepções. Desordem da qual se originariam as perpétuas variações, evoluções e contradições que descobrimos no seu pensamento e na sua conduta[d].

Ora, cada vez que deparamos uma contradição pareceu-nos, se é que se tratava de uma verdadeira contradição, que

a . NICOLA CHIAROMONTE, A.A. e Sua Dupla Idéia do Teatro, *Preuves*, março, 1968, n. 205, pp. 8-17.
b . N. CHIAROMONTE, art. cit.
c . E. IONESCO, "Nem Deus, nem Demônio", *R.B. 22*, pp. 130-134 e *R.B. 69*, pp. 22-25.
d . Cf. *supra* (Cap. 2), item "Evoluções e Variações", pp. 61-76.

ela não constituía uma fraqueza, porém uma força. Falta dizer por que. Quase todas as contradições ou variações de Artaud — em relação ao espaço cênico, ao acaso, a um contemporâneo — remetem-nos a uma contradição essencial: a da linguagem. O esquema é conhecido e resume-se numa dupla postulação simultânea: necessidade de destruir a linguagem, veículo de impostura, e necessidade de exprimir, de comunicar essa exigência de destruição. Daí o impasse e a tragédia de Artaud. Porque o esquema reaparece, em escalas variáveis, em cada uma das contradições de detalhe que pontilham sua vida e seus escritos. Resulta daí que admirar-se com as variações de Artaud não conduz a nada, salvo a repetir banalmente que, ao se exprimir sobre o teatro, ele foi muito mais poeta do que teórico.

O problema pode ser abordado de outra maneira. Basta não mais insistir em procurar nos textos de Artaud um corpo de doutrina orgânica, e para tal querer reduzir a qualquer preço as contradições. A essa tentação somos induzidos pelo próprio autor de *O Teatro e seu Duplo,* na medida em que ele se apresenta como doutrinário e como retórico. Na realidade, sua obra dividida, desmembrada, se nos apresenta menos como doutrina do que como espetáculo e como objeto dramático. Lendo Artaud, não nos deparamos com uma reflexão sobre o teatro, mas com uma verdadeira ação teatral; a tragédia se desenrola literalmente aos nossos olhos, e no mais alto grau. Em última análise seria preciso dizer que os escritos de Artaud nos remetem estritamente ao drama de Artaud e a nada mais. Talvez devamos nos apoiar antes de tudo sobre um tal postulado a fim de tentar uma nova leitura dessa obra dilacerada.

Objeções às carências e à falência

Ao querermos considerar os escritos de Artaud sobre o teatro como um discurso orgânico e racionalmente construído, baseado em uma progressão lógica, chegamos inevitavelmente à constatação de uma falência ou de uma carência. É o caminho seguido por Jean-Paul Sartre. Passemos por cima do fato de que ele resiste ao empreendimento tentado por Artaud, relativo à linguagem, e que nega qualquer eficácia a uma desorganização radical dos significados[a]; assim julgando, Sartre a insere numa perspectiva política, a qual, como sabemos, Artaud recusava violentamente, e à qual logo mais voltaremos[b]. É mais importante examinar agora a análise

---

a . J.-P. Sartre, declarações feitas a J.P. BERCKMANS, O Caminho da Histeria, *Le Point* (mensário nacional de estudantes, Bruxelas), n. 8, fev. 1967, pp. 27-29.

b . Cf. *infra* em relação à última objeção (o desconhecimento do público).

sartriana segundo a qual Artaud não teria ido suficientemente longe no seu desejo de subversão total do espetáculo tradicional.

A carência revolucionária

Apoiando-se nos manifestos do Teatro Jarry e em algumas passagens de *O Teatro e seu Duplo,* Sartre se admira de que Artaud haja mantido sempre a convenção de um mínimo de ficção para o Teatro da Crueldade (por exemplo, *A Conquista do México*). Parece-lhe ao contrário que no projeto de toda revolução teatral toda ficção devesse desaparecer:

"Se o teatro, como diz Artaud, não é uma arte, se ele libera como um ato as forças terríveis que dormem em nós, se o espectador não é senão um ator em potencial, que sem demora vai entrar na dança com toda a violência que será desencadeada nele, então Artaud parou no meio do caminho. Efetivamente, é preciso colocar o espectador, caso queiramos ser lógicos como Artaud, na presença de um acontecimento verdadeiro: isto quer dizer que desta vez a crença deva ser total. Nesse sentido a realização contemporânea do Teatro da Crueldade é o que denominamos *happening*"[a].

A objeção e a afiliação nos parecem igualmente mal fundadas. Diferenças enormes e capitais separam o *happening* dos espetáculos previstos pelo Teatro da Crueldade[b]. Se no entanto pareceu interessante citar esta análise, não foi somente porque ela emana de Sartre, mas porque reflete uma opinião muito difundida e arraigada: "Fazer do teatro o lugar de um espetáculo 'total' e, para tanto, exagerar ao máximo os elementos do gesto, do movimento, do *happening* repentino e incongruente, em detrimento da palavra, e sobretudo do desenvolvimento coerente da ação, eis a interpretação corrente das idéias de Artaud sobre o teatro"[c].

Sem retornar à impropriedade de uma tal análise, sem repetir uma vez mais que Artaud quis estabelecer uma metafísica do teatro e não um simples tratado de encenação, sem insistir que é um absurdo deplorar que Artaud não tenha sido tudo o que ele recusou violentamente ser (teórico, esteta ou

---

a . J.-P. Sartre, declarações feitas em 4.12.1966 a J.P. BERCKMANS e J.C. GAROT, Mito e Realidade do Teatro, *Le Point*, n. 7, jan. 1967, pp. 20-25.
b . Como veremos no Cap. 5.
c . N. CHIAROMONTE, art. cit. (cf. *supra*, p. 141-142), p. 15. Palavra sublinhada no texto do artigo.

militante político...), podemos nos interrogar sobre a persistência do contra-senso e sobre aquilo que lhe confere crédito. Por que se deforma o pensamento de Artaud? Por causa de uma leitura rápida e superficial dos seus principais textos, evidentemente, mas isso não é uma explicação suficiente. É preciso retornar às variações e contradições e a esse conflito permanente que dilacera Artaud.

Quando medita sobre a obra deste último, Sartre apóia-se essencialmente nos manifestos do Teatro Jarry. Ele também menciona algumas passagens de *O Teatro e seu Duplo,* mas a escolha que faz não lhe permite tomar consciência de todas as facetas de Artaud. Por exemplo: no seu desejo de sublinhar a importância que este atribui ao acaso, ao imprevisto objetivo, à não repetição, negligencia totalmente outra exigência formulada por Artaud: a de uma codificação precisa, rigorosa, quase científica do espetáculo, a exemplo dos balineses. Ora, esquecer essa obsessão pelo rigor, que parece contradizer o princípio da não repetição[a] é trair Artaud, eliminando o dilaceramento em que ele se debate e que constitui sua característica própria.

Finalmente Sartre, e como ele muitos outros, vê no *happening* a conclusão inelutável das teorias de Artaud, e parece acreditar que o alcance do Teatro da Crueldade se orienta sobretudo em relação ao espectador. É certo que o autor de *O Teatro e seu Duplo* quis subverter a relação palco-platéia. Mas nem por isso colocou a transformação do público no primeiro plano de suas preocupações. Para ele, o ponto de partida continua sendo o homem que *representa sua vida* (cf. II, 13) diante dos espectadores. Estes, por sua vez, deverão ser atingidos, mas neles a comoção profunda advém apenas como conseqüência. Foi o que aconteceu no Vieux-Colombier, onde Artaud efetivamente "representou Artaud", realizando enfim sua ambição de sempre. Pôr o espectador "em presença de um acontecimento verdadeiro", é o que dizia Sartre[b]. Esse acontecimento verdadeiro foi realmente produzido diante do público a 13 de janeiro de 1947. Nesse dia, Artaud executou o ato puro que seus escritos apregoavam e que Sartre o acusava de não ter ousado executar. Não haveria aliás nenhum abuso de linguagem em apresentar o espetáculo do Vieux-Colombier como uma espécie de *happening.* Mas por que procurar no *happening* contemporâneo uma posteridade para os mais importantes escritos de Artaud, posto que as semelhanças entre ambos são poucas e marcadamente exteriores?

---

a . Cf. *supra* (Cap. 2), item "O Acaso", pp. 72-76.
b . Ver a citação de Sartre reproduzida na p. 196.

A carência poética

Quase no outro extremo da objeção sartriana uma outra carência é às vezes imputada a Artaud e poderia ser designada como a carência poética. Lá onde Sartre se admira que o autor de *Os Cenci* não tenha sabido renunciar totalmente às convenções da fixação e do texto, Eugène Ionesco acredita, pelo contrário, que o profeta da Crueldade não teve meios para realizar suas ambições e que ele não foi "nem poeta, nem dramaturgo":

"(...) simples ator e encenador, ou antes diretor (...). Ele fez direção sem teatro, encenação sem texto, talvez porque o autor com o qual sonhara lhe faltasse na época"[a].

É um julgamento um tanto desconcertante. Não levemos em conta seu aspecto de defesa *pro-domo*, seu vocabulário impreciso e mesmo seu conteúdo paradoxal; pretender que Artaud não tenha sido um poeta, mas um simples diretor, é sem dúvida o último dos reparos que se poderia sonhar em dirigir ao autor de *A Conquista do México...*[b] Através dessa objeção tão aberrante, percebe-se o que a pode fundamentar: a contestação, feita por inumeráveis contemporâneos de Artaud, de um desnível desproporcional entre as aspirações e as realizações. Os que haviam lido os Manifestos do Teatro da Crueldade vieram assistir a *Os Cenci* a espera de uma revolução total do universo cênico. Podemos adivinhar sua decepção e sua frustração ao saírem do Folies-Wagram. Daí nasce a idéia de que Artaud talvez fosse o profeta de uma nova dramaturgia, que ele saberia pôr em ação, porém não seria seguramente o autor de que esse teatro sonhado tinha necessidade. É uma idéia sumária, mas que as inúteis concessões e compromissos de Artaud para que seu teatro visse a luz do dia puderam conferir algum crédito[c]. A tese de uma carência poética remete-nos assim ao problema do fracasso.

A falência

Com efeito, o interesse da objeção formulada por Ionesco, por mais limitado que seja, provém do fato de ela se ligar a uma convicção mais séria e ainda hoje solidamente arraigada, segundo a qual a vida e a obra de Artaud acabaram finalmen-

---

a . E. IONESCO, art. cit.; cf. *supra*, p. 195 e nota b — *R.B. 22*, p. 133 e *R.B. 69*, p. 24.

b . O próprio Ionesco concede que o início de *O Teatro e seu Duplo* "faz vibrar em nós cordas profundas" (*R.B. 22*, p. 132 e *R.B. 69*, p. 24).

c . Cf. *supra* (Cap. 4, estudo dos fracassos), pp. 182-184.

te em uma inegável falência. Encontramos essa crença em comentaristas usualmente lúcidos.

"Sua vida é um naufrágio. Alguns dirão talvez que através da obra o fracasso se transformou em sucesso. Eu não acredito que um escritor possa se contentar em preencher páginas, remexer em idéias, e que o tribunal da posteridade resgate uma vida morta a não ser em troca de uma morte embalsamada"[a].

Da mesma forma, o espetáculo do Vieux-Colombier é algumas vezes descrito como um lamentável fiasco, no qual o poeta teve de se resignar a uma humilhante afasia. Mais inspirado, Gaetan Picon pressente os limites do fracasso, sem porém deixar de corroborar com essa idéia:

"É na medida exata em que falhou na vida que Artaud também falhou em sua obra (...) (mas) ele tirou de seus fracassos um partido tão profundo e tão novo que parece irrisório falar de fracasso. No entanto ele não escreveu o que quis escrever: uma obra que tivesse confirmado uma existência"[b].

Estranha ilusão dos comentaristas: será preciso acreditar na falência dessa obra sob pretexto de que ocorre muitas vezes no autor uma confissão de falência e, nos contemporâneos, um veredicto da falência? Depois que Artaud confessou e tornou a confessar sua penúria, sua impotência e seu fracasso, foi interpretado literalmente e pegaram-no pela palavra. Como se não soubéssemos, por inumeráveis exemplos, que o julgamento dos homens sobre suas obras é infinitamente sujeito a verificações, tanto quanto os julgamentos momentâneos da história! Um certo número de postulados análogos pesou sobre Artaud, falseando as tentativas feitas para apreciar equitativamente sua contribuição. Com o recuo dos anos, podemos hoje nos desfazer dos pressupostos que ofuscavam nosso julgamento.

Objeção ao idealismo ou ao desconhecimento do público

Falta examinar a resistência dos que, sem trair grosseiramente Artaud, recusam sua visão do teatro, em nome do realismo e de uma consciência precisa da inserção do "fenômeno-teatro" numa determinada realidade sócio-econômica. É talvez a objeção mais importante de todas as que encontramos até agora e foi formulada notadamente por Bernard Dort.

---

a . OTTO HAHN, *Retrato de A.A.*, Ed. Soleil Noir, 1968, p. 112.
b . G. PICON, Sobre A.A., *Mercure de France*, abr. 1957; texto reproduzido em *L'Usage de la lecture*, Mercure de France, 1961, t. 2, pp. 189-194.

O ponto de partida é a consideração do público: não do público abstrato, mas do público real, do público burguês de hoje, formado na escola do Boulevard, e com o qual a vanguarda deve se acomodar. Um público que Artaud parece ignorar ostensivamente, e estaria aí "o grande defeito de *O Teatro e seu Duplo*", segundo Bernard Dort:

"sonhar com um teatro sem pensar num público; preconizar um grande teatro de participação sem se interrogar sobre a natureza e o papel dessa participação; afirmar a necessidade de um teatro do elementar, quando tudo na estrutura da empresa teatral, bem como no comportamento firmado dos espectadores recusa hoje esse apelo ao elementar".[a]

Em resumo, o projeto de Artaud "se enxerta" na "tentação idealista", ilustrada por Lugné-Poe e sobretudo por Gordon Craig[b].

É uma objeção razoável e fundamentada sobre uma leitura atenta de Artaud, pois este relega de bom grado a um segundo plano a questão do público, considerando-a indiferente ou implícita:

Que haja ou não um público para tal teatro, a questão é, em primeiro lugar, formá-lo. Além do mais, na própria natureza do espetáculo, como acabamos de descrevê-lo, sempre deve haver alguma coisa a oferecer a não importa que público, ao qual as coisas representadas serão sensíveis ao menos numa de suas acepções (V, 126).

Mais desconcertante ainda é a fórmula lapidar através da qual Artaud se descarta deste problema no primeiro Manifesto da Crueldade, em meio a intermináveis definições da encenação, do espaço cênico, dos acessórios, da atualidade, do programa, etc.:

O PÚBLICO: Primeiro é preciso que esse teatro exista (IV, 118).

É uma maneira de negar o problema, e até mesmo de negar o público, como pensa Jacques Derrida[c].

Observa-se também que Artaud se refere muito mais ao "espectador" do que ao "público", e esta contestação vem apoiar a análise proposta por Bernard Dort, relativa ao projeto teatral que ele formulara:

"Suscitar uma festa coletiva que seria a dos indivíduos separados, negando sua singularidade pessoal através da participação, por intermédio do ator-encenador-poeta, a uma vida física 'apaixonada e convulsiva'..."[d].

---

a . B. DORT, A Vanguarda em Suspenso, *Théâtre populaire*, n. 18, 1.5.1956; texto reproduzido (e ligeiramente modificado) em *Théâtre public*, Seuil, 1967, p. 245.

b . B. DORT, La Vocation Politique, *Esprit*, maio 1965; texto reproduzido em *Théâtre public*, p. 368.

c . J. DERRIDA, La parole soufflée, *T.Q. 20*, p. 64, nota 5.

d . B. DORT, art. cit., *Théâtre public*, p. 368

Mesmo que se possa julgar um tanto exagerado o amálgama de Lugné-Poe, Craig e Artaud no seio de uma mesma tendência "idealista" — o adjetivo teria feito Artaud espernear — conclui-se que essa crítica é coerente. Fundamentada em um realismo lúcido e em uma apreensão metódica das condições de existência do teatro atual, recorre a uma tábula rasa, a um grau zero do teatro, e considera com desconfiança o sonho de uma imensa e ilusória participação dos espectadores. Em resumo, trata-se de destruir determinado teatro burguês reinante, como o quer também Artaud, e de reconstruir em seguida um teatro novo. No entanto, há uma proposta de se proceder racionalmente, não deixando de lado nenhum dos dados do problema e recusando acreditar que uma renovação parcial e veemente de inspiração e de métodos encadearão como por milagre uma renovação completa e radical do empreendimento teatral. Essa objeção ao público, tal como a formula Bernard Dort, é uma recusa da crença no milagre [19].

É certo, no entanto, dizer que Artaud errou ao não se preocupar com o problema concreto do público, ao mesmo tempo que se esforçava em reconstruir o teatro? Apesar da acolhida feita a *Os Cenci* em 1935 e apesar do divórcio quase absoluto entre o público "bem parisiense" de então e a tentativa de Artaud, pode-se considerar que este empregara um método estrategicamente defensável: atacar de frente o obstáculo, sacudir os hábitos reinantes, desorientar o espectador, pronto a agüentar alguns sarcasmos. Um fracasso, as representações do Folies-Wagram? Que seja, mas um fracasso que de maneira alguma entravou a fantástica propagação póstuma das visões de Artaud. O interesse atualmente dispensado à sua obra e a tudo o que esteja direta ou indiretamente relacionado com ela, parece demonstrar que não era absurdo nem errôneo acreditar que o público acabaria por segui-lo.

O mesmo ocorre com o retorno a um teatro do elementar e baseado em uma grande participação: *a priori,* é perfeitamente verdade que o público de hoje parece pouco apropriado para responder a este chamado do elementar. De fato, a certeza é tão grande assim?

"Poder-se-ia dizer que qualquer participação nos é vedada num espetáculo da Ópera de Pequim, por exemplo, pela única razão que os gestos dos dançarinos evocam uma mitologia que nos é obscura? Mas os elementos mágicos e oníricos, que são o essencial do espetáculo, não nos situam, ao contrário, no plano do universal, onde se reconstitui a comunidade psíquica e atuante dos espectadores?"[a].

De um modo mais geral, pode-se admitir que a objeção ao "idealismo" explica muito bem o fracasso imediato de

---

a . JEAN-MICHEL ROYER, "Conhecimento e Reconhecimento", R.B. 22 (pp. 135-148), p. 147.

Artaud e seu caráter inelutável, mas ela não leva em conta a fecundidade ulterior de seus principais escritos. Ora, essa fecundidade não é negável; ela já se tornara evidente há uns dez anos:

"Pelo menos uma parte de nosso teatro começou a assemelhar-se a Artaud e ela ilustra interminavelmente *O Teatro e seu Duplo* (...). Mais ainda: Artaud é um dos elementos de nosso círculo, um dos componentes maiores do nosso universo intelectual. Olhando bem, reconhecemos o que ele nos ensinara a ver. Ele formou nossa visão, e abriu-a sobre Báli, sobre o Ceilão, sobre Pequim, sobre o Nô..."[a].

Esse trecho data de 1958, e ainda mantém toda sua validez. Pode-se mesmo afirmar que a difusão e até mesmo o predomínio de Artaud não cessaram de crescer desde essa época. Assim sendo, é ainda concebível qualificar a desconsideração do público como "o grande defeito de *O Teatro e seu Duplo*"?

Na verdade, o problema não se coloca e a atitude de Artaud em relação a este ponto não deve ser louvada nem condenada. Ela simplesmente não poderia ser diferente. Com efeito, como poderia Artaud ter encarado racionalmente o problema do público, ele que conhecia apenas sua própria miséria ontológica e não podia conceber os outros homens a não ser como indivíduos mais ou menos participantes da mesma miséria? O teatro que almejava era, em um sentido amplo, um teatro mágico, e seu nascimento, sua existência, sua ação sobre os espectadores deviam também proceder da mesma função mágica. É difícil perceber como o apóstolo de um tal teatro poderia preocupar-se racionalmente com sua implantação coletiva. Todo racionalismo era seu inimigo.

Ainda que mal fundamentada, a objeção ao público apresenta a vantagem de colocar em evidência o caráter mágico do teatro segundo Artaud, e sua repugnância a toda participação na realidade. Atitude que é um reflexo muito exato do comportamento do homem Artaud, cuja vida decorreu numa contínua espera do milagre que lhe traria magicamente o consolo de seus males e a solução de seus problemas. E isso não apenas durante o período surrealista, no qual o culto do acaso era um artigo de fé[b], mas mesmo depois, em plena edificação de *O Teatro e seu Duplo*. Sua correspondência está cheia de passagens que atestam uma confiança imensa, quase infantil, em uma intervenção misteriosa e salvadora:

Eu lhes asseguro que estamos em pleno milagre (V, 169).

---

[a] . JEAN-MICHEL ROYER, "Conhecimento e Reconhecimento", *R.B. 69* (pp. 74-92), p. 90.

[b] . Em 1926: *Temos fé em um acaso, em um milagre que sobrevenha para nos revelar aquilo que ainda ignoramos* (II, 24).

Eu estou certo, aliás, de que nem precisarei procurar meu galpão e que quando o artigo da N.R.F. aparecer, o local virá como todo o resto, milagrosamente[a] (V, 171).
Minha vida aqui parece um milagre (V, 276 — México, 1936).

Nos diversos escritos, encontram-se igualmente muitas passagens que traem a repugnância em encarar as aplicações concretas, como se Artaud se violentasse para chegar até lá:
Praticamente, e posto que é preciso, apesar de tudo, *formular* princípios, *eis aqui alguns bem palpáveis*[b] (I, 216).
Esta perturbação e a possibilidade de uma revolta dos vencidos se manifestarão de dez mil maneiras[c] (V, 28 — Conquista do México).

Mesmo que o inspirador da Crueldade tenha procurado desesperadamente dar vida a seu teatro, não é necessário recorrer aos textos para constatar que todo seu ser opõe uma espécie de recusa sistemática à aplicação realista de suas intuições.

Ele era, além do mais, insensível ao que tem sido denominado realismo histórico. Sabe-se da violência com que condena toda ação política e rejeita, por exemplo, a via comunista, à qual haviam aderido vários de seus velhos amigos surrealistas. Em face deles e de todos que tinham escolhido precisamente o engajamento político, faz um pouco a figura de anarquista, e o termo é menos impróprio do que parece, caso se admita que o anarquismo exige e implica certo rigor. É aliás provável que a frenética ofensiva de Artaud contra o teatro reinante, mesmo mal estudada e mal calculada, foi afinal de contas tão eficaz no seu desenfreamento anarquista, quanto uma estratégia metódica e paciente, que se apoiasse sabiamente em um retorno prévio ao grau zero do teatro. Se hoje um certo teatro burguês não mais se mantém na crista da onda, Brecht não foi o único responsável pelo fato, e Artaud contribuiu largamente para sua demolição. Simples visionários podem ser tão perigosos quanto os teóricos mais revolucionários.

Mas vamos até o fim: por que esse visionário se desinteressa pelo problema do público? Não é porque ele enxergue nisso um problema de organização, indigno do plano espiritual em que pretende se manter. É por que no Teatro da Crueldade o público, em última análise, não existe. "Espetáculo sem espectadores", escreve Jacques Derrida[d], que cita Nietzsche em apoio a Artaud.

a . Sublinhado por Artaud.
b . Palavras sublinhadas por nós.
c . Palavras sublinhadas por nós.
d . J. DERRIDA, O Teatro da Crueldade e o Fechamento da Representação. *Critique* 230 (julho 1966), p. 612, nota 10. A citação de Nietzsche devia ser reproduzida na íntegra.

"O homem presa da excitação dionisíaca, da mesma forma que a multidão orgiástica, não tem auditório a quem possa comunicar alguma coisa, enquanto que o narrador épico e o artista apolíneo pressupõem em geral esse auditório" .

Pode-se ligar o transe "artaudiano" à ação dionisíaca? Artaud, na sua obra, evitou qualquer referência a Dionísio[a]; poderíamos apenas relembrar o projeto fugaz[b] de montar *As Bacantes,* de Eurípides, em que Dionísio é exaltado. Em dado momento, pareceu possível interpretar esse silêncio no sentido de uma recusa a tudo o que conferisse à ação teatral uma postura desvairada e descontrolada. Mas quem fala de Dionísio fala justamente do culto prestado a um deus segundo os rituais e não do absurdo de uma desordem cega e sem coerência. Nessas condições, não seria descabido recolocar o teatro pretendido por Artaud sob a égide ou como uma extensão do teatro dionisíaco.

Verifica-se então a afirmação de Nietzsche: na medida em que ele é de fato dionisíaco, o teatro segundo Artaud dificilmente visa a comunicação. Dir-se-á talvez, que ocorre aqui uma nova contradição, e que esse transe não será mais espetáculo, se não for dirigido a alguém. Dir-se-á que Artaud sempre foi ansiosamente ávido de se oferecer ao olhar ou à investigação de alguém: no palco ou na tela, na rua ou nos cafés, no menor de seus escritos, não se dirigiu sempre aos outros? É-lhe possível exprimir-se sem falar a alguém?[c].

Uma vez mais é a conferência de 1947 no Vieux-Colombier que oferece a solução de um conflito que ela resume: espetáculo que se torna recusa do espetáculo, procura de um público que se torna recusa desse público, oferenda apolínea que se torna puro transe dionisíaco, negando inevitavelmente a presença de testemunhas indiscretas — e o conferencista metódico de óculos e fichas transforma-se repentinamente em homem-teatro. Momento privilegiado e também quase o derradeiro momento da vida de Artaud, onde se encarna enfim como presença e ao mesmo tempo como ausência o Teatro da Crueldade.

---

a . Cf. *supra* (Cap. 2), item "O Transe", pp. 46-49.
b . Cf. *supra* (Cap. 3) pp. 115-116.
c . Cf. *supra* (Cap. 1), item "A Dramatização da Palavra", pp. 19-20.

Notas ao Capítulo 4

1. Uma carta de Lugné-Poe (26.6.1920) a um correspondente desconhecido, com timbre da Maison de l'Oeuvre — documento comunicado a Robert Maguire por Mme Toulouse — nos revela que o grande homem de teatro se interessara por Artaud pouco após a chegada a Paris deste último: "Comecei a me interessar por Antonin Artaud. Diga-me algo a seu respeito. Ele tem futuro?..." (citado por R. MAGUIRE, *Les Hors-théâtre*, p. 293). Dois anos mais tarde, quando Artaud representa com Dullin *A Vida é um Sonho* (Vieux-Colombier, 1922) Lugné-Poe publica uma crítica do espetáculo (em *L'Eclair* de 18 de dezembro de 1922) na qual ele saúda o gênio de Artaud com verdadeiro entusiasmo (documento comunicado a R. Maguire por Mme Malausséna):
"Antonin Artaud é um ás. Ele possui luz (...). Eu havia assinalado a flama poética do espírito de Antonin Artaud a meus amigos, mas sua dicção difícil lhe tornou os primeiros passos trôpegos e era-lhe necessária a oportunidade sagrada que ele encontrou no Atelier. Com Henri de Régnier, por ocasião dos *Scrupules de Sganarelle*, ficamos encantados com a composição que este surpreendente artista, então um figurante, nos apresentou de um burguês acordado no meio da noite. Sua maquilagem, suas atitudes eram as de um pintor perdido em um ambiente de comediantes. Sensível ao mais alto grau, inteligente, exasperado de beleza, Antonin Artaud poderá ser a chave do sucesso do Atelier; ele deve unicamente criar seu ritmo em torno de si. Para mim é uma lástima não ter podido servi-lo tão bem quanto Dullin o fez". Citado por R. MAGUIRE, *op. cit.*, p. 293. Com referência ao interesse manifestado por Lugné-Poe em relação à carreira de A. e à vontade de ajudá-lo encontramos ainda alguns indícios em 1923 e em 1925; cf. *Cartas a Génica*, pp. 61-62 e p. 215.

2. A carta de Dullin a Roger Blin (publicada no n. especial sobre Artaud de *K* — 1948, n. 1-2 e parcialmente reproduzida por P. THÉVENIN em *R.B. 22*, pp. 20-21) indica com bastante clareza as razões desse desentendimento; recordemos que para compor uma figuração em uma peça de

Pirandello, Artaud havia se maquilado inspirando-se nas máscaras dos atores chineses ou ainda que, ao interpretar o imperador Carlos Magno, ele avançava em direção ao trono arrastando-se. Trata-se de escolhas um tanto desconcertantes e efetuadas sem a menor preocupação com a homogeneidade do espetáculo; sob a ironia comovida da lembrança, percebemos o espanto de Dullin.

3. Deve-se notar que Artaud jamais apareceu como a vedete dos espetáculos de que ele participou. Seus papéis foram mais ou menos importantes, algumas vezes de primeiro plano, mas jamais fizeram dele o elemento maior da representação. É verdade que, mesmo quando ele foi diretor de companhia, ele não pensou em atribuir-se o papel principal nas peças que montou. Por ocasião das manifestações do Teatro Jarry, apareceu no palco unicamente em *O Sonho*, de Strindberg e em um papel muito secundário ("A Teologia"). Por ocasião de *Os Cenci*, só se decidiu a interpretar o velho Cenci porque os atores convidados (Marcel Dalio e Robert Le Vigan, segundo o testemunho de Roger Blin) haviam recusado; se dependesse dele teria preferido não representar.

4. André Frank relatou a ausência de Artaud a um ensaio de *Os Cenci* como ele fora encontrado em seu quarto, mergulhado na leitura do *Livro Egípcio dos Mortos* (A. FRANK, Revue théâtrale, n. 13, verão de 1950, p. 33).

5. Outro fracasso provável a ser juntado à longa lista dos projetos sem seqüência: em 1931-1932, Artaud planeja abrir um curso e dar aulas a jovens atores; ele se abre com Paulhan (III, 227) e depois com Jouvet (III, 294) a fim de obter seu apoio. Em setembro de 1931, isto, para ele, faz parte *de todo um programa de ação* (III, 227); em março de 1932, é unicamente porque o assunto lhe *prestaria serviço materialmente* (III, 294). O projeto teria tido um começo de realização? Em todo caso, ele deve ser debitado na relação dos empreendimentos que permaneceram sem nenhuma seqüência.

6. Os roteiros achados foram publicados no tomo III das *O.C.* Artaud escreveu ao menos três outros cenários, dos quais dois parecem definitivamente perdidos. Encontramos unicamente seus títulos: ver, na primeira parte (listas-repertórios) de nosso Apêndice, o levantamento das diversas atividades cinematográficas de Artaud.

7. Germaine Dulac (1882-1942) militou com energia, através de seus escritos, suas conferências, sua atividade em favor dos cine-clubes, para que fosse reconhecida a especificidade da arte cinematográfica. Sua reputação encontra-se aqui manchada — um pouco injustamente — pelo escândalo de *A Concha e o Clérigo*, no qual ela aparece como uma "beócia". Na realidade, ela lutou demais para impor um cinema à margem do comércio. Suas obras mais importantes são *La Fête Espagnole* (1919, roteiro de Delluc), *La souriante Madame Beudet* (1922), *Invitation au Voyage* (1925), *Antoinette Sabrier* (1927) e após o infeliz episódio de *A Concha* (1928) dois filmes realizados a partir de temas musicais: *Disco 927* (segundo Chopin, 1929) e *Thème et Variations* (1930).

8. A propósito do escândalo de 9 de fevereiro de 1928 nos Ursulines, pode-se consultar várias fontes. Um bom resumo dos fatos é dado por P. Thévenin em *R.B. 22*, p. 29 e nota 23. As cartas inéditas de Artaud a Germaine Dulac que tivemos a sorte de encontrar explicam indiretamente o desencadeamento ulterior do escândalo. Além disso deve-se consultar o n. 38-39 (primeiro trimestre de 1965) da revista *Etudes Cinématographiques* (n. especial sobre "surrealismo e cinema") e particularmente os estudos de Georges Sadoul ("Lembranças de uma Testemunha", pp. 16-19) e de Alain Virmaux ("Uma Promessa mal Cumprida: O Filme Surrealista", pp. 115--123); cf. enfim "Artaud and Film", de A. Virmaux, em *Tulane Drama Review*, vol. II, n. 1 (Fall., 1966), pp. 154-165.

9. Esta repulsa diante do cinema quando ele se tornou falado, por volta de 1930, foi experimentada pela maior parte dos surrealistas, e principalmente por André Breton: "Trata-se de uma regressão desoladora em direção ao

teatro: a dicção absurda, a feiúra, os gritos de pavão, a falta total de sinceridade (...)" (Resposta de Breton a uma enquete feita em 1930 para *Les Annales*, por Henry Mercadier de Madaillan e publicada em 1932 em *L'Irrintzina;* texto de Breton publicado em 4.6.1932, n. 4, p. 3, e reproduzido posteriormente em *L'Art du Cinéma*, de P. Lherminier, Seghers, 1960, p. 262).

10. Mme M.A. Malausséna nota — *Revue théâtrale*, n. 23, p. 48 — que Artaud "perdeu ao mesmo tempo o posto de encenador que devia lhe ser oferecido pelos Teatros Suecos". Na verdade, é bastante difícil imaginar *a posteriori* que Artaud pudesse ter feito no teatro uma "carreira" regular e se satisfizesse com uma "situação" confortável, mas o fato demonstra mais uma vez uma de suas constantes: precisamente esta incapacidade radical em se adaptar a moldes prontos que a sociedade podia lhe oferecer.

11. Nessa época ainda existia uma espécie de mecenato artístico. Em 1929-1930, o mesmo Visconde de Noailles permite sucessivamente a Man Ray, Buñuel e Cocteau de se exprimirem no cinema; é em grande parte graças a ele que foram realizados *Un Chien Andalou* e *Le Sang d'un Poète* (cf. A. VIRMAUX, *Etudes Cinématographiques*, n. 38-39, art. cit., p. 125).

12. Em fevereiro de 1931, a peça de Vitrac ainda não estava terminada (cf. III, 200) e quando ficou pronta alguns meses mais tarde Artaud mostrou-se insatisfeito com ela e recomendou com insistência diversos retoques (III, 244-251), o que provavelmente precipitou a ruptura definitiva entre os dois homens.

13. "A um momento da representação, Artaud desejava vê-la (Iya Abdy) pendurada por sua magnífica cabeleira à roda do suplício; o efeito seria seguramente surpreendente. Um hábil tamborete, dissimulado sob os pés, a impediria de se 'enforcar' de verdade; com ou sem razão, Madame Abdy suspeita que Artaud mandará retirar o banquinho, na noite da estréia, para que sua expressão se torne mais verdadeira, mais sincera... Com banco ou sem banco, ela não quer ser enforcada... Não haverá nem roda, nem enforcamento. E a cólera de Artaud é terrível" (A. FRANK, *La Revue Théâtrale*, n. 13, verão de 1950, p. 32). Na realidade, houve uma roda, como provam as fotos de 1935 que apresentamos na parte iconográfica de nosso apêndice; mas essa roda está instalada ao nível do chão e verticalmente, em lugar de ficar suspensa *no teto do teatro* (IV, 263) em um plano horizontal, como previa o texto de Artaud. A recusa manifestada pela atriz obrigou unicamente a suprimir o enforcamento. Não é de se duvidar que a cena ficasse consideravelmente enfraquecida, até mesmo descaracterizada.

14. Um começo de hilariedade no público, segundo R. Blin, acolheu duas ou três palavras deslocadas. Por exemplo, no final do Ato III, o breve diálogo entre Giácomo e Orsino (*E então, fracassou? — FRACASSOU!*) (IV, 245), ou ainda na Cena 3 do Ato IV, o gemido de Camilo ("Está na hora de acabar com isso", IV, 266).

15. No estilo de interpretação enfática e exaltada dos "monstros sagrados" da Comédie-Française (De Max, Mounet, Sylvain), A. não hesitava em ver *a sobrevivência instintiva de uma magia cujo significado é desconhecido por aqueles que a praticam* (R.B. 71, pp. 5-6) e ligar esse fenômeno ao ritual dos dançarinos balineses.

16. Na verdade, Artaud sempre carregou consigo esta exigência de eficácia direta — ver seu primeiro texto importante sobre o teatro ("A Evolução do Cenário", 1924): *Compareciamos lá não tanto para ver, mas para participar*, I, 215 — mas somente aos poucos ele descobriu os verdadeiros meios de concretizá-la. Na impossibilidade de poder realizar cenicamente o envolvimento físico do espectador preconizado pelos Manifestos da Crueldade, Artaud tentou pelo menos aprisioná-lo em uma irradiação espiritual de uma intensidade insuperável. Estamos presos demais à lembrança de alguns escândalos, a algumas imagens de filme: o Artaud da imprecação gratuita e da veemência abruptamente desencadeada. Em *As Cruzes de Madeira* (1932), o diretor Raymond Bernard deu-lhe para interpretar o personagem de um

soldado que enlouquece repentinamente e que salta no parapeito da trincheira gritando: "Vão à merda, bando de vacas!". É um pouco a imagem (ver uma foto desta cena na parte iconográfica de nosso Apêndice) que, com variantes, conservamos de Artaud: o frenético, o iluminado. Uma imagem que não é falsa, mas perigosamente incompleta; Artaud é muito mais do que isso. Ele não se limita à invectiva. Através do grito e além do grito, ele quer tornar sensível ao homem a impossibilidade de persistir em sua natureza, a necessidade de reconstruir um corpo novo, um homem novo.

17. Em seu estudo sobre Artaud ("Ele não era inteiramente ele Mesmo", em *Temps Modernes,* abril de 1967, pp. 1887-1888) Jerzy Grotowski lembra que o princípio de um teatro não-discursivo tinha sido colocado antes de Artaud por Vakhtangov e Stanislávski, o princípio de um teatro liberado da literatura por Meyerhold, a abolição da divisão palco-platéia por Reinhardt, Meyerhold e o polonês Syrkus, teórico do "teatro simultâneo". É uma colocação corrigida por esta pergunta: "O fato de que em outros lugares tenham proposto isto ou aquilo poderá ocultar a verdade de que Artaud realizou descobertas através de seus próprios sofrimentos, do prisma de suas obsessões pessoais e que no que concerne a seu país, ele as inventou efetivamente?" Esta última afirmação exige algumas nuanças: reportar-se ao que constatamos, a propósito de Artaud, em nossa terceira parte, relativo à importância de Copeau e do Cartel, de Etienne Decroux, etc.

18. No cinema, onde Artaud reivindicou a paternidade de certos achados (III, 180, 186 e *passim*) as coisas se passam um pouco diferentemente. Cf. A. VIRMAUX, em *Etudes Cinématographiques,* n. 38-39, art. cit., p. 119 e s.

19. Denunciou-se algumas vezes esta intransigência realista, louvando ao mesmo tempo seu rigor doutrinal; a recusa obstinada desta "tentação idealista" à qual B. Dort filia Artaud um pouco apressadamente conduz o crítico a desconfiar quase sistematicamente "de tudo aquilo que corta o homem da sociedade, da mais fugitiva nuvem de 'metafísica' ou de lirismo, do menor átomo de loucura um pouco gratuita" (ROBERT ABIRACHED, "Para um Novo Realismo", em *La Quinzaine Littéraire,* 15 a 30.6.1967, p. 25).

Os Cenci (estréia). Ato IV, cena 3. O suplício da roda. Artaud havia previsto que *"no teto do teatro uma roda girasse, como se estivesse em torno de seu eixo"*. Beatriz devia ser *"suspendida pelos cabelos"* a esta roda. Mas a atriz, Iya Abdy, "desconfiou que Artaud queria mandar retirar o banquinho (escondido sob os pés da atriz) na noite da estréia para que sua expressão se tornasse mais verdadeira, mais impressionante (André Frank, "Antonin Artaud", in *La Revue Théatrale*, n. 13, verão de 1950, p. 32). Ela conseguiu com que a roda fosse colocada verticalmente e ao rés-do-chão, como indica a foto acima, impassível diante da cólera de Artaud.

Philippe Engelhard, em uma encenação recente dos *Cenci* (Caen, 1965).

Antonin Artaud em *O Judeu Errante*, de Luitz Morat (1926). (Doc. B.N.)

ARTAUD ET LE CINEMA

le studio des ursulines projettera en ré=
pétition générale, ce jeudi 9 février, à
21 h. 15, deux films inédits.

la coquille et le clergyman

d'antonin artaud

réalisé par germaine dulac

la tragédie de la rue

d'après william braun

réalisé par bruno rahn

fauteuils   vous seront réservés

Folhetos da apresentação, no Studio des Ursulines, de *A Concha e o Clérigo* (acima e página seguinte).

"studio des ursulines"   " un art naît. . ."

à partir du lundi 14 mai
tous les soirs à 21 h. 15

en exclusivité

deux films inédits

direction : a. tallier
l. myrga
10, rue des ursulines

la coquille et le clergyman
scénario de a. artaud
réalisé par g. dulac

trois heures d'une vie.....
de james floo[d]

au début : 10 minutes du cinéma d'avant-guerre
films documentaires et scientifiques.

on peut louer au studio : danton 81=69
et à " la semaine à paris "

A Concha e o Clérigo
"O oficial e a mulher (...) entram no confessionário" (III, 25).
(Col. Paule Thévenin)

A Concha e o Clérigo
"*Entre os dedos de suas mãos, céus, paisagens fosforescentes*" (III, 28).

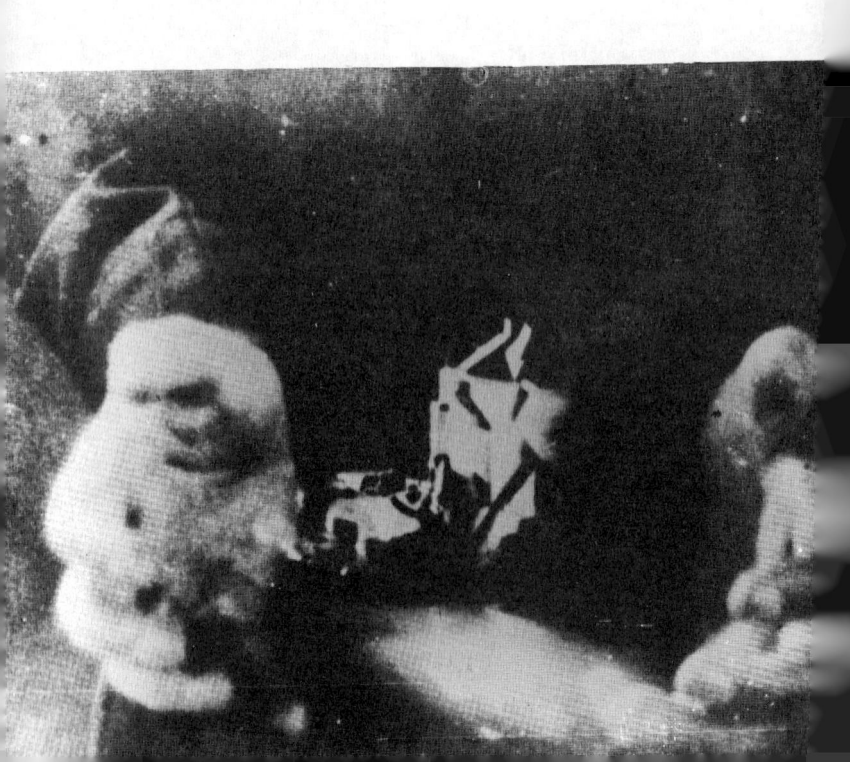

Antonin Artaud, em *Graziella,* de Vandal (1925-1926).
(Col. Pierre Estoppey)

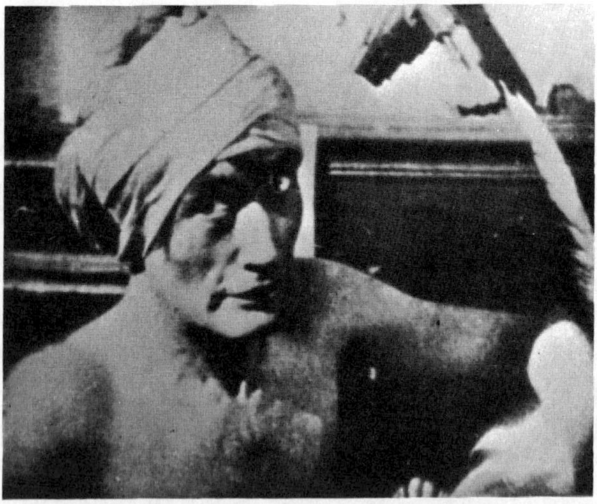

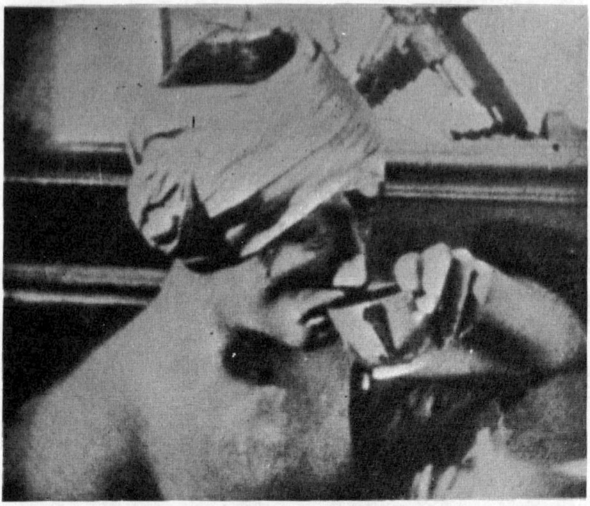

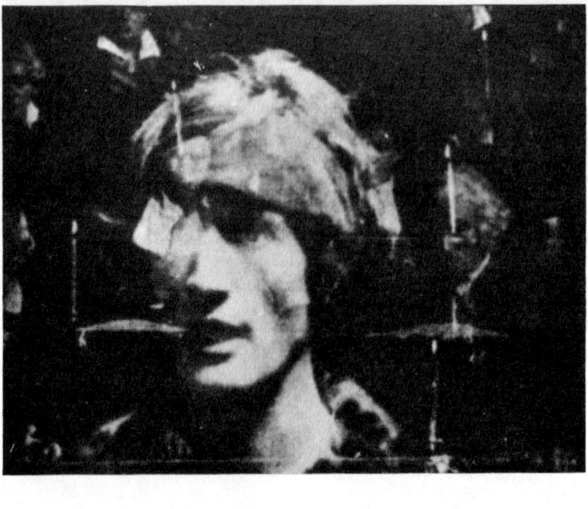

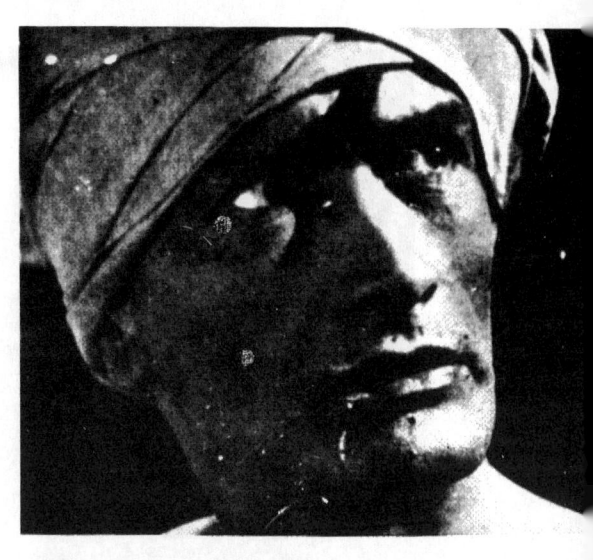

Marat interpretado por
[...]d no *Napoleão* de Gance é
[...]nte conhecido. Se julga-
[...]til, não obstante, apresen-
[...] nove clichês (ao lado e
[...]as seguintes) é porque sua
[...]ão comparada dá uma
[...]expressiva da mobilidade
[...]to de Artaud e da gama
[...]s expressões.
(Pierre Estoppey)

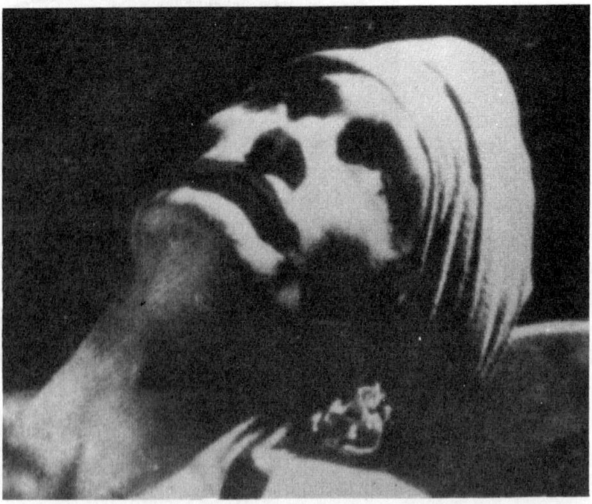

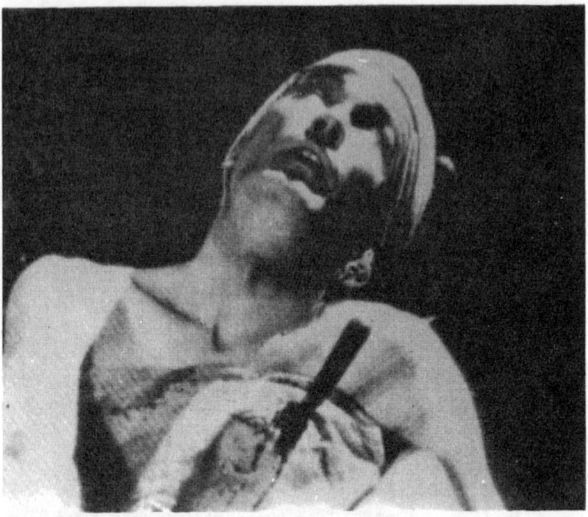

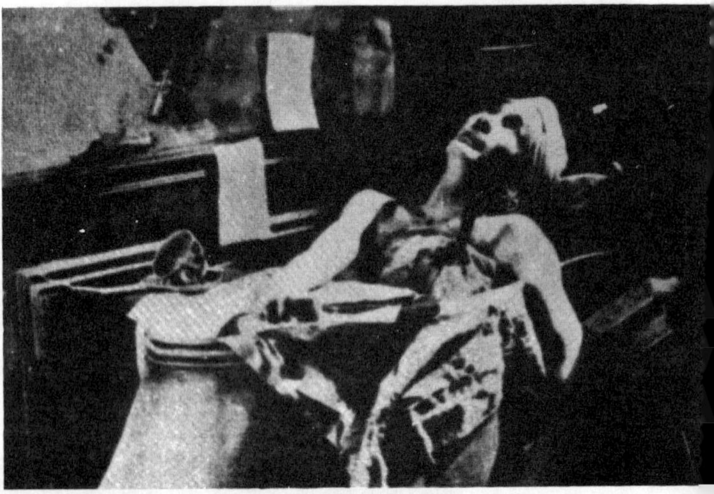

5. Das Repercussões Imediatas à Fecundidade Póstuma

A EXTENSÃO DE UMA IRRADIAÇÃO

Todos os confrontos que esboçamos precedentemente, a propósito dos inspiradores e precursores de Artaud ou a propósito de seus opositores, se originam, está claro, de uma simples indagação: o que é Artaud hoje? O que tem a nos dizer? No que ele é essencial à nossa época? E por que o é? O levantamento que tentamos elaborar até agora é inevitavelmente incompleto, mas não seria nem mesmo aceitável, se não evocássemos agora as principais correntes atuais que de uma forma ou de outra derivam de Artaud.

Tarefa difícil, até mesmo irrealizável, na medida em que os homens, os grupos, as escolas que fazem dele o seu porta-bandeira continuam a pulular na Europa, na América e em todos os cantos do mundo. Algumas linhas mestras poderão ser traçadas, mas não se deve pretender fixar pela análise um fenômeno que ainda está em plena expansão. Sem retornar ao delicado problema do mito e de sua formação[a], parece possível sugerir aqui as diversas etapas que confirmaram nos fatos o que denominamos implantação em profundidade[b].

Artaud começou por exercer sobre seus contemporâneos diretos — aqueles do ante e após-guerra — uma influência

---

a . Cf. *supra*. Preâmbulo. "A Tela do Mito", pp. 3-4.
b . Cf. *supra*, p. 189.

subterrânea e ainda mal estudada. Mais tarde as influências se revelarão abertamente e chegará a hora da irradiação. As últimas etapas dessa ascensão apresentam-se tão próximas de nós, que não seria ainda o caso de explicar tudo, e nem mesmo de prestar conta de tudo. Limitemo-nos portanto a descrever da maneira mais fiel possível o crescimento dessa irradiação e seus sucessivos progressos.

INFLUÊNCIAS IMEDIATAS: OS CONTEMPORÂNEOS

Na medida em que Artaud não conseguiu, às custas de uma longa e dolorosa ascese, liberar completamente tudo o que carregava dentro de si, é pouco surpreendente que o compreendam mal, e que de seus manifestos e de suas realizações as pessoas retenham apenas os aspectos exteriores: um vocabulário inflamado e alguns procedimentos técnicos separados do seu contexto. A partir disso vão começar a saqueá-lo. Pelo menos é o que ele afirma em 1933:

O manifesto do Teatro da Crueldade só serviu para permitir aos Srs. Dullin, Jouvet e Michel Saint-Denis realizar sua temporada. Alguns dos processos que eu concebi já foram experimentados em A Paz *e de uma outra maneira no* Intermezzo, *mas nas encenações da Companhia dos Quinze (novo estilo) eles são utilizados o tempo todo* [1] (V, 221).

Percebe-se a desconfiança crônica e o sentimento de perseguição, dos quais Artaud já dera inúmeros exemplos [2]. Tudo isso, no entanto, não se explica pela doença, e é claro que sua sensação de desapossamento era às vezes justificado. Ele podia logicamente temer que a utilização abusiva e pouco inteligente de tais processos levasse a falsear e desvalorizar sua própria tentativa, quando ela ocorresse.

É o que Artaud explica a Vitrac já em 1930: (...) *Nós seremos acusados de imitar alguns dos últimos espetáculos modernos, que nos imitam*[a]. Por outro lado, na medida em que publicava manifestos antes mesmo de montar os espetáculos, não é de se duvidar que as idéias assim lançadas caíssem no domínio público. Ele podia em seguida lembrar e provar esta anterioridade e não se indignar com o uso de suas descobertas. Mas elas foram utilizadas. Cabe portanto falar de uma influência — limitada, mas segura — exercida por Artaud sobre alguns homens de teatro de sua geração, a começar por Vitrac, seu companheiro do Teatro Jarry.

Roger Vitrac e o teatro do incêndio

Resumamos os fatos. As duas primeiras peças de Vitrac a serem representadas — *Os Mistérios do Amor e Vitor* — foram

---

a . Carta a Vitrac, 25.1.1930, publicada por H. BÉHAR, em *Roger Vitrac*. Nizet. 1966. p. 288.

encenadas por Artaud..Se o Teatro Jarry não conseguiu renascer de suas cinzas depois de 1930, foi em parte porque os dois não puderam entrar em acordo a propósito de *O Golpe de Trafalgar*[a], apesar das diversas tentativas para que a peça de Vitrac pudesse ser apresentada. Montada enfim em 1934 no Atelier, numa encenação de Marcel Herrand, foi objeto de uma nota crítica de Artaud na N.R.F., ao mesmo tempo severa (*sua peça cheira o parisianismo, a atualidade, o boulevard*) e objetivamente indulgente:

Tal como é, essè Golpe de Trafalgar deixa muito atrás toda a pobreza e as inutilidades das quais os diretores de teatro de vanguarda fazem seu prato preferido, e que os satisfazem (II, 175).

Devemos considerar esse julgamento crítico, que Vitrac não perdoará a Artaud, como "um golpe baixo", inspirado a este último pela amargura "de ver essa colaboração tão almejada lhe escapar"[b]? Na realidade, as cartas anteriores de Artaud mostravam-no insatisfeito com *O Golpe de Trafalgar;* insistiu várias vezes com Vitrac para que corrigisse a peça, modificasse o final, etc. E a própria insistência prova que ele se defrontava com uma certa resistência, pois Vitrac se mostrava pouco inclinado a ouvir as sugestões. Além do mais, o fato deste último ter procurado e encontrado um outro diretor, numa época em que Artaud empregava todos os seus esforços em uma expressão cênica (1934), demonstra que um fosso intransponível se cavara entre as concepções dos dois homens. E igualmente a severidade, aliás nuançada, de Artaud, deve ser sentida como o reflexo dessa diferença e não como a manifestação de um despeito ocasional.

Superemos agora o plano das relações individuais. À distância, e sobretudo se encararmos no seu conjunto a produção dramática de Vitrac, na qual o êxito de *Victor* não será jamais repetido[3], o julgamento de Artaud surpreende-nos por sua lucidez. Ele percebe e denuncia claramente aquilo que impediu Vitrac de se tornar o grande dramaturgo surrealista que poderia ter sido: a tentação do *boulevard*. Seja qual for o interesse relativo de peças como *O Golpe de Trafalgar* ou *O Sabre de meu Pai* (1951), poderíamos afirmar, sem paradoxo, que a participação de seu autor nas atividades do Teatro Jarry, com *Os Mistérios do Amor* e *Victor*, constituem sua principal possibilidade de sobrevivência, e que se ele não permaneceu no anonimato foi devido talvez aos seus poucos anos de trabalho com Artaud.

É inegável que ele foi profundamente marcado pela

---

a . Em relação ao *Golpe de Trafalgar*, cf. III, 197, 244, 246, 248. Ver também as cartas publicadas por H. Béhar no apêndice de seu *Roger Vitrac*, pp. 291-300. Consultar finalmente diversas cartas de Artaud relativas a Vitrac em *Opus international* n. 3, out. 1967, p. 62 e s.
b . H. BÉHAR, *Roger Vitrac*, p. 157.

personalidade de Artaud, ainda que desejasse subtrair-se a essa influência, e sua necessidade de fuga confirma justamente o fato. Foi o autor de *Victor* quem redigiu o folheto "O Teatro Alfred Jarry e a Hostilidade Pública", mas a essência desta publicação reflete tão visivelmente o pensamento de Artaud que durante algum tempo todos se enganaram sobre o verdadeiro autor do texto[a]. A pergunta que se coloca é a seguinte: Vitrac teve um pensamento teatral próprio?

Algumas afirmações, no folheto de 1930, parecem lhe pertencer: "O Teatro Alfred Jarry espera tornar-se o teatro de todos os riscos" (II, 44), mas trata-se de indicações fragmentárias demais para constituir um pensamento suficientemente pessoal e distinto. De fato, Vitrac esperava redigir um prefácio que jamais escreveu, para uma coletânea de suas primeiras obras teatrais, que se intitularia "Teatro do Incêndio"[b]. Com esse título de inspiração muito à maneira de Artaud, o autor de *Victor* fazia tardiamente uma espécie de referência longínqua e lúcida ao único aspecto verdadeiramente revolucionário de seu teatro.

O teatro de virulência

Peste, crueldade, incêndio: para os contemporâneos de Artaud sua contradição se resumia sobretudo, como veremos, no emprego de determinado vocabulário barulhento e de uma pesquisa física do exagero. Alguns espetáculos montados antes da guerra se ressentiam mais ou menos visivelmente dessa influência muito externa, a menos que algum crítico forjasse ele mesmo uma aproximação. Eis por exemplo as observações que são inspiradas a Benjamin Crémieux[4] por um espetáculo montado no L'Oeuvre em 1938, *Os Indiferentes*[c]:

"O novo teatro da virulência (...) para todos que se ligam a ele e qualquer que seja a diversidade dos temperamentos e dos méritos, se apresenta ao mesmo tempo e antes de tudo como um teatro de pureza, por isso mesmo como um teatro anti-realista, poético, cuja afirmação desfecha o golpe de misericórdia no drama burguês, senhor do palco francês há quase um século"[d].

Assim vinculavam a Artaud empreendimentos que tinham poucos pontos em comum com os seus, mas o fato merece ser assinalado porque demonstra, contrariamente ao

---

[a]. Ver a notícia preliminar em II, 259, e a nota 1 (relativa à p. 172), em V, 347.

[b]. Assinalado por H. BÉHAR, *Roger Vitrac*, p. 160, e segundo o qual teria aparecido tardiamente, provavelmente após 1946.

[c]. Peça extraída de Alberto Moravia por Paul Vialar.

[d]. B. CRÉMIEUX, *Lumière* (28.1.1938), citado por RENÉE LELIÈVRE, *O Teatro Dramático Italiano na França "1855-1940"*, La Roche-sur--Yon, 1959, p. 536.

que se poderia acreditar, que mesmo no tempo dos fracassos materiais Artaud não pregou inteiramente no deserto. Seu temor de ser saqueado não era portanto destituído de fundamento, pois as idéias que defendia conheciam uma repercussão que se exercia muito além de um círculo restrito de alguns amigos fiéis.

Sylvain Itkine, Jean-Louis Barrault, Roger Blin, Jean Vilar.

Entre esses seguidores fiéis e amigos, há nomes que não se poderia deixar de evocar, por que eles sofreram, no início de suas carreiras, a influência de Artaud, e conservaram mais ou menos profundamente sua marca: entre eles sobressaem Roger Blin e Jean-Louis Barrault. Sylvain Itkine, morto em 1944 aos 35 anos, é menos conhecido, e seu destino jamais cruzou diretamente com o de Artaud. Pode-se porém afirmar que ele foi um dos que sofreram visivelmente sua influência [5].

Vindo da Companhia dos Quinze, que Artaud acusava de tê-lo plagiado (V, 221), Itkine ingressa em 1935 no elenco organizado por Barrault no *Grenier des Augustins,* ao qual se agrega a associação denominada "Teatro dos Cinco". Foi então redigido um manifesto, assindo por J. L. Barrault, S. Itkine, J. Bertheau, R. Rouleau e J. Servais. Será preciso assinalar que três signatários em cinco tinham sido companheiros de jornada de Artaud, seja na época do Teatro Jarry (Rouleau), seja na de *Os Cenci* (Barrault e Bertheau)[6]?

Acrescentemos que a primeira manifestação dos "Cinco" foi um *Macbeth* montado em 1937 por Julien Bertheau, o mesmo *Macbeth* que Artaud se propusera encenar em seguida a *Os Cenci* [a]; e que a terceira manifestação [b] foi um espetáculo Jarry encenado por Itkine: *Ubu Acorrentado* e *O Objeto Amado.* É um espetáculo que, à distância dá a impressão de uma espécie de homenagem a Artaud, pois o Teatro Jarry não pudera montar nenhuma peça do autor de *Ubu-Rei.* Outros pontos de convergência: no grupo formado por Itkine ("O Diabo Escarlate") encontram-se os nomes de Roger Blin e de Pierre Asso, e ambos participaram de *Os Cenci;* e nesse mesmo ano de 1938, o grupo remontou a peça que constituíra o pomo de discórdia entre Vitrac e Artaud, *O Golpe de Trafalgar.* Apesar das diferenças evidentes entre as ambições do autor de *Heliogábalo* e as de Sylvain Itkine, que era muito engajado politicamente, não podemos nos impedir de pensar que a trajetória escolhida por este último deve alguma coisa à trajetória de Artaud [7]. Numa época (1939) em que os mani-

---

a . Cf. *supra* (Cap. 3), item "A. e os Elisabetanos", p. 119 (e nota 8, Cap. 3).

b . A segunda manifestação dos "Cinco" foi a *Numância* montada por Barrault.

cômios já o haviam isolado do mundo, constatamos que sua voz não permanecia absolutamente sem eco.

Ao contrário da carreira de Itkine, que foi breve, a de Jean-Louis Barrault estava apenas no começo. Começo, aliás, amparado por Artaud, e de que maneira brilhante! Não somente ele publica na N.R.F. (1º de julho de 1935) uma nota muito elogiosa sobre o primeiro espetáculo de Barrault — *Em Volta de uma Mãe* — mas exige em seguida a inserção desse texto em *O Teatro e seu Duplo* (IV, 168-171). Não há dúvida de que uma tal aprovação fez muito por Barrault [a], ajudando-o a se impor. Os espetáculos que então apresentou — *Numância* (1937) e *A Fome* (1939) — acabam de qualificá-lo como criador e como encenador, no momento exato em que *O Teatro e seu Duplo*, que termina precisamente com o elogio a Barrault, aparece na Livraria Gallimard (fevereiro de 1938). O drama de Artaud, nessa etapa de sua existência e a partir de *As Cartas a Riviére*, consiste em que sua influência se exerce muito mais através de seus escritos, sobretudo os "teóricos" do que através de suas atividades públicas [8]. Mesmo que os poucos espetáculos montados por ele não tenham sido inoperantes, permanece o fato de que sua voz se fez ouvir muito mais alto através dos manifestos do que através dos *Cenci*. E Barrault angariou um benefício visivelmente mais importante com a publicação de *O Teatro e seu Duplo* do que com a sua colaboração na preparação de *Os Cenci* [9].

A influência de Artaud sobre Barrault não se limitou a um simples "lançamento". Várias idéias mestras deste último se originam das grandes preocupações de Artaud ou coincidem com elas. Assim, a idéia de um teatro sobretudo físico, já presente no espetáculo *Em Volta de uma Mãe*, é retomada nos espetáculos seguintes de Barrault; em relação a *Numância*, ele "se aproximava desse universo fisiológico e mágico que o tentava" e em relação *A Fome*, "sente-se mais uma vez atraído pelas possibilidades teatrais que um tema fisiológico lhe oferecia"[b]. Da mesma maneira, sua concepção de um teatro total é algumas vezes apresentada pelos comentaristas como diretamente derivada de Artaud[c]. Finalmente "O ensaio de um Pequeno Tratado de Alquimia Teatral", baseado na metodologia do fôlego[d], deve evidentemente muita coisa às

---

[a]. Barrault sempre reconheceu de bom grado a importância que significou para sua carreira a aprovação publicamente demonstrada por Artaud.

[b]. SYLVAIN DHOMME, *A Encenação Contemporânea de Antoine a Brecht*, F. Nathan, 1959, p. 279. Cf. ARTAUD, "O Teatro de Após-Guerra em Paris". *Cahiers Renaud-Barrault*, n. 71, p. 19.

[c]. MARC BEIGBEDER, *O Teatro na França Após a Liberação*, Bordas. 1959. pp. 36 e 147.

[d]. J.L. BARRAULT, *Reflexões Sobre o Teatro*, J. Vautrain, 1949, pp. 62-72.

pesquisas de Artaud, segundo confessa o próprio Barrault; para nos convencermos bastará ler "Um Atletismo Afetivo" (*Duplo*) e *O Teatro de Serafim*.

Em seguida, a carreira de Barrault, coberta de honrarias, oferecera um contraste cada vez mais violento com o destino de Artaud. A lembrança deste último será no entanto reavivada, de vez em quando, por alguns espetáculos destinados a ecoar as aspirações de *O Teatro e seu Duplo*. Assim, Barrault montou *O Estado de Sítio*, de Albert Camus, porque esta adaptação cênica de *A Peste* nos remete à famosa assimilação do teatro e da peste que abre *O Teatro e seu Duplo*. Ele montou igualmente *A Conseqüência de uma Corrida*, de Supervielle, por que essa adaptação de um conto "surrealizante", no qual o herói se metamorfoseia em cavalo, lhe permite ressuscitar o *"maravilhoso* cavalo-centauro" de *Em Volta de uma Mãe*, que por sua vez lhe valera os elogios de Artaud[10] (IV, 168). Nesses diversos casos, trata-se precisamente de referências a Artaud: citações implícitas, homenagens à sua memória ou tributos de um legítimo reconhecimento. Não se trata de um verdadeiro prosseguimento de sua obra, nem de uma aplicação de suas idéias.

Entre os antigos companheiros ou admiradores de Artaud, um dos únicos em relação ao qual se pode pronunciar a palavra fidelidade é, na certa, Roger Blin. Não que este haja proclamado seus vínculos com Artaud ou se abrigado à sua sombra. Durante muito tempo até mesmo se recusou a falar de Artaud, a escrever ou permitir que escrevessem sobre ele, se bem que tenha sido talvez quem melhor o conheceu entre 1928 e 1948 e que jamais o abandonou[11]. Mas, após a morte de Artaud, sua fidelidade se manifestou de uma outra meneira: não procurou aplicar concreta e literalmente as idéias de Artaud sobre o teatro ou se lhes reportar de vez em quando. Contentou-se em permanecer obstinadamente ligado a um certo estado de espírito, que consistia em colocar constantemente em xeque o teatro tradicional e em tentar abrir novos caminhos.

Isso o levou a trabalhar sucessivamente com "Os Cinco" e principalmente com Barrault e Itkine; a encenar em 1952 uma memorável *Sonata dos Espectros*, de Strindberg, que o aproximava das preocupações de Artaud ao tempo do Teatro Jarry[12]; a se tornar o intercessor privilegiado de Beckett e de Genêt, os quais, como veremos, herdam um passado no qual Artaud tem seu lugar. A fidelidade de Blin consistirá enfim não em tentar "fazer como Artaud", mas em abrir com dificuldade seu próprio caminho.

Da mesma geração de Blin e Barrault, mas que se revelou como inovador só depois de 1945, Jean Vilar é considerado até certo ponto alguém que se beneficiou das lições de Artaud[a]. Menos porque este assegura direitos de nobreza ao espetáculo ao ar livre, finalmente liberada de sua "caixa", teatral, do que por restituir ao ato teatral sua função esquecida: a de uma cerimônia feita para um grande público. Vilar ressacraliza o teatro — fato mesmo que se lhe censurou — e isso responde a um desejo constante de Artaud. Isto posto a obra de Vilar implica. é claro, outras influências provavelmente mais decisivas, e muitas vezes tem ligado, por exemplo, sua "austeridade" aos precedentes estabelecidos por Copeau. Mas o que prova não haver nenhuma gratuidade em citar Artaud a propósito de Vilar, é que este proclamou alto e de bom som a importância que atribuía ao *Teatro e seu Duplo* e isso já em 1946, quer dizer, numa época em que ainda não se tornara banal proclamar esta filiação.

Em "O Encenador e a Obra Dramática"[b], Vilar, com efeito, glorifica Artaud por ter conferido os direitos àquilo que é "o essencial do teatro" isto é, *o sortilégio*. Mais ainda: longe de ver em Artaud um visionário, muito distanciado dos problemas reais do teatro, censura que pesou sobre este tantas vezes, Vilar afirma que "ele é o único a nos propor uma solução técnica" e que "a proposição de Artaud não é utópica". Que proposição? A que convida a encontrar para o palco uma linguagem *concreta e física* (IV, 45). Vilar vê, nas primeiras encenações de Barrault, a prova de que um teatro assim concebido não é de modo algum irrealizável.

Por isso, considera Artaud como um iniciador, prestando-lhe uma homenagem então pouco habitual. Vilar faz eco até mesmo à hostilidade de Artaud em relação à *reteatralização do teatro* [c]. À exceção de Barrault e Blin, que, como amigos de Artaud, receberam diretamente sua influência, Vilar foi um dos primeiros a compreender e proclamar a importância que *O Teatro e seu Duplo* assumiria para toda uma geração de homens de teatro que iria surgir.

Ionesco e Beckett

Para a geração de 1950, o nome de Artaud não é de maneira alguma o prodigioso símbolo de união no qual se converterá uns quinze anos mais tarde — pelo menos entre os homens de teatro, se excetuarmos aqueles de quem acabamos de falar [d]. Nessa mesma época, são paradoxalmente os autores

---

a . MARC BEIGBEDER. *op. cit.*, p. 36.
b . J. VILAR, "O Encenador e a Obra Dramática": texto incluído mais tarde em *Da Tradição Teatral* (L'Arche, 1955), do qual são extraídas todas as citações de Vilar feitas aqui.
c . J. VILAR. *Da Tradição Teatral*, p. 38.
d . Blin encenador sempre se resguardou de proclamar uma filiação a Artaud (cf. *supra*, p. 225).

que parecem ter recebido a impregnação de *O Teatro e seu Duplo*[a]. Fenômeno aliás explicável: a lembrança dos insucessos de Artaud continuava ainda assaz fortemente gravada na memória, para que o teatro com o qual ele havia sonhado pudesse parecer materialmente viável. Só Vilar acreditou nisso. Mais tarde, tendo se dissipado a lembrança das tentativas falidas, novos homens de teatro chegarão a pensar que um Teatro da Crueldade poderia muito bem, no fim de contas, ser concretamente realizável.

Por ora Artaud, morto há pouco, faz sobretudo figura de poeta-maldito, e muitos acham que ele não sobreviverá, a não ser pelos méritos propriamente poéticos de sua obra. Aliás, não foi *O Teatro e seu Duplo* publicado numa coleção — "Metamorfoses" — justamente reservada à poesia? Não é pois de surpreender que seu autor encontre maior eco entre os escritores — poetas ou dramaturgos — do que entre os encenadores. E muitas vezes se tem dado ênfase, por exemplo, ao que o teatro de Eugène Ionesco e sobretudo o teatro de Samuel Beckett poderiam dever à obra de Artaud.

É uma dívida que ocorre principalmente ao nível da linguagem. Obter a "deslocação, a desarticulação da linguagem", "conduzir o teatro para além dessa zona intermediária que não é nem teatro, nem literatura" e através disso "fazer um teatro de violência, retornar ao insustentável": é Ionesco quem fala[b], não Artaud, e no entanto cremos reconhecer aí certos acentos de "A Encenação e a Metafísica" (*Duplo* — IV, 40 e s.). Mas pode-se ir ainda mais longe.

Trata-se, diz Artaud, *de substituir a linguagem articulada por uma linguagem de natureza diferente* (IV, 131). Que linguagem? *Uma linguagem concreta e física* (IV, 45). E sugere como exemplo a possibilidade

> *de um homem que blasfema e vê subitamente materializar-se diante de si, em traços reais, a imagem de sua blasfêmia.*

Ou ainda

> *o aparecimento de um Ser inventado, feito de madeira e de tecidos, inteiramente recriado, não respondendo a nada, e no entanto inquietante por natureza, capaz de reintroduzir no palco um pequeno sopro desse grande medo metafísico, que está na base de todo o teatro antigo* (IV, 53).

Ora, o teatro de Eugène Ionesco oferece inumeráveis exemplos dessa materialização cênica das palavras, temores, fantasmas, e nos lembramos do cadáver invasor de *Como se*

---

[a] . J. POLIERI. "Um Espetáculo Mágico", *R.B.* 22. p. 165 e *R.B.* 69, p. 124.

[b] . Citações e aproximações devidas a MICHEL CORVIN. *O Teatro Novo na França*. Paris. P.U.F.. "Que sais-je?". 1963. p. 19.

livrar disso?[a] A presença proliferante dos objetos, tantas vezes constatada em Ionesco, constitui certamente essa *linguagem física* desejada por Artaud, e que o levava a conceder tanta importância nos *objetos verdadeiros* e aos manequins[13].

Uma constatação análoga poderia ser feita a propósito de Samuel Beckett. Em *Esperando Godot* a estranha aparição da dupla Pozzo-Lucky ilustra também à sua maneira o processo do *imprevisto objetivo* (IV, 53), através do qual Artaud permanecia próximo do espírito surrealista[b]. Porém seu parentesco com Beckett se situa muito além de algumas semelhanças técnicas. Onde Ionesco fala de desarticular a linguagem, Beckett sente-se tentado a aniquilá-la. "Agonia da linguagem", disse Jean-Marie Domenach[c], a propósito da obra de Beckett. Mas é sobretudo um vaivém dialético entre o desejo de abolir a linguagem e a impossibilidade de satisfazer esse desejo. Ocorre portanto uma divisão entre a recusa e a necessidade da linguagem — é a chave de *Fim de Jogo* e de *Oh! que Dias Belos!* e de quase toda a obra de Beckett, mas também a expressão do conflito permanente que se trava no homem Artaud[b].

Essa dilaceração é portanto a essência do trágico, posto que "a agonia da linguagem traduz a agonia do ser"[c]. Daí, nos personagens de Beckett, esse refúgio nos instintos primordiais, "a fome ou a vontade de urinar", "manifestações irredutíveis do homem" e que "apaziguam sua necessidade de estar aí"[14][d]. Daí, através de um processo um pouco diferente mas comparável, esse recuo de Artaud para dentro do corpo, essa redução trágica do homem a um corpo que é sua última certeza, essa verdadeira obsessão do corpo, tida como essencial em suas funções mais degradantes.

Qual pode ser a origem dessa dilaceração? Pois nos defrontamos sempre com a expressão do trágico, e não com o seu fundamento. Ora, o trágico hoje em dia não se explica mais pelos deuses, ou por um Deus. "Deus está morto", dizia Nietzsche, e o mal de existir não lhe pode mais ser imputado. Quem o homem acusará pois por suas carências e por seu sofrimento, a não ser de agora em diante o Nada? Mas o Nada, assim como Deus, do qual ele é o inverso, também está condenado. É o que já colocava Büchner em 1835, em *A Morte de Danton*[e].

---

a . SIMONE BENMUSSA, "Os Sepultados no Teatro de Eugène Ionesco", *R.B. 22*, p. 199-200.

b . N. CHIAROMONTE, art. cit., *Preuves*, mar. 1968, p. 16.

c . J.M. DOMENACH, *O Retorno do Trágico*, Seuil, 1967, p. 277.

d . Cf. *supra* (Cap. 2), item "O Drama da Palavra" (p. 76 e s.).

e . J.M. DOMENACH, *op. cit.*, pp. 277, 267-268, 67.

"A criação se fez grande demais; nela não existe mais o vazio, há uma vibração sem fim. O nada suicidou-se, a criação é sua chaga, nós somos as gotas do seu sangue, o mundo é o túmulo onde ele apodrece. Tudo isso pode parecer insano, mas contém, no entanto, uma parcela de verdade".

Jean-Marie Domenach, que cita esse texto, vê aí uma surpreendente prefiguração, com um século de antecedência, do universo de Beckett[a]. Como não enxergar também nisso a descrição do universo trágico e em decomposição, característica de Artaud?

"Artaud e Beckett", escreve Morvan Lebesque (*R.B. 22*, p. 196), "são os representantes mais autênticos do Teatro no Inferno. Só que um deles (Artaud) era um viajante intrépido, enquanto que o outro (Beckett) hesita ainda ao limiar. O primeiro simboliza o precursor surpreendente, "aquele que viu o segundo sol (Paulhan), o morto-vivo no século, testemunho de uma raça futura ignota. O segundo, em pé diante do portal da morte, ainda não passa de um guardião, impiedoso e lúcido, registrando nossa decomposição"[b].

Em resumo, o que encontramos de Artaud no teatro escrito de Beckett, não são os ensinamentos de *O Teatro e seu Duplo*, mas, para além do homem de teatro, a tragédia vivida pelo homem-teatro.

Adamov, Ghelderode, Tardieu, Vauthier, Genêt, Pichette e o teatro de ruptura

A filiação a Artaud consciente ou não, diz respeito a todos os autores ditos de "vanguarda", que se revelaram a partir de 1945, e não unicamente a Beckett ou Ionesco. Nenhum deles, excetuando-se Adamov, admite, aliás, ter sofrido a influência de Artaud. Quando não se dignam mencioná-lo, limitam-se, como Ionesco, a reconhecer que ele exerceu sobre o teatro contemporâneo uma influência de ordem técnica[c]. E no entanto com Adamov, Vauthier, Genêt, Pichette e alguns outros, as coisas acontecem como se o teatro tivesse retomado o contato com o "perigo", que é a exigência maior de Artaud, e rompido com uma tradição cênica ultrapassada[d].

Teatro da Ruptura: é o nome dado às peças de Henri Pichette, e a fórmula se inscreve na mesma linha daquelas suscitadas pelo Teatro da Crueldade — teatro do Incêndio,

---

a . Sobre Artaud e Büchner, cf. *supra*, pp. 121-123.
b . M. LEBESQUE, "O Teatro no Inferno", *R.B. 22*, p. 196.
c . Cf. *supra* (Cap. 4), objeção da carência poética, p. 198.
d . J.M. ROYER, "Conhecimento e Reconhecimento", *R.B. 22*, p. 148 e *R.B. 69*, p. 91.

teatro da Virulência. Trata-se ainda de romper com a antiga linguagem teatral. Pichette pratica portanto uma espécie de lirismo violento, que visa à desintegração da palavra; porém seus brados de revolta não atingem a pura selvageria dos de Artaud, ao qual foi comparado algumas vezes.

Arthur Adamov, por sua vez, proclama abertamente seu laço com Artaud, ao menos nas suas primeiras peças: sobretudo *A Paródia* e também *A Invasão,* cujo tema parece em parte inspirado na morte recente de Artaud, que fora seu amigo. Recusa de um teatro de puro diálogo, atmosfera de violência e terror, presença obsedante de objetos e de imagens concretas, ritmo e progressão da encenação previstos e integrados no próprio texto das peças, são algumas constantes do primeiro Adamov. A herança de Artaud era portanto reivindicada com legitimidade e muito antes que essa atitude se tornasse moda[a]. Não que o Adamov do teatro político tenha em seguida dado as costas ao Adamov adepto de Artaud: trata-se sobretudo de uma evolução e não de uma ruptura. É o que evidenciaria um estudo aprofundado dessa obra.

Cada um dos autores aqui mencionados mereceria certamente uma pesquisa minuciosa, por mais profunda ou superficial que fosse a sua relação com Artaud. Mas o importante seria salientar e verificar a exatidão da hipótese segundo a qual, nessa geração de dramaturgos, o autor de *O Teatro e seu Duplo* surge como um verdadeiro denominador comum. Esta certeza nos é dada ao constatarmos que ele se aproxima de escritores que, logicamente, tudo deveria separar. Que parentesco encontrar, por exemplo, entre Michel de Ghelderode e Jean Tardieu, senão esse?

Algumas vezes tido como precursor de Artaud[b], Ghelderode propõe um teatro poético, mas que recusa a literatura dramática, um teatro mágico que desemboca em uma visão metafísica, um teatro plástico que se abebera na Idade de Ouro espanhola, nas obras de Breughel e de James Ensor; um teatro físico, enfim, todo feito de signos, de violências, de passagens brutais da obscenidade ao misticismo. Seria muito tentador enxergar nas peças de Ghelderode — *Fastos' do Inferno, Escorial,* etc. — a expressão ideal de um Teatro da Crueldade tido até então como impossível, mesmo que a crueldade espetacular e exterior de Ghelderode permaneça muitas vezes nesse nível elementar que Artaud recusava[c].

---

a : "Adamov ou o Retorno", declarações recolhidas por EMILE COPFERMANN, *Les lettres françaises,* 25.10.1967, p. 20. Arthur Adamov morreu em 15 mar. 1970.
b . Sobre a possível anterioridade de Ghelderode em relação a Artaud, cf. *supra* (Cap. 3, Conclusão), p. 156.
c . "Estávamos longe da crueldade segundo Artaud", GENEVIÈVE SERREAU, *História do Novo Teatro,* col. Idées, Gallimard, 1966, p. 33.

Isso posto, o teatro de Jean Tardieu, muito abstrato, intelectualizado ao extremo, parece, com efeito, ser o antípoda das obras carnais e instintivas de Ghelderode. Mas as pesquisas de Tardieu — e é nisso que podemos ligá-lo a Artaud[a] — versam sobre a linguagem, o gesto e o objeto. Ele é levado pouco a pouco a utilizar a palavra unicamente por seu valor sonoro -- "as palavras são antes notas de música ou pinceladas de cor, que simples vocábulos", diz ele[b] — e isso "com um recurso ao comedimento que chega aos limites do silêncio". O ator, da mesma forma, conta menos do que o gesto, sempre estilizado, e o cenário desaparece em proveito do objeto. Em *Uma Voz sem Ninguém* essa posição é levada ao extremo, o ator desaparece completamente, e o palco adquire vida através dos jogos de luz. "Aqui também se pode falar de magia"[c]. Quase não há necessidade de sublinhar a concordância desse procedimento, por mais experimental que seja, com algumas das preocupações essenciais de Artaud. É uma concordância cujos limites logo aparecem, caso se compare o roteiro eloqüente e grandioso de *A Conquista do México* com as propostas de Tardieu, um tanto áridas apesar de sua visão encantatória.

Mais próximo de Artaud, pelo seu desejo de um "teatro da cerimônia", nos parece o Jean Genêt de *O Balcão* e dos *Biombos*. A relação Genêt-Artaud foi aliás estudada com muita clareza[d]. O que fundamenta a aproximação é uma certa semelhança de procedimentos: a mesma paixão pelo teatro oriental, oposto à decadência da arte dramática ocidental; a mesma *idéia de um teatro sério* (IV, 102) e assimilável a uma "festa", a mesma recusa da repetição e da imitação, na apoteose de um final único[e]. Mas essas semelhanças aparentes levam muito depressa a divergências essenciais.

O questionamento proposto por Artaud vai infinitamente mais longe do que o de Genêt; este, com efeito, permanece submisso às convenções do espetáculo — texto, disfarces, representação — e se limita a denunciar de dentro o artifício de todo teatro, fazendo dessa denúncia o verdadeiro objeto de sua conduta dramática. Nenhum prolongamento metafísico, como vemos, nem mágico. A "cerimônia" teatral de *O Balcão* ou dos *Biombos,* como foi escrita e desejada por Genêt, encontra em si mesma o seu fim e a sua realização. Mesmo

a . J. POLIÉRI, R.B. 22, p. 165 e p. 208-210, R.B. 69, p. 124.
b . Citado por G. SERREAU, *op. cit.*, p. 149.
c . J. POLIÉRI, *R.B. 69,* p. 124.
d . Por BERNARD DORT, Genêt ou o Combate com o Teatro, *Temps Modernes,* dez. 1966; cf. principalmente as pp. 1098-1100. Texto reproduzido em *Théâtre public* (Seuil, 1967). A comparação Artaud-Genêt foi esboçada também por Sartre, *Le Point,* n. 7, jan. 1967, p. 21.
e . De Genêt, ver também as *Cartas a Roger Blin* sobre *Os Biombos* (Gallimard, 1966).

que o confronto seja instrutivo, verifica-se que a identificação de Artaud e Genêt é bastante limitada.

Muitos outros dramaturgos poderiam ser, com proveito, convocados o comparecer aqui: Romain Weingarten e a desintegração onírica do cotidiano, em *Akara;* Jacques Audiberti e sua concepção da festa teatral; Boris Vian, cuja peça *Os Construtores do Império* introduz um personagem estranho, o Schmürz, que materializa cenicamente uma obsessão, de acordo com o desejo de Artaud (IV, 53) e, como Ionesco, o cadáver em *Amadeu ou Como se livrar disso?*[a]; Witold Gombrowicz, sua obra de visionário e sua idéia de que "o texto de uma peça contemporânea (...) assemelha-se cada vez mais a uma partitura"[b]; Armand Gatti, sua admiração por Artaud, suas peças construídas a partir de idéias cênicas, seu gosto pelo barroco e pelo imaginário... Não seria difícil alongar a lista, mas ela não provaria nada além do que já sabemos e cada caso mereceria um exame e uma pesquisa. Para concluir citemos Jean Vauthier.

A priori seu teatro, essencialmente verbal, parece não combinar com a ambição de Artaud. Os heróis de Vauthier falam sem parar; estamos muito longe das pesquisas de um Tardieu, levadas "até os limites do silêncio". Mas, paradoxalmente, esse frenesi da palavra conduz Vauthier a uma preocupação quase musical, como corre na trajetória de Tardieu. É sobretudo o lirismo do *Capitão Bada* que evoca a ópera. "A palavra", escreve Robert Abirached, "visa menos a significar do que a exprimir musicalmente um sentimento ou uma sensação"[c]: Donde uma superabundância de indicações cênicas — "crescendo... lamento" — que tendem a apresentar o texto como uma verdadeira partitura.

Paralelamente a esse primeiro elemento auditivo se exprime um ritmo visual, que é definido em referência ao vocabulário da dança: "O papel de Bada no segundo ato", diz Vauthier, "é muitas vezes um papel de ator-dançarino". Acrescentemos a isso as freqüentes pesquisas de discordância entre os diversos registros ou no interior de cada registro, e a importância mais uma vez, do cenário e dos acessórios[d]. "Os objetos, na pantomima, intervêm com o mesmo direito que os ruídos, na melodia do diálogo; eles se animam ou se põem a brilhar intensamente, chegando às vezes a sobrepor-se às per-

---

a . Sobre Ionesco, cf. *supra*, p. 186.

b . W. GOMBROWICZ, "Opereta", *Le Théâtre 1968-1* (Cadernos dirigidos por Arrabal), Ed. Christian Bourgois, 1968, p. 197. É possível, adiantemos, que Gombrowicz não conheça absolutamente Artaud.

c . R. ABIRACHED, "O Teatro de J. Vauthier", *Cahiers Renaud-Barrault*, 60, abr. 1967, pp. 63 e 64.

d . A importância cênica dada aos acessórios e aos objetos é uma constante desta geração.

sonagens." Peça-partitura, ritmo calculado da encenação, dissonâncias, objetos verdadeiros e operantes: em todos os níveis não estamos muito longe de Artaud.

Há mais: os temas favoritos de Vauthier geralmente se organizam, desde o *Capitão Bada* até *Medéia* e o *Sangue*, passando pelo roteiro dos *Abismos*, em torno do confronto e do balé do carrasco-vítima. Confronto bárbaro e sangüinário, no que se refere a essas três últimas obras, mas não se trata somente dessa crueldade em primeiro grau que Artaud pretendia ultrapassar. Se Vauthier, inspirando-se em Genêt (*As Criadas*), resolveu tratar nos *Abismos* do crime das irmãs Papin, e se se volta em *Medéia* para Sêneca, sobre quem Artaud chamara a atenção[a], não foi por um gosto grandguinholesco pelo horror mostrado: é que o paroxismo das situações propiciava a culminação de uma certa linguagem física da cena e dos atores, o que se harmoniza ainda com Artaud, e sobretudo pelo emprego do lirismo, o que por sua vez o separa claramente dele. Artaud via na obra de Sêneca, como lembramos, um "teatro de inspirado", ligado às "forças primordiais" (III, 303-304). É patente que Vauthier — mesmo encenado por Jorge Lavelli[b] — não o segue até lá[c].

Cada vez que um autor, através da palavra, ou um encenador, através da animação do tempo e do espaço, mostrou a ambição de criar paroxismos, houve pressa em o instalar na trilha de Artaud[d]. Tentamos, em alguns casos específicos, olhar as coisas de perto e descobrimos, bem depressa em geral, os limites desse parentesco generalizado. Isso nos deve levar a reconsiderar com moderação todas as outras tentativas de filiação acelerada: o Artaud ao qual se tem feito referência não se assemelha muito a Artaud.

Mas os contra-sensos têm o seu preço. A importância da corrente que procede de Artaud permanece digna de Artaud, mesmo que o tenham reivindicado abusivamente. A força de uma personalidade, de uma escola de pensamento, de uma religião, *também* se mede pelos desvios e pelas heresias que ela engendra. Artaud falsificado, deformado, desconhecido, traído por interpretações apressadas ou simplistas, revela a verdadeira medida de Artaud. Legítimos ou não, seus descendentes nos

---

a . Sobre Artaud e Sêneca, cf. *supra* (Cap. 3), pp. 116-119.

b . Em relação a J. Lavelli, ver mais adiante "Uma Nova Geração: Ler ou Viver Artaud?".

c . A última peça de VAUTHIER, *O Sangue*, Lyon, jan. 1970, Paris, mar. 1970, merece também ser mencionada neste estudo, devido a seu caráter de "festa teatral", a seus paroxismos e suas ressonâncias elisabetanas, pois ela se inspira em *A Tragédia do Vingador*, de Cyril Tourneur, embora modificando-a.

d . É assim que em nossos dias faz-se do poeta Jacques Besse, outrora internado, "um novo Artaud".

ajudam a delinear seu verdadeiro perfil e a lhe conferir uma dimensão mais justa.

CORRENTES ATUAIS: FILHOS OU HERDEIROS DE ARTAUD?

Forjou-se recentemente toda uma fraseologia que tende a definir em referência a Artaud algumas correntes importantes da encenação contemporânea. "No rastro de Artaud", "sob o signo de Artaud"[a], "filho natural de Artaud"[b], "os filhos de Brecht e os filhos de Artaud"[c] etc., são os títulos que se pode ler nas revistas desde algum tempo. Atribuir esses tiques de linguagem à moda — a mesma que leva a invocar Artaud desde que por acaso pronuncie a palavra Crueldade — não basta e nada resolve. Entre os críticos e os comentaristas, uma concordância obstinada tende a apresentar o autor de *O Teatro e seu Duplo* como o antepassado e o catalisador de todo um setor do teatro contemporâneo. Numerosos incentivadores e criadores confessaram publicamente sua dívida para com Artaud. Alguns deles apõem suas assinaturas em manifestos, programas e entrevistas, outros se ligam à sua obra com extremado fervor.

É dessa forma que André Almuro insere declaradamente, na linha de uma certa fidelidade a Artaud, as pesquisas poéticas e as experiências em matéria de espetáculo às quais vêm se consagrando há alguns anos. Fidelidade que é também formal: homem de rádio, Almuro dedica programas ao autor de *Para Acabar com o Julgamento de Deus*[d] e refere-se freqüentemente a Artaud nas suas outras realizações radiofônicas. Sobretudo depois de 1958, seus *Poemas Eletrônicos* tentam exprimir, sob forma de espetáculos, o resultado sonoro e visual de sua meditação constante sobre Artaud. Nessas tentativas o verbo poético desempenha um papel decisivo, e elas são feitas a propósito ou a partir de Artaud: não se trata, portanto, de um prolongamento direto do projeto teatral sugerido por *O Teatro e seu Duplo*.

Coloca-se a seguinte questão: existe um tal prolongamento hoje em dia? Ou então poderá ele existir um dia? Enquanto viveu, Artaud fracassou (exteriormente) na tentativa de dar vida ao seu teatro. Mas depois dele, não será talvez fora

---

a . R. ABIRACHED, *N.R.F.*, 1.1.1967.
b . RAYMONDE TEMKINE, *Les Lettres Nouvelles*, maio-jun. 1966.
c . RENÉE SAUREL, *Les Temps Modernes*, jan. 1968.
d . Em relação aos principais programas de rádio dedicados a Artaud, cf. Apêndice.

de propósito imaginar que outros possam ser bem-sucedidos utilizando os mesmos dados. Hoje, por toda parte, se proclama que o caso está encerrado e que o teatro nos termos de Artaud é finalmente possível. Antes de examinar se "um teatro nos termos de Artaud" é possível, talvez fosse útil estudar os projetos daqueles que são proclamados ou se proclamam filhos ou herdeiros de Artaud. Mais precisamente: filhos ou herdeiros? Pois as palavras importam e a sucessão é sedutora.

Se a contribuição de Artaud pode ser comparada a uma grande herança onde cada um tem liberdade para se inspirar, então os herdeiros são efetivamente muito numerosos. Já examinamos alguns deles, de Barrault a Vauthier. Mas quando se trata de uma relação mais direta, de uma realização planejada e global dos projetos de Artaud, e não mais de empréstimos parciais ou de abordagens limitadas, operadas sobre suas concepções, seu programa ou simplesmente sobre seu vocabulário, os casos a considerar são evidentemente mais raros. Levemos em conta também o fato de que uma filiação supõe uma mutação no tempo: não se poderia pensar em fazer frutificar, nos anos 60 ou 70 uma visão teatral que se caracteriza *também* por sua ancoragem nos anos 30.

Isto posto, quais podem ser atualmente os "filhos" de Artaud? Ainda que a denominação haja perdido um pouco de sua força, é fácil citar alguns animadores estrangeiros com esta filiação: o grupo do Living Theatre, Peter Brook, Jerzy Grotowski e outros mais. Numerosos comentaristas afirmam, a exemplo de Jean-Paul Sartre, que o correspondente contemporâneo do Teatro da Crueldade é aquilo que se denomina o *happening*[a].

O happening

O nome de Artaud é com efeito citado várias vezes nos principais estudos históricos sobre o *happening*, sobretudo os de Jean-Jacques Lebel e de Gilbert Tarrab[b]. E não é sem motivo; lendo esses estudos tropeçamos a cada passo com temas e preocupações que nos remetem diretamente aos manifestos do Teatro Jarry ou a *O Teatro e seu Duplo;* neles se comenta, por exemplo, a importância dos objetos, o emprego da droga, a importância do gesto, a função mágica do *happe-*

---

a . J.-P. SARTRE, art. cit., *Le Point*, n. 7, jan. 1967, p. 23; cf. *supra*, p. 196 e nota a.
b . J.J. LEBEL, *O Happening*, Dossier des Lettres Nouvelles, Denoël, 1966; G. TARRAB, "O Happening", n. especial, 1968-1, *Revue d'Histoire du Théâtre*.

ning e o seu papel de exorcismo, a procura de um "teatro total" (como nos *happenings* de Ben Vautier, de Nice), etc. A freqüência dos cruzamentos com as características de Artaud é perturbadora, mas a verdadeira relação entre os *"happeners"* e ele ocorre em outro nível.

    Voltemos às afirmações de Sartre. Apresentando o *happening* como o verdadeiro prolongamento atual do Teatro de Crueldade[15], o que pretende ele dizer? Seu raciocínio é claro; ele frisa que para Artaud o teatro não deve mais ser uma arte, porém um ato, no qual se procura atuar o mais diretamente possível sobre o espectador; daí, por exemplo, a utilização intensiva das luzes e dos sons, destinados a desencadear as forças adormecidas em cada um dos presentes. Ora, o *happening* nada mais visa do que a essa disponibilidade dos espectadores, através de um acontecimento que se desencadeia ou de uma seqüência de acontecimentos reais onde tudo pode "acontecer". O público se vê submetido a uma permanente e impiedosa agressão: jatos violentos de luzes espasmódicas, ruídos ensurdecedores, objetos que são atirados, "em geral, sujos"...

    Sartre, na verdade, introduz nuanças em seu pensamento, precisando que os métodos do *happening* são "na maior parte do tempo, uma exploração hábil" do projeto de Artaud. A partir desse fato, a relação se modifica: o *happening* não mais decorre naturalmente das exigências de Artaud, não mais invoca *O Teatro e seu Duplo;* parece, antes, levar ao extremo alguns métodos do Teatro da Crueldade, escolhidos entre os mais significativos e separados de seu contexto espiritual. Daí se segue que os *"happeners"* passam por herdeiros, segundo a distinção estabelecida precedentemente, e não por filhos de Artaud [16].

    As restrições de Sartre não suprimem as analogias entre a fórmula do *happening* e o teatro segundo Artaud. A analogia é evidente sobretudo no plano teórico — somos até mesmo tentados a dizer doutrinário — porque o fenômeno *happening* é muitas vezes muito mais sedutor pelas reflexões que desperta do que por suas manifestações concretas. Indo mais além de alguns parentescos exteriores (o objeto, o gesto, os ruídos...), a ambição primordial do *happening* — obter a explosão do teatro pelo surgimento de um evento puro — atende a uma das primeiras exigências de Artaud, a da não repetição. Com efeito, "realizar um *happening* é criar uma situação que não pode se reproduzir duas vezes em seguida", diz Salvador Dali[a].

    Ademais, se para desencadear esse acontecimento puro os inspiradores do *happening* renunciam totalmente ao texto

---

a - S. DALI, *Le Nouvel Observateur*, n. 80, 25.5.1966, p. 28.

escrito e operam sobre o público uma espécie de terrorismo sensorial e nervoso, tal se dá com o objetivo de modificar profundamente a sensibilidade e a percepção dos espectadores e por esse meio permitir-lhes que reencontrem uma espontaneidade e uma criatividade, das quais a vida moderna os privou.

Assim, através de uma participação maciça do público na ação, a tradicional barreira palco-platéia desmorona e o teatro de outrora — no qual o espetáculo era passivamente assistido pelo espectador — é atomizado. Não reconhecemos aí alguns dados fundamentais do empreendimento sonhado por Artaud?

Convém olhar mais de perto. Constatar-se-á então que o *happening* diverge em vários pontos do Teatro da Crueldade. Primeira divergência, fundamental: o *happening* tende para o que se poderia chamar "não-dirigismo" absoluto. A noção de um responsável único pelo empreendimento — o autor-incentivador preconizado por Artaud — desaparece completamente da fórmula do *happening*. Naturalmente é indispensável que o indivíduo provoque o impulso inicial (reagrupamento num lugar determinado e apresentações de idéias que possibilitarão o "deslanchamento" da reunião...). Depois disso esse responsável, que desempenhou o papel de agente-motor, deve apagar-se, pelo menos na forma ideal do *happening,* denominada "autogerida" por Gilbert Tarrab, e é da assistência que deve nascer o acontecimento. Afastamo-nos portanto do projeto de Artaud, no qual o espetáculo, do começo ao fim, é da responsabilidade única do criador (ou do grupo criador, como no Teatro Jarry).

A esperança dos *"happeners",* por outro lado, é fazer com que se consolide uma espécie de comunhão coletiva, mesmo que ela se estabeleça ao nível de uma discórdia violenta. É uma comunhão improvável, raramente obtida, algo semelhante ao difícil entrosamento das sessões espíritas, em volta de uma mesa que se moverá ou não. Para alcançar essa comunhão, ou pelo menos esse estado especial dos participantes, as pessoas contam com a sorte, ajudando-as apenas um pouco a eclodir. Trata-se, portanto, do culto do acaso e dos métodos deliberadamente não-científicos. Isso nos afasta de *O Teatro e seu Duplo,* pois, como já sabemos, Artaud prescreve o acaso, a quem atribuíra antes o papel de mestre[a], e recomenda ainda o emprego de métodos rigorosos, contrário a eventos inopinados.

Na realidade, é ao Artaud dos primeiros tempos que o *happening* nos remete, com o seu ideal da não-repetição, sua maneira ingênua de provocar violentamente o público, sua

---

a . Cf. *supra* (Cap. 2) item "O Acaso", pp. 72-77.

procura incansável e muitas vezes decepcionante do acaso vitorioso. Tudo isso se liga mais ou menos ao período dadaísta-surrealista do Teatro Jarry. Com o Artaud de após 1930, o contacto se estabelece com menos evidência, apesar dos esforços dos teóricos do *happening* a fim de acentuar a função mágica, a força de sacralização e inspiração, que ele encontra na arte das sociedades primitivas.

Finalmente e acima de tudo, a contribuição de Artaud separa-se da do *happening* na medida em que este, cada vez mais, é apresentado como um movimento de contestação sócio-política. Ora é preciso repetir aqui de novo: o processo de Artaud jamais é político no começo. Se ele rejeita a política não é por simpatia pelos regimes feudais e opressores. Basta reler suas freqüentes denúncias do Ocidente cristão, da industrialização, dos impérios coloniais... Seria mais exato dizer que Artaud se coloca além do político. Para delinear sumariamente sua verdadeira atitude, podemos apoiar-nos nas palavras de ordem surrealistas: "Transformar o mundo, disse Marx; mudar a vida, disse Rimbaud. Para nós essas duas palavras de ordem se transformam numa só"[a]. Mas o autor das *Cartas de Rodez* vai ainda mais longe: antes de mudar o mundo e a vida, julga indispensável mudar o espírito, quer dizer, operar uma revolução interna e individual. Sua tragédia pessoal o levará finalmente a proclamar que nenhuma revolução é concebível se não estiver em primeiro lugar empenhada em mudar o corpo.

Assim, se Artaud parece desinteressar-se da crise da sociedade, é porque todos os seus cuidados são dirigidos à crise do homem. A partir disso, os aspectos políticos do *happening* o situam claramente fora da esfera do pensamento profundo do autor de *Van Gogh*. O que é o *happening*? Uma "contra-arte oficial", responde Gilbert Tarrab, e que trabalha "pela descolonização completa do artista e da arte em geral, em face ao sistema induzido pela sociedade industrial no seu conjunto, e que pretenderia reintegrar todas as artes no seu regime social e nas suas instituições burocráticas"[b]. Sem dúvida um *happening* não é sempre diretamente político[17], mas amiúde só alcança certo sucesso quando se refere a uma ação política: protesto contra a censura, contra a repressão policial, contra a guerra do Vietnã, etc.[18]. Por esse lado, ele se afasta consideravelmente de Artaud, e' na medida em que seus objetivos não são meramente políticos, revela-se muitas vezes decepcionante: o que se explica facilmente pelo fato de que, por essência, está em contínuo devir e portanto em uma situação sempre interina.

a . Extraído de *A Revolução Surrealista*.
b . G. TARRAB, *op. cit.*, (R.H. Th., 1968-1), p. 64.

Isto provoca uma última observação: o contraste violento que verificamos entre a teoria do *happening* — fascinante no papel, fecunda e mil vezes fundamentada — e as evoluções freqüentemente medíocres dos participantes [19]. Tal situação nos faz lembrar que o Teatro da Crueldade, por mais prodigioso que nos tenha parecido na formulação de Artaud, em seguida decepcionou profundamente os primeiros espectadores. A mesma barreira separa a ambição e a realização, mesmo que os objetivos permaneçam fundamentalmente diferentes.

Marc'O, Jack Gelber, o psicodrama e o teatro americano

Resta considerar o caso dos autores ou das tendências que se prendem ao *happening* ou que tentaram cultivar no teatro certas contribuições do *happening*. A meio caminho do teatro e do *happening*, temos a oportunidade de encontrar homens e correntes muito próximos do teatro sonhado por Artaud.

Entre os três tipos de *happening* que Gilbert Tarrab distingue — institucionalizado, semi-institucionalizado e autogerido [a] — o primeiro, que constitui a forma menos desenvolvida, nos interessa particularmente. O autor desempenha aí um papel relevante. Com efeito, existe um texto previamente escrito, e se ele dá lugar à improvisação, é em determinados instantes e dentro de condições estritamente delimitadas com antecedência. Marc'O e Jack Gelber fornecem exemplos esclarecedores dessa integração do *happening* com o teatro. Marc'O reconhece, aliás, ter sofrido a influência de Artaud; poder-se-á julgar esse fato a partir do que disse de sua peça *Playgirls*, na qual distingue dois níveis:

"No primeiro nível, uma pesquisa para desnaturar a palavra, exacerbar e transcender pelo *gesto* a banalidade dos lugares-comuns; no segundo nível, ir além da palavra, criar a peça gestual sobre o palco"[b].

Ele afirma que *Playgirls* constitui "um teatro vivo, espontâneo, inspirado no psicodrama". Acrescenta que é uma peça muito mais teatral do que *A Primavera* (sua primeira obra), "na medida em que o gesto modifica a significação da palavra dita"[c].

A mesma importância decisiva é conferida ao gesto, nas peças do americano Gelber: *The Connection* e *The Apple*[c]. A

---

a . G. TARRAB, *op. cit.*, p. 34.
b . Citado por G. TARRAB, *op. cit.*, pp. 35 e 36. Quanto à idéia de uma "Criação espontânea no palco", reportar-se a Artaud, IV, 49.
c . As duas obras foram apresentadas em teatros parisienses.

mesma margem de improvisação é permitida aos atores (na peça *The Apple* convidam o espectador a subir ao palco), porém dentro de limites cuidadosamente definidos. Isso nos faz lembrar a frase de Artaud que desejava

uma precisão meticulosa, que fará a previsão, se possível, até do simples acaso (II, 138).

Notemos enfim, como já o havia salientado Marc'O em relação a *Playgirls,* que esse teatro parece às vezes uma aplicação das técnicas do psicodrama. Um estudo recente levava por título: "Gelber ou o psicodrama a serviço do drama"[a].

Tal comparação não nos distancia de maneira alguma de Artaud. Lembremo-nos de que houve um tempo em que se acreditou poder harmonizar as ambições do Teatro Jarry com as declarações de Jacob-Levy Moreno, pai do psicodrama, o qual teria desde 1921 utilizado o teatro com a intenção de conferir ao homem "uma nova dimensão de sua existência"[b]. Isto significa dizer que o teatro pode fornecer, não simplesmente uma técnica terapêutica individual, mas uma verdadeira filosofia. Aí está algo que deve reter nossa atenção.

Moreno é, aliás, um personagem assaz fascinante: convencido de estar investido de uma missão — "O mundo tem necessidade de um profeta, eu sou esse profeta" — exagerado, delirante, megalômano convicto, algumas vezes presta-se ao sorriso. Mas seria inútil evocá-lo a propósito de Artaud, do qual quase foi contemporâneo. Sentimo-nos tentados a enxergar nele o inverso de Artaud, guardadas todas as proporções[20]. Ele, de certo modo, representa um Artaud "bem-sucedido". Tal sucesso ele o obteve transcendendo seu mal. Pois ele quase não esconde o fato de ser um grande doente mental. Sua obra é, segundo sua própria confissão, a história de sua autocura. Ele curou-se *acting out,* agindo, representando sua doença. Ele se curou curando os outros, o mundo inteiro, para o qual ele contribui com sua cura."[c]

Como Artaud, Moreno voltou-se instintivamente para o teatro. Antes de se tornar psiquiatra, depois teórico da sociometria, foi durante três anos diretor de teatro em Viena. Ele se vangloria mesmo por ter, em 1923, sob o nome de "improviso", inventado o *happening*[d]. Entre o *happening* e o psicodrama existe efetivamente um laço comum: um e outro não

---

a . Subtítulo de um estudo de Pierre Dommergues sobre o novo teatro americano, *Esprit,* maio 1965, p. 946.

b . R. MAGUIRE, *Le Hors-théâtre,* pp. 337-338.

c . WLADIMIR GRANOFF e BERNARD ARENSBURG, O Psicodrama de Moreno, *Critique,* n. 92, jan. 1955, p. 55.

d . Há uma concordância nos dias de hoje em assinalar o Japão como o lugar de nascimento do *happening.*

visam fazer ressurgir toda uma espontaneidade sepulta no inconsciente individual ou coletivo[a]? A ruptura ocorre quando Moreno substitui a ambição "artística" do início (época do *happening* "improvisado") por uma ambição terapêutica (época do psicodrama). Ainda aí, Artaud não está longe, ele que freqüentemente insistiu sobre as virtudes terapêuticas do teatro que ele preconizava[b]. Mas a terapia a que Artaud visa é muito mais radical do que a que nasce do psicodrama. Para Moreno — e é isso que o separa totalmente de Artaud — a cura dos homens será obtida "fazendo florescer de novo a idéia de Deus no quadro de nossa vida moderna"[c]. O Teatro da Crueldade não tem evidentemente mais nada a ver com esse messianismo tranqüilizante.

Para além do psicodrama, há, de um modo mais geral, um setor do teatro americano de vanguarda que parece esforçar-se por aplicar hoje as lições de Artaud. Até mesmo as técnicas do Actor's Studio — aliás vizinhas do psicodrama — parecem lhe dever alguma coisa. Entre os dramaturgos, pensamos naturalmente em homens como Le Roi Jones e Albee. Trata-se de um teatro violento, exasperado, frenético. Barulhento, por vezes. Diante das situações delirantes e dos confrontos impiedosos que apresenta, é impossível afastar a idéia de uma ressurreição voluntária de Artaud. Ressurreição aliás, extremamente evidente. Vejamos: em *A Conquista do Universo* "uma mulher maquilada como uma japonesa faz o papel principal, do tirano cruel; sua esposa, imbecilizada, em andrajos, chora ao seu lado enquanto ele viola uma cortesã, travesti belo e jovem. Durante um banquete (paródia da Santa Ceia), um chefe, que também é Judas, oferece ao odioso conquistador o filho a que sua mulher acabara de dar à luz..."[d].

Parece que estamos lendo um plágio de Artaud. Essa assimilação bastante exterior chega ao ponto de sugerir aproximações previsíveis: "Edward Albee ou o Teatro da Crueldade"[e].

Essa crueldade — a mesma que, por exemplo, separa um casal desesperado em *Quem tem Medo de Virgínia Woolf?* — é uma crueldade a curto prazo. É superficial, ruidosa e, no fim de contas, tradicional. Fica naquele primeiro nível que Artaud denunciava ou que ele só aceitava com a condição de se ir muito além. Nada disso ocorre no teatro de Albee, que se limita a visar ao esfacelamento físico. "Nem a crueldade, nem

---

a . Cf. G. TARRAB, *op. cit.*, pp. 69-92, "Psicodrama e *Happening*".
b . Sobre o valor terapêutico do teatro para Artaud, cf. II, 186 e IV, 99.
c . W. GRANOFF e B. ARENSBURG, art. cit., p. 55.
d . ALICE REWALD, Albee e a Vanguarda, *Quinzaine littéraire*, n. 42, jan. 1968, p. 26.
e . PIERRE DOMMERGUES, art. cit., *Esprit*, maio 1965, p. 949.

o sadismo são barulhentos. *Quem tem Medo de Virgínia Woolf?* faz muito escândalo, pouco efeito e não deixa marcas", escreveu Claude Roy[a], que vê uma fidelidade muito maior a Artaud no *Marat-Sade* de Peter Weiss, tal como foi encenado por Peter Brook.

Peter Brook

É preciso alinhar Brook entre os herdeiros de Artaud. Pois ele é provavelmente o homem de teatro que mais conscientemente tentou tirar um partido cênico rigoroso dos escritos de Artaud. Sob sua direção, todo um trabalho experimental foi empreendido pela "Royal Shakespeare Company", a partir de uma leitura atenta dos grandes textos. Tratava-se de aproximar-se o mais possível do ideal entrevisto pelo autor de *O Teatro e seu Duplo*: criar um teatro verdadeiramente metafísico partindo de elementos físicos precisos. Michael Kustow, que se associou à experiência, relatou suas diversas fases[b].

Em primeiro lugar, procuraram dar vida a certos textos extraídos de *O Teatro e seu Duplo*. Os atores foram metodicamente treinados nas técnicas do teatro oriental e desembaraçados, tanto quanto possível, da formação psicológica tradicional. Ao que parece, o resultado não foi concludente: "Era um exercício de reconstituição histórica que não refletia de maneira alguma nosso sentimento sobre Artaud"[c]. Numa segunda etapa, Brook e sua equipe decidiram aplicar a um texto contemporâneo os ensinamentos tirados de Artaud. A escolha recaiu sobre *Os Biombos*, na medida em que, sob vários aspectos, Genêt realiza as qualidades da visão teatral de Artaud"[d]. Mas a fase mais decisiva de todo o trabalho foi a última, com a apresentação em público do *Marat-Sade* (1965), de Peter Weiss — as etapas anteriores em geral foram desenvolvidas privadamente[e].

Como sabemos, a ação da peça se passa no hospital dos alienados de Charenton, em 1808, e a história de Marat é interpretada por loucos. Desta vez, o espetáculo escolhido

---

[a] . C. ROY, O Teatro e a Crueldade na Europa, *N.R.F.*, 1.5.1965, p. 900.

[b] . M. KUSTOW, Nos Passos de Artaud, *Esprit*, maio 1965, pp. 958-963.

[c] . M. KUSTOW, art. cit., p. 959. O grupo apresentou em Londres em janeiro de 1964, sob o nome de "Teatro da Crueldade", um programa que incluía principalmente *O Jato de Sangue*, de Artaud.

[d] . M. KUSTOW, art. cit., p. 961. Em relação a Genêt e Artaud, cf. *supra*, pp. 230-231.

[e] . O público francês pôde ver a peça de Weiss no Teatro Sarah-Bernhardt (1966-1967), em uma encenação de Jean Tasso.

permitia um aproveitamento total das lições de Artaud. Os temas centrais da obra de Peter Weiss (loucura, crime, espetáculo...) ofereciam a possibilidade de explorar todas as fontes do jogo físico dos atores e de chegar a uma angústia propriamente metafísica, nascida do jogo de espelhos ao qual o espectador é induzido. "A crueldade da peça", escreveu Susan Sontag, "não pode ser encarada nem sob o ângulo da estética, nem sob o ângulo da moral: trata-se de um elemento de natureza ontológica"[a]. A encenação em seu conjunto foi um sucesso, atestado por dezenas de invenções de pormenor, entre os quais este aqui, reportado por Claude Roy: para a cena da flagelação de Sade por Charlotte Corday, Brook imaginou substituir o chicote pelos cabelos meio longos da atriz, batendo nas costas do ator; o ruído do chicote era substituído por uma espécie de "assobio-murmúrio" emitido pelo auditório dos loucos[b]. Era um achado físico mais verdadeiro do que uma banal imitação realista e muito próximo das visões de Artaud.

Prosseguindo suas pesquisas, Peter Brook tentou transportar para o teatro as descobertas do *happening*. Era isso, já vimos, que homens como Marc'O e Jack Gelber[21] haviam tentado à sua maneira. O espetáculo de Brook intitulado *US* (1966-1967) se baseava num fato político — a guerra do Vietnã — mas constituía "um meio-termo, por conter o *happening* nos limites da representação"[22]. Sartre, que assim definiu a empreitada de Brook, julgou-a interessante e aprovou o papel determinante que aí desempenha o ator-criador, porém acaba por enxergar nisso "um compromisso"[c]. Constatamos de nossa parte que essa forma de compromisso entre o *happening* e o teatro político liga-se unicamente ao espírito de Artaud pelo lado sistemático da exasperação audiovisual; portanto, de Artaud só se utiliza receitas exteriores, e o projeto não mais se insere na sua linha.

Peter Brook reencontra uma verdadeira fidelidade ao *Teatro e seu Duplo* quando apresenta no Old Vic, em março de 1968, o *Édipo* de Sêneca. Muitas vezes fizemos referência à fascinação que as tragédias de Sêneca exercem sobre Artaud[d]; fascinação devida não apenas ao horror espelhado nesse teatro, mas sobretudo à sua riqueza espiritual. Ora, o trabalho de Brook parece ter efetivamente posto acento nessa

---

a . S. SONTAG, *A Obra Fala*, Seuil, 1968, p. 146.
b . CL. ROY, art. cit., p. 901. Alguns críticos enxergaram no *Marat-Sade*, bem como no *Édipo* de Sêneca montado por Brook em 1968, uma tentativa de fundir Brecht e Artaud; segundo esta tese, Marat representa Brecht ("mudar o mundo") e Sade representava Artaud ("mudar o homem").
c J.-P. SARTRE, entrevista citada, *Le Point*, n. 8, fev. 1967, p. 29.
d . Sobre Artaud e Sêneca, cf. *supra* (Cap. 3), pp. 116-119.

espiritualidade, a julgar pela reação de um crítico: "Empreendimento metafísico tão 'religioso', em um certo sentido, quanto os mistérios da Idade Média"[a]. E o mesmo crítico assim descreve o espetáculo:

"A orquestração do coro, espalhado pela sala e pelo palco, ofegando, gemendo, suspirando, batendo os pés e as mãos, recorre tanto às tonalidades gregorianas quanto às da música serial, aos ritos da magia africana e às tradições do teatro japonês. Tudo isso (...) chega a criar a impressão de uma espécie de liturgia"[a].

A influência de Artaud é menos evidente no espetáculo seguinte, que deveria ser apresentado em Paris[23]. Obrigado a regressar a Londres, Peter Brook instalou seu ateliê de pesquisa em um local bem de acordo com os desejos de Artaud, pois se tratava de um antigo depósito de locomotivas. O que também procede de Artaud nessa tentativa é a escolha de um texto shakespeariano (*A Tempestade*) e sobretudo o princípio de um trabalho a partir da obra escolhida: "intercâmbio ininterrupto entre os atores, o encenador — na verdade um mestre-de-obras — e a pesquisa de uma trama tratada um pouco como partitura musical"[b]. Mas Brook tende a afastar-se de Artaud na medida em que o ator se torna o principal centro de interesse e mesmo o ponto de partida absoluto do projeto. Esse afastamento, como também o caráter decididamente experimental de um ateliê de pesquisa teatral, não afastam irremediavelmente o realizador inglês de seu inspirador privilegiado, mas de agora em diante o orientam em direção a outros intercessores[c].

Tais métodos, expressão de uma fidelidade ativa, ajudam a compreender como, pouco a pouco, foi assegurada a prodigiosa irradiação internacional de Artaud, nesses últimos anos. Irradiação sem dúvida facilitada por uma interpretação às vezes simplificada, e menos atenta do que a de Peter Brook, em relação a temas importantes.

Não se forja um teatro ao modo de Artaud, por meio de batidas frenéticas de percussão, de danças rituais, de *flashes* em abundância e de uma crueldade inspirada em Tennessee Williams. Mas a partir desses elementos disparatados e empregados quase escolarmente, é certo que os animadores teatrais, nos Estado Unidos ou em outros lugares, fizeram seu público entrever um teatro diferente, que talvez mantém longínquas relações com a visão de Artaud, mas que abre as

---

a . ALAIN JACOB, *Le Monde*, 26.3.1968.
b . NICOLE ZAND, *Le Monde*, 1.8. 1968.
c . P. Brook atualmente se interessa principalmente pelas pesquisas de Grotowski, em relação ao qual veremos logo mais a ligação complexa que o une a Artaud.

comportas para uma renovação em profundidade. É um progresso devido sobretudo aos esforços pacientes de Peter Brook e, numa certa medida, às pesquisas anárquicas do "Living Theatre" [24].

O Living-Theatre

"O único grupo que teve até aqui coragem de aplicar as idéias de Artaud" seria o Living Theatre, segundo Jean-Jacques Lebel[a]. E de fato, Julian Beck e Judith Malina, os fundadores-incentivadores do Living Theatre de Nova York, no início proclamaram constantemente sua ligação com Artaud. Mas não somente com Artaud: invocam também, de vez em quando, Meyerhold (em *The Brig*) e sobretudo Piscator[b]. Chegam mesmo à proeza de tentar a grande reconciliação entre Brecht e Artaud [25]. Mas o autor de *O Teatro e seu Duplo* permanece como o grande inspirador: "Minha musa, jamais ausente dos meus sonhos", diz Judith Malina. E Julien Beck acrescenta: "O espectro de Artaud tornou-se nosso mestre"[c]. Seguramente Artaud não é o ponto de partida, pois a origem do Living Theatre data de 1946, e foi somente em 1958 que Julian Beck e Judith Malina leram *O Teatro e seu Duplo*[d]. Essa descoberta orientou porem de maneira decisiva suas realizações posteriores.

Essa descoberta levou-os sobretudo a empreender uma transcrição cênica do livro *A Peste* segundo Artaud, tentativa que pecava por uma fidelidade excessivamente literal[e]; lembremo-nos de que Peter Brook enfrentara quase que o mesmo obstáculo. Em seguida, o grupo soube encontrar seu próprio caminho, sem contudo renunciar à influência de Artaud. Essa atitude é manifestada em *The Brig* (1963), de Kenneth H. Brown: "O erro de Artaud consistiu em acreditar que se pudesse criar o horror a partir do fantástico. A luminosa descoberta de Brown foi a de que o horror não está naquilo que imaginamos, mas naquilo que é real"[f].

Um outro espetáculo do Living Theatre — *The Marrying Maiden*, de Jacson Mac Low (1960) — parece ter sido conce-

---

a . J.J. LEBEL, *O Happening*, p. 38, nota 1.
b . Textos de J. Malina (1964) citados em *Citépanorama*, n. 10, dez. 1966, p. 14.
c . Declarações citadas em *Tréteaux*, n. 3, jul. 1967, p. 20.
d . Segundo *Tréteaux, ibid,*, e *Le Nouvel Observateur*, 20.9.1967, p. 32.
e . R. TEMKINE. Grotowski e o Living, *Quinzaine littéraire*, n. 45, fev. 1968, p. 28.
f . J. Beck, citado por S. DHOMME, Uma Aventura Exemplar, *Art et Création*, n. 1, jan.-fev. 1968, pp. 94-103.

bido em função de certas idéias de Artaud, pois durante o espetáculo os atores não têm papéis definidos, mas recorrem a "um arsenal de recursos teatrais": textos com marcações de tom ou de ritmo, indicação de interpretação, gravação de suas próprias vozes, etc.[a].

A distribuição desse material a partir dos atores é feita ao acaso, ou mais precisamente, seguindo os lances de quem comanda o jogo.

"O ator não é mais aquele que executa o que conhece e o que aprendeu. Durante o espetáculo, permanece no palco em estado de criação ou de insegurança. Essa insegurança, vivida conjuntamente pelo palco e pela platéia, abole as convenções da representação"[b].

Pensemos no Artaud de 1928, preconizando um teatro *no qual o acaso reencontra seus direitos* e comparando uma encenação do Teatro Jarry a uma partida, a *um jogo de baralho, do qual todos os espectadores participassem* (II, 127).

O espetáculo do Living Theatre, no qual a influência de Artaud produziu o resultado mais feliz e surpreendente, foi sem dúvida o *Frankenstein*[c]. O espetáculo, que englobava a dança, o ritual religioso e o psicodrama, era baseado em uma adaptação do romance de Mary Shelley. A adaptação era muito livre: tratava-se de renunciar à superstição teatral com respeito ao texto, como o desejava Artaud. O resultado foi uma gigantesca "colagem", que se enxertava no tema inicial dos recursos à Bíblia, à Cabala, a Walt Whitman, a Ezra Pound, etc. "As palavras", diz um comentarista, "não são tomadas unicamente por sua significação gramatical, mas utilizadas sob o ângulo sonoro, percebidas como movimentos e se situam em vários níveis"[d]. Resultava de tudo isso um espetáculo vigoroso, cujo poder de choque e de envolvimento não era negado por quem quer que fosse. "Delírio ritual desses dezessete atores que ocupavam maravilhosamente o espaço de um tablado disposto em três níveis, onde, um após outro, eram representados o Apocalipse, a criação do homem, sua angústia, seu aniquilamento. As imagens dessas torturas, sonhos, execuções, espasmos, persistiram em nós durante muito tempo..."[e]

Considerando-se no conjunto o fenômeno do Living Theatre, percebe-se que seus contornos são bem demarcados em sua relação com Artaud. Sem falar ainda das diferenças

---

a . S. DHOMME, art. cit., p. 98.
b . S. DHOMME, art. cit., p. 98.
c . Estreado em Veneza em 1965 e em seguida apresentado em Cassis (1966) e Caen (1967).
d . Texto anônimo, em *Tréteaux*, n. 3, jul. 1967, p. 20.
e . NICOLE ZAND, *Le Monde*, 21.6.1967.

fundamentais, a maneira pela qual Julian Beck, Judith Malina e seus companheiros captaram e transformaram a "mensagem" de Artaud, confere ao grupo um estilo e um aspecto bem particulares. À primeira vista, o método deles parece derivar em linha direta de *O Teatro e seu Duplo* e se baseia nos mesmos pontos a partir dos quais toda uma geração — em geral a da década de 60 — resolve tirar uma lição de Artaud: relegar o texto a um plano subalterno de simples elemento sonoro, conferindo primazia ao corpo e ao engajamento físico dos atores; o esboroar-se da razão em proveito do desencadeamento dos instintos, esforço permanente em conferir à representação o aspecto de cerimônia, desejo de acabar com um teatro que não é senão um jogo sem conseqüência, tentativa de abolir a divisão entre palco e platéia, e projeto de representar "nas ruas, nas garagens, em terrenos baldios (...), pois não poderá haver um grande teatro sem um grande público[a][26].

Já vimos e ainda veremos isso muito mais vezes. Pesquisas desse tipo se tornaram tão comuns que não bastam mais para definir uma verdadeira filiação a Artaud. Ora, em muitos aspectos pelos quais o Living Theatre parece autorizado a proclamar seu vínculo com o autor de *Heliogábalo*[b], constatamos um desvio muito nítido. A droga, por exemplo. Julian Beck fez dela um meio de investigação; não de evasão, mas de luta contra essa outra "droga" que a civilização nos traz, e ele não hesita em recomendar uma tal forma de luta. Para Artaud, ao contrário, a droga foi apenas um meio estritamente individual de sobrevivência psicológica e psíquica; nunca a converteu num preceito de ação, aconselhando aliás seus amigos a não usá-la, como o atesta Jean-Louis Barrault[c].

Pode-se efetuar o mesmo tipo de observação quanto à ligação entre a vida e o teatro. O elenco do Living Theatre faz com que sua vida coincida o mais possível com o ideal teatral que almeja alcançar. Sentimo-nos tentados a enxergar nisso, de maneira superficial, uma aplicação das palavras de Artaud sobre o teatro, que é *um duplo da vida,* e sobretudo uma ilustração do seu destino de homem-teatro[27]. Na verdade, não cabe ver aí uma verdadeira convergência. O grupo do Living Theatre professa um ideal libertário muito distanciado de *O Teatro e seu Duplo.* O que lhes importa é, na medida do possível, manter uma estreita correlação entre sua vida quotidiana e os espetáculos apresentados, ou pelo menos propor

---

a . J. BECK (1963), citado por FR. KOURILSKY, *O Teatro nos Estados-Unidos,* La Renaissance du Livre, col. Dionysos, 1967, p. 54.
b . Até mesmo em relação à semelhança física, notada por Renée Saurel, entre Beck e Artaud.
c . J.L. BARRAULT, *Reflexões Sobre o Teatro,* J. Vautrain, 1949. p. 60.

onde quer que vão o exemplo de uma existência em comum, vivida resolutamente à margem de uma civilização capitalista que abominam. "De vez em quando", disse Julian Beck, "creio que a coisa mais importante que fazemos é nossa vida comunitária. Ela talvez é mais importante do que aquilo que fazemos no palco"[a][28]. Essas quarenta pessoas reunidas em um falanstério até 1970, praticam uma boêmia ambulante, bem oposta ao que foi em 1925 a vida do grupo surrealista, tal como Artaud a conheceu e depois rejeitou.

Atingimos assim o âmago do problema. Nenhum dos processos que aparentemente tornam do Living Theatre um tributário de Artaud, recobre de fato a mesma visão. Assim, **as técnicas de provocação do público e violação das massas** — saltos repentinos sobre o espectador, pancadas e escarros simulados, etc. — filiam-se muito mais aos métodos do *happening*, aliás herdados do dadaísmo, do que às sugestões de Artaud. É que as finalidades são diferentes, e nelas retornamos sempre às duas faces da crueldade. A crueldade, é claro, está presente nos espetáculos do Living Theatre; as relações humanas neles são sempre vividas sob o signo sadomasoquista, à base de vítimas e de carrascos[b]: por meio de espancamentos, linchamentos e vários tipos de suplício, como em *The Brig* ou *Frankenstein*, ou então através de castrações voluntárias ou infligidas, como na *Antígona*...

Mas a que conduz essa crueldade, em um segundo momento? A uma espécie de evangelismo pagão, ao mesmo tempo generoso e rudimentar, que faz a apologia da não-violência e do pacifismo ("Stop the war!") e lança um apelo a todas as liberações ("Freedom now!"), ao amor à humanidade, à confiança e à bondade enfim restauradas sobre a terra. Em suma, tudo o que levou a denominar apressadamente os atores do Living, *beatniks* e *hippies*. Como se vê, estamos bem longe da crueldade essencial definida em *O Teatro e seu Duplo*. E isto, mesmo que os gritos incansavelmente repetidos e escandidos pelos atores do Living Theatre reproduzam aquele martelar sonoro desejado por Artaud e mesmo que algumas frases deste último, desligadas de seu contexto — como por exemplo: *Digo que o estado social atual é iníquo e digno de destruição* (IV, 50) — pareçam ligar-se ao projeto do Living e à sua esperança de que "o mundo de aço da lei e da ordem (...) se dissolveria"[c].

Esse ideal anarquista do Living Theatre implica inevitavelmente, ao nível das realizações e apesar da coesão e da

---

a . J. BECK, O Caminho da Histeria, *Le Point*, n. 8, fev. 1967, p. 25.
b . Segundo ROGER PLANCHON (declarações registradas por Emile Copfermann), *Citépanorama*, n. 10, dez. 1966; jan.-fev. 1967, p. 8.
c . J. BECK, texto citado em *Tréteaux*, n. 3, jul. 1967, p. 20.

seriedade do trabalho efetuado em equipe, certa ausência de rigor. É um trabalho que se impõe, que impressiona, que é até mesmo coerente, porém freqüentemente privado dessa precisão quase científica desejada por Artaud e que um Jerzy Grotowski, mais do que nenhum outro, se empenhou em alcançar.

O teatro-laboratório de Jerzy Grotowski

Nada mais falso, com efeito, do que colocar num mesmo saco Grotowski e o Living Theatre. Sob o pretexto de que todos os dois procedem de Artaud e visam valorizar a expressão corporal [29], fizeram-nos, um tanto apressadamente, militar lado a lado. Raymonde Temkine — que não esconde sua preferência por Grotowski, a quem consagrou numerosos e pertinentes estudos — mostrou muito bem a oposição radical que separa na realidade os dois movimentos. De um lado, a anarquia e a explosão; do outro, o artesanato, o rigor, o domínio, que caracterizou todos os espetáculos apresentados pelo "Theatr-Laboratorium" em Opole a partir de 1959 e depois, a partir de 1965, em Wroclaw[a]. Além disso, há numerosas diferenças de pormenor no método adotado. Em relação ao público, por exemplo, o Living-Theatre cultiva uma provocação ativa, ainda que simulada. Grotowski provoca o espectador de maneira apenas indireta, infligindo-lhe um espetáculo insustentável, forçando-o a assistir ao desnudamento interior de um ser, convertendo-o em *voyeur*.

No que concerne mais particularmente a Artaud, a oposição é igualmente bem nítida. Julian Beck descobriu bem cedo *O Teatro e seu Duplo* e tentou, como Peter Brook, aplicá-lo. Quanto a Grotowski, ele só teve conhecimento dos textos de Artaud tardiamente — em 1964, segundo Raymonde Temkine[30] — depois que suas próprias concepções cênicas já estavam formadas. É aliás surpreendente notar que essa revelação de Artaud lhe foi feita *a posteriori* e do exterior, através de críticos ou amigos, admirados em encontrar nos seus espetáculos as grandes lições de *O Teatro e seu Duplo*.

É assim que Michael Kustow, expondo num artigo já citado[b] as tentativas de Peter Brook das quais ele participara, não hesitou em concluir que "a realização mais completa e mais perturbadora dos sonhos de Artaud" foi, a seu ver, a do *Fausto* de Marlowe, apresentada "numa pequenina cidade da Polônia" por "um grupo jovem literalmente possuído"[b]. Claude Roy reagiu de modo idêntico, citando lado a lado, a fim de

---

a. R. TEMKINE, Grotowski e o Living, *Quinzaine littéraire*, n. 45 fev. 1968, p. 28.

b. M. KUSTOW, art. cit., *Esprit*, maio 1965.

ilustrar a presença do "Teatro da Crueldade na Europa"[a], o *Marat-Sade* montado por Peter Brook e duas realizações de Grotowski: *Akropolis*, do simbolista polonês Wyspiansky[b], transposta para um campo de concentração, e *Kordian*, drama romântico de Slowacki, representado em um manicômio. "Depois de ter visto *Akropolis*, compreendo que as intuições de Artaud não são puras especulações", afirmava Jan Blonski, o tradutor polonês de *O Teatro e seu Duplo*[c].

Foi portanto *a posteriori* que Grotowski veio a tomar conhecimento dessa extraordinária coincidência. Em suma, ele redescobriu espontaneamente os processos de Artaud, sem tê-los procurado e sem ter-se esforçado por imitá-los. Haverá ligação mais profunda do que essa? É legítimo falar de filiação e admitir sem reservas que o jovem polonês possa ser apresentado por Raymonde Temkine como um verdadeiro "filho natural" de Artaud. Mas e daí? Essa convergência surpreendente, aceita pelo próprio Grotowski, não pode conter uma identidade total de pontos de vista. Não basta dizer que o incentivador do Teatro-Laboratório soube e pôde dar vida àquilo com que Artaud havia unicamente sonhado[31]. Um só pôde prolongar o outro curvando-o de vez em quando. Tentemos fazer um julgamento.

Seria fácil cotejar e procurar respostas em preceitos de Grotowski e frases extraídas de *O Teatro e seu Duplo*[d]. Esse paralelismo diz sobretudo respeito a tendências que são também comuns aos outros movimentos contemporâneos que enfocamos — o Living Theatre, o *happening*, etc.[e]. Por exemplo, o abandono do "trampolim que era o texto", e sua utilização "como material para construir o som"; a pesquisa de uma linguagem física fundada sobre o corpo do ator e que o leva ao transe; uma modificação radical e constante da relação palco – platéia; a idéia da representação como uma cerimônia sagrada; o confronto com os grandes mitos do passado, sob a forma de um ritual que tenha valor de iniciação ou de exorcismo, e assim por diante. Tudo isso se nos tornou familiar. Mas cada elemento desse programa assume em Grotowski uma coloração muito particular.

Assim, o trabalho corporal que ele exige do ator é concebido como uma técnica de despojamento absoluto: "o ator

---

a. C. ROY. art, cit., *N.R.F.*, 1.5.1965.

b. *Akropolis* foi apresentado ao público parisiense, sob a égide de Antoine Bourseiller, no Teatro de l'Epée-de-Bois, em setembro-outubro de 1968.

c. Citado por R. TEMKINE, Filho Natural de Artaud, *Les Lettres Nouvelles*, maio-jun. 1966, p. 135.

d. Como o fez R. TEMKINE, "Filho Natural de Artaud", art. cit.

e. No seu estudo sobre o *happening*, já citado, Gilbert Tarrab cita longamente Grotowski para explicitar certas constantes dos *happenings* (*R.H. Th.*, 1968-1, pp. 20-21).

ao desempenhar-se deve fazer uma doação total de si mesmo"[a]. Isso leva a opor o "ator-cortesão" (o dos outros teatros) ao "ator-santo", capaz de "gestos de doação e de aceitação, que nascem do verdadeiro amor"[b]. Além do mais, o recurso aos mitos antigos — Grotowski prefere dizer "arquétipos" — é vivido por ele como um confronto brutal e necessário com nossos tabus interiores. Portanto, sendo o teatro "um ato de transgressão", segue-se a tentação da blasfêmia. Com que fim? Com a esperança de arrancarmos a máscara, despojando-nos "de um território íntimo, habitualmente inviolável"[c]. Em resumo, o teatro é "um ritual, uma religião sem religião"[d].

Apesar desta última frase, que Artaud poderia ter aprovado, deparamo-nos com uma espiritualidade que visivelmente pouco tem a ver com a metafísica do "Teatro da Crueldade". No vocabulário de Grotowski, nas suas obsessões (santidade blasfêmia, oblação...), nas situações que os seus diversos espetáculos propõem — eterna dialética da vítima e do carrasco, como acontece com o Living Theatre — não é descabido detectar ressonâncias cristãs, se bem que ele mesmo se proclame um incrédulo[e]. Quando Grotowski se explica em relação aos "arquétipos", não é por acaso que cita como primeiro exemplo "o mito de Cristo ou de Maria"[32]. Mesmo descontando o escárnio e a "transgressão", estamos na presença de um misticismo infinitamente mais tradicional do que a atitude de Artaud.

Não é tudo. Grotowski faz do teatro um espetáculo "elitizante" (o termo, referido por Raymonde Temkine, é dele): algumas dezenas de espectadores para cada representação, oitenta em *O Príncipe Constante*, no palco do Odeon[f], cem em *Akropolis*. Compreende-se que tal atitude não implica desprezo algum pelas multidões; trata-se apenas de se estabelecer entre atores e o público um contacto estreito e tenso, que só é possível com um pequeno número de espectadores, enquanto que a noção de uma arte para as massas seria reservada ao cinema e à televisão. Na verdade, nada impede que essa escolha, ao lado de outras constantes de Grotowski — repertório tomado "aos clássicos" do teatro polonês, esforço em suscitar no espectador uma perturbação muito grande, que lhe permitirá se conhecer melhor, afastamento dos problemas da atualidade contemporânea em proveito dos grandes mitos

---

a . J. GROTOWSKI, "Em Direção a um Teatro Pobre", *Cahiers Renaud-Barrault*, n. 55, maio 1966, p. 53.

b . "Encontro com Grotowski", declarações feitas a NAIM KATTAN, *Quinzaine littéraire*, 1 a 15.9.1967, p. 24.

c . J. GROTOWSKI, art. cit., *Cahiers R.B.*, n. 55, p. 62.

d . Citado por R. TEMKINE, em *Grotowski*, Lausanne, ed. La Cité, 1968.

e . Segunda GUY DUMUR, *Le Nouvel Observateur*, 29.6.1966.

f . E ainda assim por efeito de uma concessão (cf. Teatro-Laboratório, *Citépanorama*, n. 10, dez. 1966; jan.-fev. 1967, p. 9, nota 1).

coletivos do passado [33] — resulta enfim em fazer novamente do teatro um privilégio aristocrático. O que se nos propõe é um espetáculo de uma intensidade e de uma perfeição inegáveis; somos portanto imersos na arte, nesse teatro-divertimento que Artaud rejeitava com todas as suas forças.

A diferença de concepções irrompe finalmente a propósito do ator. No Teatro da Crueldade, *o ator é ao mesmo tempo um elemento de primeira importância (...) e uma espécie de elemento passivo e neutro* (IV, 117). No Teatro-Laboratório o ator não é mais um elemento entre outros: tudo repousa sobre ele. Ele é aquele sem o qual o espetáculo não existiria. Partindo do método de Stanislavski, Jerzy Grotowski orientou-se pouco a pouco "para o teatro pobre"[a]. Isto quer dizer que ele despoja a representação de todas as técnicas tomadas de empréstimo — cenografia, iluminação, projeções, música, maquilagem — através das quais o teatro acreditou se enriquecer. Por um processo que no início era um pouco semelhante ao de Copeau, mas que na realidade se mostrou muito diferente (o ator de Grotowski não deve recriar o personagem, mas se descobrir através dele), esse homem de teatro polonês empenhou-se em retornar à essência do teatro e quase a essa "teatralidade" da qual zombava o Artaud de 1924 (I, 214). E a essência do teatro para Grotowski é o ator: metodicamente formado, suficientemente treinado, ele preencherá todas as funções; seu corpo exercitado suprirá os jogos de luz, os disfarces, até mesmo a música. Em suma, não há nada em comum com o *espetáculo integral* desejado por Artaud (II, 34 - IV, 117), que não recusa nenhum recurso, contanto que o espaço seja habitado e animado[b].

De onde vem então a extraordinária impressão de identidade com as ambições de Artaud, experimentada pelos que assistiram as realizações de Grotowski? Uma explicação parece possível: ela se deve a esse domínio perfeito do corpo e das emoções, um tanto semelhantes às do ator do Kathakali, que o ator grotowskiano obtém graças ao treino — várias horas por dia — durante anos, ao conhecimento de si e ao rigor. "O ator", diz Grotowski, "deve decifrar todos os problemas de seu próprio organismo que lhe sejam acessíveis. Deve saber qual o meio de dirigir o ar, conduzindo o som para determinada parte de seu corpo, produzindo sonoridades que parecerão ter sido ampliadas por diferentes tipos de ressoadores[c].

---

a . Título de um dos principais textos de Grotowski, trad. por Jean Blonski em *Cahiers R.B.*, n. 55, maio 1966.

b . No Teatro-Laboratório, o ator é por si só o teatro total, e se ele domina tão bem seu corpo é unicamente para significar sua sujeição. Grotowski "discerne na expressão do corpo unicamente a manifestação de seu aniquilamento" (LUDWIK FLASZEN, programa do *Príncipe Constante*, Teatro das Nações, 1966).

c . Encontro com J. Grotowski, *Quinzaine littéraire*, 1 a 15.9.1967, p. 24.

Não será legítimo considerar que a seu modo os atores do Teatro-Laboratório reconstroem assim esse corpo novo que foi a grande e última obsessão de Artaud? Existe, é claro, uma distância entre uma simples técnica de domesticação de músculos e nervos, e uma vontade desesperada e trágica de forjar um corpo finalmente puro e regenerado. Grotowski acomoda-se ao corpo humano tal como ele é. Artaud, não. Grotowski obriga seus atores a praticarem quotidianamente a hata-ioga, a ioga chinesa, a psicanálise... Artaud abomina a psicanálise e rejeita violentamente o que ele chama "a ioga":

> Eu quero dizer que não suporto a ioga, que não a suporto nem como ciência, nem como meio de alcançar a ignorância da ciência[a].

Grotowski enindereda pelos caminhos existentes. Artaud acredita que só se chegará ao novo homem por caminhos novos.

O criador do Teatro-Laboratório explicou-se, aliás, pormenorizadamente a respeito de sua relação com Artaud e da importância deste último[b]. Cometeram-se por vezes equívocos sobre o sentido de suas afirmações, porque elas continham numerosas críticas contra o autor de *O Teatro e seu Duplo*. Grotowski censura-o, por exemplo, por não ter eliminado verdadeiramente a barreira entre o palco e o público, e por ter trocado "o teatro embonecado e clássico por uma outra estrutura rígida". Ou então, denuncia diversos contra-sensos e erros em *O Teatro e seu Duplo*, sobretudo a propósito do teatro balinês, frisando o quanto é supervalorizada a originalidade histórica do Teatro da Crueldade. São acusações repetidas, que fazem pensar num desejo de desvalorizar Artaud ou, pelo menos, de desligar-se dele. Na verdade, nada disso acontece, como o demonstrou Raymonde Temkine[c].

Grotowski quer sobretudo desmitificar a imagem, a seu ver caricatural, que os discípulos um tanto ardentes do "teórico" da Crueldade nos propõem hoje em dia. Ele considera que a importância de Artaud foi falsificada, e tenta conferir-lhe sua verdadeira dimensão. Com essa intenção, não se limita a recensear seus erros, porém se empenha em revelar sua riqueza insuspeitada: "O segredo de Artaud é, entre outros, o de ter sido particularmente fecundo nos seus erros e nos seus contra-sensos"[d]. Assim, mesmo inexatas ou pouco novas, suas intuições contêm "apesar de tudo um acerto que, a longo prazo, é exato[d]". Acerto do qual Artaud nem sempre tomou

a. A. ARTAUD, Sobre a Ioga, *84*, n. 18, maio-jun. 1951, pp. 17-19.
b. J. GROTOWSKI, Ele não era Inteiramente ele Mesmo, *Temps Modernes*, abr. 1967, pp. 1885-1893.
c. R. TEMKINE, *op. cit.* (*Grotowski*, Lausanne, 1968), pp. 223-225.
d. J. GROTOWSKI, art. cit. (*Temps Modernes*, abr. 1967, p. 1885 e s.), *passim*.

consciência, e Grotowski o louva, particularmente por ter provocado a descoberta dessa verdade desprezada por Stanislavski e por Brecht: "que a espontaneidade e a disciplina, longe de se enfraquecerem, se reforçam mutuamente, que aquilo que é elementar sustenta aquilo que é construído, e reciprocamente, a fim de se tornar a fonte real da irradiação do desempenho"[a]. Talvez Artaud só nos tenha deixado "visões, metáforas"; talvez não passe de um profeta, "um poeta das possibilidades do teatro". O certo é que ele nos lega uma imensa lição, através de sua existência sofredora e torturada "e talvez menos pela sua obra do que pela sua idéia de salvação através do teatro"[a].

UMA NOVA GERAÇÃO: LER OU VIVER ARTAUD?

Todos já puderam constatar que o nome de Artaud e as referências à sua obra rotulam agora as mais diversas mercadorias. Ele é explorado a propósito de tudo, e principalmente quando se trata de violência, ferocidade, tortura, etc. Quando se questiona um dramaturgo ou um homem de teatro sobre seus princípios, nunca se deixará de lhe perguntar como ele se situa em relação a Artaud. A referência é obrigatória e a resposta é típica: "Ele foi um pensador inspirado, mas eu acredito que suas idéias sobre o teatro são mais importantes do que seus ensinamentos sobre os meios práticos de realizá-las"[b]; mas pode acontecer que o interrogado se furte pura e simplesmente à indagação ritual[c]. Se observamos em *Tête d'Or* os signos exteriores de uma violência que se exprime através de atos de uma crueldade inaudita, não hesitamos em ligar ousadamente Claudel a Artaud [34]. Se constatamos que existe no cinema atual uma estética da violência, o nome de Artaud paira por perto; e o vemos surgir, juntamente com Beckett, sob a pena de um crítico que escreve sobre o desenho animado de Walerian Borowczik, *Teatro do Sr. e da Sra. Kabal*, e acaba dizendo que é uma obra de crueldade e de escárnio[d]. Se se organiza no Palácio dos Esportes uma manifestação "psicodélica" (ou "psicadeliopóptica") um texto de Artaud será lido publicamente[e]. E assim por diante.

Sem falar da proliferação dos clubes Antonin Artaud, dos prêmios Antonin Artoud, e não parece distante o dia em

a J. GROTOWSKI, art cit. (*Temps Modernes*. abr. 1967. p. 1885 e s.), *passim.*

b . Lee Strasberg, entrevistado por DANIEL ALBO, *Figaro Littéraire*, n. 1117, set. 1967.

c . EDWARD ALBEE, *Cahiers Renaud-Barrault*, n. 63, out. 1967, pp. 4-5.

d . CLAUDE MAURIAC, *Figaro Littéraire*, n. 1130, 11 a 17.12.1967.

e . Por JEAN-JACQUES LEBEL, *Le Nouvel Observateur*, n. 157, 15 a 21.11.1967.

que a vida e os sofrimentos do autor de *Van Gogh* serão resumidos em duas colunas-de-"choque" para os leitores dos jornais da tarde ou das revistas de grande tiragem. Pode-se sorrir ou falar de escândalo ou de incompreensão. Alguns já o fizeram[a]. São protestos destinados, de resto, a permanecer ineficazes ou mesmo a favorecer involuntariamente o abuso que se quer combater. Pode-se julgar, sem dúvida, que há coisa melhor a se fazer. A vulgarização de uma obra torturada, como precisamente a de Van Gogh, levanta um problema[b] que importa superar: indignar-se porque a vida de Van Gogh foi publicada e filmada, porque seus quadros foram reproduzidos em milhões de exemplares, é negar, em última análise, a qualquer pessoa, que não seja alguém como Artaud, o direito de falar de um homem como Van Gogh. É uma posição evidentemente insustentável. Melhor seria compreender por que toda uma geração, na Europa e na América, sobretudo entre gente de teatro, se pôs de repente a fazer de Artaud uma de suas bandeiras. A própria persistência do fenômeno prova muito bem que não se trata de um simples capricho da moda.

Abordagens metódicas de Artaud

Na verdade, nem tudo o que se passa em volta de Artaud é moda. Esboçou-se um movimento convergente, que remonta a 1960, e alcançou sua amplitude máxima por volta de 1965. Estuda-se Artaud, reconsidera-se metodicamente seus grandes textos, há um esforço para retomar as raras obras dramáticas que ele deixou. Daí os números especiais das revistas[c]: *Cahiers Renaud-Barrault* (1958 e 1969), *La Tour de Feu* (1959-1961), *Tulane Drama Review* (1963), *Sipario* (1965), *Tel Quel* (1965). Daí os trabalhos universitários[c]: primeiras teses médicas em 1963; primeiros projetos de teses literárias e dramatúrgicas e primeiras dissertações de estudantes em 1964-1965. Daí os colóquios: jornadas de Parma (1966)[d], jornada Artaud no O.R.T.F. (1968)[e], jornada de Veneza (1967) consagrada à "Crueldade, exorcismo, psicodrama", etc. Daí, finalmente, as estréias e remontagens cada vez mais freqüentes das peças de Artaud: *O Jato de Sange* (Paris, 1962), *Os Cenci* (Caen, 1965

---

a. Cf. PIERRE MIÑET, Ausência de A.A., *Magazine littéraire*, n. 17, abr. 1968.
b. Cf. *supra* (Preâmbulo), "Falar de Artaud", p. 1.
c. Para referências mais detalhadas, ver a bibliografia no Apêndice.
d. Texto das comunicações publicado em *Teatro Festival*, Parma, fev.-mar. 1967.
e. Jornada incluída no calendário de uma manifestação intitulada "Quinze Dias com o Teatro", abr. 1968; debates divulgados em "France-Culture" em 1.5.1969.

e Brno, 1967)[a] e também *Não há mais Firmamento* (Vincennes, 1967) e talvez no futuro outros textos que não foram escritos tendo em vista a representação, tais como *Heliogábalo* ou *O Monge*. Isso sem entrar na enumeração das experiências tentadas em Londres, em Genebra e em Nápoles ou nas universidades americanas[a]; no momento nos limitamos apenas aos grupos amadores, aos elencos universitários, aos teatros experimentais. Mas o número de tentativas e o crescente prestígio de Artaud levam a pensar que essa fase poderá ser ultrapassada brevemente[35].

Essa proliferação de pesquisas relativas a Artaud é igualmente atestada pelo número de referências feitas à sua obra nos programas das jovens companhias. Não é sempre que montam *Os Cenci* ou *O Jato de Sangue;* não é sempre que recorrem ao repertório definido pelo primeiro manifesto da Crueldade; mas freqüentemente invocam *O Teatro e seu Duplo*, ou então escolhem temas que se relacionam implicitamente com os desejos de Artaud. Foi o que se evidenciou nitidamente, por exemplo, na quinta Bienal de Paris (outono de 1967), quando muitos diretores jovens apresentaram espetáculos claramente situados, conscientemente ou não, no caminho outrora aberto por Artaud.

Pode muito bem ocorrer que o teatro contemporâneo, no que ele tem de mais vivo, se resuma num confronto Brecht-Artaud, como já se disse muitas vezes [36]. "Ora, no diálogo de Brecht e Artaud, um diálogo que é talvez um duelo, mas que domina, quer se queira ou não, a vida teatral de hoje (é o que nos mostrou um recente colóquio internacional em Florença), é sobretudo a voz de Artaud que a Bienal escolheu para ouvir"[b].

Essas múltiplas convergências provam que o prestígio atual de Artaud não pode ser efeito do acaso, nem de uma predileção passageira. Não basta também afirmar que uma época colocada sob o signo da violência se reconhece numa obra que justifica e encoraja essa violência. Isto seria permanecer no nível rudimentar da crueldade, cujo perigo denunciamos tantas vezes. Antes constatemos que a obra de Artaud conclama a uma modificação radical, cuja necessidade hoje se apresenta a toda uma geração que surge, como algo cada vez mais inelutável.

Uma etapa decisiva: viver Artaud

"Não se trata somente de ler Artaud, trata-se de vivê-lo". As palavras são de um encenador de vinte e cinco anos,

---

a . Ver uma lista detalhada destes espetáculos no Apêndice, bem como alguns documentos fotográficos. Sobre a representação de *Os Cenci* em Caen (1965), cf. estudo de H. BÉHAR em *Calliope* 2, pp. 34-39.

b . GILLES SANDIER, *Quinzaine littéraire*, n. 39, 15 a 30.11.1967.

Victor Garcia[a]. Sem tomar partido a respeito desta fórmula — por que, necessariamente, seria preciso separar "ler" de "viver"? — notaremos que ela ilustra muito bem o estado de espírito de um certo número de jovens diretores. Peter Brook e o Living Theatre, como vimos, começaram humildemente tentando reencontrar o itinerário de Artaud, guiando os seus passos pelo dele, prontos a separar-se dele quando preciso. Victor Garcia, Jorge Lavelli, Jerôme Savary e alguns outros se comportam de maneira diferente.

Eles não tentam se abrigar sob a bandeira do profeta da crueldade. Alguns apenas o leram. Mas tudo ocorre como se tivessem assimilado — pelo menos sumariamente — suas contribuições essenciais. E são na maioria das vezes os críticos e os comentaristas — o mesmo fenômeno ocorrido com Grotowski — que revelam a relação muito evidente entre tais espetáculos e *O Teatro e seu Duplo*. Não há abuso algum de análise ou de erudição nessas verificações: a afinidade com Artaud é de bom grado admitida *a posteriori* pelos interessados. E por não ter sido sistematicamente articulada, a coincidência é tanto mais surpreendente, como o é no caso de Grotowski. Assim, seria tão mais fácil achar a via artaudiana e quanto menos fosse procurada. Ou melhor, é preciso admitir que as suas idéias abriram de tal forma seu caminho no espírito dos homens de teatro, que um jovem diretor hoje as encontra de pronto à cabeceira quando desperta para a encenação.

Além disso, ele as encontra através de alguns intercessores contemporâneos privilegiados. Chega-se a Artaud passando-se, justamente, por Jerzy Grotowski. Por exemplo, os jovens atores do Teatro da Comunidade, que apresentaram na V Bienal de Paris um *Racine experimental*[b], colocado sob o duplo apadrinhamento de Antonin Artaud e de Roland Barthes, se submetem a uma preparação física permanente e fazem apelo diretamente ao animador do Teatro-Laboratório de Wroclaw [37]. Do mesmo modo, a "Comédia Moderna", **dirigida por Alain Halle-Halle, propõe uma concepção do espaço cênico muito próxima da que fora escolhida por Grotowski para *Akropolis; O Drama dos Construtores*, de Henri Michaux, apresentado por esse grupo na mesma Bienal, se desenrola na sala de um hospital de alienados: "não são admitidos espectadores em grande número, mas ilhotas de visitantes que vêem os doentes viverem"**[c].

Acontece até mesmo não experimentarmos a necessidade de nos referirmos a intercessores tais como Grotowski, e de nos acharmos quase espontaneamente próximos de Artaud. É

a. Palavras pronunciadas por ocasião da "jornada Artaud" na O.R.T.F. 11.4.1968; cf. *supra*, p. 255 e nota e.
b. Encenação de Henri Chanal.
c. Texto que figura no programa do espetáculo.

o caso dos espetáculos concebidos por Jerôme Savary. Não que ignore Artaud, mas não pretende de modo algum inspirar-se nele, persuadido de que se o fizesse, estaria se limitando a ilustrar alguns tiques de encenação considerados "artaudianos"[a]. No entanto, como não pensar no Teatro da Crueldade diante do *Oratório Macabro da Jangada da Medusa*, igualmente apresentado na V Bienal? Superficialmente, em primeiro lugar, por causa da atmosfera de violência e de onirismo, mas também em todos os níveis: texto que não comanda a ação, porém a completa[b]; importância do elemento sonoro (gritos, cantos, percussão...); responsabilidade determinante do autor-encenador; espetáculo "que está sendo feito" a cada apresentação; ocupação de todo o recinto através dos movimentos e do barulho, etc. Encontraremos as mesmas características nos outros espetáculos de Savary, por exemplo *O Labirinto* (adaptação de Arrabal) ou *O Grande Circo Mágico e seus Animais Tristes* (Teatro de Plaisance, 1968) e sobretudo essa mistura bem-sucedida de espontaneidade e dirigismo. Era justamente um dos sonhos de Artaud, o mesmo que ele almejava realizar montando *Os Cenci*. É notável que depois de uma geração, um jovem encenador leve a cabo de maneira muito natural aquilo com que o autor de *O Teatro e seu Duplo*[38] apenas sonhara.

Vários projetos de Artaud obtêm assim à distância um eco e uma aplicação concreta. A famosa redefinição do espaço cênico — *Nós usaremos um galpão ou um sítio qualquer* (...) (IV, 115) — que tanto fez rir os contemporâneos do autor de *Os Cenci*[c], hoje passou para a língua e os costumes teatrais. Savary pretende organizar "uma festa não importa onde, salvo num teatro; numa floresta ou na Estação D'Orsay, por exemplo"[d], e foi num depósito de locomotivas que Peter Brook se instalou[39]: Victor Garcia, depois de se lastimar por não ter encontrado em Paris "um galpão, uma garagem, um espaço vazio para fazer um trabalho experimental"[e], transformou totalmente o Teatro das Artes (supressão da orquestra, instalação de um praticável ao redor de toda a sala e de um tablado suspenso, recurso a poltronas giratórias) para aí montar *O Cemitério dos Automóveis*, de Arrabal (1967-1968), em virtude de uma concepção do espaço cênico que muito se aproximava

---

a. Segundo o debate organizado na O.R.T.F. por ocasião da "jornada Artaud". Cf. *supra*, p. 255 e nota e.
b. "O teatro ainda hoje é o lacaio da literatura (...). E no entanto Artaud nunca foi tão citado", J. SAVARY, "Nossas Festas", em *Le Théâtre 1968-1*, p. 84.
c. Cf. JEAN HORT, *A.A. o Suicida da Sociedade*, p. 98.
d. J. SAVARY, *Le Nouvel Observateur*, 10.1.1968.
e. V. GARCIA, *Le Monde*, 19.12.1967.

daquela que o primeiro Manifesto da Crueldade pretendia [40].

Em tudo isso não houve plágio ou vulgarização: simplesmente as idéias de Artaud, antes julgadas extravagantes, entraram para a vida do teatro e aí frutificaram. Muitas vezes alertado sobre suas afinidades com o fundador do Teatro Jarry, Victor Garcia — que apresentou em 1965 um surpreendente *Ubu-Rei* — confessa sem rodeios que mal conhece *O Teatro e seu Duplo*. Foi por instinto e por outros caminhos que ele atingiu certas concepções de Artaud. Recusa do realismo, paixão pela violência e pelo grito, preocupação com o emprego coletivo de materiais cênicos: tais são algumas das constantes de Garcia, além de uma tendência para o misticismo que tem algumas ligações com a atitude do Living Theatre e que está bastante afastada de Artaud[a].

Com algumas nuanças, poder-se-ia fazer observações da mesma ordem a propósito de Jorge Lavelli, que é argentino, como Garcia e Savary, e a quem já nos referimos, quando citamos a *Medéia*, adaptada de Sêneca por Jean Vauthier[b]. Em Garcia e em Lavelli, o gosto do lirismo colorido e de uma certa liturgia conduz a uma visão barroca e violenta, que contém algumas das grandes obsessões de Artaud [41]. Não causou, "pois", espécie, descobrir em *O Grande Teatro do Mundo,* de Calderón, apresentado por Garcia na V Bienal, um aparato cênico complicado, à base de rodas e engrenagens, que não deixava de lembrar o cenário de Balthus e a encenação de Artaud para *Os Cenci*[c].

Artaud e a revolução através do teatro

A roda de *Os Cenci* é citada de maneira ainda mais explícita: "a luz se concentra sobre uma roda (suplício romano infligido aos escravos) (...). Uma mulher a faz mover-se: ela está dentro da roda".

Assim começa a descrição do cenário proposto para a primeira parte de "Grupúsculo do meu coração", da *Aurora Vermelha e Negra,* peça sobre os acontecimentos de maio de 1968, publicada por Arrabal[d]. O problema consiste em saber

---

a . Ver "Desumanizar", de V. GARCIA, em *Le Théâtre 1968-1* (Cadernos dirigidos por Arrabal), pp. 71-79.

b . Sobre Jean Vauthier e sua *Medéia,* cf. *supra,* pp. 232-233

c . Ver no Apêndice alguns documentos fotográficos sobre o cenário de Balthus para *Os Cenci*. A roda do suplício era prevista no texto de Artaud (cf. *supra,* pp. 51-52). Rodas e engrenagens são encontradas — entre os diretores contemporâneos — nas "máquinas" de Patrice Chéreau, mas com uma finalidade muito diferente.

d . Texto publicado em *Le Théâtre 1969-1* (Cadernos dirigidos por Arrabal), p. 11 e s.

qual é a contribuição de Artaud para aqueles que consideram o teatro como um meio de ajudar a revolução a nascer.

Não nos esqueçamos que o autor de *Van Gogh* denunciou antecipadamente uma revolução que seria apenas social. O que não o impede de querer que a revolução seja *também* uma subversão total da sociedade atual, posto que, segundo ele, a ordem social reinante é *iníqua e só serve para ser destruída* (IV, 50). Não teríamos aliás grande dificuldade em elaborar, a partir dos escritos de Artaud, uma pequena coletânea de apelos à revolução. Segundo um método já comprovado, bastaria isolar cuidadosamente as citações de seus contextos. Por exemplo, esta aqui (maio de 1933):

O Teatro da Crueldade se propõe a recorrer ao espetáculo de massas; a procurar na agitação de massas importantes, mas jogadas uma contra a outra e convulsionadas, um pouco dessa poesia que existe nas festas e na multidão, nos dias, hoje tão raros, em que o povo desce à rua (IV,102).

Apelo mais claro ainda nas cartas escritas a André Breton, em seguida e a propósito da memorável reunião do Vieux-Colombier:

pois de repente eu me dei conta que tinha passado a hora de reunir gente num teatro mesmo para lhes dizer verdades, e que com a sociedade e seu público não existe outra linguagem que a das metralhadoras... e de tudo o que se segue[a].

Ainda esses textos propõem recorrer à violência apenas num sobressalto que poderia passar por simples anarquismo ou niilismo. Mas há posições mais claras, nas mesmas cartas a Breton. Depois de incluir Lenin entre aqueles que sucumbiram "aos encantamentos"[b] (Villon, Poe, Baudelaire, Van Gogh, Nietzsche, Lautréamont), Artaud embarca com fúria numa das mais surpreendentes denúncias contra a civilização capitalista que se possa propor e que mereça ser conhecida.

Breton o convidara a participar de uma exposição surrealista na Galeria Maeght:

Como poderia escrever um texto para uma exposição à qual o mesmo público fétido vai comparecer, a uma galeria que, ainda que levantasse seus fundos em um banco comunista, é uma galeria capitalista, onde se vendem muito caro quadros que não são mais pinturas, porém valores mercantis, valores intitulados VALORES e que são neste mundo tudo aquilo que, enquanto objeto, se denomina VALOR; essas espécies de grandes pedaços de papel impressos em cores múltiplas e que representam sobre um simples papel (oh,

---

a . Escrito "por volta de 28.2.1947"; Cartas de A.A. a Breton, publicadas na revista *L'Ephémère*, n. 8, inverno de 1968, p. 4.
b . Cartas a A. Breton, *L'Ephémère*, n. 8, p. 9.

milagre) o conteúdo de uma mina, de um campo, de um poço, de um sedimento, de uma empresa, de uma prospecção, e ao qual o possuidor, o proprietário não participou, nem mesmo com a ponta de seus dedos, enquanto que milhões de operários sucumbiram devido a este mesmo objeto, *para que o fenômeno denominado espírito possa usufruir à vontade do trabalho material do corpo*[a].

Violência perfeitamente lúcida e que justifica a afirmativa de Jacques Derrida, sustentando que, como o teatro político, "todo teatro não-político" é igualmente estranho a Artaud [b].

Na verdade, não se afasta do fato político; se o ultrapassa, ele o faz englobando-o. Por que desiste de falar, no Vieux-Colombier?

Seria preciso dizer às pessoas que elas sobravam naquele lugar e que eu sobrava diante delas, como uma espécie de orador híbrido; numa rua, diante de uma barricada, eu com certeza não estarei sobrando, e de resto vocês são totalmente culpados pela cristalização das instituições atuais, pois todos têm qualquer coisa para guardar, para conservar ou para salvar [c].

Assim não é surpreendente descobrir certos traços comuns entre o teatro da Crueldade e o atual teatro de contestação. Por pouco que se estude, por exemplo, as manifestações do teatro político dos Estados Unidos, surpreendem-nos encontrar algumas práticas que são familiares ao leitor de Artaud: a procura de espaços cênicos dessacralizados e pouco habituais (entrepostos, garagens, galpões, fábricas desocupadas, cafés ou ruas), o uso de manequins gigantes [d], máscaras caricaturais, improvisação em função das circunstâncias, provocação do público, etc. [e] Até mesmo na Broadway e nos seus arredores [42], uma série de equipes teatrais se dedica a experiências, nas quais e através da influência do *happening* ou do Living Theatre reencontra-se — deformada, porém visível, —

---

a . Carta a A. Breton de 24.3.1947, *L'Ephémère*, n. 8, pp. 30-31.

b . JACQUES DERRIDA, O Teatro da Crueldade e o Fechamento da Representação, *Critique* 230 (julho 1966), p. 611. Em relação aos tipos de espetáculos estranhos à visão de Artaud e sobre a eventual impossibilidade de um teatro segundo Artaud, segundo a análise de Derrida, ver nossa Conclusão.

c . Carta a A. Breton, 14.1.1947, *Le Soleil Noir*, "Positions", n. 1, fev. 1952.

d . Como aqueles apresentados pelo "Bread and Puppet Theatre" do nova-iorquino Peter Schumann e que foram vistos em Nancy (Festival Mundial do Teatro) em 1968 e 1969, e em Paris em nov. 1969.

e . Cf. FRANCK JOTTERAND, Espetáculos Revolucionários nos Teatros e nas Ruas Americanas, *Le Monde*, 19.7.1968.

a imagem do teatro segundo Artaud[a].

Os dados parecem ser um pouco diferentes na Europa, sobretudo na França. Quando, por volta de 1960, a era "brechtiana" dos anos 50, deu lugar a uma nova era, que se convencionou sumariamente denominar a era de Artaud, essa mudança pareceu ser acompanhada por uma espécie de despolitização. Um teatro marxista e rigoroso cedia lugar a um teatro descabelado e barroco, baseado no ritual, na cerimônia, no grito[b]. Chegava-se mesmo a classificar, entre os "anarquistas de direita", um dos representantes mais característicos dessa dramaturgia barroca, julgado suspeito de misticismo: Fernando Arrabal[c].

Ora, para definir sua concepção de teatro, Arrabal se exprime através de fórmulas — "teatro da paixão e da catástrofe, da confusão precisa"[d] — onde tudo acontece como um eco de *O Teatro e seu Duplo*. Além do mais, o "teatro pânico" que ele reivindica coincide com a visão de Artaud num certo número de pontos, e a teoria do "efêmero pânico" — formulada por Alexandro Jodorowski[e] — dá uma idéia bastante clara destas convergências: fidelidade ao princípio de não-repetição — "jamais uma representação poderá ser similar à precedente" (*ibid.*); utilização da palavra pelo seu valor sonoro — "a voz existe enquanto voz e não como um veículo conceitual" (*ibid.*); recusa do simbolismo, etc. Mesmo que tenha havido um abuso de linguagem ao se taxar Artaud de profeta e inspirador absoluto da nova escola, não seria absurdo considerar a esta última como uma excrescência — sem dúvida nenhuma aberrante — do Teatro da Crueldade, e é inegável que a bandeira da crueldade recobria no caso uma mercadoria muito diversa e em geral pouco orientada no sentido de uma ação revolucionária.

Pode-se afirmar hoje em dia que esses dados tenham mudado? Embora não contemos ainda com o devido recuo no tempo, parece de fato que o teatro barroco, "pânico", ritual, tomou um outro aspecto. Em 1968, e um pouco antes dessa data, os seus representantes combatiam por "um teatro de rua"[f] e preconizavam a luta através do teatro, celebrando o reencontro da arte e da vida no plano da contestação e da revolta[g]. Paralelamente a isso, tomam suas precauções, não

---

a. Cf. NICOLE ZAND, Broadway Descobre a Revolução, *Le Monde*, 31.1.1969.
b. Cf. R. DENIS, p. 276 e N. ZAND p. 56, *Le Théâtre 1968-1*.
c. Por RICHARD N. COE, *Cahiers Renaud-Barrault*, 67, set. 1968, p. 99 e s.
d. ARRABAL, p. 9 e e. A. JODOROWSKI, p. 223, *Le Théâtre 1968-1*.
f. Título do estudo de ALAIN SCHIFRES, *Le Théâtre 1968-1*, p. 241 e s.
g. ROMAIN DENIS, "Revolução e Teatro", *Le Théâtre 1969-1*, p. 87 e s.

com Artaud, mas com uma utilização excessiva e cega de seus escritos. "A proliferação descontrolada dos filhos de Artaud, após sua morte", escreve Lucien Attoun, "é a mais deplorável metamorfose do Teatro da Crueldade"[a].
Quer isso dizer que a irradiação de Artaud diminuiu desde a primavera de 1968? Seguramente não. A violência de seu brado foi logicamente utilizada e contribuiu para essa abundância de folhetos e de manifestos que deram a palavra às paredes. Mas isso, salvo engano, aconteceu com um único texto seu, a "Carta aos reitores das universidades européias" (I, 257-258 e Re. I, 335-336), que mostrava desde 1925 o sinal evidente de uma contestação radical:

Em nome de sua própria lógica, nós lhes dizemos: "A vida fede, Senhores. Olhai um instante para vossas faces, considerai vossas produções. Através do crivo de vossos diplomas, passa uma juventude extenuada, perdida" (I, 258 e Re. I, 336).

Julgar-se-á talvez significativo que o Artaud tomado como referência pelos contestarários de maio de 1968 seja aquele do período surrealista e não o dos grandes textos sobre o teatro (cf. Su-I 37-39). É uma observação que nos faz tocar com o dedo os limites da influência exercida por uma visão simplificada de Artaud. Qualquer que seja o papel que ele desempenhou ou o que o fizeram desempenhar na época dos confrontos, fica bem claro que sua visão do teatro e da revolução permanece infinitamente afastada daquilo que hoje agrupamos sob os mesmos termos. A esse duplo nível, os encontros entre nós e ele criam apenas uma ligação ilusória.

Além do teatro: o lugar de Artaud na criação de hoje

Deu-se com Artaud, no domínio do teatro, o mesmo fenômeno que ocorreu na música com um Edgard Varèse, por exemplo. Por volta de 1930, as obras de Varèse eram rejeitadas como absurdas e insuportáveis; a propósito de *Arcana* (estreada em 1927), um crítico alemão chegou a falar num "aborto de loucura sonora"[b]. Hoje, as mesmas obras, perfeitamente integradas em nosso universo mental, são gravadas em discos e essas "florestas de ruídos" são acolhidas com simpatia pelos amadores. Varèse não é evidentemente citado aqui por acaso; conhecemos sua tentativa de colaboração com Artaud e sublinhamos de passagem a convergência evidente entre as pesquisas sonoras efetuadas em *Os Cenci* e as preocu-

---

a. L. ATTOUN, "A Propósito de Grotowski", *Le Théâtre 1969-1*, p. 241 e s.

b. Citado em *Le Monde* de 21.6.1969.

pações dos músicos de hoje, tais como Pierre Boulez[a]. Mas existem outros sinais dessa confluência[b].

Nas Jornadas de Música Contemporânea[c], consagradas a Varèse, Xenakis, Berio e Pierre Henry, este último deveria apresentar uma obra significativamente intitulada "Homenagem a Antonin Artaud". A esse nível, o autor de *O Teatro e seu Duplo* só poderia ser saudado como um precursor, que ajudara na criação de um novo universo sonoro. Ora, os fatos não se limitam a isso. Os grandes textos de Artaud são utilizados como ponto de partida por alguns músicos contemporâneos. *Noite Branca,* de François-Bernard Mâche, organiza-se a partir do poema do "Tutuguri" (extraído da irradiação *Para Acabar com o Julgamento de Deus*). A obra[d] conjuga a voz de um declamador (Alain Cuny) com a gravação magnética de um "clima sonoro que às vezes a reforça, às vezes a contradiz, opondo-lhe uma barreira, como se a voz humana estivesse submergida por alguma coisa estranha, hostil"[e].

Outro exemplo: o compositor italiano Sylvano Bussotti (que apresentou um espetáculo baseado em *O Monge*, de Lewis), e que pretendia realizar um trabalho a partir de *Heliogábalo*, que considera a obra mais notável de Artaud e a que melhor se casava com seu objetivo teatral[f]. Contrariamente aos jovens encenadores de que já falamos, Bussotti não parece achar que se possa optar por viver Artaud de preferência a lê-lo. Em Bussotti as duas atitudes não se diferenciam, pois é claro que ele leu Artaud com paixão. Por isso é que admira tanto *Não há mais Firmamento* (II, 91 e s.), porque, na sua opinião, aí se pode ver profeticamente descrito o que seria mais tarde um gerador eletrônico de som[g]. Essa admiração não leva Bussotti a querer imitar Artaud, mas ao mesmo tempo explica por que os dois itinerários algumas vezes se cruzam.

O espetáculo que o compositor italiano apresentou em 1967 no Sigma de Bordeaux, *A Paixão segundo Sade* ("misté-

---

a. Sobre Artaud e os músicos de seu tempo, cf. *supra* (Cap. 3), pp. 159-160.

b. Assinalemos *Tjurunga,* obra musical e dramática de Gérard Massias, apresentada no Festival de Avignon em 1968 e 1969, e que, a partir de textos de Artaud, esboça um retrato do poeta e de sua tragédia (*Le Monde,* 12/8/69).

c. Paris, out. 1968, Théâtre de la Musique.

d. Obra apresentada em um concerto da O.R.T.F. e depois no Festival de Besançon (1967).

e. ROBERT SIOHAN, *Le Monde,* 15.9.1967.

f. Segundo Bussotti, o compositor Stockhausen pretenderia também criar uma composição a partir de *Heliogábalo*.

g. Declarações feitas na "jornada Artaud", O.R.T.F., 11.4.1968; cf. *supra*, p. 255 e nota e.

rio de câmera"), se caracterizava, com efeito, pela procura de uma "totalidade do teatro", sua violência, sua recusa deliberada da arte — e, dizem as testemunhas — pelo seu "exibicionismo". O próprio Bussotti convida a uma tal interpretação de sua Paixão: "um desnudamento da alma"; uma verdadeira *exibição*. Sem dúvida ele se resguarda "de toda pretensão de nos ligar ao Teatro da Crueldade, que Antonin Artaud levou de uma vez por todas às suas mais extremas e sublimes conseqüências". Mas essa confissão, onde não entra nenhuma humildade fingida, deve ser matizada pelo exame de um procedimento que se liga ao de Artaud, permanecendo porém extremamente pessoal: é ao mesmo tempo a expressão de uma "afinidade de espírito" com Sade, nostalgia de uma "forma de espetáculo que associava os prazeres dos olhos ao dos ouvidos", e uma irresistível "exibição"[a]. Bussotti, com efeito, figurava em pessoa na sua *Paixão,* imiscuído em uma ação cênica desenfreada e proporcionando o espetáculo da brutalidade e da exasperação. "Ele se contenta em viver, em viver-*se*, em ir até o fim de si mesmo, na queda acelerada de uma lucidez mipiedosa", escrevia um crítico[b]. Não se pode deixar de evocar a famosa conferência do Vieux-Colombier em 1947, na qual Artaud também viveu pública e intoleravelmente, aos olhos de uma parte do público, a verdade de sua própria vida.

Em face de um Bussotti, tão manifestamente habilitado a tomar lugar na família espiritual de Artaud, hesitamos em mencionar Maurice Béjart. Numerosas diferenças essenciais parecem separar o prestigioso criador dos "Balés do Século XV" e o poeta trágico do *Tutuguri:* um, conquistador, hábil em manejar os grupos e os corpos, sempre vitorioso; o outro, sempre votado ao fracasso e incansavelmente voltado para o enigma único de seu próprio eu. No entanto, mesmo se Béjart não conta com Artaud entre seus intercessores privilegiados, como deixar de ser sensível aos numerosos momentos de confluência?

Porque ele apela para uma revolução ética e não mais estética, porque deseja fazer do corpo humano um instrumento de ampla comunicação, e da dança uma linguagem sem fronteiras, já se comparou Maurice Béjart com as experiências psicocorporais do Living Theatre e de Grotowski. Além do mais, Béjart possui uma consciência aguda do fato de que a dança é uma arte de origem coletiva, na qual a parcela de criação, devida ao coreógrafo, não é mais importante do que a do dançarino[c]. Ele é um dos que também tentaram *"trazer à*

---

a . Ler as "Notas para a Encenação da *Paixão Segundo Sade,* Mistério de Câmera", de BUSSOTI, em *Le Théâtre 1968-1,* pp. 89-99.
b . BERNOTTI, art. cit.
c . MAURICE FLEURET, *Le Nouvel Observateur,* n. 159, 29.11 a 5.12.1967.

luz essa antiga idéia, no fundo jamais realizada, do espetáculo integral" (III, 34), e nós sabemos que ele mistura de bom grado dançarinos, músicos e atores[a]. Por exemplo, na *Tentação de Santo Antônio,* de Flaubert (1967), no Odeon-Théâtre de France[43], ou em *A Noite Escura,* sobre poemas de São João da Cruz (Festival de Avignon, em 1968).

Mas, para além dessas verificações formais pode-se notar uma aproximação mais significativa. Béjart se impõe e impõe ao público um procedimento verdadeiramente metafísico. Seu balé *Ã Procura de...* (Avignon, 1968), se oferece como um itinerário espiritual que acaba numa peregrinação às fontes orientais: "Bhakti", no qual a adoração conduz a uma identificação mística com as divindades budistas[b]. O Oriente como um princípio de renovação não somente ética ou estética, mas mística em sentido amplo, eis o que nos aproxima da evolução seguida por Artaud, a partir da sua descoberta do teatro balinês. Esse contacto não permite reduzir a considerável distância que resta entre a fecundidade de um Béjart e a consumação torturada de Artaud, mas essa distância subsistente sublinha com eloqüência o valor profético dos grandes textos deixados por este último.

Pois *O Teatro e seu Duplo,* para além das desnaturações que lhe são infligidas, conserva o valor de uma seara inesgotável. Longe de ser um manual de receitas puramente técnicas para encenadores, como estranhamente parece pensar Ionesco[c], é um livro que transborda o teatro, sob todos os aspectos. Em todos os setores da criação e da arte contemporâneas, as pesquisas empreendidas pelos espíritos mais inovadores, por mais diferentes que sejam, quase sempre se aproximam em algum ponto das intuições fulgurantes de *O Teatro e seu Duplo.* Conviria evocar aqui a pintura e tudo o que liga, por exemplo, Dubuffet a Artaud.

Basta pensar na célebre frase de Dubuffet — "A arte é anticultura" — e no livro *Cultura Asfixiante*[d], onde proclama seu interesse por "modos de expressão muito liberados e descontraídos, esses mesmos que os enculturados rejeitam e que denominam viciados, negligentes, emporcalhados"[e]. Basta pensar também no retrato de Artaud por Dubuffet, exposto

---

a. Maurice Béjart dá explicações detalhadas sobre o trabalho coletivo dos dançarinos de seu elenco em *Les Nouvelles Littéraires* de 13.2.1969.

b. Sobre o balé *Ã Procura de,* ver por exemplo N. ZAND, *Le Monde,* 11 e 12.8.1968 e JEAN CHALON, *Figaro Littéraire,* n. 1161, 5 a 11.8.1968. Remontado no T.N.P. em jan.-fev. 1970, ele confirma a orientação metafísica seguida por Béjart nessa etapa de sua carreira.

c. Cf. *supra* (Cap. 4) item "A Carência Poética", p. 198.

d. Editor J.J. Pauvert, 1968.

e. Jean Dubuffet, texto reproduzido em *Textures* ("Subversão", verão 68-2, p. 5).

já em 1947 numa série de "retratos antipsicológicos, antiindividualistas", nos quais o pintor visa a "despersonalizar seus modelos, transportando-se para um plano bem geral de figura humana elementar" (Dubuffet). O retrato não deixa de lembrar alguns desenhos do próprio Artaud. Segundo Otto Hahn, haveria igualmente convergencia, mas nenhuma filiação, entre o procedimento de Artaud e as experiências efetuadas no domínio do cotidiano, do espaço e da cor por homens como Vasarely (que pintou um quadro inspirado na sua visão de Artaud no Vieux-Colombier), Fontana e Yves Klein: todos sonhando em "abandonar a pesquisa da verdade e substituí-la pela ação"[a].

Até mesmo o cinema contemporâneo segue ocasionalmente, e através de tentativas as mais ambiciosas, os itinerários sugeridos por Artaud. De uma obra recente de Jean-Luc Godard, *Um Filme como os Outros,* um crítico escreveu que "pela primeira vez um filme rompe *verdadeiramente* com os condicionamentos do espetáculo para alcançar um *status* desejado por tudo aquilo que se denomina 'teatro vivo'. Pode-se também dizer 'filme vivo', móvel e não estratificado, pois que a percepção que dele se tem será diferente cada vez que for revisto"[b].

Mais explicitamente ainda, eis Artaud citado no filme italiano de Bernardo Bertolucci, *Partner* (1968). Citação que não é simples "colagem", mas convite a uma meditação sobre o Teatro da Crueldade:

Prática global, sintética, absoluta, que forçava o lugar que a encerrava, abolindo as antinomias clássicas dentro/fora, palco/platéia, espectador/ator, mensagem/ação, teatro invasor e perigoso, "festa de crueldade", reclamando de cada um de nós, para cada um de nossos atos, a deterioração implacável das ordens admitidas, tendo em vista provocar uma teatralização revolucionária das cidades [c].

Desta forma *O Teatro e seu Duplo,* menos breviário de teatro do que manifesto de uma revolução total (onde a idéia de reviravolta social se inclui na exigência de uma renovação fundamental de toda atividade humana) suscita atualmente,

---

a . OTTO HAHN, *Retrato de A.A.,* Le Soleil Noir, 1968, p. 134. Sobre Artaud e os pintores, cf. *supra* (Cap. 3), pp. 158-159.

b . J.A. FIESCHI, Um Filme em Três, *Quinzaine littéraire,* n. 65, jan. 1969, p. 28.

c . JEAN NARBONI, *Cahiers du Cinéma,* n. 206, nov. 1968, p. 33. O mesmo cineasta (Bertolucci) utilizou Julian Beck e os atores do Living Theatre em um *sketch* ("Agonia") de um filme intitulado em francês: *La Contestation* (1969). Sheldon Rochlin filmou o espetáculo *Paradise now* em homenagem à companhia (*Le Monde,* 13.5.1970). Mencione-se o filme de Francis Leroi. *Cinégirl* (1969), no qual um jovem diretor de café-teatro tenta montar a peça de A., *Não há mais Firmamento.*

por todos os lados, florações ilimitadas. Pouco apreciado em sua época, hoje o número de seus adeptos não pára de crescer. O fato dessa irradiação se estender muito além do teatro tradicional levaria a pensar que nossa época não compreendeu tão mal Artaud. Se suas idéias nos ajudam a melhor perceber a exigência de uma transformação profunda, que o mundo moderno formula no seu conjunto, será preciso deduzir daí que sua visão do teatro permanece para todo o sempre inaplicável e que não tem valor a não ser como dado de uma reflexão sugestiva ou como fermento lírico?

Notas ao Capítulo 5

1. Michel Saint-Denis, sobrinho de Jacques Copeau, dirigia a Companhia dos Quinze, grupo de atores formados precisamente na escola de Copeau. *A Paz*, de ARISTÓFANES, adaptada por François Porché, tinha sido montada no Atelier por Ch. Dullin em dezembro de 1932, e *Intermezzo*, de GIRAUDOUX, na Comédie des Champs-Elysées, por Jouvet, em fevereiro de 1933 (cf. V, 353). A carta de Artaud a Paulhan é de 1933.

2. Sobretudo a propósito do cinema, Artaud manifesta um medo crônico de ser pilhado, plagiado, saqueado; acusa Buñuel e Cocteau, exige que seus roteiros sejam publicados, projeta retificações... (cf. III, 180, 186, 270-272...) Sua amargura o leva algumas vezes a ser injusto (principalmente em relação a *L'Age d'Or*, de Buñuel), mas ela está longe de ser desprovida de fundamento, como tentamos demonstrar (*Etudes Cinématographiques*, n. 38-39, art. cit., pp. 115-123).

3. Do *Victor* montado por Anouilh em 1962, Bernard Dort escreve que "é *anti-boulevard*, e ainda assim *boulevard*. Um *boulevard* enobrecido, afinal das contas" (*Théâtre populaire*, n. 48, 4º trimestre de 1962 p. 130). Deve-se então pensar que Artaud iludiu-se, como lhe sucedeu em outras ocasiões, em relação aos méritos reais da peça de Vitrac? Quando ele montou *Victor* em 1928, é garantido que ele tinha uma concepção diferente da do autor. Prova-o a afirmação que Ida Mortemart *é o ponto culminante da peça* (II, 72), embora Vitrac tenha dado ao personagem somente duas cenas e que tenha feito simplesmente o símbolo de "um mundo fétido", bem representado, entre outros, pelo "campeão peidador da boate Eldorado" (R. VITRAC, em *Le Figaro*, 11.11.1946). Conferindo uma dimensão metafísica a um episódio no qual Vitrac havia somente colocado uma sátira à sociedade, Artaud certamente transfigurou *Victor*.

4. Benjamin Crémieux havia acompanhado muito de perto as tentativas de Artaud: "Uma única vez tive um artigo compreensivo sobre o Teatro Jarry; foi o artigo de Benjamin Crémieux sobre *O Sonho* e ele apresentava suas razões" (III, 264-265), escreve Artaud a Paulhan em janeiro de 1932. De fato, Crémieux havia elogiado *O Sonho* em um artigo de *La Gazette du Franc* 11.9.1928). Isto não impediu Artaud, alguns meses mais tarde (outubro de 1932), de se acreditar uma vítima da perseguição de Crémieux (cf. V, 179, 197, 199; ver também o comentário feito pelo editor das *O.C.* em V, 347-348, a propósito da p. 179, nota 2). O mal-entendido entre os dois homens ao que parece dissipou-se mais tarde, e temos aí uma nova prova do caráter profundamente ciclotímico de Artaud e as reviravoltas surpreendentes que ele impunha a suas amizades e relações.

5. Montherlant, de quem Sylvain Itikine encenou *Pasiphaé*, afirma que este último foi influenciado por Artaud e pelos surrealistas (*Revue théâtrale*, n. 23, p. 18).

6. Entre os nomes dos encenadores indicados no manifesto dos "Cinco", encontramos também o de Edmond Beauchamp, que havia participado igualmente das atividades do Teatro Jarry e vinha da companhia de Dullin.

7. É claro que uma certa convergência de gostos entre dois criadores quase contemporâneos se explica tanto pela época quanto por uma afinidade profunda. Toda uma geração de intelectuais invocou Jarry, e não unicamente o grupo surrealista. Se as escolhas de Artaud são retomadas por alguns e mesmo por muitos, é porque elas estavam no ar. Podemos assinalar esses cruzamentos, mas não lhes conferir o significado de uma comunidade de inspiração freqüentemente inexistente.

8. Este drama de Artaud, teórico sem querer sê-lo, reflete com muita exatidão o drama dos surrealistas, que afinal de contas, e mesmo contra a própria vontade, se transformaram naquilo que eles durante muito tempo tinham recusado ser: escritores.

9. Jean-Louis Barrault devia interpretar em *Os Cenci* o papel de Bernardo. Ele deixou o elenco por ter se desentendido com a vedete feminina, Iya Abdy, mas sem romper com Artaud (cf. J.P. FAYE, "Artaud Visto por Blin", em *Lettres françaises*, n. 1064, 21.1.1965: ver o texto em nosso Apêndice). Além do mais, parece que Barrault auxiliou Artaud a dirigir o trabalho dos atores (cf. V, 261-262).

10. A propósito dessas reminiscências de Artaud, em certas obras montadas por Barrault, Bernard Dort denunciou "uma aquiescência em relação a Artaud que é de fato uma tentativa de recuperação: daí a gesticulação do 'atleta afetivo' e esta mímica profunda, total, se reduz ao mimo; do 'Teatro e a Peste' sai *L'Etat de Siège*, de Albert Camus, e do espetáculo integral anunciado por Artaud, *Les Suites d'une Course*, de Barrault-Supervielle, que não passa de um escárnio mundano", em *Théâtre populaire*, n. 18, 1956, p. 43; texto reproduzido em *Théâtre public*, Le Seuil, 1967, p. 245.

11. Quando Artaud voltou a Paris em 1946, muitos dos que o tinham conhecido ou assistido à época do Teatro Jarry ou de *Os Cenci* se afastaram dele, alguns com uma espécie de temor. Artaud entretanto era cercado e até mesmo festejado, mas por uma nova geração de amigos e de admiradores. Entre seus companheiros de antes da guerra, Roger Blin foi um dos muitos raros que logo reatou o fio da amizade interrompida pelos anos de manicômio, como se nada tivesse acontecido.

12. Sobre Artaud e Strindberg, ver Cap. 3, pp. 126-128. Após *O Sonho*, sabe-se que Artaud havia formulado um projeto de encenação de *A Sonata dos Espectros*, que ele submeteu a Jouvet em 1931 (III, 203). Esse projeto foi encontrado e publicado em 1961 nas *O.C.* (II, 113 e s.) e Roger Blin o ignorava quando ele montou em 1952 a peça no Gaîté-Montparnasse. Notemos finalmente que Blin pretende montar o *Tieste* adaptado de Sêneca por Hugo Claus, o que se liga a um outro projeto abandonado de Artaud: *O Suplício de Tântalo* (ver Cap. 3, p. 116).

13. Susan Sontag é de opinião que a maior parte das idéias interessantes formuladas por Ionesco nas *Notas e Contranotas* (Gallimard, 1962) recordam Artaud, mas "um Artaud muito insípido"; ela considera, além do mais, que a melhor obra de Eugène Ionesco, *Jacques ou a Submissão*, é "a única peça de seu teatro que parece responder às normas exigentes de Artaud" (*L'oeuvre parle*, Le Seuil, 1968, pp. 116-118).

14. Seria tentador citar aqui *Watt*, de BECKETT, que foi objeto de uma reedição recente (Ed. de Minuit, 1969, primeira edição, 1945), porque esta obra exprime sobretudo o escândalo de existir em um corpo e que pode também se definir como uma possessão do corpo pela linguagem.

15. Notemos que Susan Sontag (*L'oeuvre parle*, p. 147), Otto Hahn (*Retrato de Artaud*, p. 125) e Tom Bissinger ("America Hurrah?" em *Le Théâtre 1968-1*, p. 35), consideram, como Sartre, que os *happenings* prolongam a intenção de Artaud e a conduzem a seu verdadeiro termo.

16. É claro que o movimento dos *happenings* não procede unicamente de Artaud, e, segundo os casos, ele invoca o dadaísmo, o budismo Zen, o anarquismo ou o pacifismo sentimental que a companhia do Living Theatre ilustra tão bem e ao qual nos referiremos mais adiante. É que existe um grande número de escolas diversas no *happening*, desde que o movimento foi lançado em 1959, ao que se crê pelo pintor Allan Kaprow. Poucos homens de teatro, no sentido tradicional, entre os realizadores de *happenings*, porém músicos, escultores, pintores, artistas em geral: John Cage, Claes Oldenburg, Rauschenberg, e também Jim Dine, Bob Whitman, Red Grooms, Robert Watts. Segundo Françoise Kourilsky (*Le Théâtre aux Etats-Unis*, ed. La Renaissance du Livre, col. Dionysos, 1967), que enxerga no fenômeno-*happening* um reflexo "do mal-estar da sociedade industrial capitalista", este movimento deve ser ligado a outras manifestações da sensibilidade propriamente americana, tais como "as angústias psicomísticas da Beat Generation", e se liga a uma tradição já antiga na América segundo a qual "o teatro é comunhão, revelação" (p. 57).

17. Como *happenings* não-políticos, podemos citar os do músico John Cage, que de bom grado confessa sua filiação a Artaud e rejeita as experiências muito carregadas de intenções (cf. OTTO HAHN, *Retrato de A.A.*, p. 128) e JOHN CAGE, "A saliva", em *Le Théâtre 1968-1*, pp. 207-215; entrevista traduzida por Ben Vautier e Marcel Alocco da *Tulane Drama Review*).

18. Por outro lado seria fácil demonstrar como as manifestações de rua, dos desfiles de estudantes à passeata política com ou sem barricadas, se transformam em *happenings* "autogeridos". Mas pode-se ainda falar de *happenings* em tais casos? "Para que o *happening* se torne político", diz Sartre, "é preciso de algo além dele" (*Le Point*, "mensário nacional de estudantes", Bruxelas, janeiro de 1967, n. 7).

19. Segundo Jean-Paul Sartre, certos *happenings* não ultrapassam o nível do Folies-Bergère; Lucien Goldmann vê nele pretextos para um *strip-tease;* mas Jean Duvignaud, Georges Lapassade, Edgar Morin, falaram como sociólogos de seu interesse e mesmo de seu entusiasmo pelas experiências dos *happeners*.

20. O pai do psicodrama algumas vezes também faz pensar, pelas suas audácias e pelo seu sentido da publicidade, em Salvador Dali.

21. Integrar no teatro as descobertas do *happening* é o que também tentou recentemente Antoine Bourseiller em Aix-en-Provence, com *O Objeto faz o Monge*, que instaurava "o reino da agressão sonora e visual" (RAYMOND JEAN, em *Le Monde*, 2.5.1968).

22. Esta análise é efetuada por Jean-Paul Sartre (em *Le Point*, n. 7, janeiro de 1967). Acrescentemos que o espetáculo de Peter Brook, *U.S.*, está igualmente próximo do Living Theatre, como o demonstra esta breve análise de um outro comentarista: "Criação coletiva, provocação, palco-platéia. Os atores mascarados vão apertar a mão do público soltando gemidos. Quando as

borboletas são queimadas em pleno vôo pelos atores para significar simbolicamente o suicídio dos bonzos, o público inglês é tomado de horror" (J.P. BERCKMANS, em *Le Point*, n. 8, fevereiro de 1967, p. 27).

23. O empreendimento de Brook, com efeito, foi concebido e preparado em Paris. Tratava-se da primeira sessão de trabalho de um Centro Internacional de Pesquisa Teatral que deveria ter se desenvolvido sob os auspícios do Teatro das Nações. Elaborado de início em uma grande sala do Mobilier National nos Gobelins, com a colaboração de Joe Chaikin e de Victor Garcia, o empreendimento teve de sair de Paris em junho de 1968 quando a sala emprestada pelo Ministério da Cultura foi tomada "a fim de não perturbar a ordem pública" (*Le Monde*, 14.6.1968). Brook dirigiu-se então para Londres, onde o "Centre 42", antigo depósito de locomotivas, foi posto a sua disposição por Arnold Wesker, o autor de *A Cozinha*. Foi preciso esperar até 1970 para que fosse retomado o princípio do Centro Internacional e para que Peter Brook finalmente obtivesse, por uma duração de três anos, a concessão da grande sala dos Gobelins (*Le Monde*, 7.5.1970). No trabalho que ele efetua atualmente a partir do ator, é claro que Peter Brook se inspira menos em Artaud que em Grotowski, cuja experiência representa "o trabalho mais importante realizado hoje no mundo" (P. BROOK, "A Merda e o Céu", em *Le Théâtre 1968-1*, Cadernos dirigidos por Arrabal, ed. Chr. Bourgois, p. 18).

24. Daremos dois exemplos dessas experiências tentadas em todos os lugares desde muitos anos e que filiam abertamente ou não a Artaud, simplificando-o excessivamente. Em Yale, os estudantes da Universidade apresentaram recentemente um espetáculo de uma grande riqueza de expressão técnica e corporal, a respeito do qual um crítico notou que ele revelava a influência de Peter Brook, vindo pouco antes a Nova York com seu *Marat-Sade* (FRANCK JOTTERAND, em *Le Monde*, 23.4.1968). Mais próximos de nós, no Centro americano de Paris, Michel Boudon e seu Grupo de Pesquisa encenaram em 1968 *Carnets d'Agonie*, obra inspirada no Livro dos Mortos Tibetanos, o *Bardo Todol* freqüentemente citado por Artaud. E as declarações do diretor nos remetem a temas bem conhecidos: "Há no espetáculo muito pouca linguagem falada (...). Tentamos tratar a voz enquanto som, o corpo em movimento, o espaço cênico desenhado pelos atores" (citado por N. ZAND, *Le Monde*, 21.4.1968). É provavelmente na Inglaterra — Brook é um caso à parte — que a marca de Artaud é mais evidente. Criação de uma nova linguagem cênica, utilização expressiva do espaço, recurso a uma violência primitiva e a um horror mítico, decorrer ritual da cerimônia teatral: tais são as constantes dessa dramaturgia, ilustrada por Edward Bond, Ann Jellicoe, John Arden, David Rudkin (cf. PASQUIER, ROUGIER, BRUGIÈRE, *O Novo Teatro Inglês*, A. Colin, col. U, 1969).

25. O Living Theatre tentou essa reconciliação encenando a *Antígona* adaptada de Sófocles por Brecht: espetáculo apresentado em Paris em novembro de 1967, no Teatro Alpha-347. A crítica ficou dividida, não tanto em relação ao interesse do espetáculo, mas sobre o desafio de uma fusão Artaud-Brecht; partida ganha, segundo Gilles Sandier (*La Quinzaine littéraire*, 15 a 31.12.1967); tentativa interessante, mas não convincente, segundo Françoise Kourilsky (*Le Nouvel Observateur*, 15 a 21.11.1967).

26. Notemos além disso que os primeiros passos teatrais de Julian Beck e de Judith Malina tornavam infinitamente provável seu encontro posterior com Artaud. Inicialmente eles se sentiram atraídos pelo teatro oriental, a ponto de querer apresentar a adaptação de um nô japonês (segundo S. DHOMME, art. cit., em *Art et Création*, n. 1, p. 95); em seguida montaram Jarry (*Ubu-Rei*, 1952) e Strindberg (*A Sonata dos Espectros*, 1954). "A rigor, o Living poderia ter dispensado Artaud" (PIERRE BINER, *op. cit.*, p. 50). Mas a descoberta de *O Teatro e seu Duplo* confirmou-o na direção escolhida.

27. O objetivo do Living é de colocar em ação a idéia de Artaud: que cada momento se torne espetáculo, terror, delírio, sonho, mistério... a vida voltaria a ser o rito arcano, a poetização perpétua do presente..." (ALAIN

NOTAS AO CAPÍTULO 5 273

FRENKIEL, "Viver com o Living", em *Le Théâtre, 1968-1*, Cahiers Arrabal, p. 110).

28. "Para Julian Beck, os problemas da vida em conjunto, o espaço compreendido entre duas representações de agora em diante importam mais que o próprio espetáculo" (ALAIN SCHIFRES, "Para um Teatro na Rua", em *Le Théâtre, 1968-1*, pp. 251-252). Uma nova prova desta importância dispensada pelo Living Theatre à vida e à fraternidade libertária, mais do que ao teatro, é indicada pela atitude de J. Beck e de seus companheiros no Festival de Avignon em 1968 e que levou à expulsão de todo o grupo. Para o "diretor" deste último, o essencial era menos a peça encenada — *Paradise now* — que as condições de representação; daí a exigência de uma liberdade de ação que não poderia ser absolutamente entravada pelas regras do Festival; liberdade de atuar gratuitamente, de oferecer espetáculos em plena rua (e qualquer outra peça do repertório do grupo serviria para esse fim), de se colocar à margem das relações sociais e artísticas codificadas, etc. Instaurar com o público uma comunicação livre e fraternal conta infinitamente mais, aos olhos de J. Beck e de seus companheiros, que a perfeição técnica e artística de um espetáculo apresentado. Foi esta mesma preocupação que logicamente conduziu o grupo, em janeiro de 1970, à decisão de se dissolver (*Le Monde*, 11 e 12.1.1970), após ter-se recusado a participar do Teatro das Nações em 1969: não por renúncia ao teatro, mas para praticar de ora em diante, através de pequenos grupos, longe dos teatros burgueses, um teatro revolucionário na própria rua, no centro das multidões. Era uma aspiração comunitária muito diversa das exigências profundas de Artaud.

29. Em nossos dias agrupa-se de bom grado sob a mesma bandeira todas as tendências do teatro contemporâneo que visem destronar o texto e promover o corpo: "A Senhora Palavra morreu, viva o Deus do Corpo" (F. KOURILSKY, em *Le Nouvel Observateur*, n. 157, 15 a 21.11.1967, p. 45). Na verdade, essas palavras de ordem que se assemelham mascaram diferenças essenciais.

30. Foi mais precisamente em 1960 que Grotowski soube da existência de Artaud através de um ator de seu elenco, lendo *O Teatro e seu Duplo* em 1964. Raymonde Temkine assinala além do mais o parentesco notável que existe entre os escritos de Artaud e os de um outro polonês, Stanislaw Ignacy Witkiewicz (dito Witkacy), o qual se suicidou em 1932 (R. TEMKINE, *Grotowski*, ed. La Cité Lausanne, p. 223). Em relação à oposição Grotowski -Living Theatre, ver o esquema comparativo de Alain Dalby (em *Le Théâtre, 1968-1*, Cahiers Arrabal, pp. 103-105), corrigindo-o por meio do estudo "A Propósito de Grotowski", de Lucien Attoun (em *Le Théâtre 1969-1*, pp. 241-264), que sublinha, segundo R. Temkine, o quanto a "disciplina estruturada" e "paracientífica" de Grotowski se afasta da "entrega" do Living Theatre e mostra bem que o método grotowskiano do ator implica *ao mesmo tempo* improvisação e rigor. Isto o situa no prolongamento exato dos escritos de Antonin Artaud.

31. Raymonde Temkine, que demonstra perfeitamente o que aproxima Artaud e Grotowski, elude um tanto o que os separa, não apontando entre eles nenhuma outra posição que não seja o sonho abortado de um e as realizações concretas do outro (R. TEMKINE, "Filho Natural de A.", em *Lettres Nouvelles*, maio-jun. 1966, p. 136).

32. Ver EUGENIO BARBA, "Encontros com Grotowski", em *Théâtre et Université*, Nancy, n. 5, fevereiro de 1966. Discípulo de Grotowski, Barba fundou na Dinamarca o "Odin Teatret" (que apresentou *Ferai* em 1969 no Teatro das Nações) Adepto, como seu mestre, de uma disciplina física e espiritual severas, Eugenio Barba está menos preocupado em: modificar o mundo do que em modificar antes o homem (NICOLE ZAND, em *Le Monde*, 2.5.1970), o que nos aproxima de Artaud. Em relação ao "misticismo" de Grotowski, um certo número de comentaristas, marxistas ou não, mostram-se muito reservados. Roger Planchon censura-o por veicular idéias reacionárias

pueris (declarações registradas por E. COPFERMANN, em *Citépanorama*, n. 10, dezembro de 1966, janeiro-fevereiro de 1967, pp. 6-8). E J.-P. Sartre acha de um "interesse nulo" um teatro que nada mais cria além de uma "perturbação visceral" (*Le Point*, n. 8, fevereiro de 1967).

33. Notemos todavia que, ao recorrer aos mitos antigos, Grotowski pretende retornar aos problemas diretamente contemporâneos e "preparar o espectador para sair nas ruas" (LUCIEN ATTOUN, em *Le Théâtre 1969-1*, p. 258).

34. Ver a esse respeito a nota 17, Cap. 3. Evidentemente parece difícil encontrar o menor ponto comum entre o autor de *Para Acabar Com o Julgamento de Deus* e aquele que ele denominava, em 1928, "este obsceno Claudel" (III, 137). O incidente de *Partage de Midi* com efeito, por ocasião do segundo espetáculo do Teatro Jarry, não deve ter servido para aproximá-los (cf. II, 56-57, 59). Manifestação bem ao gosto surrealista, ela deixa no entanto supor que Artaud não havia escolhido Claudel simplesmente por espírito de zombaria. Ele falará com admiração de *L'Annonce*, em 1936 (*R.B.* 71, p. 9), e declarava considerar *Partage de Midi* como *uma das obras-primas contemporâneas* (*Cartas a Génica*, 281). Notemos também que Claudel parece ter colocado Artaud poeta entre os maiores; em uma carta a Jean-Louis Barrault, de 17.5.1951 (*Mercure de France*), dedicada a *L'Echange*, ele cita, a propósito de Louis Laine, seu herói "(...) todos esses 'poetas malditos' do século XIX, sem bolsos, 'sem mãos' (Arthur Rimbaud), sem aptidão para a vida prática (Poe, Baudelaire, Rimbaud, Verlaine, Nerval, Artaud, etc.)". Nesta enumeração, ocorre aliás uma idéia notável e que mereceria ser examinada de perto: que Artaud é na realidade o último grande poeta maldito do século XIX.

35. Correu mesmo o boato de uma apresentação de *Os Cenci* na televisão francesa. Mesmo se considerarmos que uma iniciativa semelhante não faria muito sentido, a idéia de realizá-la é reveladora.

36. Ao ponto que uma peça nova é antes de tudo definida em relação a esta dupla caução: a peça de GEORGES SCHÉHADÉ, *L'Emigré de Brisbane* "vai de encontro a todas as modas atuais", diz um crítico, "ela não se filia nem a Artaud, nem a Brecht" (J. LEMARCHAND, *Figaro Littéraire*, n. 1130, 11 a 17.12.1967). É uma oposição momentânea e é fácil prever que ela será brevemente ultrapassada.

37. Uma tentativa análoga foi feita em relação a *Britannicus* pela Companhia Michel Hermon (Teatro de l'Epée-de-Bois, 1968). Inspirada no Living Theatre e sobretudo em Grotowski, ela conseguia "o milagre de conferir a um texto clássico de um extremo rigor todo um pano de fundo de crueldade e de violência trágica" (Guy Dumur); o texto, que se tornou uma partitura, passava a ser salmodiado "no limite do canto, obedecendo ao subtexto raciniano das paixões, das mentiras, dos desejos de onomatopéias, dos urros, dos pios dos pássaros feridos, dos murmúrios abafados..." (Robert Kanters). A maior parte dos críticos reconheceu como muito feliz essa experiência. Nessa abundância de êmulos de Grotowski poderíamos acreditar que Artaud se acha um pouco esquecido. Nada menos correto. No último Festival de Nancy (abril de 1969), Artaud, Grotowski e o Living Theatre continuaram a ser "as referências estilísticas mais usuais" (Gilles Sandier). Quase nenhuma das modas atualmente reinantes é estranha ao fundador do Teatro Alfred Jarry: nem as marionetes — sabemos a inclinação de Artaud pelos manequins — nem a criação coletiva anunciada por ele desde 1928: *Haverá o que nós chamaremos a peça impessoal, mas subjetiva, a peça-manifesto, escrita em colaboração* (II, 30). A experiência tentada em março de 1969 por Victor Garcia em relação a *La Sagesse*, de Claudel, "levando a lição de Artaud até a recusa da palavra" (B. Poirot-Delpech), não deixa de lembrar a sessão do Teatro Jarry dedicada ao Ato III de *Partage de Midi* (cf. nota 34, Cap. 5).

38. Em se tratando de Garcia, devemos assinalar também a renovação total que ele impôs à apresentação de *Les Bonnes*, de Genet, espetáculo que

NOTAS AO CAPÍTULO 5

fez a crítica empregar as palavras ritual, transe, magia, paroxismos (B. POIROT-DELPECH, *Le Monde*, 9.4.1970). Contrariamente a Garcia, Jean Marie Patte (*Récits bouddhiques*) propõe cerimônias lentas, misteriosas e despojadas, menos carregadas de magia que de espiritualidade (GUY DUMUR, *Le Nouvel Observateur*, 19.5.1969). Nem Patte, nem Garcia procedem de Artaud, mas seus espetáculos, de formas diferentes, supõem sua existência e sua presença em um segundo plano. Presença nem sempre sensível: ela quase não se fazia sentir na Bienal de Paris (*Le Monde*, 12.11.1969), a não ser no espetáculo de Alain Daré (*Brûlés jusqu'aux ressorts*), mas ela era visível no Festival de Avignon em 1969, como observou Guy Dumur (*Le Nouvel Observateur*, 14.7.1969)

39. A respeito do espaço cênico "artaudiano" escolhido por Peter Brook em 1968, ver p. 242 e nota 23, Cap. 5. Jean-Louis Barrault, também expulso do Odéon em 1968, pretendia trabalhar em um galpão ou em uma fábrica abandonada, como se fosse uma lembrança de Artaud, antes de instalar-se no Elysée-Montmartre, em um local destinado ao *catch*. Citemos ainda o *Dionysus in 69*, extraído de *As Bacantes* de Eurípides — sobre Artaud e *As Bacantes* de Eurípides, ver p. 115-116 — recentemente apresentado em Nova York pelo Performance Group, dirigido por Ricard Schechner, "em um depósito abandonado, diante de um público empoleirado nas traves de madeira ou deitado no chão, espetáculo que evoca ao mesmo tempo Grotowski, Brook e o Living, que visa fazer o espectador participar de um delírio dionisíaco e que o força a entrar no ritual teatral" (NICOLE ZAND, "Broadway Descobre a Revolução", *Le Monde*, 31.1.1969; cf. também FRANK JOTTERAND, "Eurípides sem véu em Nova York", *Le Monde*, 28.3.1969, e JEAN CHALON, em *Le Figaro Littéraire*, 10.5.1969; acrescentemos a isto a experiência tentada no Festival de Nancy de 1969 em relação a *As Bacantes* por um grupo de Londres que fez dela uma partitura para gestos e voz). Último exemplo desta pesquisa generalizada de um espaço cênico à maneira de Artaud: Jérôme Savary. Após o Teatro de Plaisance (1968), o Grand Magic Circus de Savary pretendia apresentar seus "animais tristes" em um galpão de Londres, em seguida em um terreno baldio nos subúrbios de Frankfort, depois talvez "num canto de um bosque, nas águas azuis de uma piscina, em um monte de feno, um terreno baldio ou simplesmente na cabeça de vocês" (J. Savary). Acrescentemos que o espaço cênico tal como Savary o organiza (redes, estruturas nas quais se deve subir...) parece próximo das concepções de um Tom Bissinger, encenador off-Broadway, o qual, invocando Artaud, preconiza a utilização de "aparelhos de ginástica, andaimes e redes" e propõe o esboço de um *"happening* ambiental", no qual os atores se prenderiam a redes destinadas a fragmentar a massa do público (T. BISSINGER, "America Hurrah?", em *Le Théâtre 1968-1*, p. 29-51).

40. Será que falaremos um dia da moda ferroviária entre as pessoas de teatro? Após Peter Brook e Tony Richardson, cujo teatro popular londrino — The Round House — é um galpão de locomotivas, onde se encena *Hamlet*, eis Maurice Béjart que se instala em Bruxelas em um antigo depósito de locomotivas (N. ZAND, *Le Monde*, 16.12.1969). O objeto é descobrir locais muito amplos e facilmente transformáveis. Na falta deles, o ar livre, as ruas, as praças (como Artaud também tinha desejado): é isto que contém o *Orlando Furioso* do Teatro Livre de Roma (Paris, maio de 1970), com seu caráter de quermesse popular, suas máquinas e suas marionetes, e até mesmo *Orden*, de Bourgeade, Arrigo e Lavelli (Paris, março-abril de 1970), com sua agilidade formal e a integração da música no espetáculo.

41. A respeito da era parisiense do "Teatro da Crueldade" após 1960, e sobre o papel então desempenhado pelos "latino-americanos", ver N. ZAND, "A Necessidade de Viver", em *Le Théâtre 1968-1*, pp. 55-59. Falando de *Le Concile d'Amour*, que ele montou em 1969 no Teatro de Paris, Jorge Lavelli evoca a aproximação feita entre a peça de Panizza e o *Ubu Rei* de Jarry (J. LAVELLI, em *Le Théâtre 1968-1* pp. 61-70). Para alguém familiarizado com Artaud, parece ainda mais forte o parentesco entre *Le Concile d'Amour* e

Heliogábalo: mesma escolha de um período de corrupção assustadora, mesma inspiração anárquica, no sentido em que Artaud emprega este termo quando ele denomina Heliogábalo "o anarquista coroado". É igualmente em *Heliogábalo* que nos faz pensar a peça holandesa de Lodewiljk de Boër, *Sínodo dos Mortos,* que conta a história do Papa Formoso, cujo cadáver foi desenterrado por seus adversários para passar por um simulacro de julgamento antes de ser jogado no Tibre: peça ghelderodiana, apresentada pelo Teatro-Studio de Amsterdã no Festival de Nancy em 1968 (cf. N. ZAND, *Le Monde,* 10.5.1968).

42. Ao "Bread and Puppet" já citado, é preciso acrescentar o "Teatro Campesino", o "Open Theatre" e todas as formas do "teatro de *guerrilla"* (cf. FRANCK JOTTERAND, *O Novo Teatro Americano,* Seuil, 1970). E não existe nenhum desses grupos que, apesar da total divergência dos propósitos, não apresenta algum traço comum com os métodos de Artaud: criação coletiva, improvisações, estilo entrecortado, burlesco sinistro, máscaras, ritual, jogo de duplos, reino do grito, etc. Acontece parcialmente o mesmo em relação à Europa, e o Teatro Za Branov de Praga apresentou no Teatro das Nações em 1970 um *Lorenzaccio* no qual intervinham máscaras e marionetes (*Le Monde,* 13.5.1970). Marionetes e máscaras apareciam também em *Sarcophage,* de Gérard Gelas, em *Emballage,* de André Benedetto e em um espetáculo Jean Tardieu: tudo isto aconteceu no mesmo dia (*Le Monde,* 25.3.1970, p. 21). Deveríamos insistir finalmente na imagem da peste em Marselha, na *Rosa Lux* de André Benedetto (ed. Pierre-Jean Oswald, 1970)?

43. Maurice Béjart já havia tentado o "teatro total" com *La Reine Verte* (Théâtre Hébertot, outubro de 1963), no qual se misturavam texto, dança, música, e projeções cinematográficas. A propósito da *Tentação de Santo Antônio,* notaremos que o quadro de Jerônimo Bosch que traz o mesmo título parecia a Artaud uma obra com a qual uma encenação teatral deveria rivalizar (IV, 144).

Conclusão:
Um Teatro Impossível?

Às diversas objeções e resistências que encontramos[a], talvez convenha acrescentar uma última, a mais grave, a mais total, e que seria impensável eludir: o teatro segundo Artaud não é definitivamente inacessível? É a tese que Jacques Derrida parece propor, quando, ao final de uma conferência particularmente rica[b], ele recenseia as formas do teatro contemporâneo que são seguramente infiéis à visão de Artaud. O balanço que ele levanta é eloqüente. Para julgar melhor, bastará ler os cabeçalhos de capítulo.

São enumerados um a um como radicalmente estranhos a Artaud: 1. "Todo teatro não sagrado"; 2. "Todo teatro abstrato" (no sentido de teatro que não é total); 3. "Todo teatro falado" (e mesmo o teatro baseado na destruição da palavra, o "teatro do absurdo"); 4. "Todo teatro do distanciamento" e, no extremo oposto, todo *happening* (que "é para a experiência da crueldade o que o carnaval de Nice pode ser para os Mistérios de Elêusis"); 5. "Todo teatro não político"; 6. "Todo teatro ideológico, todo teatro de cultura, todo teatro de comunicação, de interpretação"[b].

Ao cabo das indagações o que sobra? Aparentemente nada:

---

a . Cf. *supra* (Cap. 4), pp. 191-204.
b . J. DERRIDA, O Teatro da Crueldade e o Fechamento da Representação, *Critique* 230, jul. 1966; ver o fim: pp. 609-618.

"Ao enunciar desta forma os temas de infidelidade, compreende-se logo que a fidelidade é impossível. Hoje não existe no mundo teatral quem responda ao desejo de Artaud. E não haveria exceção a fazer, sob esse ponto de vista, em relação às tentativas do próprio Artaud".

Portanto, teatro inacessível, miragem que jamais será alcançada? Acreditar nisso seria sem dúvida reavivar a objeção precedentemente enunciada, do idealismo[a]. Seria vão acreditar, em todo caso, que a dificuldade poderia ser reduzida através de uma fórmula simples e bem equacionada.

Retornemos aos fatos. Primeiro não é exato afirmar que todas as tentativas do próprio Artaud foram infiéis ao seu conceito de teatro. Será necessário evocar mais uma vez o valor exemplar da sessão do Vieux-Colombier? Uma vez, uma única vez, foi permitido a Artaud encarnar seu projeto, e se a experiência não foi renovada, é porque no ato de se renovar ela seria destruída: inimigo da repetição, Artaud se condenava à unicidade da tentativa. É surpreendente notar o quanto esta ilustra precisamente a análise de J. Derrida, quando ele escreve, por exemplo, que Artaud "quis ao mesmo tempo produzir e aniquilar a cena", ou então que ele "se manteve o mais próximo possível do limite: a possibilidade e a impossibilidade do teatro puro"[b].

Consideremos em seguida os empreendimentos nascidos de Artaud e inspirados nos dias de hoje em seus escritos. Sim, eles são infiéis à sua idéia do teatro: o absolutismo desenfreado do projeto da Crueldade não podia deixar de atrair homens apaixonados pela revolução teatral, e suas realizações, uma vez tornadas públicas, não podiam deixar de aparecer como caricaturas e derrisão do projeto "artaudiano". Quanto mais não fosse, seria porque a visão do teatro, em Artaud, se liga intimamente a uma visão do mundo, enquanto que os homens de teatro que hoje pretendem "fazer Artaud" separam artificialmente a "mensagem" teatral — e esta palavra o trai — da contribuição global do criador do Teatro da Crueldade. Isto posto, seria descabido decretar que toda esperança de captar Artaud está proscrita para sempre.

Com efeito, algumas das tentativas que já estudamos — tais como as de Peter Brook, Julian Beck e Grotowski — eram impensáveis há trinta anos e elas se aproximaram de Artaud mais de perto do que alguém ousaria imaginar. É verdade, elas se lhe aproximaram sem alcançá-lo, e a sua curva permanece assintótica. Isso não basta para afirmar que Artaud é inacessível, e temos o direito de falar epenas de uma inacessibilidade atual. A esse respeito, cabe observar que, à semelhança

a . Cf. *supra* (Cap. 4), pp. 199-204.
b . J. DERRIDA, art. cit., *Critique* 230, pp. 616-617.

CONCLUSÃO: UM TEATRO IMPOSSÍVEL? 279

do fundador do Teatro Jarry, recomeçando incansavelmente do nada após cada malogro, seus herdeiros tampouco se deixam desencorajar pela distância que persistiu até agora entre a ambição inicial e as realizações. Novas experiências vêm continuamente à luz na França e fora da França, e ninguém se preocupa muito em saber em que medida "a doutrina" pôde ser deformada. O essencial das doutrinas e sua verdadeira riqueza repousam, com efeito, nessas perpétuas deformações.

A preferência atualmente conferida a "viver Artaud"[a] em lugar de "ler Artaud" é uma atitude sadia. As duas condutas, sem dúvida, se vivificam mutuamente, mas como não aprovar uma firme recusa de sacralizar seus escritos? O perigo consistiria justamente em erigir seus grandes textos em uma espécie de bíblia da modernidade teatral, à qual faríamos referências como se se tratasse de uma lei inflexível, ao mesmo tempo indeformável e impraticável na sua pureza. É muito bom que, pelo contrário, não se tenha hesitado em tomar liberdades com a palavra de Artaud. É uma traição legítima, não porque essa palavra seja inaplicável, irrealizável concretamente, mas porque seu principal poder é o de constituir uma seara inesgotável, cujos frutos vemos ainda hoje: é Artaud que não acaba mais...

É esse também o sentido dos comentários de Jacques Derrida: "o conceito de Artaud sobre o teatro", diz ele "se não nos ajuda a regulamentar a prática teatral, nos permite talvez pensar na sua origem, na sua vigília e no seu limite, de pensar o teatro hoje, a partir do início de sua história e no horizonte de sua morte"[b 1]. Somos convidados, através desta colocação, a ultrapassar uma visão estritamente tecnicista do universo cênico e a rememorarmos esta última definição do teatro que o converte *na realidade* na gênese *da criação*[c]. Sublinhamos muitas vezes, como ele próprio o fez sem descanso, o caráter metafísico do teatro sonhado por Artaud. Convém retornar a esse ponto antes de terminarmos.

O teatro serviu de pivô para nossa indagação porque reconhecemos nele[d] a melhor definição do processo "artaudiano" e o meio mais seguro de acesso ao âmago deste empreendimento. Tal escolha logicamente levou, entre outras conseqüências, a pôr Artaud em presença de homens de teatro de tipo relativamente tradicional — Jouvet ou Dullin, por exemplo — quanto mais não fosse porque o criador do Teatro Jarry teve de tratar com eles. Daí poderia com o tempo, resultar a

---

a . Cf. *supra* (Cap. 5), a partir da p. 254, e principalmente p. 256 e s.
b . J. DERRIDA, art. cit., *Critique* 230, p. 616.
c . Carta a P. Thévenin de 25.2.1948 (*Jug.*, 107-108).
d . Ver nosso Preâmbulo, "Teatro ou Poesia?", pp. 4-6.

impressão de que Artaud foi um deles, que fazia parte da galeria do mundo teatral de seu tempo, talvez com um pouco mais de veemência e de singularidade do que seus "confrades".

Para evitar tais amálgamas, cumpre repetir aqui que o teatro segundo Artaud nada tem a ver com o teatro segundo Jouvet, por exemplo; e não somente porque Jouvet permanece preso à palavra, mas porque se trata de universos completamente opostos. Abordamos a ambigüidade já reconhecida da palavra "teatro": Artaud recusa um teatro de divertimento, um teatro que se afasta da vida, porque o "verdadeiro teatro", para ele, constitui a vida (cf. V, 272). Eis a razão de certas declarações aparentemente enigmáticas, principalmente esta aqui, de 1946: *Quanto mais amo o teatro/ tanto mais sou, por essa mesma razão, seu inimigo.* Mesmo que o teatro seja uma das principais chaves do pensamento de Artaud, convém jamais perder de vista que seu projeto teatral não pode ser compreendido, nem admitido, a não ser dentro da perspectiva de uma reconstrução integral do homem e do mundo. A busca empreendida é de ordem ontológica. Só se tem o direito de trair Artaud com a condição de jamais deixar de lado a dimensão "totalitária" de seu pensamento sobre o teatro.

Essa observação deve nos predispor à humildade. Os métodos de abordagem utilizados pela crítica contemporânea — estruturalista, lingüística, psicanalítica... — colocam como princípio que um autor deve ser encarado em sua totalidade e não estudado por pedaços separados uns dos outros. Jamais esse princípio encontraria uma melhor aplicação do que no caso de Artaud. Tão dividido contra si mesmo quanto possa nos parecer, ele só encontra sua verdadeira face na sucessão e na tensão das contradições. Nele, o homem, o ator, o poeta, o desenhista, o teórico, etc., são inseparáveis. Objetar-se-á, talvez, que isso é próprio de todo criador e mesmo de todos os indivíduos. Lembremo-nos, simplesmente, de que aquilo que solidifica Artaud e o torna um bloco singularmente rebelde à fragmentação é o sofrimento e o mal incurável de que estão impregnados seus mínimos gestos e suas palavras mais cotidianas. Artaud é um todo indissociável que é preciso considerar de uma só vez.

Nisso somos auxiliados pela minuciosa publicação das *Obras Completas,* onde nada é indiferente, onde as cartas aparentemente mais anódinas encerram algum testemunho. Mas os prazos que esta edição logicamente exigiu para seu lançamento tornou durante muito tempo difícil, para não dizer impossível, as tentativas de apreensão global. Mal começamos agora a estar em condições de nos aproximar de Artaud e, portanto, de poder empreender em relação à sua obra uma investigação e uma meditação aprofundadas. Nossa tarefa, aliás ingrata, era a de abrir um caminho. Depois dos depoi-

CONCLUSÃO: UM TEATRO IMPOSSÍVEL?

mentos apaixonados e das ressurreições líricas, tratava-se, mais modestamente, de aprender a conhecer Antonin Artaud.

A empresa aqui encetada está ainda no seu começo, apenas. Pode-se pressentir, por exemplo tudo o que uma pesquisa temática conduzida com rigor seria capaz de trazer de elementos novos à nossa sede de melhor compreender e o quanto poderia reduzir a distância entre o autor das *Cartas de Rodez* e nós. A nossos olhos, o essencial seria o de ter dado aqui um impulso inicial e o de sugerir as infinitas possibilidades de investigação que os trabalhos de Artaud encerram[2]. Um dia destes, a moda da "Crueldade" passará e o mito de Artaud perderá sua força. Talvez se deva desejar que isto aconteça logo, não somente porque o autor de *Van Gogh* pertence ao número daqueles — como o disse, a respeito de Céline, Jean-Marie Le Clézio — que é preciso esquecer para poder viver, mas porque, uma vez passado o tempo dos modismos, a verdadeira importância de Artaud começará finalmente a ser reconhecida.

Notas à Conclusão

1. A análise de Jacques Derrida encontra-se confirmada pela de Jerzy Grotowski, que já evocamos a propósito deste último (pp. 215-217). Grotowski também é de opinião que Artaud "não deixou nenhuma técnica concreta, não indicou nenhum método. Ele deixou visões, metáforas"; ele foi "um poeta das possibilidades do teatro". Sua importância nem por isso é menos considerável, se não para o teatro de hoje, ao menos para o teatro de amanhã. É o que exprime o fundador do Teatro-Laboratório, na linguagem bíblica que lhe é própria: "Como o profeta mítico, como Isaías, Artaud nos prediz para o teatro algo de definitivo, um sentido novo, uma nova encarnação possível (...). Disso tudo ele percebeu a imagem indecisa" (J. GROTOWSKI, "Ele não era Inteiramente ele Mesmo", *Temps Modernes*, abril de 1967).

2. Toda a obra de Artaud poderia ser estudada sob o ângulo da busca alquímica, por exemplo. Além do mais, os textos dos últimos anos possibilitam uma série de pesquisas, na medida em que eles lançam uma luz decisiva sobre os primeiros escritos. Jacques Derrida mostrou o interesse desse tipo de investigações e Paule Thévenin colocou em evidência tudo aquilo que uma pesquisa lingüística rigorosamente conduzida poderia trazer em termos de contribuição (*Tel Quel*, 39 e 40: "Entender/Ver/Ler"). Entretanto, nesse campo, ainda estamos nos primeiros passos.

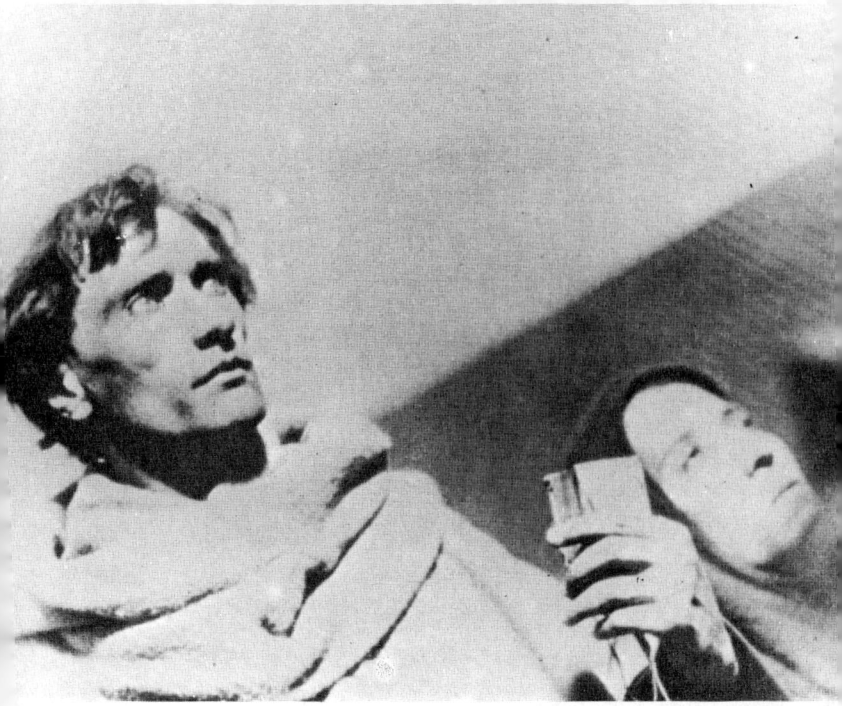

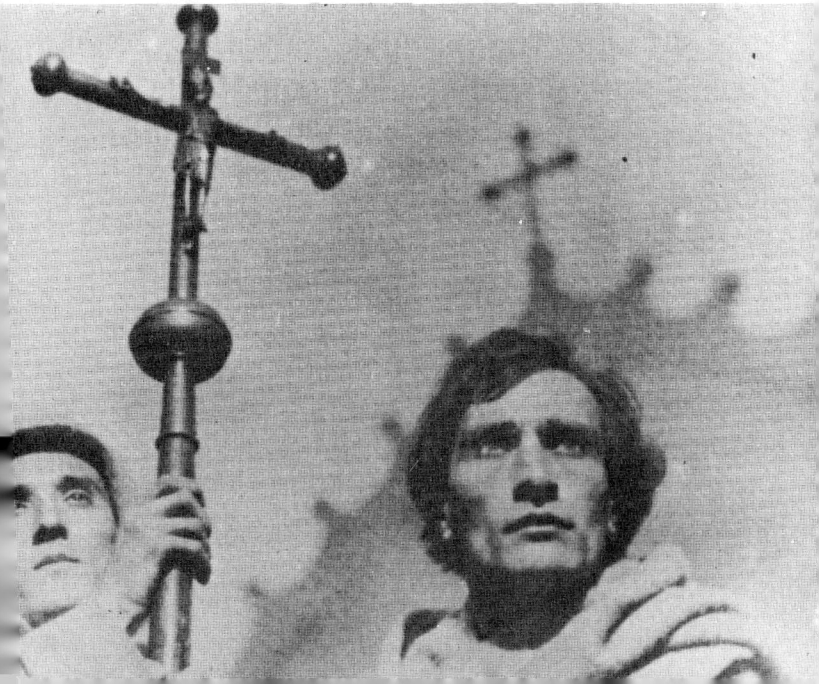

Seis expressões do monge Massieu interpretado por Artaud em *A Paixão de Joana d'Arc,* de Carl Dreyer (1928). (Acima, página anterior e seguinte.) Notar o contraste entre os dois personagens criados por Artaud, Marat o frenético, e Massieu o místico.
(Doc. B.N.)

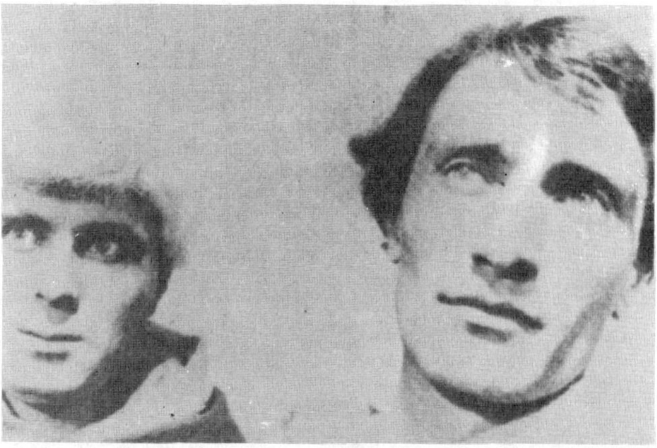

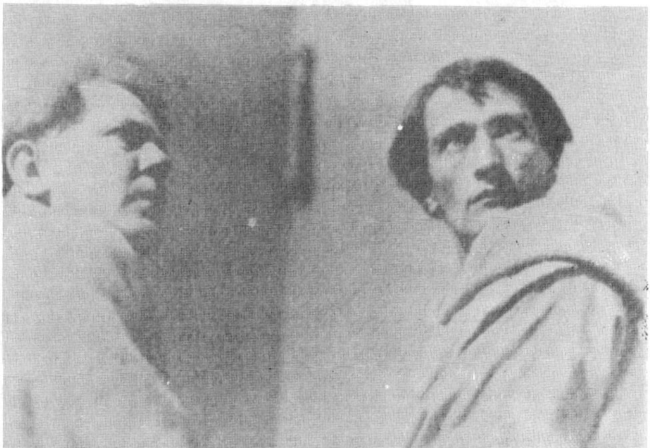

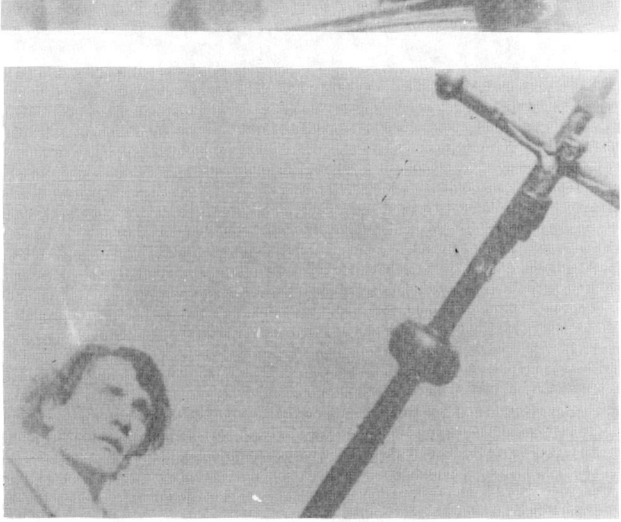

Quatro fotografias de *Tarakanova*, de Raymond Bernard (1929). Artaud interpreta um jovem cigano enamorado. Encontra-se aí a mesma gama expressiva que anteriormente (acima e páginas seguintes).
(Col. Raymond Bernard)

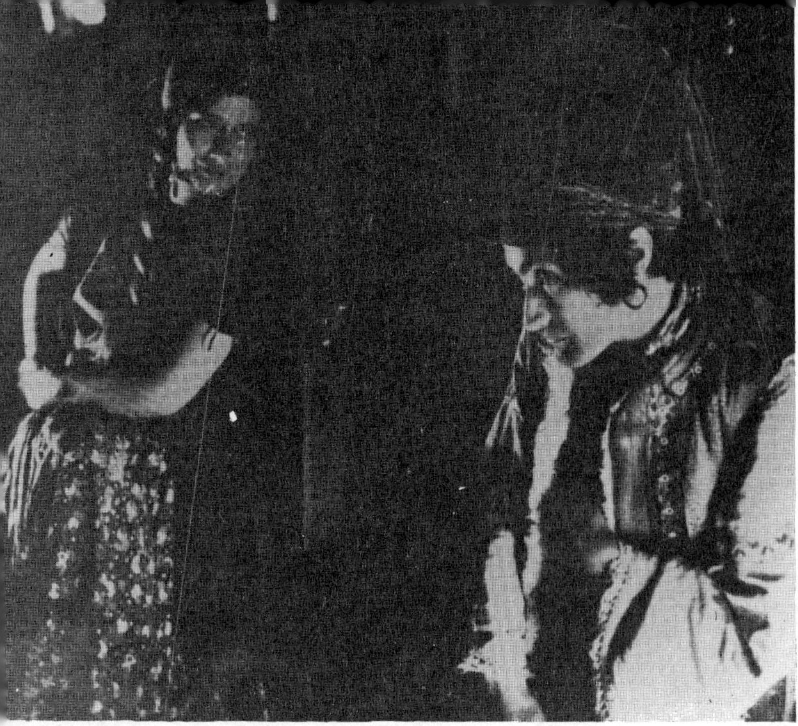

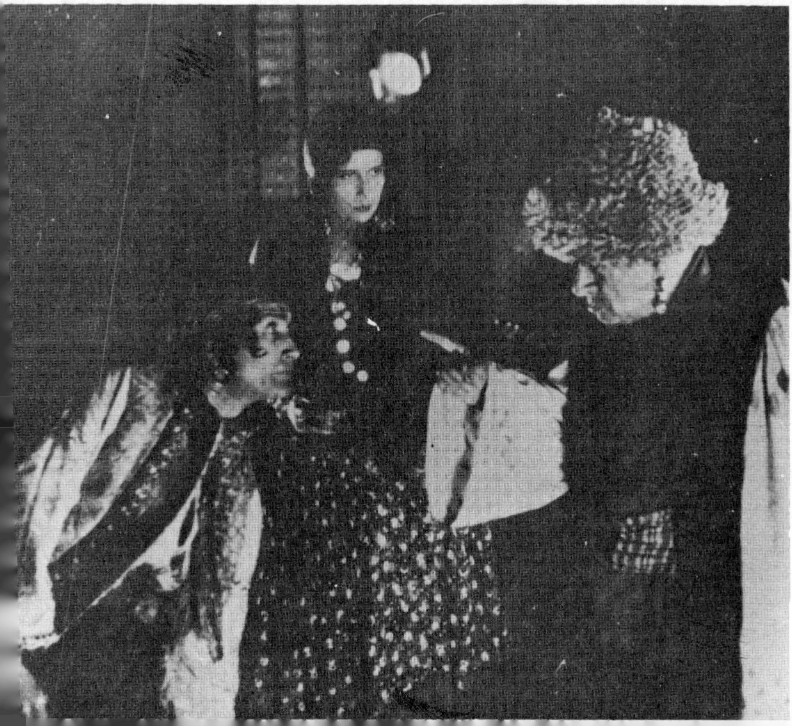

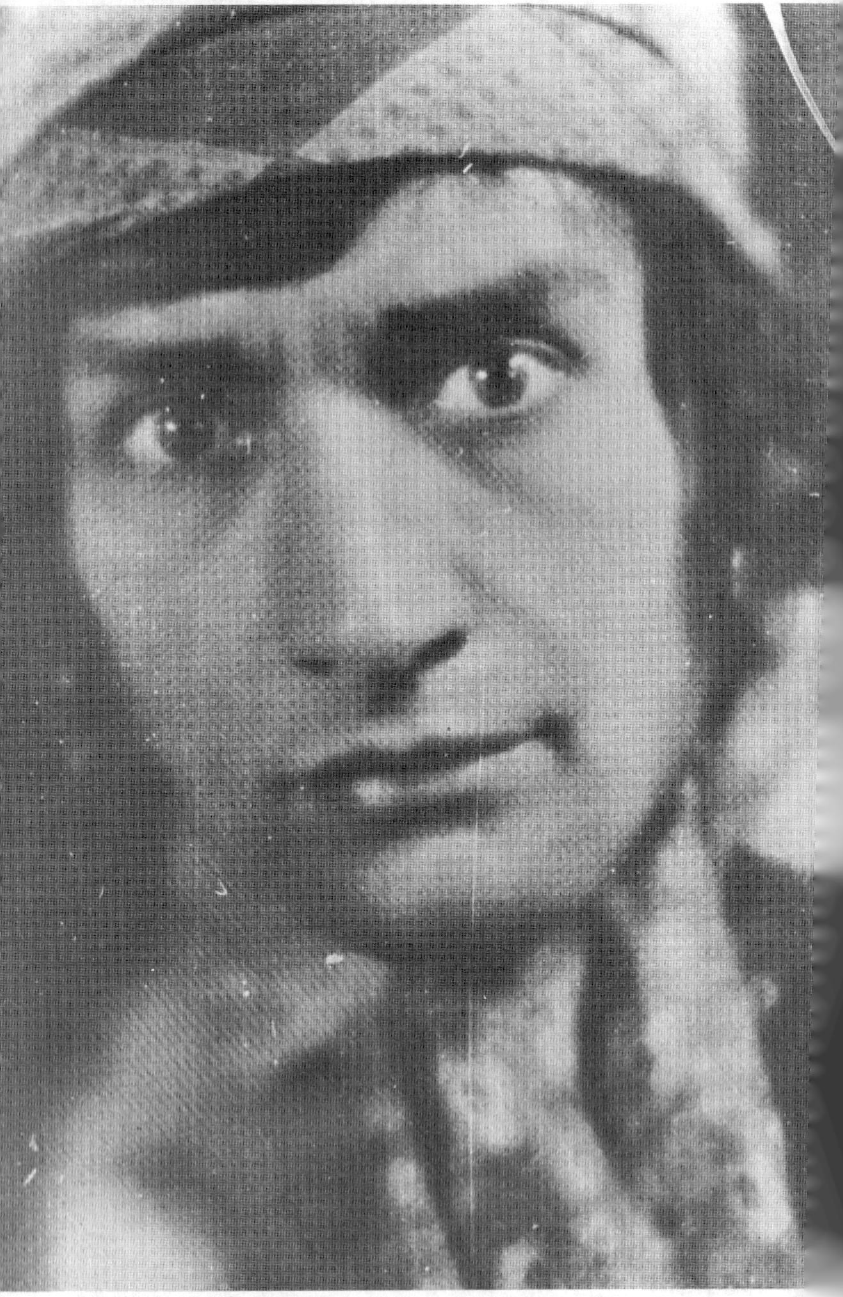

L'INTELLECTUEL
(composé par Antonin Artaud)

Verdun, Visões de História de Léon Poirier (1928-1931).
"Aquele ao qual revolta a estupidez da guerra e que morre sem ter compreendido." (L. Poirier).

Verdun, Visões da História. O intelectual pressente sua morte próxima (acima). "Na cidadela de Verdun, esperando entrar em combate, (ele) escreve à sua Mãe uma última carta". (L. Poirier) (foto de baixo).

Lucrécia Bórgia, de Abel Gance (1935). Antonin Artaud interpreta Savonarola.
(Doc. B.N.)

Página ao lado: *As Cruzes de Madeira*, de R. Bernard (1932). Artaud representa um soldado delirante que acaba de escalar a trincheira para vociferar aos alemães: "Vão à merda, monte vacas". Seus companheiros o arrancam do parapeito. Ele fica desvairado (atrás dele, Charles Vanel).
(Col. R. Bernard)

A Ópera dos Três Vinténs, de Pabst. Antonin Artaud e Gaston Modot. "Artaud é um jovem pobre reduzido à mendicância profissional" (Cf. "Pour vous", 16 de julho de 1931, p. 9).
(Col. Mme Peillon)

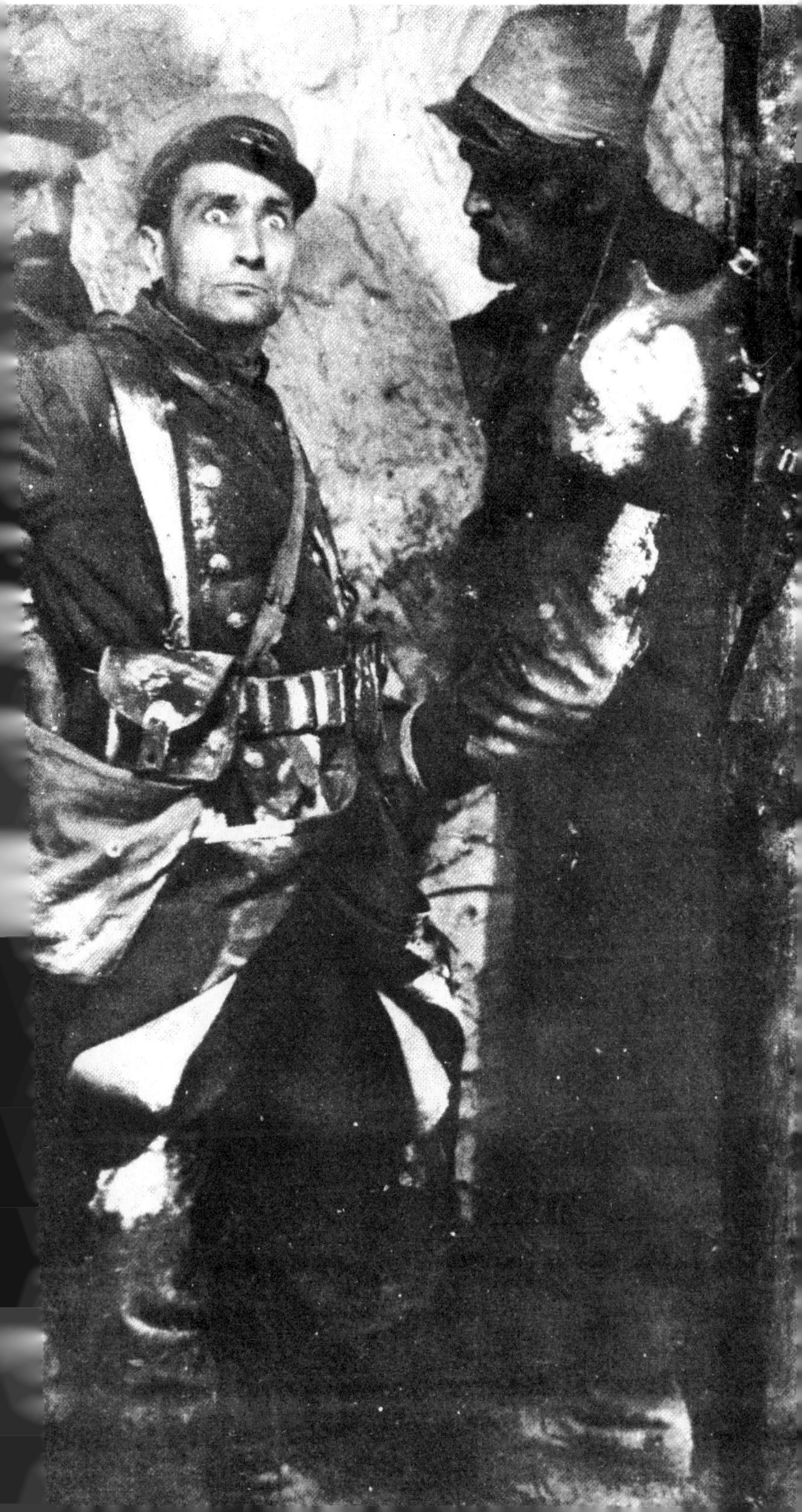

Dossiê

Listas - Repertório

TEXTOS DE ARTAUD DIRETAMENTE CONSAGRADOS AO TEATRO

I. TEXTOS JÁ INCLUÍDOS NAS "OBRAS COMPLETAS"

T. I: *Evolução do Cenário* (p. 213-217): publicado in *Comoedia*, de 19.4.1924.
T. II: Textos referentes ao Teatro Alfred Jarry (manifestos, circulares, artigos). Resenhas e notas críticas (1920--1934) sobre o teatro parisiense.
T. III: Correspondência (Cartas a Vitrac, Jouvet, Rouleau...)[a]
T. IV: *O Teatro e seu Duplo*. Textos compostos de 1931 a 1935, publicados em antologia pela primeira vez em 1938.
O Teatro de Serafim. Composto em 1935; primeira publicação em 1948.
Os Cenci (1935).
T. V: "A respeito de *O Teatro e seu Duplo* e dos *Cenci* (artigos, cartas, entrevistas...).

II. TEXTOS POSTERIORES, AINDA NÃO INCLUÍDOS NAS OBRAS COMPLETAS

O Teatro e os Deuses (México, 1936): texto incluído em *Os Tarahumaras*, Ed. L'Arbalète-Marc Barbezat, 1955 e 1963.

a. Sobre o Teatro Jarry e as relações Artaud-Vitrac, ver igualmente as cartas de Artaud encontradas, e que Henri Béhar publicou no apêndice de seu *Roger Vitrac*, Nizet, 1966 e também as que apareceram na revista *Opus International*, n. 3, out. 1967, pp. 61-69.

O Teatro e a Anatomia, publicado em *La Rue*, 12.7.1946.
O Teatro e a Ciência e *Alienar o Ator*, em *L'Arbalète*, n. 13, verão de 1948. Textos escritos para serem lidos na Galeria Pierre, julho de 1947, e incluídos em *Le Disque Vert*, n. 4, nov.-dez. 1953.
O Teatro da Crueldade, publicado no *84*, número especial, 5.6.1948.

OBRAS "DRAMÁTICAS" DE ARTAUD

O Jato de Sangue (I, 74-81 e Re. I, 88-96), ato dialogado, incluído no *Umbigo dos Limbos*, 1925.
Ventre Queimado ou *A Mãe Louca*, quadro musical extraviado [a], representado no primeiro espetáculo do Teatro Jarry (1º e 2.6.1927).
A Pedra Filosofal (II, 83-90), "curta pantomima falada" (III, 203), escrita por volta de 1935 (primeira publicação: 1949) [b].
Atreu e Tiestes ou *O Suplício de Tântalo* (adaptação de Sêneca, extraviada, 1932). Ver II, 185-191 [c].
Não há mais Firmamento (II, 91-110), libreto inacabado de um projeto de ópera com Edgard Varèse [d], composto por volta de 1931-1932.
A Conquista do México (IV, 151-153 e V, 21-29). Roteiro escrito por volta de 1933 (cf. 197 e 200) e lido em casa de Lise Deharme em 6.1.1934.
Os Cenci (IV, 183-271), "tragédia em quatro atos e dez quadros, segundo Shelley e Stendhal", representada dezessete vezes a partir de 6.5.1935.
Nota: É preciso acrescentar a essa lista "uma curta peça encontrada recentemente e destinada a ser inserida nas *Obras Completas* (cf. Re I, 381): *Samurai* ou *O Drama do Sentimento*.

ENCENAÇÕES DE ARTAUD

I. VIEUX-COLOMBIER 28 e 29.5.1925:*Junto à Parede* (Aragon) [e].
II. TEATRO ALFRED JARRY:
 1. Teatro de Grenelle, 1º e 2.6.1927 *(soirés)*: *Os Mistérios do*

---

a. Ver mais adiante o roteiro que Robert Maguire tentou reconstituir.

b. As fotografias (II, 48) que aparecem na brochura "O Teatro Alfred Jarry e a Hostilidade Pública" parecem ilustrar esta pantomima.

c A respeito desta peça perdida, ver nossa nota 5 do Cap. 3 e as *Cartas de A.A. a J.L. Barrault*, Bordas, 1952, pp. 63 e 97.

d. Sobre a colaboração de Artaud e de Varèse nesse projeto, ver PAULE THÉVENIN, "Uma Música de Cena Exemplar", em *Roger Désormière e seu tempo* (obra coletiva, Mônaco, Ed. du Rocher, 1966), p. 58.

e. Ver *Cartas a Génica*, p. 181 e p. 335, nota 3 = 2 (ou 3) representações, precedidas de uma "Conferência Sobre o Francês Médio", de ROBERT ARON, que prefigura a associação de 1926 para a criação do Teatro Jarry.

LISTAS — REPERTÓRIO

Amor (R. Vitrac); *Ventre queimado ou A Mãe Louca* (A.A.); *Gigogne*, de Max Robur (Robert Aron).
2. Comédia dos Champs-Elysées, 14.1.1928 (matinê): 1 ato de *Partage de Midi* (Claudel).
3. Teatro de L'Avenue, 2 e 9.6.1928 (matinês): *O Sonho* (Strindberg).
4. Comédia dos Champs-Elysées, 24 e 29.12.1928 e 5.1.1929 (matinês): *Victor ou As Crianças no Poder* (Vitrac).
III. TEATRO DES FOLIES-WAGRAM, 6.5.1935 (17 representações): *Os Cenci*.

SEUS PAPÉIS NO TEATRO[a]

COM LUGNÉ-POE (1921)

— Figuração como "um burguês que acabou de acordar", em *Os Escrúpulos de Sganarello*, de Henri de Régnier (teatro de L'Oeuvre, 17.2.1921).

COM CHARLHES DULLIN (1922-1923)

— Galvan, rei dos mouros, em *Moriana e Galvan*, três quadros de Alexandre Arnoux, estraídos do "Romancero Moresque", Salle Pasdeloup, 2.3.1922.
Sottinet, em *O Divórcio*, de Regnard; mesmo espetáculo[b].
— Um cego, em *A Estalagem*, entremês de Francisco de Castro, Salle Pasdeloup, rua das Ursulines 10, 1º 4.1922.
D. Luís, em *Visitas de Pêsames*, de Calderón; mesmo espetáculo.
— Basílio, em *A Vida é um Sonho*, de Calderón, Vieux-Colombier, 20.6.1922.
— Anselmo, em *O Avarento*, de Molière, fevereiro de 1922. Cf. III, 122.
— Apoplexia, em *A Morte do Jantar*, de Nicole de la Chesnaye[c], Teatro do Atelier, Praça Dancourt, nov. 1922.
Um membro do Conselho da Administração, em *A Volúpia da Honra*, de Pirandello; mesmo espetáculo.
— Tirésias, em *Antígona*, adaptação livre de Sófocles, por Jean Cocteau, música de Honegger, cenografia de Picasso (III, 125); Atelier, 21.12.1922.
— Pedro Urdemalas, em *Senhor Pigmalião*, farsa trágico-cômica de Jacinto Grau, Atelier, 1923; cf. Carta de

---

a. Lista estabelecida, quanto ao essencial, a partir dos trabalhos e indicações de Paule Thévenin; cf. sobretudo *R.B. 22*, p. 17 e s.
b. Para o mesmo espetáculo, Artaud havia desenhado os figurinos de um entremês baseado em Lope de Rueda: *As Azeitonas*.
c. *A Morte do Jantar* era a adaptação, feita por Roger Semichon, de uma moralidade do século XVI *A Condenação do Banquete*.

Dullin citada por Paule Thévenin *in R.B. 22*, p. 21, nota 7 (fim).
— Carlos Magno, em *Huon de Bordeaux*, drama feérico de Alexandre Arnoux (Atelier, 1923); cf. J-L. Barrault, *Reflexões sobre o Teatro*, ed. 1949, p. 61.

COM GEORGES PITOEFF (1923-1924)

— O Primeiro Místico em *A Barraca de Feira*, de Alexandre Block, Comédie des Champs-Elysées, (dir. Hébertot), 22.11.1923.
— Retarius, em *Androcles e o Leão*, de Bernard Shaw, Comédie des Champs-Elysées, reprisada em 18.5.1923.
— Um dos anjos negros, em *Lilion*, de Molnar, e também um detetive e um policial (*Cartas a Génica* 326). Comédie des Champs-Elysées, 8.6.1923[a].
— Jackson, em *Aquele que recebe Bofetadas*, de Leonid Andreieff, peça montada por Pitoeff em 1921; reprisada em 6.12.1923 e 4.6.1924 (com A.A.).
— O ponto, em *Seis Personagens à procura do Autor*, peça dirigida por Pitoeff (sem A.A.) em 10.4.1923 e reprisada em 4.3.1924 (com A.A.).

COM OUTROS ENCENADORES (1924)

— Um guarda, em *O Clube dos Patos Mandarins*, de Henri Duvernois, encenada por Komisarjevski. Studio des Champs-Elysées, 29.10.1923.
— O robô Marius, em *R.U.R.*, comédia utopista de Karel Tchapek, encenada por Komisarjevski, com o elenco de Pitoeff. Comédie des Champs-Elysées, dir. Hébertot, 26.3.1924.
— Um papel em *Amadeu e os Senhores na Fila* (Cf. III, 126). Esse ato único de Jules Romains encenado por Jouvet foi estreado juntamente com *Knock*, nos Champs-Elyées em 14.12.1923, sem Artaud, mas uma carta sua (abril de 1924) sugere que ele figurou numa reprise.
— Três figurações nas projeções de Jean Painlevé feitas para acompanhar o espetáculo de Yvan Goll, *Matusalém*, Teatro Michel, 1924[b].

NOS SEUS PRÓPRIOS ESPETÁCULOS

— O protagonista (com Génica Athanasiou), em *Junto à*

---

a. Segundo JEAN HORT, *A Vida heróica dos Pitoëff*, Genebra, 1966, pp. 185 e 539.
b. Pode-se ver um trecho desta projeção no filme de Jacques Baratier, *A Desordem aos Vinte Anos*, 1967; Artaud aparece no papel de um cardeal...

Parede, de Aragon, Vieux-Colombier. 28 e 29.5.1925.
— A Teologia, em *O Sonho,* de Strindberg, terceiro espetáculo Jarry, Avenue, 2 e 9.6.1928.
— Cenci, em *Os Cenci.* Folies-Wagram, 6.5.1935[a].

NOTA: No campo teatral, a atividade de Artaud assumiu outros aspectos que se pode enumerar brevemente:
— Desenhos dos trajes e cenários para obras montadas por Dullin em 1922 (*As Azeitonas, A Estalagem, A Vida é um Sonho:* ver acima).
— Breve colaboração com Jouvet (1932), como assistente; cf. P. Thévenin, *R.B. 22,* p. 27 e Cartas a Jouvet, a partir de III, 202.
— Iluminação da Sala Pleyel, 31.5.1934, para o recital da dançarina peruana Helba Huara (cf. VII, 185 e 436, n. 3).

FILMES INTERPRETADOS POR ARTAUD

As filmografias anteriores sobre Artaud[b] comportavam um certo número de erros, que tentamos retificar. Por exemplo, Artaud jamais tomou parte na versão muda (1919) da Mater Dolorosa *de Gance, nem em* Entreato *(1924), de René Clair, como se continuou a escrever. Em contrapartida, ignora-se geralmente que antes de ser Marat no* Napoleão *de Gance (1925--1927), Antonin Artaud representou talvez o mesmo personagem em um "cine-romance" de 1923,* O Menino-Rei *(direção de Jean Kemm). A indicação é fornecida por Henri Fescourt[c], mas não pudemos encontrar a menor confirmação do fato nas histórias de cinema, nem em nossa pesquisa junto a testemunhas ou atores deste empreendimento. Por falta de comprovação, julgamos preferível deixar de mencionar esta indicação. Acrescentamos que entre os filmes abaixo citados, alguns parecem ter desaparecido completamente e algumas vezes — quando se trata de filmes menores — sem que subsista o menor indício que permita reconstituir pelo menos os letreiros de apresentação. Convém portanto considerar esta lista provisória e sujeita a eventuais modificações de pormenor. No que diz respeito aos filmes em que a participação de Artaud é certa, encontrar-se-á um certo número de fotografias na parte de nosso trabalho reservada aos documentos iconográficos.*

— *Fait-divers,* Cl. Autant-Lara, 1922 (Cf. II, 126).
— Filme de Jean Painlevé para o *Matusalém,* de Yvan Goll, 1924[d].
— *Surcouf,* Luitz Morat, 1924 (cf. I, 56).
— *Graziela,* Marcel Vandal, 1925 (cf. III, 108).
— *O Judeu Errante,* Luitz Morat, 1926.
— *Napoleão,* Gance, 1925-1927; papel de Marat.
— *A Paixão de Joana D'Arc,* Dreyer, 1928 no papel do monge Massieu.
— *O Dinheiro,* L'Herbier, 1929; papel do secretário

a. Em relação à interpretação do papel principal de *Os Cenci,* que Artaud não desejava assumir, ver nossa nota 3 do Cap. 4.

b. Cf. principalmente G. BOUNOURE e CARADEC, A.A. e o Cinema, *K,* n. 1-2, 1948, pp. 49-59; e G. CHARBONNIER, *A.A.,* Seghers, 1959, reed. 1965, p. 217.

c. H. FESCOURT, *A Fé e as Montanhas,* ed. P. Montel, 1959, p. 251, n. 3.

d. Ver página anterior e nota b.

Mazaud (rodado em 1928).
— *Tarakanova*, Raymond Bernard, 1929.
— *Verdun, Visões de história*, Léon Porier, 1928. Versão muda. 1931, versão sonora.
— *A Ópera dos Três Vinténs*, G.W. Pabst, 1931.
— *A Mulher de uma Noite*, Marcel L'Herbier, 1931 (rodado em 1930).
— *Faubourg Montmartre*, Raymond Bernard, 1931.
— *As Cruzes de Madeira*, Raymond Bernard, 1932.
— *Tiros na Madrugada*, Serge de Poligny, 1932 (cf. III, 112).
— *A Filha de Minha Irmã*, Henri Wullschleger, 1932.
— *Mater Dolorosa*, Abel Gance, 1933, versão falada.
— *Liliom*, Fritiz Lang, 1934:
— *Sidonie Panache*, Henri Wullschleger, 1934.
— *Lucrécia Bórgia*, Abel Gance, 1935; papel de Savonarola.
— *Koenigsmark*, Maurice Tourneur, 1935; papel do bibliotecário Cyrus Beck.

OUTRAS ATIVIDADES CINEMATOGRÁFICAS

— Autor do roteiro *A Concha e o Clérigo* (III, 21, 29), realizado em 1927 por Germaine Dulac[a].
— Autor de vários roteiros não aproveitados (III, 11-69): *Os 18 Segundos, Duas Nações nos Confins da Mongólia, Os 32, Vôos, A Revolta do Açougueiro, O Mestre de Ballantrae*. Ao que parece outros roteiros se extraviaram[b]
— Ocasionalmente crítico de cinema, em 1931 ("O Judeu Polonês no Olympia", III, 92) e 1932 ("Os Irmãos Marx", nota em seguida integrada em *O Teatro e seu Duplo*, IV, 165), antes de desejar em vão tornar-se, em 1932, crítico de cinema oficial na N.R.F. (III, 273 e 288). Ver também no tomo III diversos estudos, entrevistas e cartas que dizem respeito ao cinema.
— Autor, em um campo próximo ao do cinema, de duas curtas-metragens fotográficas: um, inserida na brochura "O Teatro Alfred-Jarry e a Hostilidade Públi-

---

a . O filme estreou nos Ursulines em fevereiro de 1928 e causou, graças à ajuda dos surrealistas, o escândalo que sabemos. Ver mais adiante uma carta inédita de Artaud a G. Dulac.

b . Em 1928-1929, Artaud escreveu ao menos três outros roteiros: *O Bom Senso, O Avião Solar, Quem é ele?* O primeiro é um trabalho puramente alimentar, os dois outros parecem estar perdidos. *A Surpreendente Aventura do Pobre Músico* (Re. I, 236-241) talvez tenha sido na sua origem um projeto de roteiro (cf. Re. I, 420).

ca" (II, 48) e que parecia ser destinado a ilustrar a pantomima *A Pedra Filosofal* (II, 83-90); e a outra que acompanhava *O Monge*, de Lewis (VI, 8), publicada em 1931 por Denoël e Steele, e realizada com o fim de interessar um eventual produtor de filmes por este argumento (VI, 417).

PROGRAMAS RADIOFÔNICOS CONSAGRADOS A ANTONIN ARTAUD

A maior parte das indicações que se seguem provêm do arquivo da Fonoteca da O.R.T.F., e desejamos agradecer-lhe, neste momento, a gentileza por nos ter facilitado o acesso a seu excelente acervo e sobretudo ao Sr. Riondy. Devemos mencionar a impossibilidade em que nos encontramos de citar aqui todos os programas nos quais Artaud é evocado de passagem ou aqueles onde um de seus textos é lido. Um recenseamento exaustivo é impensável e, aliás, de um interesse bastante contestável; na perspectiva em que este estudo se coloca, foi necessário operar uma escolha e correr o risco da subjetividade. Aqui estão os programas que nos pareceram os mais ricos de ensinamentos sobre Artaud:

— "Homenagem a A.A.", 16.7.1946; evocação da noite de gala organizada no teatro Sarah-Bernhardt em honra da volta de Artaud a Paris. Vozes de Dullin, Jouvet, Rouleau, Cuny, Barrault, Blin, Artaud.
— "Roger Vitrac apresenta *Para Acabar com o Julgamento de Deus*", 7.1.1948.
— Programa consagrado à revista *84;* evocação de Artaud; voz de Artaud e de Blin, Club d'Essai, 27.5.1951.
— Evocação de A.A. por André Breton, no contexto de diversas entrevistas (por ex., com A. Parinaud: 29.5.1952, reprisada em 1960).
— Textos e evocação de Artaud em "A Máscara e a Pena", Polac-Bastide: C.E., M.F., 28.10.1956.
— Quatro programas de Jean Amrouche sobre A., série "Idéias e Homens": 2, 9, 16, 23 de março de 1957.
— Por ocasião do 10º aniversário de sua morte, programa Charbonnier-Gravier sobre A.: França 3, 5.3.1958. Vozes de Artaud, Génica Athanasiou, Adamov, Soupault, Leiris, André Masson, Paule Thévenin.
— *Não há mais Firmamento*, adaptação Pierre Peyrou: France-Inter, 27.3.1966.
— "Antonin duplo de Artaud", programa de André Almuro: France-Culture, 3.4.1968.
— Dois programas de René Farabet, a partir de textos de Jacques Derrida: "Leitura de A.A.", France-Culture, 17.4 e 24.4.1969.

— "A.A. e a Encenação de Hoje", mesa redonda a cargo de Marc Netter (difusão de um debate organizado em abril de 1968): France-Culture, 1º .5.1969.
— "Este revoltado corpo, A.A.", programa de André Almuro. 9.5.1969.
— "Os Irradiantes", dois programas de André Almuro (France-Culture), 11.4 e 9.5.1970.

ESPETÁCULOS RECENTES BASEADOS EM ARTAUD

— *Os Cenci:* Elenco universitário, Caen, 1965;
Elenco de amadores, Genebra, 1966;
Tulane University, 1965;
Columbia University, 1966;
Centro Teatro Esse (Nápoles), 1967;
Teatro de Estado de Brno (Tcheco-Eslováquia), setembro de 1967.
— *O Jato de Sangue:* Jean-Marie Patte, 1965 (Prêmio da Universidade do Teatro das Nações);
René Goering, 1964;
Centro Teatro Esse (Nápoles);
Elenco de amadores (Londres), 1967.
— *Não há mais Firmamento:* Pierre Peyrou, Th. D. Sorano (Vincennes), 1966;
Christian Baux, 1967.
— *Para Acabar com o Julgamento de Deus:* Fragmento (elenco inglês), 1967.
— *Os Tarahumaras:* Atelier A. Artaud, encontros Charles Dullin, Teatro de Villejuif, 23 de maio de 1970.
NOTA: Devemos uma boa parte destas indicações à gentileza da Sra. Malausséna, que nos assinalou igualmente dois projetos importantes, mas cuja realização, ao que parece, ainda se apresenta longínqua; *Os Cenci* no O.R.T.F. e *O Monge*, com Jean-Louis Barrault...

ELEMENTOS DE UMA DISCOGRAFIA

— *Van Gogh, o suicida da sociedade*, com Maria Casarès e Roger Blin; música e realização de A. Almuro. Disco "Boîte à Musique", série club, ref. C 713.
— *Os Videntes* (Nerval, Rimbaud, Michaux, Daumal, Artaud, Gilbert-Lecomte, J.P. Duprey); textos ditos por Roger Blin e Jean Bollery; escolha e realização de Jean Bollery. Disco "Boîte à Musique", série club, ref. C 712.
— *Poesia de crueldade*, com um trecho de Artaud: "O Teatro da Crueldade", dito por Jean Bollery. Disco Festival (Mouloudji), 3, rue de Gramont, Paris, (II).

Textos de Antonin Artaud

CARTAS INÉDITAS[a]

A GERMAINE DULAC

Cara senhora [b]

Devo me acusar de um descaso extremamente culpável aos meus olhos. Só quando acabou nossa conversa de hoje à tarde é que me dei conta de tudo aquilo em que não pensei ao escrever meu roteiro. Para mim uma infinidade de coisas permaneceram vagas, e havia uma necessidade absoluta de concretizá-las. Gosto muito, por exemplo, do ritmo sobre o qual me falou. Gosto da extrema simplicidade dos cenários. Então tive uma idéia. Talvez os cenários resultassem bem mais simples, bem menos dramáticos, se não fossem estilizados, mas nem um pouco. Em todo caso eu me interroguei severamente e notei que na medida (e essa medida é muito frágil, confesso) em que eu tinha pensado na ambientação dos aposentos nos quais a minha ação se desenvolve, os cenários eram perfeitamente normais e condizentes com a realidade. Por

---

a . Agradecemos a Mme Paule Thévenin, bem como às Edições Gallimard, que permitiram a publicação destes inéditos, cujos direitos permanecem de sua inteira propriedade.
b . No cabeçalho: "Gavarnie": Data: 13 de julho de 1927. Esta carta é devida à gentileza de Mme Colson-Malleville.

"GAVARNIE"
49, Rue Pigalle - 1, Rue Chaptal
PARIS

OUVERT TOUTE LA NUIT
Tél. TRUDAINE 89-57

René CARRÉ, Propriétaire

DÉJEUNERS
DINERS
SOUPERS

R. C. SEINE 212.787

Paris, le .... 19...

Chère madame

Je dois m'accuser d'une négligence extrêmement coupable à mes yeux. Au sortir de notre visite de cette après-midi, je me suis rendu compte de ce à quoi je n'avais pensé un instant, mais ce sont vraiment des minuties pour moi sous le rapport [illegible] l'investigation [illegible]. J'aime beaucoup par exemple [illegible] sans vous en avoir parlé l'extrême simplicité de décors. Mais il m'est [illegible] une pensée : On peut être des décors encore beaucoup plus simples, beaucoup moins [illegible] s'ils n'étaient pas réussis de [illegible] à aucun égard. En toute [illegible] je me suis [illegible] Et je ne sais [illegible] [illegible] dans la mesure [illegible] [illegible] [illegible] [illegible] [illegible] [illegible] [illegible] [illegible] [illegible] [illegible] [illegible] [illegible] [illegible] [illegible] [illegible] [illegible] [illegible]

...oration (très petite) que le sol était par
endroits ~~dallé~~, dallé cimenté.
    Dans le cas de Gall je suis très empoigné
par l'idée que vous m'avez communiquée de
ne prendre que le dallage. Il les
voyage en effet sans murs du tout. On
peut être essayerait a fig. z, ou me
généralisé impie, dans le mieux
on tu mur est possible de le ?????
sur un ou deux plans au plus avec
beaucoup de ?????? ou d'amorcer une
colonne

[sketch]

Enfin un essai ???? dans ironi classiques
sans aucune ???????? ????? d'un
????????, et l'estrade toute ?????
absolument normale. ??? préférerai
que ??????? ??? et me semble que
c'est bien. ? ?????? fini a employé du
mur à ce moment là. Les ?????? ????
sans aucun dessin. ???? qu'? soit
décoratif à quelque degré, ne ? voir

[sketches] aux angles que celui
sans l'être amplifié
??????

Enfin il ne pensait pas toute cette aventure d'autant plus [illegible] qu'il aurait été comme sous la [illegible]. Il me semble que ce qui [illegible] je préférerais de beaucoup [illegible] le décor d'un autre. En somme c'est tout ce que nous avons dit cette après-midi sauf le mur de la salle de bal, l'estrade et les portes. Je m'excuse et j'espère que vous me pardonnerez de vous communiquer ces réflexions que seulement j'ai [illegible] de scrupule sans doute. Mais j'ai voulu vous montrer autant que j'ai pu tous les [illegible] de ma pensée que j'ai omis d'indiquer dans le scénario. Quand j'aurai le plaisir de vous voir peut-être voudrez-vous que nous parlions un peu de tout cela.

Avec mes remerciements, recevez l'expression de mes sentiments très profondément [illegible]

Antonin Artaud

exemplo: pelo menos uma parte da parede do quarto de baixo era repelente, gasta, apresentava fendas e buracos (muito pequenos) e em alguns pontos o chão era coberto de lajotas e cimentado.

Quanto ao salão de festas, estou muito empolgado com a idéia que a senhora me deu, de usar somente as lajotas. Na verdade, eu o via sem parede alguma. E talvez esses muros em ziguezague me incomodem um pouco. Na medida em que uma parede é necessária, eu a prefiro em um ou dois planos ou mais, talvez recorrendo ao emprego de estuques ou colunas.

Enfim, sobre o estrado, dois tronos clássicos, sem nenhuma deformação, encimados por um baldaquim, sendo o estrado bem reto, absolutamente normal. Por mais que eu procure dentro de mim mesmo, parece-me que é bem essa a imagem que se formou em mim nesse momento. As portas também *não terão enfeite algum*. Nada que seja decorativo, em qualquer grau.

Elas serão tão simples quanto estas aqui, mas de uma simplicidade *vulgar*.

Pareceu-me que o cenário seria tanto mais invisível quanto não se assemelhasse à vida. Acho que naquilo que me diz respeito, eu preferiria essa linha de cenografia a qualquer outra. Em suma, é tudo sobre o que falamos hoje à tarde, exceto no que diz respeito à parede do salão de festas, o estrado e as portas. Peço desculpas, e espero que me perdoe por lhe ter comunicado essas reflexões, que sem dúvida nascem de um excesso de escrúpulos. Mas eu quis lhe mostrar, na medida do possível, o fundo de meu pensamento, que deixei de indicar no roteiro. Quando eu tiver o prazer de vê-la, se quiser talvez falaremos ainda um pouco a respeito de tudo isso.

Com os meus agradecimentos, receba a expressão de meus sentimentos profundamente devotados.

Antonin Artaud.

A VALENTINE HUGO [a]

Domingo, 3 de junho, à tarde.

Senhora.

Soube, por diversas pessoas, que tendo assistido ontem à encenação do "Sonho", a senhora teria feito toda espécie de críticas sobre a significação desse espetáculo, sobre seu valor e sobre a escolha da peça. No que se refere à escolha do

---

a . Essas cartas nos foram amavelmente transmitidas por M.J. Pethory; a primeira foi escrita no dia seguinte à primeira representação 2.6.1928) de *O Sonho* pelo Teatro Alfred Jarry; ela comporta uma alusão ao scândalo feito pelos surrealistas (cf. *Cartas a Génica*, 376) e uma outra alusão *Paixão de Joana D'Arc*. O filme de Dreyer, realizado em 1927 com cenários e Jean e Valentine Hugo, estreou com efeito em 1928.

"Sonho", faço questão de dizer que se houvesse entre os ricos porcos que me criticam, gente suficiente para *pagar* um espetáculo Jarry, Lautréamont ou qualquer outro revolucionário que fosse, evidentemente eu abandonaria o "Sonho".

2º A encenação que todos viram era justamente a que convinha a esse gênero de peça. Fique a senhora sabendo que pouco me importo com questões de tendência. Não procurei "fazer moderno", da mesma forma como a senhora ou Jean Hugo não tentaram "fazer" Vieux-Colombier ou "bonitinho" ao desenhar os figurinos e os cenários de Joana D'Arc. E no entanto é bem essa a impressão que ressalta desses figurinos e cenários. Se a senhora acreditasse que Breton era favorável ao espetáculo a senhora o teria aplaudido, mas procurou calcar sua opinião sobre a dele. Ora, a senhora cometeu um equívoco, como o resto do público, em relação às reações de Breton e às minhas reações.

Eu trabalhei com o que tinha e eu, que vi o espetáculo da platéia, fiquei satisfeito e isso me basta.

Receba minhas saudações. ANTONIN ARTAUD
58, rue Labruyère.

Madame Valentine Jean HUGO
Société Générale de Films
36, avenue Hoche, 36
E. V.
4-6-1928, 7 h. 30

Este domingo.

Senhora

A senhora certamente terá levado na conta de um impulso violento e irracional o gesto absurdo que tive, ao lhe escrever como fiz.

Eu estava de tal modo dominado por contrariedades e desgostos de toda espécie, em seguida à representação do "Sonho" — contrariedades e desgostos aliás totalmente imotivados — que me senti capaz de acusar quem quer que fosse.

A senhora provavelmente não perdoará meu gesto, mas eu o reconheço, apesar de tudo, absolutamente inoportuno e descabido. A senhora compreenderá que os ataques exagerados dos quais fui objeto conseguiram me fazer perder as medidas. Peço-lhe que acredite nos meus mais sinceros sentimentos.

ANTONIN ARTAUD.

Madame Jean HUGO
Société Générale de Films
36, avenue Hoche
E. V.
18-6-1928, 7 h. 30

A JACQUES HÉBERTOT   (Trechos)

I. *Carta de Artaud* (sem data)

"Eu sou um fantasma, e o senhor, um homem de negócios. O senhor será perpetuamente diretor de teatro e eu, um pobre ator, que não teve sucesso, apesar de algum talento que se lhe queira reconhecer. Sr. Jacques Hébertot, eu preciso ganhar meu pão, preciso comer, eis minha situação. Eu invoco a *amizade* que me testemunhou e que já passou para o limbo de suas antigas preocupações. Só lhe peço trabalho. Dê-me qualquer coisa para fazer, Sr. Hébertot, não importa o que: um papel, um lugar no seu escritório, até mesmo um emprego de varredor público. Cuspo no meu espírito (...). As preocupações, a fome talvez, provocam maus sonhos (...).

Resposta de J. Hébertot (16.2.1927): "Venha me ver (...)".

II. *Carta de Artaud* (19.9.1928): ele oferece a J. Hébertot remontar *O Sonho*, de Strindberg, em seu teatro, pois apesar dos escândalos, o espetáculo tivera uma acolhida bastante boa por uma parte da crítica três meses antes, no Théâtre de l'Avenue. Pede-lhe para receber a Sra. Allendy, que irá tratar do assunto.

Resposta de J. Hébertot (21.9.1928): "(...) Na minha maneira de pensar, o teatro de nossa época só será criado com socos violentos, como eu fiz nos Champs-Elysées (...)"

III. *Carta de Artaud* (21.9.1928)

"O amadorismo e a vanguarda me aborrecem, tanto quanto ao senhor. Mas um espetáculo irregular não é necessariamente um empreendimento de amadores. São uns castrados, uns homúnculos e — perdoe-me o termo — uns f... como Bastide, Baty, Dullin, que impuseram aos espetáculos que montaram esse cunho repugnante (...). As peças que eu queria apresentar são raras e eu não me sinto capaz de interessar um público suficientemente numeroso para acompanhar as peças que eu julgaria dignas de serem representadas. Se eu puder montar a peça sobre a qual lhe falei, *estou seguro* de conseguir um efeito formidável e cuja impressão dominará todos os espíritos (...)"

---

a . Jacques Hébertot (morto em junho de 1970) nos havia permitido gentilmente reproduzir alguns fragmentos característicos das cartas de Artaud que ele possuía. Ele tinha outrora testemunhado pelo jovem ator uma estima comprovada em uma "carta a Génica" (p. 48).

A GASTON BATY [a]

Paris, 6 de setembro de 1929.
Senhor Gaston Baty
Diretor do Teatro de l'Avenue

Senhor

Fiquei sabendo que o senhor montará proximamente um "Macbeth". Eu retornaria de boa vontade ao teatro *como ator*, para representar nessa peça. Nela há com certeza um, dois ou três papéis que me poderiam ser distribuídos. Quando faço cinema, esqueço o que posso pensar do cinema, para desempenhar *lealmente* o papel que me é confiado. Se entre os papéis que eu pudesse fazer em "Macbeth", o senhor visse especialmente um que parecesse me convir, eu o representaria sem prevenções e sem deformações. Digo-lhe tudo isso para afastar de seu espírito toda desconfiança, e porque sei que o senhor é muito precavido, mas no que me diz respeito, ao lhe escrever jamais pensei em me colocar sob um ponto de vista que não fosse estritamente profissional.

Acredite em meus sentimentos sinceramente devotados.

Antonin Artaud
178, Quai D'Auteuil
XVIe.

CARTA DE 1935 SOBRE O TEATRO [b]

Paris, 14 de dezembro de 1935.
Senhor,

Prosseguindo...

Escrevi um roteiro para um filme falado cuja característica era a de conter uma única frase falada, e em razão da qual todo o texto fora redigido. A N.R.F., de outubro de 1932, publicou meu Manifesto do Teatro da Crueldade, que

---

a . Carta conservada no arquivo Rondel da Biblioteca do Arsenal (arquivo Gaston Baty) e mostrada por ocasião da Exposição Gaston-Baty, Biblioteca do Arsenal, maio-jun. 1966, n. 168 do catálogo redigido por A. Virmaux; em f? 21 x 27 cm. No cabeçalho está impresso "Antonin Artaud, 66, rue Grignan; Marselha, dia...", riscado com pena por A.A. A respeito de Artaud e Baty, cf. *supra* (Cap. 3), pp. 119, e nota c, e 154-155.

b . Esse esboço de carta a um correspondente desconhecido pode ser considerado inédito na medida em que foi sempre citado até agora de maneira inexata ou incorreta (por SERGE BERNA na *Vida e Morte de Satã-Fogo*, Arcanes, 1953, pp. 104-105, e, em seguida, pelo Dr. Á. BONNETON em *O Naufrágio profético de A.A.*, Lefebvre, 1962, pp. 31-32). Agradecemos calorosamente a Mme Paule Thévenin, por nos ter comunicado um fragmento deste texto que ela reconstituiu fielmente. O final da carta, cada vez mais redigida em estilo telegráfico, diz respeito às conferências que Artaud projetava fazer no México, e não tratam mais diretamente de teatro.

propunha uma forma de teatro inspirada nos teatros chin(ês), ind(u), bali(nês), e nos quais a imagem cênica, o gesto, o movimento, são mais importantes que o texto escrito. Não que a palavra aí seja desprezada, mas esta é tomada no seu estado concreto, por seu valor vibratório, sonoro; ela provoca o gesto e o gesto a provoca; e este deixou de ser condicionado por ela. E é assim que aparece uma nova espécie de poesia no espaço.

Esse Manifesto suscitou polêmicas: um novo ator funda o teatro a partir desses princípios. Houve depois um *Heligábalo*, publicado por Denoël.

A vida de Heliogábalo é teatral. Mas sua maneira teatral de conceber a existência visa criar uma verdadeira magia do real. Aliás, eu não concebo o teatro separado da existência. Não que a vida me apareça sob um aspecto ilusório e decantado. Pelo contrário, procuro suprimir a ilusão do próprio teatro, e através dos meios poéticos e técnicos, que estão na base da velha arte teatral, tal como era praticada nas suas origens, introduzir no teatro a noção de realidade. Se os sonhos são o inverso da vida, se o real neles aparece sob o aspecto envolvente e mágico ao qual o espírito adere inteiramente, é a esta adesão não ilusória que procuro conduzir o espectador. Foi assim que nos Cenci os Alto-Falantes muito próximos mantinham público banho sonoro e uma tempestade transmitiu *tão* terrível poder de perturbação autêntica tempestade natural.

As conferências girarão portanto principalmente sobre teatro,
uma sobre
teatro tradicional na França.

Eu procuraria o que foi mantido e o que aparece como velha tradição mítica do teatro, na qual o teatro é tomado como uma terapêutica, um meio de cura comparável ao de certas danças índias mexicanas.

Passar desta terapêutica artística e psíquica à nova terapêutica moderna inspirada em Paracelso, médicos espagíricos, ocultistas como Jérôme Cardam, Robert Fludd, etc. (...).

TEXTOS RAROS

O TEATRO E OS DEUSES[a]

Eu não vim aqui trazer uma mensagem surrealista; vim dizer que o realismo, na França, passou de moda, e muitas coisas passaram de moda na França e continuam a ser imita-

a. Texto publicado em *Os Tarahumaras* (ed. L'Arbalète, Marc Barbezat, 1963), pp. 196-208. Conferência pronunciada em 1936 na Universidade do México.

das fora da França, como se elas representassem ainda o pensamento desse país.

A atitude surrealista era uma atitude negativa, e eu vim dizer o que pensa no meu país toda uma juventude esfomeada de soluções positivas, e que quer reaver o gosto pela vida. E o que ela pensa, é o que ela irá fazer.

As novas aspirações da juventude na França não são algo de que se possa falar nos livros ou nos jornais, da mesma forma como se descreve uma doença esquisita, uma curiosa epidemia que nada tem a ver com a vida.

No corpo da juventude francesa germina uma epidemia do espírito, que não se deve tomar como uma doença, mas que é uma terrível exigência. É uma característica desta época, em que as idéias não são mais idéias, mas uma Vontade que vai passar aos atos.

Atrás de tudo o que se faz na França, existe atualmente uma Vontade que está pronta a passar aos atos.

Quando o jovem pintor Balthus compõe um retrato de mulher, ele manifesta sua vontade de transformar realmente a mulher, de torná-la conforme ao que ele pensou. Através de seu quadro, manifesta uma terrível, uma exigente noção do amor e da mulher; e ele sabe que não fala no vazio porque sua pintura possui um segredo de ação.

Ele pinta como alguém que conhece o segredo do raio.

Enquanto não se aplicar o segredo do raio, o mundo pensará que se trata de ciência, e deixará isso para os sábios; mas um dia alguém aplica esse segredo do raio, e o aplica na destruição do mundo; é então que o mundo começa a levar em conta esse segredo.

A juventude quer que se ligue o segredo das coisas às suas múltiplas aplicações.

Está aí uma idéia de cultura que não se ensina nas Escolas, porque atrás dessa idéia de cultura há uma idéia de vida que só pode incomodar as Escolas, porque destrói seus ensinamentos.

Essa idéia da vida é mágica, supõe a presença de uma chama em todas as manifestações do pensamento humano; e hoje, esta imagem do pensamento se incendeia, parece a todos nós que ela está contida no teatro; e nós acreditamos que só o teatro é feito para manifestá-la. Mas hoje a maior parte das pessoas pensa que o teatro nada tem a ver com a realidade. Quando se fala de alguma coisa que caricatura a realidade, todo mundo pensa que se trata de teatro; porém somos muitos na França a crer que somente o verdadeiro teatro pode nos mostrar a realidade.

A Europa está num estado avançado de civilização: quero dizer que ela está muito doente. O espírito da juventude, na França, é o de reação contra esse estado de civilização avançada.

Ela não precisou de um Keyserling ou de um Spengler para sentir a decomposição universal de um mundo que vive sobre falsas idéias da vida, que lhe foram legadas pela Renascença. A vida nos parece em estado de diminuição violenta. E por sentir esse estado de diminuição violenta não temos o que fazer com uma nova filosofia.

As coisas chegaram a um ponto que se pode dizer que, como em outras épocas a juventude corria atrás do amor, tinha sonhos de ambição, de progresso material, de glória, hoje ela tem um sonho de vida; e é atrás da vida que ela corre, porém esta vida ela a persegue, por assim dizer, *na sua essência:* ela quer saber por que a vida está doente, e o que foi que apodreceu a idéia da vida.

E para sabê-lo ela observa o universo inteiro. Ela quer compreender a natureza do homem além do mais. Não do homem na sua singularidade, mas do Homem grande da natureza.

Quando se lhe fala de Natureza, ela pergunta de que Natureza se lhe quer falar hoje. Porque ela sabe que assim como há três Internacionais, há também três naturezas, três naturezas escalonadas.

Isso também é ciência.

"Há três sóis", dizia o imperador Juliano, "dos quais só o primeiro é visível." E Juliano o Apóstata não é suspeito de cair na espiritualidade cristã, ele que é um dos últimos representantes da *Ciência* dos Antigos.

Essa juventude introduz o Homem na natureza; e como ela vê de fora para dentro os escalões da Natureza, ela também vê o homem escalonado.

E a juventude sabe que o teatro lhe pode dar esta subida idéia do homem e da natureza.

Ela não acredita trair a vida com uma tão subida idéia do teatro, mas ela pensa, ao contrário, que o teatro pode ajudá-la a curar a vida.

Há dez mil maneiras de se ocupar com a vida e de pertencer à sua época. Nós não somos partidários de que, em um mundo desorganizado, os intelectuais se entreguem à especulação pura. E não sabemos mais o que seja a torre de marfim. Achamos que os intelectuais devem eles também entrar na sua época; mas não achamos que eles só possam entrar nela de outro modo exceto lhes fazendo guerra.

A guerra para alcançar a paz.

No desastre atual dos espíritos incriminamos uma imensa ignorância; e há uma corrente muito forte propondo que se cauterize essa ignorância; quero dizer, que a cauterizem cientificamente.

A vida, para nós, não é nem lazareto, nem sanatório, nem mesmo laboratório, e nós não pensamos, por outro lado, que se se possa aprender uma cultura através de palavras ou de idéias. Não é pela exterioridade de seus costumes que uma civilização se comunica. Em lugar de ter piedade do povo, somos favoráveis a que se faça renascer as virtudes esquecidas por um povo que poderia, assim, por si mesmo, chegar a civilizar-se.

Eu digo pois que uma juventude, não inquieta, mas inquietada, inquietada por aquilo que parece e que não se assemelha ao que ela pensa, incrimina a ignorância do tempo.

Ela constata a ignorância da época, esperando que se insurja contra ela.

Quando ela constata que a medicina dos chineses, medicina arquimilenar, soube curar a cólera por meios arquimilenares, enquanto que, contra a cólera, a medicina da Europa ainda não conhece senão os meios bárbaros da fuga ou cremação, não lhe basta introduzir esta medicina na Europa, mas ela pensa nos vícios de espírito da Europa e procura curar esse espírito.

Ela compreende que não é por um truque, mas por uma compreensão profunda que a China pôde conhecer a natureza da cólera.

É essa compreensão que é a cultura. E há segredos de cultura que os textos não ensinam.

Em face da cultura da Europa que se contém nos textos escritos e propala que a cultura está perdida se os textos forem destruídos, digo que há uma outra cultura, sobre a qual outros tempos viveram e essa cultura perdida se baseia em uma idéia materialista do espírito.

Em face do europeu que não conhece senão seu corpo e que jamais pôde sonhar que fosse possível organizar a natureza, posto que ele não vê além do corpo, o chinês, por exemplo, traz um conhecimento da natureza através de uma ciência do espírito.

Ele conhece os graus do vazio e do cheio que descrevem os estados ponderáveis da alma; e, nos trezentos e oitenta pontos do funcionamento fisiológico da alma, os chineses sabem discernir a natureza e suas doenças, e se pode dizer que eles souberam discernir a natureza das doenças.

Jacob Boehme, que só acredita nos espíritos, também sabe dizer quando os espíritos estão doentes, e ele descreve em toda a natureza os estados que manifestam a Cólera do Espírito.

Essas luzes e outras mais nos dão uma nova idéia do Homem. E somos favoráveis a que nos voltem a ensinar o que é o homem, pois que outros tempos o conheceram.

Começamos a discernir os Tabus que uma ciência amedrontada e mesquinha colocou diante dos vestígios de uma cultura que sabia explicar a vida.

O homem inteiro, o homem que com seu grito pode orientar seu caminho em meio a uma tempestade, é, na

Europa, poesia, mas para nós, que temos uma idéia sintética da cultura, pôr-se em relação com o grito de uma tempestade, é reencontrar um segredo de vida.

Existe no mundo, hoje, uma corrente que é uma reivindicação de cultura, a reivindicação de uma idéia orgânica e profunda da cultura, que pode explicar a vida do espírito.

Eu chamo de cultura orgânica uma cultura baseada no espírito em relação com os órgãos, o espírito mergulhado em todos os órgãos e se respondendo ao mesmo tempo.

Há nessa cultura uma idéia de espaço, e eu digo que a verdadeira cultura só pode ser aprendida no espaço, e que é uma cultura orientada, como o teatro o é.

Cultura no espaço quer dizer cultura de um espírito que não pára de respirar e de sentir-se vivo no espaço, que chama a si os corpos do espaço como os próprios objetos de seu pensamento, mas que, enquanto espírito, se situa *no meio* do espaço, quer dizer, no seu ponto morto.

Talvez seja uma idéia metafísica, essa idéia do ponto morto do espaço pelo qual o espírito deve passar.

Mas sem metafísica não há cultura. E o que quer dizer essa noção do espaço lançada de repente na cultura, senão a afirmativa de que a cultura é inseparável da vida?

"Trinta raios convergem para o eixo", diz o Tao-Te--King de Lao-Tseu,

"mas é o vazio que está no meio que permite o uso da roda".

Quando há uma concordância no pensamento dos homens, onde se pode dizer que essa concordância se efetua, a não ser no vazio morto do espaço?

A cultura é um movimento do espírito que vai do vazio para as formas, e das formas volta a entrar no vazio, tanto no vazio quanto na morte. Ser cultivado é queimar formas, queimar formas para ganhar a vida. É aprender a manter-se em pé no movimento incessante das formas que destruímos sucessivamente.

Os antigos mexicanos não conheciam outra atitude que não fosse esse vaivém da morte para a vida.

Essa terrível estação interior, esse movimento de respiração, é isso a cultura, que mexe ao mesmo tempo na natureza e no espírito.

"Mas isso é metafísica, mas não se pode viver na metafísica."

Ora, eu digo justamente que a vida deve reviver na metafísica, e esta atitude difícil, que perturba as pessoas de hoje em dia, é a atitude de todas as raças puras que sempre *se sentiram ao mesmo tempo* na morte e na vida.

Daí por que a cultura não é escrita, e como disse Platão: "O pensamento se perdeu no dia em que uma palavra foi escrita".

Escrever é impedir o espírito de mexer-se no meio das formas, como uma vasta respiração. Pois que a escrita fixa o espírito e o cristaliza em uma forma, e da forma nasce a idolatria.

O verdadeiro teatro, como a cultura, jamais foi escrito.

O teatro é uma arte do espaço e é pesando sobre os quatro pontos do espaço que ele arrisca-se a tocar na vida. É nesse espaço habitado pelo teatro que as coisas encontram suas figuras, e, sob as figuras, o rumor da vida.

Existe hoje um movimento para separar o teatro de tudo o que não seja espaço e para remeter de volta aos livros a linguagem do texto, de onde ele nunca deveria ter saído. Essa linguagem do espaço por sua vez age sobre a sensibilidade nervosa, faz amadurecer a paisagem descortinada abaixo dele.

Não devo retraçar aqui essa teoria do teatro no espaço, e que age ao mesmo tempo pelo gesto, pelo movimento e pelo ruído.

Ocupando o espaço, ele acua a vida e a força a sair de seus refúgios.

Ele é como a cruz de seis braços, que espalha sobre as muralhas de certos templos mexicanos uma geometria oculta. A cruz do México está sempre cercada, ela se encontra no centro de uma muralha, ela vem de uma idéia mágica.

Para fazer a cruz, o antigo México se coloca no centro de uma espécie de vazio, e a cruz cresce em volta dele.

Não é uma cruz feita para cifrar o espaço, como pensam certos sábios de hoje, é uma cruz para revelar como a vida entra no espaço, e como, estando fora do espaço, volta a encontrar o princípio da vida.

Sempre o vazio, sempre o ponto, em torno do qual se condensa a matéria.

A cruz do México indica o renascimento da vida.

Olhei detidamente os Deuses do México nos Códices, e me pareceu que esses Deuses eram antes de mais nada Deuses no espaço, e que a Mitologia dos Códices escondia uma ciência do espaço com seus Deuses como buracos de sombras, e suas sombras onde resmoneia a vida.

Isto significa dizer, sem literatura, que esses Deuses não nasceram do acaso, mas estão na vida como num teatro, ocupam os quatro cantos da consciência do Homem, nos quais se abrigam o som, o gesto, a palavra e o sopro que cospe a vida.

Quem pensa ainda em sentir os Deuses e em procurar o lugar dos Deuses? Procurar o lugar deles é procurar sua força e dar-se a si mesmo a força de um Deus. O mundo Branco chama esses Deuses de ídolos, mas o espírito índio sabe fazer vibrar a força dos Deuses, situando suas músicas de forças; e o teatro, por uma distribuição musical das forças, chama a si o poderio dos Deuses. Cada um tem seu lugar no espaço a vibrar de imagens. Os Deuses saem em nossa direção por um grito ou um semblante e a cor do semblante tem seu grito; e o grito vale seu peso de imagens no Espaço onde a Vida amadurece.

Para mim, esses Deuses que giram, que se embaralham com linhas, com linhas feitas para sondar o espaço, como se tivessem medo de não perceber o espaço, nos dão um meio concreto de compreender a formação da vida. Esse medo do vazio, que assombra os artistas mexicanos e os faz lançar linha sobre linha, não é somente uma invenção de linhas, de formas que lisonjeiam a visão, ele indica uma necessidade de fazer *amadurecer* o vazio. Povoar o espaço para cobrir o vazio, é encontrar o caminho do vazio. É partir de uma linha em flor para em seguida recair vertiginosamente no vazio.

E os deuses do México que giram ao redor do vazio fornecem uma espécie de meio cifrado para reaver as forças de um vazio, sem o qual não existe realidade.

E eu penso, para concluir, que os Deuses do México são os Deuses da vida expostos a uma perda de forças, a uma vertigem do pensamento; e que as linhas que sobem acima de suas cabeças fornecem um meio melodioso e rítmico para fazer com que o pensamento suba sobre o pensamento.

Eles convidam o espírito a não se petrificar em si mesmo, mas, ao contrário, se se pode assim dizer, a *marchar*.

"Eu avanço guerreando", parece dizer o Deus que empunha uma arma de guerra, e a traz diante de si. "E acima deste avanço eu penso", diz uma espécie de relâmpago que ziguezagueia acima de sua cabeça. E essa linha, num ponto qualquer do espaço, se multiplica de novo.

"E se penso, eu sondo minhas forças", diz a linha que está atrás dele. "Eu invoco a força da qual saí".

É assim que, na sua forma inumana, esses Deuses, que não se contentam com a sua simples estatura de homem, mostram como o Homem poderia sair de si mesmo. Pois, além do mais, eu penso que existe uma harmonia nessas linhas, uma espécie de geometria essencial que corresponde à imagem de um ruído.

Para o teatro uma linha é um ruído, um movimento é uma música, e o gesto que emerge de um ruído é como uma palavra precisa numa frase.

Os Deuses do México têm linhas abertas; indicam tudo que saiu, mas ao mesmo tempo fornecem o meio de entrar em alguma coisa.

A mitologia do México é uma mitologia franca. E o México de ontem e de hoje possui por sua vez forças abertas. Não é preciso ir muito longe em uma paisagem do México para sentir tudo o que emana dela. É o único lugar da terra, que nos propõe uma vida oculta, *e a propõe na superfície da vida*.

México. Sábado, 29 de fevereiro de 1936.

O TEATRO E A ANATOMIA[a]

A última palavra sobre o homem ainda não foi pronunciada. Quero dizer que a questão que se coloca é de saber se o homem continuará a trazer seu nariz no meio do rosto ou se os dois buracos do nariz desse crânio humano que nos olha de sobre as portas da eternidade não irão cansar-se de fungar e de expelir excrescências sem jamais poder sentir nem acreditar que contribuem para a marcha exotérica do pensamento, bem apoiada em dois artelhos.

O teatro jamais foi feito para nos descrever o homem e o que ele faz, mas para nos constituir um ser de homem que possa nos permitir avançar no caminho, vivendo sem supurar e sem feder.

O homem moderno supura e fede porque sua anatomia é má, e o sexo, em relação ao cérebro, está mal colocado na quadratura dos dois pés.

E o teatro é esse polichinelo desengonçado, que musica os troncos através de barbas metálicas de arame farpado, e nos mantém em estado de guerra contra o homem que nos espartilha.

Os homicídios teatrais são reivindicações de esqueletos e de órgãos que a doença não mais atinge, e que mijam as paixões humanas pelos orifícios de seus narizes. O homem passa muito mal em Ésquilo, mas ele ainda se crê um pouco deus e não quer entrar na membrana, e em Eurípides ele chafurda na membrana, esquecendo onde e quando foi deus.

Pois bem, sinto agora uma veneziana bater, uma aba pulmonar da muralha girar; e é certo que tudo vai muito bem e eu sinto apenas um velho fulminato que poderia ainda ter vontade de protestar.

Esse fulminato se chama teatro: teatro é o lugar onde a gente se entrega com o coração alegre, conquanto nada do que se pode ver no teatro se chama ainda coração ou alegria.

E é aqui que me volta o meu delírio, meu delírio de reivindicador nato.

Pois, a partir de 1918, quem — e não foi no teatro — foi que jogou uma sonda "em todos os baixios do acaso e da sorte", senão Hitler, o moldovalaco impuro da raça dos macacos congênitos.

Quem se mostrou no palco com um ventre de tomates vermelhos, abarrotado de imundícies, e que a golpes de serras rotativas perfurou a anatomia humana, porque lhe estava com um lugar reservado em todos os palcos de um teatro natimorto.

---

a . Texto publicado em *La Rue*. 12.7.1946.

Quem declarando que o teatro da crueldade é utópico, foi deixar que lhe serrassem as vértebras nas encenações dos arames farpados.

yion tan nornan
na sarapido
ya yan sapido
ara pido

Eu havia falado de crueldades reais no plano do diapasão, eu havia falado de crueldades manuais no plano da atitude ação, eu havia falado da guerra molecular de átomos, de cavalos de frisa sobre todas as frontes, quero dizer, gotas de suor sobre a fronte, eu fui posto num asilo de alienados.

Agora para quando será a nova guerra sórdida por dois vinténs de papel higiênico, contra a transpiração das mamas que não cessam de corroer minha fronte.

O TEATRO E A CIÊNCIA[a]

O verdadeiro teatro sempre me pareceu o exercício de um ato perigoso e terrível,
 onde aliás a idéia de teatro e de espetáculo se elimina
 bem como a idéia de toda ciência, toda religião e toda arte.

O ato de que eu falo visa à total transformação orgânica e física verdadeira do corpo humano.

Por quê?

Porque o teatro não é essa parada cênica onde se desenvolve virtual e simbolicamente um mito
 mas esse cadinho de fogo e de verdadeira carne onde anatomicamente
 pela trituração de ossos, de membros e de sílabas
 os corpos se refundem,
  e se apresenta fisicamente e ao natural o ato mítico de fazer um corpo.

Se bem me compreendem, ver-se-á nisso um ato verdadeiro de gênese que a todo mundo parecerá ridículo e humorístico invocar sobre o plano da vida real.

Pois ninguém no momento que passa pode acreditar que um corpo possa mudar a não ser através do tempo e na morte.

Ora, eu repito que a morte é um estado inventado
 e que só vive graças aos feiticeiros, aos gurus do nada a quem ela traz proveito e que desde alguns séculos se nutrem dela
 e vivem dela em um estado chamado Bardo.

---

[a] . Publicado em *L'Arbalète* (Marc Barbezat), n. 13, verão de 1948, pp. 15-24.

Fora disso o corpo humano é imortal.
É uma história que é preciso revelar à luz do dia falando sem rodeios.
O corpo humano só morre porque esqueceram de transformá-lo e de mudá-lo.
A não ser por isso ele não morre, ele não se transforma em pó, ele não vai para o túmulo.
É uma ignóbil facilidade do nada que a religião, a sociedade e a ciência obtiveram da consciência humana a de levá-la em um dado momento a abandonar seu corpo,
a de fazê-la acreditar que o corpo humano era perecível e destinado a partir ao fim de pouco tempo.
Não, o corpo humano é imperecível e imortal, e ele muda,

    ele muda física e materialmente,
anatômica e manifestamente,
    ele muda visivelmente e aqui mesmo contanto que a gente queira
    dar-se de fato ao trabalho material de fazê-lo mudar.

Existia outrora uma operação de ordem menos mágica que científica
    e que o teatro se limitou a roçar,
    através da qual o corpo humano,
    quando ele era reconhecido como algo mau
era passado,
    transportado,
    física e materialmente,
        objetiva e como que molecularmente,
de um corpo a outro,
    de um estado passado e perdido do corpo
        a um estado reforçado e sobrelevado do corpo.

E para isso bastaria dirigir-se a todas as forças dramáticas, recalcadas e perdidas do corpo humano.
Trata-se portanto de uma revolução,
e todo mundo denomina uma revolução algo necessário,
    mas não sei se muita gente já pensou que esta revolução não seria verdadeira, enquanto não fosse física e materialmente completa,
    enquanto não se voltasse para o homem,
        para o próprio corpo do homem
    e não se decidisse enfim a lhe pedir para *mudar*.
Ora, o corpo se tornou desasseado e mau porque vivemos num mundo desasseado e mau que não quer que o corpo humano seja mudado,
e que soube dispor
    de todas as maneiras,
        em todos os pontos necessários,

seu oculto e tenebroso bando de forçados para impedi-lo de mudar.

É assim que este mundo não é mau somente na fachada, mas porque subterrânea e ocultamente ele cultiva e mantém o mal que o fez ser e nos fez a todos nascer do mau espírito e no meio do mau espírito.

Não é somente que os costumes tenham apodrecido, é que a atmosfera em que vivemos apodreceu material e fisicamente através de vermes reais, de aparências obscenas, de espíritos venenosos, de organismos infectos, que se pode ver a olho nu contanto que se tenha como eu, longa, acre e sistematicamente sofrido.

E não se trata de alucinação ou de delírio, não, trata-se desse acotovelamento adulterado e constatado do mundo abominável dos espíritos cujas partes vergonhosas todo ator imperecível, todo poeta incriado pelo sopro da inspiração sempre sentiu abjetar seus mais puros impulsos.

E não haverá revolução política ou moral possível enquanto o homem permanecer magneticamente preso,
     nas suas mais elementares e mais simples reações nervosas e orgânicas
        através da sórdida influência
           de todos os centros duvidosos de iniciados,
    que, bem aquecidos nos aquecedores de seu psiquismo
    zombam tanto das revoluções quanto das guerras,
    certos de que a ordem anatômica sobre a qual está baseada tanto a existência quanto a duração da sociedade atual
        não poderia ser mudada.

Ora, há no sopro humano saltos e quebras de tom, e de um grito a outro grito, transferências bruscas
    pelas quais as aberturas e os impulsos do corpo inteiro das coisas podem ser subitamente evocadas, e que podem arrumar ou liquefazer um membro, como uma árvore que se apoiasse sobre a montanha de sua floresta.
        Ora,
  o corpo tem um sopro e um grito pelos quais ele pode chegar ao fundo decomposto do organismo e se transportar visivelmente até esses altos planos irradiantes onde o corpo superior o espera.

É uma operação na qual a profundidade do grito orgânico e do sopro lançados
        passam por todos os estados possíveis do sangue e dos humores,
           todo o combate das farpas e esquírolas do corpo visível
      com os monstros falsos do psiquismo,

da espiritualidade,
e da sensibilidade.

Houve períodos incontestáveis da história do tempo em que esta operação fisiológica aconteceu e no qual a má vontade humana não teve jamais o tempo de formar suas forças e de liberar como hoje seus monstros oriundos da copulação.

Se sob certos aspectos e para certas raças, a sexualidade humana
    chegou a um ponto negro,
    e se essa sexualidade desprende influências infectas,
        espantosos venenos corporais,
            que presentemente paralisam
todo esforço de vontade e de sensibilidade,
e tornam impossível toda tentativa de metamorfose
        e de revolução definitiva
        e
            integral.

É que já faz séculos
foi abandonada uma certa operação de transmutação fisiológica,
e de metamorfose orgânica verdadeira do corpo humano,
    a qual pela sua atrocidade,
        sua ferocidade material,
        e sua amplitude
        lança na sombra de uma morna noite psíquica
        todos os dramas psicológicos, lógicos ou dialéticos
do coração humano.

Eu quero dizer que o corpo detém sopros,
e que o sopro detém corpos cuja palpitante pressão,
a espantosa compressão atmosférica tornam vãos, quando aparecem, todos os estados passionais ou psíquicos que a consciência pode evocar.

Há um degrau de tensão, de esmagamento, de espessura opaca, de recalque supercomprimido de um corpo,
que deixa muito para trás toda filosofia, toda dialética,
toda música, toda física,
    toda poesia,
        toda magia.

Eu não lhes mostrarei esta noite o que demandaria muitas horas de exercícios progressivos a fim de começar a transparecer,
    aliás para isso é preciso ar e espaço,
    é preciso sobretudo uma aparelhagem que eu não possuo.

Mas vocês ouvirão certamente nos textos que serão ditos
    vindos daqueles que os dizem,
        gritos e impulsos de uma sinceridade
que estão no caminho desta revolução fisiológica total sem a qual nada pode ser mudado.

ANTONIN ARTAUD

Essa leitura se efetuou na noite de sexta-feira, 18 de julho de 1947 e algumas vezes eu aí como que *rocei na abertura* de meu tom de coração.
Teria sido preciso que eu *cagasse* sangue pelo umbigo para chegar àquilo que eu quero.
Três quartos de hora malhando com um ferro no mesmo ponto, por exemplo, *bebendo* de vez em quando.

ALIENAR O ATOR[a]

O teatro
 é o estado,
  o lugar,
   o ponto,
onde se apreende a anatomia humana,
e através dela se cura e se rege a vida.
 Sim, a vida com seus transportes, seus relinchos, seus borborismos, seus buracos, seus pruridos, seus rubores, suas paradas de circulação, seus *maëlstroms* sanguinolentos, suas precipitações irritáveis de sangue, seus nós de humor,
   suas retomadas,
      suas hesitações.
 Tudo isso se discerne, se marca, se investiga e se ilumina sobre um membro, e é pondo em atividade, eu diria em atividade paroxística dos membros, como os membros desse formidável fetiche animado que é todo o corpo
   de todo um ator,
     que se pode ver
       como a nu,
         a vida,
na transparência, na presença de suas forças primais nascidas, de suas potências inutilizadas,
 e que ainda não serviram, não, ainda não serviram para corrigir uma criação anárquica, da qual o verdadeiro teatro foi feito a fim de reerguer as irascíveis e petulantes gravitações.
 Sim a gravitação universal é um sismo, uma horrorosa precipitação passional
   que se corrige sobre os membros de um ator,
     não em frenesi,
     não em histeria,
     não em transe,

---

a. Publicado em *L'Arbalète* (Marc Barbezat), n. 13, verão de 1948, pp. 7-14.

mas através da ponta afiada de uma espinha, na última e mais extrema fração da medida parietal de seu esforço.

Muro após muro,
o ator desenvolve,
expõe ou fecha as paredes, as faces passionais e superanimadas de superfícies onde se inscreve a ira da vida.

Músculo após músculo,
sobre o corpo do ator metodicamente traumatizado, pode-se perceber o desenrolar das impulsões universais e sobre ele mesmo corrigi-las.

É uma técnica que quase aconteceu um dia no tempo dos Mistérios Órficos ou de Elêusis, mas que falhou porque se tratava e muito mais do arremate de um velho crime:
 dar deus,
  todo deus despedaçado
   a todo homem,
todo o universal do sopro inempregado das coisas ao homem baixamente humano
 do que da constituição e da INSTITUIÇÃO desta nova e palpitante
anatomia *furtiva* que todo o teatro reclamava.

Sim, o homem teve em um determinado momento necessidade de um corpo esquelético novo, que crepitasse e resvalasse no ar como as chamas furtivas de uma lareira.

E o teatro era esta força que agitava a anatomia humana, esta petulância de um fogo inato da qual foram debulhados os primitivos esqueletos,
 essa força de descontentamento que explodiu,
 essa espécie de irascível tumor em que foi fundido o primeiro esqueleto.

E é pelo chacoalhar rítmico de todos os esqueletos evocados que a força inata do teatro cauterizava a humanidade.

Era lá que o homem e a vida vinham de tempos em tempos se fazer
se refazer.
 Onde mesmo?
Em certas escoriações intempestivas da sensibilidade orgânica profunda do corpo humano.

Sem transes,
 através do ofegar rítmico pronunciado e metódico do chamado,
 a vida cintilante do ator era posta a nu em suas veias profundas,
 e não havia músculo ou osso,
  nem ciência do músculo
    ou
     do osso,

mas a projeção de um esqueleto lenhoso
 que era todo um corpo
 como que posto a nu e visível
 e que parecia dizer:
 cuidado,
 atenção lá em cima,
 isso vai cagar,
 isso vai estourar.
E com efeito o teatro era o mártir de tudo o que arriscava humanidade, que queria tomar a figura de ser.
Era o estado em que não se pode existir, se não se consentiu por antecipação em ser por definição e por essência
 um definitivo
  alienado.
Ruptura de membros e de nervos rompidos,
 fraturas de ossos ensangüentados e que protestam por ser arrancados desta forma ao esqueleto da possibilidade, o teatro é esta inextirpável e efervescente festa
 que tem a revolta e a guerra por inspiração e por tema.
Pois ser alienado ao ser, o que é?
É
não ter aceitado como o homem imbecil e crápula de hoje,
 ceder a este estado de liquefação visceral,
  antiteatral
 que faz o sexo
nesse estado de erotização *estática,*
 pró-intestinal
  do corpo atual.
Os desenraizamentos magnéticos do corpo, as escoriações musculares cruéis, as comoções da sensibilidade enterrada que constituem o teatro verdadeiro, não podem andar a par com este modo de girar mais ou menos muito tempo,
 em todo caso lânguida e lascivamente, em redor do pote

 que constitui a vida sexual.
O verdadeiro teatro é muito mais trepidante, é muito mais alienado.
Estado espasmódico do coração aberto
 e que tudo dá
  àquilo que não existe,
   e que não é,
e nada àquilo que é, e que se vê,
  que se cerca,
   onde não se pode ficar e
    permanecer.
Mas quem
 hoje,
  quereria viver
naquilo que

    pede
         ferida para
         permanecer um
         alienado?
                                    12 de maio de 1947.

P.S. — O intempestivo carvão lenhoso do esqueleto não carnal do homem, o do super-homem começado um dia e que logo será para sempre inteiriço, quando não houver mais sol nem lua, mas dois artelhos de brasa iluminada para responder às línguas vazias, às duas cavidades de línguas vazias do crânio da Dança Macabra como um farol
                    perpetuamente
                         incandescido.

O TEATRO DA CRUELDADE[a]

Vocês conhecem algo mais ultrajantemente fecal
do que a história de Deus
e de seu ser: SATÃ,
a membrana do coração,
a leitoa ignominiosa,
do ilusório universal,
que com suas mamas babosas
jamais nos dissimulou
senão o Nada?
Diante desta idéia de um universo preestabelecido
o homem até agora não conseguiu estabelecer sua superiorida-
                    de sobre o império da possibilidade.
Pois se nada existe,
nada existe
a não ser esta idéia excremental
de um ser que, por exemplo, teria criado as feras.
E de onde vêm as feras
nesse caso?
Do fato de que o mundo das percepções corporais
não está à sua altura,
e não amadureceu,
do fato de que há uma vida psíquica
e nenhuma vida orgânica verdadeira,
do fato de que a simples idéia de uma vida orgânica pura
pode colocar-se,
do fato de que uma distinção
pôde ser feita entre

a . Publicado em *84*, n. 5-6 (1948), pp. 121-130.

a vida orgânica embrionária pura
e a vida passional
e concreta integral do corpo humano.
O corpo humano é uma pilha elétrica
no qual castraram e reprimiram as descargas,
do qual orientaram para a vida sexual
as capacidades e as tendências
enquanto que ele foi feito
justamente para absorver
por seus deslocamentos voltaicos
todas as disponibilidades errantes
do infinito do vazio,
dos buracos do vazio
cada vez mais incomensuráveis
de uma possibilidade orgânica jamais satisfeita.
O corpo humano tem necessidade de comer,
mas quem experimentou de outro modo, a não ser no plano da vida sexual, as capacidades incomensuráveis dos apetites?
Façam finalmente dançar a anatomia humana,
de cima para baixo e de baixo para cima,
de trás para frente e
de frente para trás,
porém muito mais de trás para trás,
aliás, do que de trás para frente,
e o problema da rarefação
dos gêneros alimentícios,
não terá mais que ser resolvido,
porque não haverá mais ocasião
nem mesmo de colocar-se.
Fizeram o corpo humano comer,
fizeram-no beber,
para evitar
de fazê-lo dançar.
Fizeram-no fornicar o oculto
a fim de se eximir
de comprimir
e supliciar a vida oculta.
Pois não há nada
como a assim denominada vida oculta
que tenha necessidade de ser supliciado.
Foi lá que Deus e o seu ser
pensaram enviar o homem demente,
lá, naquele plano cada vez mais ausente da vida oculta
onde Deus quis fazer o homem acreditar
que as coisas podiam ser vistas e percebidas em espírito,
enquanto que não há de existente e de real,
senão a vida física exterior
e que tudo aquilo que foge dela e se desvia dela
não é mais que os limbos do mundo dos demônios.

E Deus quis fazer o homem acreditar nessa realidade do mundo dos demônios.
Mas o mundo dos demônios é ausente.
Jamais ele alcançará a evidência.
O melhor meio de se curar dele
e de destruí-lo
é acabar de construir a realidade.
Pois a realidade não está acabada,
ela ainda não está construída.
De sua conclusão dependerá
no mundo da vida eterna
o retorno de uma eterna saúde.
O teatro da crueldade
não é o símbolo de um vazio ausente,
de uma espantosa incapacidade de se realizar em sua vida de homem,
Ele é a afirmação
de uma terrível
e aliás inelutável necessidade.
Nas encostas jamais visitadas
do Cáucaso,
dos Cárpatos,
do Himalaia,
dos Apeninos,
sucedem-se todos os dias,
noite e dia,
há anos e anos,
medonhos ritos corporais
onde a vida negra
a vida jamais controlada e negra
se entrega a espantosos e repulsivos banquetes.
Lá, os membros e os órgãos reputados abjetos
porque
perpetuamente abjetados,
reprimidos,
fora das capacidades da vida lírica exterior,
são utilizados no delírio total de um erotismo que não tem freio,
em meio ao derramamento,
cada vez mais fascinante
e virgem
de um licor
cuja natureza jamais pôde ser classificada,
porque ela é cada vez mais incriada e desinteressada.
(Não se trata especialmente do sexo ou do ânus
que aliás devem ser decepados e liquidados,
mas do alto das coxas,
das cadeiras,
dos dorsos,

do ventre total e sem sexo
e do umbigo).
Tudo isso é por ora sexual e obsceno
porque tudo isso jamais pôde ser trabalhado e cultivado
fora do obsceno
e os corpos que dançam lá
não podem ser desligados do obsceno,
eles desposaram sistematicamente a vida obscena
mas é preciso destruir
esta dança de corpos obscenos
para substituí-los pela dança
de nossos corpos.
Fiquei perturbado
e contaminado
durante anos
pela dança de um mundo assustador de micróbios
exclusivamente sexualizados
nos quais eu reconhecia
na vida de certos espaços recalcados,
homens, mulheres,
crianças da vida moderna.
Fui atormentado interminavelmente por pruridos de intoleráveis eczemas
nos quais as purulências da vida erótica do sarcófago
tinham livre trânsito.
Não há necessidade de procurar mais longe do que nessas danças rituais negras,
a origem de todos os eczemas,
de todos os herpes,
de todas as epidemias,
de todas as pestes
das quais a medicina moderna
cada vez mais confusa
se mostra impotente para encontrar a cauterização.
Fizeram baixar minha sensibilidade
há dez anos,
os degraus dos mais monstruosos sarcófagos,
do mundo ainda inoperado dos mortos
e dos vivos que quiseram
(e no ponto em que chegamos, é por vício)
que quiseram viver mortos.
Mas eu simplesmente me esquivei de ser doente
e comigo
todo um mundo que é tudo o que eu conheço.

        O PEDANA
        NA KOMEV TAU DEDANA
        TAU KOMEV
        NA DEDANU
        NA KOMEV

              TAU KOMEV
              NA COME
              COPSI TRA
              KA FIGA ARONDA
              KA LAKEOU
              TU COBRA
              COBRA JA
              JA FUTSA MATA
              DA serpente não
              HÃ.
Porque vocês deixaram a língua sair dos organismos
foi preciso cortar aos organismos
sua língua
à saída dos túneis do corpo.
Só existe a peste,
a cólera,
a varíola negra
porque a dança
e em conseqüência o teatro
ainda não começaram a existir.
Qual é o médico dos corpos racionados da atual miséria
que tenha procurado ver a cólera de perto?
Escutando a respiração ou o pulso de um doente,
prestando atenção diante dos campos de concentração destes
                                    corpos racionados da miséria,
diante do tremor dos pés, dos troncos e dos sexos
do campo imenso e recalcado
de alguns micróbios terríveis
que são
outros corpos humanos.
Onde estão eles?
Ao nível ou nas profundezas,
de certos túmulos
em lugares historicamente
ou então geograficamente insuspeitos.
              KO EMBACH
              TU UR JA BELLA
              UR JA BELLA
              KOU EMBACH
Lá onde os vivos marcam encontro
com os mortos
e certos quadros de danças macabras
não possuem outra origem.
São estes erguimentos
nos quais o encontro de dois mundos incríveis se delineia sem
                                                            parar
que fizeram a pintura da Idade Média
como aliás toda pintura
toda história

e eu diria
toda geografia.
A terra se pinta e se descreve
sob a ação de uma terrível dança
à qual ainda não fizeram dar
epidemicamente todos seus frutos.
POST-SCRIPTUM
Lá onde existe a metafísica,
a mística,
a dialética irredutível,
eu ouço se torcer
o grande cólon
de minha fome
e sob os impulsos de sua vida sombria
eu dito para minhas mãos
    sua dança,
    a meus pés
    ou a meus braços.
O teatro e a dança do canto,
são o teatro das revoltas furiosas
da miséria do corpo humano
diante dos problemas nos quais ele não penetra
ou cujo caráter passivo,
    especioso,
    chicanista,
    impenetrável,
    inevidente
    o ultrapassa.
Então ele dança
através de blocos de
KHA, KHA
infinitamente mais áridos,
porém orgânicos;
ele põe no passo
a muralha negra
dos deslocamentos do interior do coração;
o mundo das larvas invertebradas
do qual se destaca a noite sem fim
dos insetos inúteis:
    piolhos,
    pulgas,
    percevejos,
    mosquitos,
    aranhas,
só se produz
porque o corpo de todos os dias
perdeu sob a fome
sua coesão primeira
e ele a perde através de lufadas,

                de montanhas,
                de tiras,
                de teorias sem fim
as fumaças negras e amargas
das cóleras
de sua energia.

POST-SCRIPTUM
Quem sou eu?
De onde venho?
Sou Antonin Artaud
E basta que eu o diga
como sei dizê-lo
imediatamente
vocês verão meu corpo atual
partir em pedaços
e se recompor
sob dez mil aspectos notórios
um corpo novo
onde vocês não poderão
nunca mais
me esquecer.

ÚLTIMA CARTA SOBRE O TEATRO [a]

Paula, estou muito triste e desesperado
meu corpo dói de todos os lados
mas sobretudo tenho a impressão de que todos se decepcionaram
com a minha emissão radiofônica.
Lá onde está a *máquina*
é sempre o abismo e o nada
há uma interposição técnica que deforma e aniquila aquilo que se faz.
As críticas de M. e A. são injustas mas devem ter tido sua base em um defeito de transmissão
é por isso que eu jamais voltarei ao Rádio
e consagrarei doravante exclusivamente ao teatro
como o concebo
um teatro de sangue
um teatro que a cada representação proporcionará
corporalmente
alguma coisa a quem representa

   a . Carta a Paule Thévenin de 25 fev. 1948 (Artaud devia morrer no dia 4 de março) publicada no volume *Para Acabar com o Julgamento de Deus*, ed. *K* (1948), pp. 107-108.

como a quem vem assistir a representação
aliás,
não se representa,
age-se
o teatro é na realidade a *gênese* da criação.
Isto se fará.
Tive uma visão hoje à tarde
vi aqueles que me seguirão e aqueles que ainda não têm um corpo
porque os porcos como aqueles do restaurante de ontem à noite
                                                              comem demais.
Existe quem coma demais
e outros como eu que não podem mais comer sem *escarrar*
em vocês.

NOTAS DA ENCENAÇÃO DE ANTONIN ARTAUD PARA *OS CENCI*

Por falta de espaço só podemos apresentar aqui a cena do banquete, que nos pareceu uma das mais importantes no que diz respeito aos movimentos cênicos.

Nas páginas à esquerda encontra-se o texto dessa cena e nas páginas à direita as notas da encenação correspondente.

6 de maio de 1935. Primeira representação dos *Cenci* (inspirado em Shelley e Stendhal) no Teatro Folies-Wagram. Música de Roger Désormière. Cenografia e trajes de Balthus.

I ATO

Cena III

Cenci, Camilo, Beatriz, Lucrécia, convivas, entre os quais o Príncipe de Colonna; grande número de manequins.

A cena evoca mais ou menos as bodas de Canaã, só que é muito mais bárbara. Cortinas cor de púrpura esvoaçam ao vento e caem em pregas pesadas sobre as paredes. De repente, sob uma cortina que se ergue, explode uma cena de orgia furiosa, como se fosse pintada numa perspectiva ilusionista.

Os sinos de Roma bimbalham festivamente, mas em surdina, de acordo com o ritmo acelerado do festim.

As vozes se amplificam, assumindo a tonalidade grave ou superaguda e como que purificada dos sinos. De vez em quando um som volumoso se faz ouvir e se funde, como se fosse retido por um obstáculo que o faz rejorrar em arestas aguçadas.

CENCI *se levanta, já um pouco tocado.*

Meus caros amigos, a solidão é má conselheira. Muito tempo vivi longe de vós. Mais de um dentre vós, eu sei, me julgou morto; e até diria que se regozijou com minha morte, sem ousar todavia

---

a . O caderno de encenação de *Os Cenci*, guardado por Roger Blin, necessitaria uma publicação e um estudo detalhado, e somente ele valeria uma tese. Nós nos limitamos portanto ao importante resumo publicado nos *Cahiers Renaud-Barrault*, n. 51, nov. 1965.

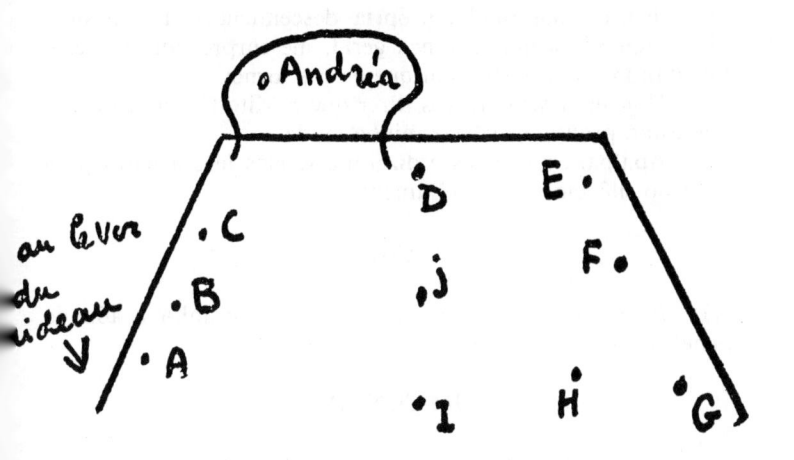

[diagrama com posições das letras A, B, C, D, E, F, G, H, I, J e "o Andréa"; anotação à esquerda: "au lever du rideau"]

Os convivas descrevem círculos, alguns bem rápidos, outros mais lentos. Entre esses últimos, D. segue as evoluções de um anão, parando de vez em quando, e de repente solta um grito.

B. estoura de rir com esse grito. E. e Andrea se cruzam; E. esbofeteia Andrea, depois soluça (3 soluços), a cabeça entre as mãos; B. segue A., à sua esquerda, J. dança com um manequim.

Grito
Riso } a cada dois segundos, a partir do primeiro
Soluço

A. anda como o comendador,
G. o imita, mas com passos curtos.

Eles prosseguem em seus movimentos de pantomima
Um minuto e 3/4 no mínimo, antes da chegada de Cenci.

me substituir por minha própria descendência. Eu mesmo, nisso seguindo a malquerença geral, me surpreendi por vezes meditando sobre o Mito em que eu me tornei.

Hoje eu desci para vos dizer que o Mito Cenci acabou, e que estou pronto a realizar minha lenda.

Apalpai esses ossos e dizei-me se eles foram feitos para viver do silêncio e do recolhimento.

CAMILO

(1) Está ventando? Um arzinho frio e estranho acaba de penetrar em meus ossos.

UM CONVIVA

Esse preâmbulo não pressagia nada de bom.

OUTRO CONVIVA, *com a voz meio sufocada*

Se bem me lembro, Conde Cenci, tu nos reuniste para festejar conosco um acontecimento que te diz respeito.

CENCI

Eu vos reuni, não para destruir, mas para confirmar uma lenda. E eu vos pergunto antes de mais nada: sou o homem dos crimes que me imputam? Tu, Príncipe Colonna, responde.

O Príncipe Colonna se levanta

COLONNA

Vendo-te, pois creio te compreender, eu diria que todos aqui, enquanto aqui estamos, estamos longe de um assassinato.

CENCI

Era justamente isso que eu queria que tu dissesses: nenhum de nós tem cara de assassino.

Aqui, cada conviva olha o vizinho à socapa.

CAMILO

(2) Eu te acompanho, mas como se fora através das trevas. O que tu dizes

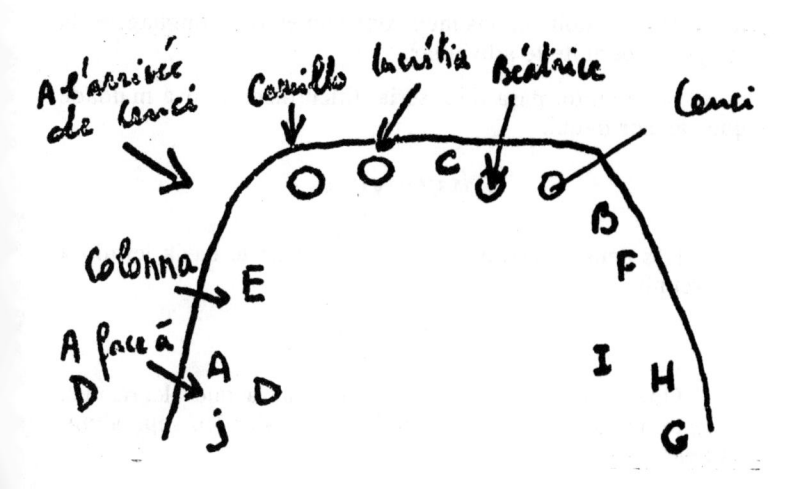

[Desenho com anotações manuscritas:
"A l'arrivée de Cenci" → ;
"Comillo", "Lucrétia", "Béatrice" → O O C O ;
"Cenci" → ;
B, F à direita;
"Colonna" → E;
"A face à" → A D;
J abaixo de A;
I, H, G à direita inferior.]

(1) Camilo se levantando.

(2) Camilo se levanta, movimento do ombro esquerdo para trás.

G. olha F.,

J. olha E.

Camilo olha F.

C. olha Camilo.

B. coloca a mão sobre o joelho de

N. adormece,

C. aperta-se contra K.

F. passa seu braço esquerdo atrás de I., que se agarra a ele,

Colonna tosse e bate no peito,

Camilo se inclina para Colonna,

J. se abaixa.

não é muito católico; mas meu conhecimento da linguagem da igreja me permite te adivinhar.

No entanto, para mim seria difícil dizer a nova maldade que vai sair daqui.

UM CONVIVA

Nós pensávamos que uma santa razão te havia levado a nos reunir.

CENCI

Que razão mais santa existe do que a que alegra meu coração de pai e me mostra que Deus me atendeu superabundantemente?

UM CONVIVA

Atendeu! Em que?

BEATRIZ, *muito agitada no seu lugar, faz menção de se levantar.*

Meu Deus, acho que sei o que ele vai acrescentar.

LUCRÉCIA, *pondo-lhe a mão sobre o ombro,*

Que nada, tranqüiliza-te, menina.

CENCI

Tenho dois filhos que não cessaram de atormentar meu coração de pai. É em relação a eles que fui atendido.

BEATRIZ (3) *afirmativa e como que adivinhando.*

Aconteceu alguma desgraça horrível aos meus irmãos.

LUCRÉCIA (4)

Não, não, ele não falaria com tanto cinismo!

BEATRIZ

Tenho medo.

CENCI

Tomai, Beatriz, lede estas cartas para vossa mãe. E digam depois disso se o céu não está comigo.

Beatriz hesita

3) Beatriz se levantando, Lucrécia afasta sua cadeira.

4) Aqui, Lucrécia torna a sentar-se. O terror aumenta.
   Todos os convivas com feições apreensivas.

Toma, pega e vê o que eu fiz por teus irmãos.

O olhar provocante do velho conde Cenci faz lentamente a volta do salão.

E então vós vos recusais a compreender: meus filhos desobedientes e rebeldes estão mortos.
Mortos, dissipados, acabados, ouvistes? (5)
E que se venha falar, caso se queira, de solicitude paternal: dois corpos a menos com que me preocupar (6).

Lucrécia, que por sua vez se levantara, tomba nos braços de Beatriz.

BEATRIZ

(7) Não é verdade. Abre os olhos, mãezinha.

(8) O céu já teria se fendido em dois, se isso não fosse mentira (9). Não se afronta impunemente a justiça de Deus (10).

CENCI

Que um raio me caia sobre a cabeça se estiver mentindo. Essa justiça que tu invocas, verás que ela está do meu lado.

Brandindo as cartas acima da cabeça

O primeiro morreu esmagado sob os escombros de uma igreja, cuja abóbada caiu sobre ele.
O outro morreu pela mão de um ciumento, enquanto que o rival de ambos fazia amor com sua bela.
Vinde me dizer depois disso que a Providência não está comigo (11).

UM CONVIVA

Tochas, tochas, tochas; tochas para clarear meu caminho; eu parto (12)!

(5) Nesse ponto, os convivas caem para trás.

(6) Aqui, Lucrécia se ergue, apoiando-se numa mesa. Beatriz também se ergue.

(7) Beatriz senta Lucrécia.

(8) Beatriz dá uma volta por trás de Camilo e vem ficar diante de Cenci, com as costas voltadas para o público.

(9) De frente para o público.

(10) Cenci, depois da frase, manda Beatriz voltar ao seu lugar e retorna ao dele. Lucrécia continua apoiada no ombro de Beatriz, que está sentada.

(11) Beatriz volta para trás de Lucrécia.

(12) Aqui Beatriz se põe em pé. Lucrécia cai. Todos se levantam. Todos se lançam para o centro e se afastam quando Cenci lhes diz: "Esperai". Eles vêm à direita, à esquerda agrupados.

CENCI

Esperai.

UM OUTRO CONVIVA

Não, fica. O gracejo foi forte, mas trata-se apenas de um gracejo.

CENCI, *levantando um cálice de vinho.*

Este vinho não é um gracejo.
O padre bebe seu Deus na missa. Quem pode me impedir de acreditar que eu bebo o sangue de meus filhos?

O MESMO CONVIVA

Tu serias louco se não fosses grotesco. Vamos todos embora (13).

CAMILO

(14) Cenci, tu não estás no teu perfeito juízo. Eu ainda quero acreditar que tu sonhas. Deixa-me dizer que não estás bem.

UM CONVIVA

(15) Sim, eu sonho que ouvi bem (16).

Algazarra. Os convivas se precipitam para a saída.

CENCI

Eu brindo (17) à perda de minha família. Se há um Deus, que a maldição eficaz de um pai os subtraia todos do trono de Deus.

Aqui, um grande silêncio. A algazarra se interrompe de repente. Todo mundo pára onde está.

(18) Toma, Andrea, faz circular o cálice.

Andrea, tremendo, começa a passar no meio dos convivas.

(19) *Um conviva derruba o cálice com o dorso da mão no momento em que ela se aproxima dele.*

O CONVIVA, *com voz exasperada.*

Assassino. Não haverá aqui um homem que o faça engolir suas palavras de ignomínia? (20)

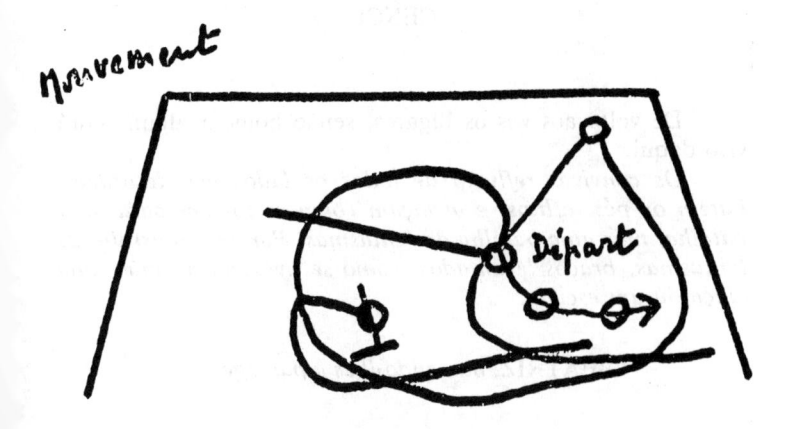

(13) Todos se levantam e dão um passo.

(14) Camilo leva Cenci para o lado e afasta-se um passo. Camilo passa em frente à mesa e vem falar com Cenci, estendendo o braço.

(15) O conviva dá dois passos, depois vacila.

(16) Ele vacila.

(17) Camilo afasta a mesa e faz passar o grupo da direita para a direita baixa.

(18) Andrea adianta-se tremendo (Um pé adiante, junta os dois pés, etc.). Toma o cálice das mãos de Cenci, gira sem sair do lugar, apertando o cálice nas mãos e descreve um círculo, avança para o público, depois para Colonna.

(19) Pega o punho de Andrea, atira o cálice no chão e empurra Andrea para o fundo. Dá dois passos em direção a Cenci, gritando: "Assassino". Depois, um passo na direção do grupo da direita, em seguida dois passos para a esquerda.
    G., três passos,
    F., dois passos,
    E., um passo grande,
    J., um passo pequeno,
    as mulheres num canto.
    Dois ou três convivas dão um ou dois passos, hesitando, depois parecem recobrar coragem.

(20) Mudança de luz.

CENCI

De volta aos vossos lugares, senão homem algum sairá vivo daqui.

Os convivas refluem de todos os lados em desordem. Batem os pés, aflitos, e avançam como se fossem para uma batalha, mas uma batalha de fantasmas. Partem ao assalto de fantasmas, braços levantados, como se tivessem na mão uma lança ou um escudo.

BEATRIZ, *barrando-lhes a passagem*.

Por favor, não vos retireis, nobres convivas. Vós sois pais. Não nos deixeis com esta fera selvagem, ou não poderei mais contemplar uma cabeça branca sem sentir o desejo de maldizer a paternidade.

CENCI

dirigindo-se aos convivas que estão todos amontoados num canto (b)

Ela diz a verdade, vós todos sois pais. Por isso vos aconselho a pensar nos vossos antes de abrir a boca sobre o que acaba de se passar aqui.

Beatriz faz a volta do palco correndo e vem se colocar diante de seu pai.

BEATRIZ

Toma cuidado.

Cenci faz o gesto de levantar a mão sobre ela.

Toma cuidado: se Deus recebe a maldição de um mau pai, que ele não dê armas (21) aos seus filhos.

A multidão, como se tivesse recebido um soco no estômago, respira e solta em seguida um forte grito; depois, em desordem, ela se lança em direção de todas as saídas.

Beatriz retoma seu movimento giratório e enfrenta a multidão.

Covardes! Entre ele e nós, ainda não haveis escolhido? (22)

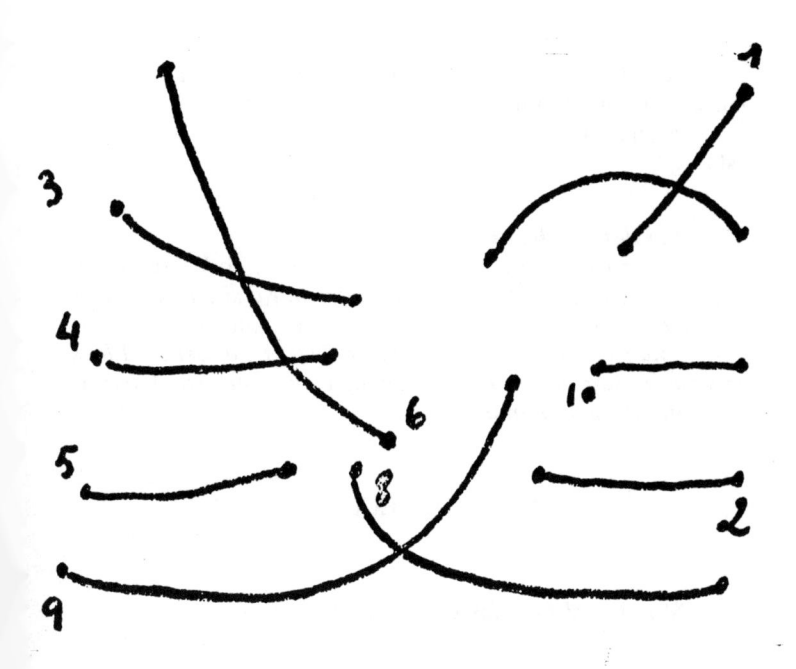

Colonna vai em direção aos convivas, que descrevem cada um um círculo em caracol. Colonna descreve um círculo maior em volta deles.

A ação dura de oito a dez segundos.

No final deste turbilhão, os homens se encontram como que projetados fora do círculo e as mulheres reunidas no meio. Cada um trava uma espécie de combate contra um fantasma. Todos os homens param durante dois segundos.

Colonna é o primeiro a partir em perseguição a alguma coisa, em seguida F. As mulheres, aflitas, olham, tentando barrar a passagem de um homem.

Os que não giram permanecem com os braços caídos, caminham lentamente, como que balouçados por uma arfagem invisível.

Movimento dos homens: na primeira volta, perseguindo, na segunda volta hesitando cada vez mais.

Depois todo mundo esboça um movimento em direção à saída da direita.

Todo mundo recua um passo.

Colonna se coloca à direita, os outros abrem um triângulo atrás dele: ele luta sempre, titubeando em relação a seu adversário invisível.

CENCI

Ide! Uni-vos todos para me liquidar. Vós não o conseguireis, mesmo unindo todas as vossas forças.
Agora, fora (23) todo mundo, quero ficar sozinho com esta aqui.

Ele designa Beatriz.
Os convivas se retiram num só bloco, todos se empurram; só Colonna e Camilo tentam enfrentar a situação, e saem juntos com ar digno. Beatriz, que dava atenção a Lucrécia, parece não ter ouvido as últimas palavras de Cenci. Ela se apressa a sair da sala, em seguida aos outros. Lucrécia, conseguindo se dominar, soluça.

LUCRÉCIA

Meu Deus! Que disse ele ainda?

CENCI, *para Lucrécia.*

Retirai-vos para vosso quarto.

Diz a BEATRIZ, *avançando para ela.*

Não te apresses. Não irás antes de ouvir tudo o que tenho a dizer.

Lucrécia faz um gesto de barrar o caminho do Conde. Beatriz com a cabeça, faz sinal para que ela não o impeça: Lucrécia compreende e se retira em silêncio depois de um último olhar a Beatriz.
Beatriz e o velho Cenci permanecem um diante do outro. Eles se medem longamente com o olhar.
Cenci vai à mesa e se serve de mais um copo de vinho. Várias tochas se apagam de repente. Ouve-se o som cavernoso dos sinos.
Uma calma inaudita cai sobre a cena.

(a) cada um dá um passo em conjunto e, bem marcado.

À fala de Cenci, os convivas regressam a seus lugares. Depois de "...não sairá daqui", Cenci retoma seu lugar, recuando com os braços para trás, bem abertos.

Os convivas se precipitam para o turbilhão do centro.

(b) Os convivas se lançam para a esquerda.
Eles giram uns com os outros e em volta deles mesmos.
Turbilhão = 10 segundos.
Combate individual = 15 segundos.

Partida para as voltas:

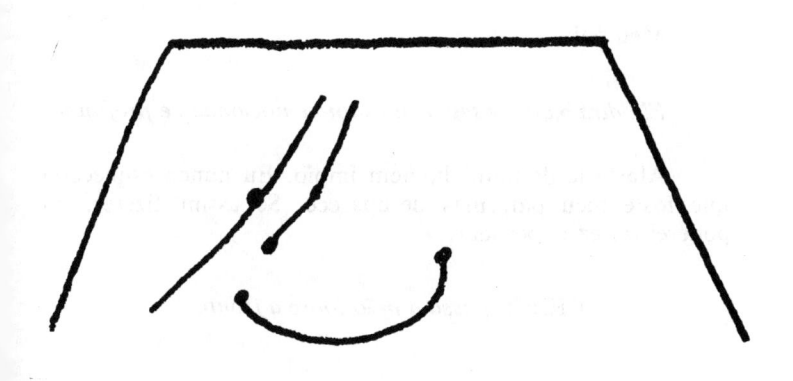

A., 4º, 1 volta   C., 1º, 1 volta
B., 2º, 2 voltas   D., 3º, 1 volta

(21) Aqui os convivas passam da esquerda para a direita descrevendo um círculo do qual Colonna é o centro. É então que lançam seu suspiro.

(22) Aqui, os convivas dão um passo de ameaça em direção a Cenci.
Cenci vem em direção deles. Eles recuam, à medida que ele avança.

(23) Aqui, eles passam para a esquerda e saem (à saída deles, Lucrécia se levanta).

Algo que soa como uma viola vibra muito rapidamente e bem alto.

Beatriz se senta em uma cadeira e espera.

Cenci vem docemente ao encontro dela. Sua atitude está completamente transformada; uma espécie de emoção grande e serena a domina. Beatriz observa Cenci e parece que até·sua própria desconfiança de repente se dissipou.

CENCI, *num tom humilde e muito emocionado.*

BEATRIZ

Meu pai.

Ela dirá o que se segue num tom emocionado e profundo.

Afasta-te de mim, homem ímpio. Eu nunca esquecerei que foste meu pai, mas desaparece. Se assim fizeres, eu poderei talvez te perdoar.

CENCI, *passa a mão sobre a fronte.*

(24) Teu pai tem sede, Beatriz. Não darás de beber a teu pai?

Beatriz vai até a mesa e lhe traz um grande copo de vinho numa imensa taça. Cenci pega a taça e esboça o gesto de passar a mão sobre a cabeleira de Beatriz. Beatriz, que estendia a cabeça, afasta-a violentamente (25).

CENCI, *com voz baixa e dentes cerrados.*

Ah, víbora, eu conheço um encanto que te tornará doce e mansa.

Diante das palavras de Cenci, Beatriz se sente tomada por uma imensa loucura. Por fim, sobressalta, como se tivesse compreendido tudo.

Cenci vem em direção a Beatriz, executa com ela um movimento giratório. Beatriz vai se juntar a Lucrécia, e a toma em seus braços. Elas vêm para a frente, para fugir pela esquerda. Cenci manda Lucrécia sair. Beatriz dá um passo para segui-la. Cenci a detém. Lucrécia parou. Beatriz lhe faz um sinal e ela sai.

No centro do palco, Beatriz e Cenci. Cenci, de costas, puxa Beatriz num movimento de rodopio. Eles dão dois, três passos.

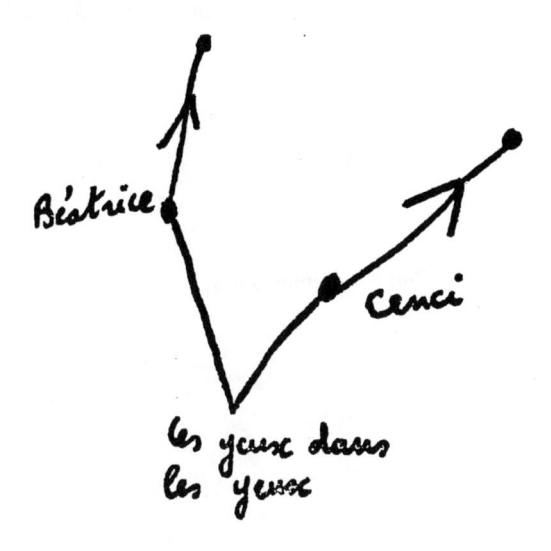

Béatrice

Cenci

les yeux dans les yeux

(24) Ela se levanta, pega a taça das mãos de Cenci, vai enchê-la e retorna até Cenci, que durante esse tempo se afastara um pouco para trás.

(25) Um salto de lado.

Andrea, que segue os movimentos de seu senhor, faz gesto de impedir a saída de Beatriz.

CENCI

Deixa.

Um tempo.

Deixa, o sortilégio está agindo. Agora ela não poderá mais me escapar.

PANO

Fim do primeiro ato

↓ Ton feu a soif
(le charme opère)

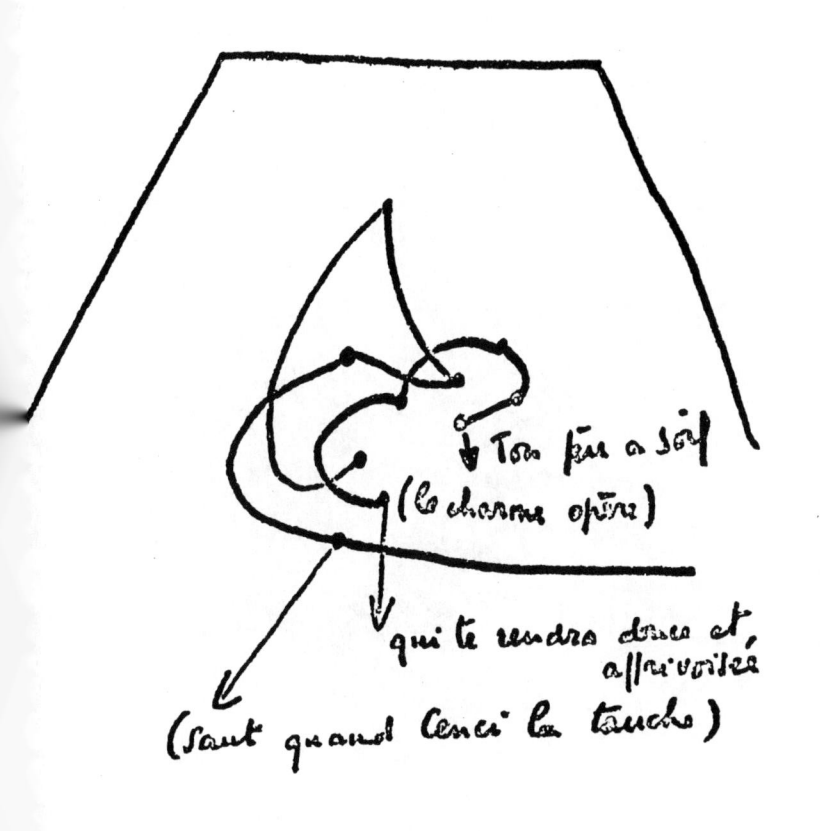

↓ qui te rendra douce et,
apprivoisée

↙ (saut quand Cenci la touche)

Textos sobre Artaud

TEXTOS INÉDITOS

ROGER VITRAC[a]

Após "Os Cenci"

A surpreendente representação de *Os Cenci* no Folies-Wagram faz-me lembrar com nostalgia a época em que Antonin Artaud e eu organizávamos fraternalmente os espetáculos do Teatro Alfred Jarry: *Os Mistérios do Amor, A Partilha do Sul, O Sonho, Victor ou as Crianças no Poder*. Tudo isto parece tão distante e, no entanto, continuo acreditando que tais manifestações ficarão na memória dos que participaram delas como as mais autênticas destes últimos dez anos.

Em *Os Cenci* reencontrei todas as idéias de outrora ampliadas, enriquecidas e mais vastas, no sentido de alucinação do delírio e da física obsecante do teatro. É necessário ressaltar suas qualidades com maiúsculos, pois aqui tudo é maiúsculo: o texto, o cenário, o ruído, a música, a iluminação. Infelizmente os defeitos também são maiúsculos; e o balé dessas grandes lutas torturantes, dos cadafalsos e das rodas de

---

a . Este texto de Vitrac seria um artigo inédito, provavelmente destinado à revista *La Bête Noire*. Ele nos foi comunicado pelo Sr. Henri Béhar, que por sua vez o conseguiu graças à gentileza de Mme Anne Grondin-Guérin. Uma parte foi publicada no livro consagrado a *Roger Vitrac* por Henri Béhar Nizet, 1966, p. 158, n. 50.

suplício fere constantemente o ouvido e a retina, e torce, com um excesso de persistência, o pescoço de uma eloqüência que padece por andar incessantemente e com os grandes pés da abstração.

LOUIS JOUVET

"Há muito tempo Antonin Artaud disse, com uma presciência e uma precisão de uma acuidade excepcional, o que é a essência do teatro, o que será provavelmente a arte dramática de amanhã — o teatro, o que serão dentro de algum tempo todas as suas diversas manifestações, o rádio e o cinema. Numa de suas obras, *O Teatro e seu Duplo*, Antonin Artaud, como um verdadeiro iniciado, escreveu e formulou o essencial daquilo que cada um de nós procura atualmente, de maneira diferente. Ele anunciou os gêneros que hoje se organizam sob nossos olhos. Sobre a linguagem, a interpretação, o ator, a encenação, a expressão, a psicologia no teatro, Antonin Artaud escreveu páginas penetrantes e, na medida em que uma definição consegue atingir e circunscrever os fenômenos dramáticos, suas páginas são definitivas. Só um público muito restrito chegou a conhecê-las. É uma grande pena. Elas, algumas vezes, impõem a imagem da serpente que morde sua própria cauda. Entretanto, é impossível que os pensamentos que encerram não sejam revelados um dia, no dia em que as ouviremos — distraidamente —, no dia em que as leremos — superficialmente —, no dia em que, envolvidas pelos acontecimentos, por uma prática modificada e recomposta da arte dramática, os pensamentos de Antonin Artaud colocarão seu autor ao nível de um profeta e de um verdadeiro precursor. Eis, tomadas um pouco ao acaso deste livro escrito há mais de dez anos, algumas frases, entre tantas outras, que merecem muito mais do que uma simples leitura, e que se apresentam para nossa época mais fecundas do que os princípios de Aristóteles."

Extraído da homenagem a Antonin Artaud.
Teatro Sarah-Bernhardt, gravado em
16.7.1946

ROGER VITRAC

"Antonin Artaud. Um vagabundo do absoluto. Um homem cujo pensamento adere ao corpo como uma colante malha de dança. Profeta que passa suas palavras pelo crivo dos nervos. Um poeta cuja carne se faz poesia. Mago de uma magia da qual ele é, ao mesmo tempo, sujeito e objeto. Um místico, enfim, que se entrega à ferocidade humana, que persiste em prová-la através de seu próprio sofrimento, mas que carrega aquela coroa brilhante destinada pelos deuses àqueles que se embrenham nas florestas deste mundo a fim de se revelar melhor a eles, a fim de reencontrá-los. Um predestinado, sem dúvida.

A atividade de Antonin Artaud, que se desenvolveu sempre à sua semelhança, marca as etapas de sua vida através de imagens significativas (...).

Não posso infelizmente falar de seus entusiasmos, de seus delírios, do seu gosto natural pela pureza, de sua honestidade intelectual, de sua generosidade e desta virtude verdadeira que foi a sua, literalmente e em todos os sentidos. Gostaria também de falar das viagens, das partidas e retornos imaginários deste perpétuo prisioneiro evadido, deste explorador constantemente explorado por si mesmo (...).

Ele preserva sua linha até o fim, publicando suas mensagens, saudando de passagem os milagres do México, a harpa de ouro da Irlanda, o fantasma solar de Van Gogh, conduzindo sozinho seus carros e seus cavalos de penacho cruel, dentro de um círculo fechado no qual ele é ao mesmo tempo herói e espectador fascinado (...).

Imaginem-no tornando seu o apelo fervoroso de Apollinaire e dizendo-lhes o seguinte:

"Sejam indulgentes, quando se compararem com aqueles que foram a perfeição da ordem, nós que buscamos a aventura em todos os cantos. Não somos seus inimigos. Queremos tão-somente oferecer-lhes vastos e estranhos domínios. Piedade para nós, que combatemos sempre nas fronteiras do ilimitado e do porvir. Piedade para nossos erros. Piedade para nossos pecados". E finalmente: "Há tantas coisas que vocês não me deixariam dizer. Tenham piedade de mim".

> Extraído do texto gravado que serviria de apresentação para a irradiação proibida de Artaud:
> *Para Livrar-se do Julgamento de Deus* (1948).

DIÁLOGO COM ANDRÉ VEINSTEIN [a]

Artaud e a História das Idéias no Teatro Moderno

Qual é o lugar de Antonin Artaud entre os teóricos do teatro? Ao propor esta pergunta, referimo-nos ao Artaud teórico, arriscando a incorrer em censura. Ele mesmo se proíbe estabelecer regras sobre o teatro: "Mas, se pretendemos fornecer sugestões relativas à vida enérgica e animada do teatro, evitamos a todo custo fixar leis" (Carta a J.-P.,

---

[a]. Texto a ser publicado proximamente.

28.9.1932, *em* O Teatro e seu Duplo, *p 120). Procuremos entender a palavra "teórico" no seu sentido amplo: toda pessoa que reflete sobre aquilo que faz é teórica.*
A.V.: Artaud e a maior parte dos homens de teatro que refletiram sobre seu trabalho, nestes últimos sessenta anos, encaminharam suas pesquisas para três pontos: as origens do teatro, sua natureza e sua função. A obra teórica de Artaud pode ser situada na linha de Appia, Craig e, para citar unicamente os franceses, Gémier, Copeau e Baty. Primeira analogia com os dois primeiros: ele pouco produziu. A considerável influência por eles exercida emana sobretudo de seus trabalhos teóricos (escritos, desenhos e maquetes).

Tanto quanto eu saiba, falta-nos informações sobre as leituras feitas por Artaud. Pode acontecer que, a exemplo de muitos homens de teatro deste período de renovação, Artaud tenha chegado espontaneamente a conclusões análogas. Suas proposições podem ser redescobertas, mas certos encontros permanecem supreendentes, quando comparados com os dos "antigos". Não se deve omitir tampouco a influência, esta evidente, que cabe ao Surrealismo.

Das duas correntes de influência a que acaba de se referir, qual foi a que mais o marcou? A que se coloca na linha de Appia e Craig, ou a do Surrealismo? É possível estabelecer esta distinção?

A.V.: Com exatidão, não. Por exemplo, a idéia muito cara aos surrealistas, de que o divórcio entre a vida e a arte deve acabar, de que a arte deve voltar a ser intimamente ligada à vida, foi freqüentemente sustentada por Appia, antes dos surrealistas. Ela foi partilhada por Jacques-Dalcroze, que trabalhou durante muito tempo em colaboração com Appia e que pôde, através das escolas de rítmica por ele criadas em toda a Europa, divulgar esta opinião, entre muitas outras. Num determinado momento, os conceitos de Jacques-Dalcroze exerceram uma influência decisiva sobre Copeau e seus alunos. Foi, aliás, por intermédio de Jacques-Dalcroze que Copeau descobriu Appia. Desta maneira, vê-se que não é fácil estabelecer a distinção que vocês desejam. A este respeito, parece possível, no entanto, que se possa falar de influência autenticamente surrealista: a dos temas que o teatro deve abordar, segundo Artaud, a fim de produzir um determinado efeito sobre o público.

Todas as reflexões de Artaud são orientadas por esta preocupação: provocar nos espectadores uma verdadeira paixão redentora por intermédio do teatro. Em contrapartida, o objetivo primeiro de Appia e de Craig é o próprio teatro, é devolver o teatro a ele mesmo. Logo, as posições diferem já de início, mas os princípios de reforma se ligam em numerosos pontos essenciais.

Passo por cima de sua comum hostilidade ao realismo, partilhada unanimemente pelos promotores da renovação dramática, a partir da reação idealista. Mais sintomáticas nos parecem as concepções de Artaud sobre as origens do teatro, pela analogia que apresentam com aquelas formuladas por Craig: "A arte do teatro nasceu do gesto, do movimento, da dança... O pai do dramaturgo foi o dançarino" (G. Craig, *Da Arte do Teatro*, 1911).

Quanto à natureza do teatro, encontramos em Appia, Craig e Artaud a mesma concepção, que faz do teatro uma arte autônoma, específica; esta especificidade resulta do jogo combinado dos meios de expressão propriamente cênicos dentro da obra teatral acabada, quer dizer o "espetáculo", em oposição a uma concepção que reduz o teatro a uma arte puramente literária. Partindo desta concepção de base e em suas conseqüências lógicas, percebemos as mais notáveis semelhanças entre as reflexões de Appia, de Craig e de Artaud quando eles preconizam, por exemplo, a renúncia à supremacia do texto e do escritor: "Deve-se pôr fim a esta superstição do texto e da poesia escrita", afirmava Artaud (*O Teatro e seu Duplo*, p. 83), unindo-se a Appia quando este último declarava: "Nós estamos tão degradados que a palavra passa à frente da vida (...) e à frente da própria obra, uma vez que facilmente nos dispomos a renunciar à sua existência integral no espaço, contanto que sua presença abstrata nas estantes de nossas bibliotecas seja resguardada, e ousamos falar de arte dramática" (*A Obra de Arte Viva*, 1921, p. 68). E acrescenta: "O Teatro se distingue das outras artes na medida em que ele é ou (...) um livro (para alguns é o seu único destino!) e então não é teatro e nem mesmo um livro (...); ou então e unicamente uma realização integral que demanda a colaboração de vontades distintas de todas, subordinadas a uma única e tirânica direção" ("Notas sobre o Teatro", em *A Vida Musical*, 1908). Como não recordar aqui as idéias concordantes de G. Baty, largamente difundidas na França, antes da publicação de *O Teatro e seu Duplo*?

— *Artaud estabelece uma diferença entre o literato de teatro e o dramaturgo. Não haverá aí uma distinção a fazer em relação àquilo que Craig colocou?*

A.V.: Ambos propõem uma solução à eterna oposição autor dramático-encenador; mas, se para Artaud o diretor é o artista de teatro por excelência, não é menos verdade que cabe ao autor tornar-se este diretor. Ao contrário, Craig considera que só o especialista com vivência da prática do palco poderá desempenhar esta função. Em contrapartida, observamos que esta concepção de Artaud coincide com a de Appia quando este último preconiza que o próprio dramaturgo proceda à encenação, tornando-se assim o homem de teatro completo.

Por conseqüência, não é de se estranhar que se encontre tanto em Appia como em Craig, uma justificativa deste papel primordial conferido à encenação, à qual ele atribui a principal função artística do teatro. Craig e Artaud foram muito longe no desejo de que esta função artística se tornasse a própria fonte de toda criação teatral. O primeiro afirmava: "Acredito que chegará o tempo em que poderemos criar obras de arte no teatro, sem necessidade de nos servirmos da peça escrita", e o segundo: "É em torno da encenação, considerada não como o simples grau da refração de um texto no palco, mas como o ponto de partida desta criação teatral, que se constituirá a linguagem-tipo do teatro" (Craig, *Da Arte do Teatro*, p. 119; Artaud, *O Teatro e seu Duplo*, p. 100). Portanto, segunda conseqüência lógica: *fazer do encenador o criador principal do teatro.*

— *Se Appia e Craig se situam, por assim dizer, na extrema esquerda desta renovação do nosso teatro, Artaud, por seu próprio temperamento, que sempre o impeliu "adiante de tudo", não teria levado "mais além" a revolução contra todas as tradições teatrais?*

A.V.: Vejamos a questão da utilização do espaço cênico: Appia não teve necessidade de assistir aos espetáculos balineses para concluir, com uma precisão perfeita desde seus primeiros escritos, que, segundo a própria expressão de Artaud, "o espaço cênico deve ser utilizado em todas as dimensões e em todos os planos possíveis" (Artaud, *O Teatro e seu Duplo*, p. 65; ver, em relação a Appia, *A Música e o Drama Wagneriano*, 1895, e todas as publicações que se seguiram).

Vejamos ainda a questão das relações palco-platéia. O primeiro manifesto de Artaud demonstra a preocupação de realizar uma participação íntima dos espectadores na ação. Ele fala de "interpenetração". Appia tinha ido mais longe: a fim de provocar o rompimento total com esta arte de "face a -face", a fim de efetivar radicalmente esta fusão da arte com nossa vida, Appia acabou por preconizar a supressão dos espectadores: os espectadores devem tornar-se atores. "Mais cedo ou mais tarde", escreveu ele, "chegaremos ao que se denominará a 'sala catedral do Futuro', a qual, dentro de um espaço livre, vasto, transformável, acolherá as mais diversas manifestações de nossa vida social e artística, e será o lugar por excelência onde a arte dramática florescerá, *com ou sem espectadores* (...). O termo *representação* tornar-se-á pouco a pouco um anacronismo. A arte dramática de amanhã será um *ato social,* ao qual cada um dará a sua contribuição" (Appia, prefácio inédito à edição inglesa de *Musik und die Inszenierung,* 1918).

Estou me restringindo a simples indicações. É evidente que seria recomendável uma pesquisa mais profunda sobre o assunto.

— *Retomando as palavras de Artaud, qual é sua conclusão a respeito das sugestões por ele apresentadas relativas à vida enérgica e movimentada do teatro?*

A.V.: Com aquele estilo efervescente que é bem seu, Artaud soube tornar fascinantes as idéias por ele retomadas ou redescobertas. Sua concepção de um teatro integral é encontrada em Craig e sobretudo em Appia. O instrumento assim concebido correspondia às exigências do surrealismo no que diz respeito aos temas e efeitos a serem produzidos. Isto posto, seria evidentemente um absurdo acusar Artaud por ter nascido depois de Appia e Craig. Eu o compararia de boa vontade ao filósofo Alain. No domínio do pensamento artístico, a originalidade de seu estilo impressiona. Não são inovadores. Possuem, entretanto, um dom notável: tornar apaixonantes as idéias que exprimem.

TRÊS TEXTOS MAIORES

PIERRE JEAN JOUVE

Os Cenci de Antonin Artaud [a]

Seguindo uma passagem estreita e sórdida, encravada entre dois cinemas, em um bairro bem marginal, chega-se a uma sala de teatro igualmente sórdida, apesar dos disfarces, e comumente destinada aos prazeres de uma população especial. Lá, dois homens, quase sem meios, dotados de uma rara energia e cercados por um grupo fiel, tentam fazer Teatro. Sinal dos tempos. Na passagem e na sala se empurra e se acotovela durante duas noites tudo aquilo que Paris possui em matéria de gente da moda, deslumbrados, agitados, plumitivos e autores de sucesso: ninguém está ausente deste quadro soberbo. O que é igualmente coerente e perfeitamente simbólico, como aliás a própria edificação, é que o esforço de que falamos se observa primeiramente na platéia, a mais decadente, a mais antiquada, a mais gasta da grande cidade (dita "Cidade Luz"), que aí foi não para aceitar ou para conhecer, mas para destruir. É preciso reconhecer que essas personagens roídas pelos vermes ultrapassaram a expectativa geral: raramente sua indecência, seu hediondo procedimento (sua grosseria civilizada) manifestaram-se tão bem, com a nuança de cansaço repelente que neles assenta tão bem, em uma época de crise. É verdade que, como dizia Mallarmé, *eles não têm vez;* não é menos verdadeiro que são os autores do embruteci-

[a]. *La Nouvelle Revue Française*, 1.6.1935, pp. 910-915, n. 261, 23º ano.

mento público e que representam, como se fosse em relevo, *o desespero do teatro*. É impossível não pensar, olhando *Os Cenci* em um tal lugar, que toda a esperança desta força eterna e irreprimível, o Teatro, supõe a condição necessária e não suficiente da *revolução* social que antes de mais nada teria deposto a classe daquele "tipo de gente", metralhado seus preconceitos e colocado diante do teatro uma massa humana novamente dotada de instintos.

É inconcebível que o Teatro morra, por mais perdido que ele pareça, pois o teatro representa *nossa vida interior*. As manifestações ordinárias do sonho o provam: se ele quer nos dar a conhecer os principais acontecimentos, os conflitos mais ásperos, o desenrolar-se de nossa alma, o sonho representa de bom grado as coisas em um teatro. O teatro, lugar onde se mostra e onde se vê, é o nosso próprio processo, nossa duração em plena batalha. Os dois grandes modelos de teatro — teatro grego, teatro elisabetano — no qual o trágico é sempre dionisíaco e extático — são ambos dominados diferentemente pela dupla "Anankè": a fatalidade do instinto primordial, a fatalidade da pessoa humana engajada na sociedade. Esses dois ilustres modelos de nossa vida inconsciente não poderiam de modo algum diminuir de valor ou enfraquecer-se, em qualquer lugar onde o homem *pense* necessariamente em tudo o que a cena de teatro lhe representa.

Então, do que se trata no teatro? Menos de "verdade" que de *duração*, de *tensão* e de *transposição* (que ainda se pode denominar Poesia). É preciso que o Teatro seja não realista, porque unicamente assim os personagens poderão ser implacáveis, e que é somente como seres implacáveis que eles terão o direito de assumir o significado que devem assumir, é preciso que o Teatro ofereça a grandeza, para fazer com que seja ultrapassada a dificuldade imensa de viver, e particularmente de viver diante de forças implacáveis. Naturalmente, sendo a dificuldade de tal tipo, é preciso que se morra no Teatro; e é isto que fere perpetuamente o espectador-rebanho, ao mesmo tempo que o "golpe" o atinge no mais vivo dele mesmo, e acerta, por razões que mais de uma pessoa percebeu intimamente até as lágrimas.

É isto que Antonin Artaud e Balthus compreendem e sabem. Quando Artaud fez a teoria de um "Teatro da Crueldade", ele investigou de que forma a sensibilidade um tanto gasta do homem presente poderia experimentar novamente estes princípios de duração, de tensão e de transposição, no contexto de um fenômeno embriagante e implacável.

Efetivamente, o *Drama Cenci* é um dos dramas eternos, e por assim dizer imutáveis, como o de Édipo e de Lear, dos quais Shelley disse em seu prefácio que eles se encontram na tradição, anteriormente a toda obra trágica. A filha violada por seu pai, que o mata, não se reconhece culpada, mas a sociedade a condena à morte e isso faz exatamente parte de nós; um processo criminal mostrou no ano passado com que ferocidade as coisas se passam: não digam portanto que vocês não compreendem nada. Em dois ou três momentos da obra que se desenrola diante de nós, reconhecemos um Semblante horrível, doloroso ou sensível, que é o nosso, que nós, interiormente, padecemos mil vezes ao contemplar.

O texto de Antonin Artaud descende mais diretamente da tragédia de Shelley que da "crônica" de Stendhal; mais do que a minúcia sangrenta e o selvagem caráter italiano do acontecido em Roma em 1599, ele oferece as graves ressonâncias, os sentimentos complexos e as poses barrocas que os Românticos foram os últimos a ousar empregar. É preciso assinalar antes de mais nada a seriedade, o registro grave da ação, "o estado teatral", que reina da primeira à última parte. Um tal teatro não é feito para agradar: Artaud joga constantemente contra a platéia, e ganha. A tensão mais amarga não cessa de perturbar o espectador e algumas vezes de feri-lo. Talvez se pudesse censurar no dramaturgo fato de permanecer no paroxismo, como se a história dos Cenci fosse situada no âmago de uma única cena de raiva. Se por outro lado Artaud tivesse "ativado" certos atos fundamentais de Cenci e de Beatriz, manifestando uma crueldade total, talvez houvesse evitado com maior certeza o excesso de matéria verbal.

O Cenci de Artaud é um *furioso culpado*, menos erótico do que destruidor, demoníaco, muito consciente de si mesmo, e que não é suficientemente um "bestial suntuoso" para ser verdadeiramente uma criatura da Renascença; mas esse furioso, blasfemador de Deus e ateu à maneira de Sade, cujo orgulho em fazer o mal e cujo espírito reivindicador se colocam inegavelmente sob o signo da *paranóia*, contém uma dose suficiente de dor e desafio para nos ligar à sua tortura. A única coisa a se lamentar é que a figura seja tão exatamente delimitada sob o ponto de vista psiquiátrico e que a força da "destinação" se ache por isso diminuída: pois a partir do momento em que ele se deixa nomear, em vez de permanecer orgulhosamente no inominado, o elemento trágico é conduzido no seu próprio sentido e se enfraquece. Seja como for, o torturador torturado, no fundo de seus castelos inexpugnáveis, diante de sua família, e em primeiro lugar de sua filha, a magnífica "víbora pintada" — proclamando o que eu denominaria a anarquia do mal — eis aí o tema principal da tragédia. Que fazer contra o demônio, mestre da situação? Todas as formas da justiça são barreiras furadas. Trata-se de uma questão bastante moderna. Aqui a resposta será dada pelo próprio sangue do demônio, pelo assassinato que surge em sua filha e que também segue uma trajetória implacável. O segundo tema trágico, o do Sacrilégio, é ainda mais profundo. O

Sacrilégio — inverso da Religião. Estes detratores de Deus estão unidos por uma moralidade invertida, o horror do crime que quer fazer o crime recair sobre Deus, o desejo de manifestar Deus através do inferno. O último tema, mais geral, é o da Fatalidade do instinto, e que alimenta os dois primeiros; percebe-se muito bem o quanto Artaud conhece a psicologia das profundezas. Pois o problema dos Cenci é o incesto. E com respeito ao incesto, e ao assassinato que lhe dá equilíbrio, a posição dos espíritos no drama é muito afastada da concepção quase completamente lúcida da Renascença; eles assumem muito mais a postura de nosso espírito moderno diante destes assuntos. A tendência se faz acompanhar de horror. A criatura mais envolvida pelo incesto ainda seria Beatriz — por mais paradoxal que isto pareça — quando ela o confessa através desta frase terrível: "Sua imagem viva (a de Cenci, seu pai) está em mim como um crime que eu carregaria". É ela quem contaminará seu jovem irmão Bernardo, o qual dirá de Beatriz: "Devolvei-me minha alma...". O velho Cenci, mais obcecado, só sente o desejo após a violação.

Apesar do grito de Beatriz na roda: "Eu aceito o crime, mas nego a culpabilidade!" — o qual repele a culpabilidade moral, a culpabilidade inconsciente existe e todo o drama é, neste sentido, um conflito de *culpabilidades*.

A tragédia é inseparável de seu *espaço*. Balthus inventou, desenhou, construiu para *Os Cenci* um espaço prodigioso, cenário ao mesmo tempo interior, simbólico, italiano, no qual tudo se une com extrema simplicidade e vigor. Cenário construído, no qual se anda, essencialmente arquitetônico, ele nos faz pensar em um gigantesco palácio-prisão de Piranese, mas onde uma íntima discordância, contida no contraste das cores e em certas rupturas de formas, produz a sonoridade dissonante que atualmente esperamos.

Haveria muito a escrever sobre os símbolos secretos e ativos que lá estão, sob a capa da realidade visível — como também se pode observar na obra do pintor. Assim, a estrutura semelhante a uma escada gigante e a coluna redonda, apontando para o céu, que elevam o palácio Cenci a uma altura espantosa, mas que também têm sua significação; os cortinados vermelhos, pendentes, como "trapos de ferro", ou os coágulos de sangue; os arcos partidos e interrompidos no espaço. Sobre esse grande fundo, os figurinos, cujo material é ao contrário brilhante e vivo, causaram espanto, sem que em nenhum momento essa matéria "viva" predominasse sobre a outra — a matéria morta das pedras, das escadas, dos frontões, dos pórticos, das rodas e das cordas.

A encenação de Antonin Artaud anima continuadamente este espaço de maneira criativa: trata-se de um trabalho constante. A iluminação complexa, os movimentos do indivíduo e da massa, os ruídos, a música, revelam ao espectador que o espaço com o tempo forma uma realidade *afetiva*. A vontade de Artaud fundida com a de Balthus, irradia-se em toda parte: as manifestações extremas aparecem na interpretação enfática e sombria do próprio Artaud, na beleza incandescente e na ação selvagem, infantil, de Iya Abdy.

Mas voltarei a instalar o espectador imaginário diante do início do 4º ato: é o momento em que a grandeza acontece. O monólogo ou delírio de Cenci, Beatriz a armar os Assassinos, a morte de Cenci apresentando o cravo que o trespassa, o contraponto das trombetas (de Roger Désormières), a cena da prisão. Vê-se então Cenci nos últimos estertores, com o rosto exausto e empoeirado; a Beatriz suntuosa, "vivid-yellow", em seu vestido negro de criminosa, influencia os Assassinos mudos, vermelhos e verdes, que são a própria figura do crime, significando que não é preciso saber rir para poder matar. Tudo concorre para nos causar a mesma impressão desmesurada. Percebemos (o que, de minha parte, sempre me interessou particularmente) o fenômeno de multiplicação do tempo-espaço que marca os verdadeiros momentos de pânico, o retardamento das ações cruéis, a minúcia da fatalidade. Em seguida a prisioneira será amarrada à roda: o suplício da roda existiu desde o começo dos tempos e antes do começo: ele é eterno. Eis aí uma grande realização do teatro, que através de um ato cênico demonstra no final o sentido do que existia no início.

TESTEMUNHO DE GIDE SOBRE ARTAUD

A sessão dos Vieux-Colombier[a]

"Lá, no fundo da platéia — desta querida e velha platéia do Vieux-Colombier, que poderia comportar aproximadamente trezentas pessoas — uma meia-dúzia de gozadores que vieram a essa sessão com a esperança de se divertir! Oh! Eu pensei que eles seriam contidos pelos amigos fervorosos de Artaud, espalhados pela sala. Mas não: após uma tímida tentativa de vaia, não foi mais preciso intervir... Assistimos a um espetáculo prodigioso: Artaud triunfava, impunha-se à zombaria, à agressão insolente; ele dominava...

Conhecia Artaud há muito tempo, como também sua angústia e seu talento. Jamais ele me parecera tão admirável. De seu ser material só transparecia o que nele havia de

a . Artigo publicado em *Combat*, de 19.3.1948 e reproduzido em *84*, especial sobre Artaud, n. 5-6, 1948, pp. 150-151. Cf. também GIDE. *'loges*, Neuchâtel, Ides et Calendes, 1948 e *Folhetos de Outono*, Mercure de 'rance, 1949, pp. 132-134.

expressivo. Sua enorme silhueta desengonçada, seu rosto consumido pela chama interior, aquelas mãos de quem se afoga, procurando um inatingível socorro ou retorcidas pela angústia, no mais das vezes estreitamente coladas ao rosto, escondendo-o e revelando-o em alternância, ao mesmo tempo em que lhe contava a abominável angústia humana, uma espécie de danação sem recurso, sem escapatória possível, a não ser através de um lirismo violento, que só chegava ao público por meio de explosões ordinárias, imprecatórias e cheias de blasfêmia. E no entanto reencontrávamos aí o ator maravilhoso que esse artista podia tornar-se: mas era ele próprio como personagem que ele oferecia ao público, numa espécie de cabotinice desavergonhada, na qual transparecia uma autenticidade total. A razão batia em retirada; não unicamente a sua, mas a razão de toda a assistência, de todos nós, espectadores deste drama atroz, reduzidos ao papel de comparsas malévolos, debochados e grosseiros. Oh! não, mais ninguém, na platéia, tinha vontade de rir; e inclusive, Artaud nos tinha tirado a vontade de rir por muito tempo. Ele nos havia atraído para seu jogo trágico de revolta contra tudo aquilo que, admitido por nós, para ele permanecia mais puro e inadmissível:

"Nós ainda não nascemos.
Ainda não estamos no mundo.
Ainda não existe mundo.
As coisas ainda não se fizeram.
A razão de ser não foi achada..."

Ao sair desta memorável sessão o público se calava. Que se poderia dizer? Acabávamos de ver um homem miserável, atrozmente sacudido por um deus, como que no liminar de uma gruta profunda, antro secreto da sibila, onde nada de profano é tolerado, onde, como em um Carmelo poético, um vate é exposto, oferecido aos raios, aos abutres vorazes, ao mesmo tempo sacerdote e vítima... Todos se sentiam envergonhados de retomar lugar em um mundo no qual o conforto é formado de compromissos."

JEAN-PIERRE FAYE

Artaud visto por Blin

Não pode falar de Artaud quem somente o viu, e menos ainda quem não o conheceu. "Eu só acredito na evidência daquilo que perturba meus miolos. Existe para mim uma evidência no domínio da pura carne... Sou um homem que sofreu muito no espírito." Pode-se acaso sentar-se diante dele e vê-lo produzir essa evidência e sofrer por essa coisa "como se o corpo fosse o operário de uma fábrica e o espírito o patrão que concebe o encarceramento dos operários"?

"Como se o corpo fosse os corpos de todos os soldados que se deixam matar sob as ordens deste grande espírito, o general que os faz matar?"

Por ter visto Artaud quase todos os dias, todas as noites durante anos, Blin não pode falar dele. E se fala nele, se o narra detidamente dentro de sua verdade, durante uma noite inteira, não será possível fazê-lo falar *dele,* e simplesmente transcrever isso: a tal ponto Blin se recusa violentamente a ser aquele para quem Artaud, entre tantas outras pessoas, seria apenas "uma dimensão". Que fazer então para dizer o que somente Blin sabe de Artaud, e sabe dizer dele? Primeiramente afirmar, é claro, que ele não "sofreu a influência" de Artaud, mas que ele o encontrou, e que encontrou nele (em seus próprios termos) um gênio. E o que seria um gênio? Algo como aquele "verdadeiro teatro" e aquele "ator" do qual Artaud falava: "É certo, ele brutaliza as formas, mas por detrás das formas, e através de sua destruição, atinge aquilo que sobrevive às formas e produz sua continuação"? Gênio: aquilo que Rimbaud enxergava: "O orgulho mais benevolente que as caridades perdidas."

Antonin Artaud o marselhês (o Momo), filho de Euphrasie Nalpas, a jovem de Esmirna, neto de sua avó Neneka.

Foi na "Tribuna Livre" do Cinema, sala Rapp, avenida Rapp, que Roger Blin o viu pela primeira vez, em 1928. Exibiam... qual filme? *Le Maître du Logis,* de Dreyer? Ou um filme australiano, *La Toison D'Or?* O grupo surrealista vinha manifestar-se contra esse filme e seu verismo, e no final, quando se abriu o debate, tomaram a tribuna de assalto. "De um lado havia René Char, de outro Aragon e Pierre Unik. Breton subiu no palco com Artaud." A polícia chegou rápido.

Naquele dia, Artaud ainda usava a tonsura do Irmão Massieu na *Joana D'Arc* de... Dreyer precisamente. Os cabelos haviam crescido um centímetro, e formavam uma calota no meio, tendo em volta uma coroa de cabelos compridos.

Em seguida passei a vê-lo quase todos os dias. No início em Montmartre, em *La Cloche.* E em seguida sobretudo em La Coupole. Passávamos lá a noite inteira, cinco em cada sete dias, quase sem dormir. Às 5 horas, quando fechavam, íamos para o *Select,* ao lado. Lá estavam Rolland de Reneville e sua mulher Cassilda, Roger Gilbert-Lecomte. E freqüentemente Daumal. Em suma, o grupo do "Grand Jeu": o último fulgor que se destacou da "Revolução Surrealista"? Não exatamente, na medida em que "eles iam lá individualmente". Artaud não pertence mais a nenhum grupo, nem antigo, nem novo. Vaillant? Não, ele não vinha. Mas lá estavam Benjamin Fondane, Claude Sernet, Monny de Bouilly, que casou com a mãe de Claude e Jacques Lanzmann e de Evelyne Rey. E também Adamov. E Vitrac.

Artaud não pertencia a nenhum grupo, não era mais surrealista. Apesar do assalto à sala Rapp, sinal de uma breve reconciliação, Artaud acabava de escrever "Em plena noite, ou o blefe surrealista", para responder à sua exclusão "Em pleno dia" (1926). O segundo manifesto do surrealismo irá fustigá-lo, juntamente com Vitrac, Masson e também Georges Bataille. "Que um ator, num desejo de luxo e de vaidade, tente encenar luxuosamente um vago Strindberg..." Para montar *O Sonho* de Strindberg (junho de 28), Artaud e Vitrac, com seu Teatro Alfred Jarry, são acusados de ter recebido dinheiro dos suecos, mercadores de canhões... De fato, diz Blin fazendo troça, a Embaixada da Suécia bem que deveria lhes ter dado — vinte mil "balas"...

Depois houve novamente reconciliações. Mas fora do grupo. Em primeiro lugar com Desnos, por interferência de Allendy, sem dúvida: Artaud e Desnos voltaram a se ver — não em La Coupole, mas (misteriosamente) no Dôme. Em seguida com Breton. O intermediário, desta vez, foi — Blin. Artaud e ele passavam em frente ao Café de l'Aiglon, na esquina de Raspail e de Edgard Quinet (o atual "Raspail Vert"). "Artaud viu Breton que jogava com as máquinas e me perguntou: Você acha que eu posso entrar?" Foi Blin quem entrou primeiro para falar com Breton. Artaud entrou em seguida, ele e Breton trocaram algumas palavras e sem dúvida marcaram um encontro. Nesse dia Artaud trazia a famosa bengala, um simples bastão com nós e afiado na ponta. A bengala que pertencera a um "feiticeiro da Sabóia" e que ele mandara ferrar e temperar, explicava, para se fazer com que fosse consagrado pelos elementos?" Mas que afinal não era mais do que aquele grande bordão que lhe fora dado de presente: Artaud, observa Blin, não era um feiticeiro!

Mais tarde, dirá Breton, em relação a Artaud, como em relação a Prévert, será humanamente para mim como se nada nos houvesse separado. Entretanto, Breton confessará ter-se inquietado com a atmosfera criada dentro de seu grupo por Artaud. "O lugar onde Artaud me introduzia sempre causou em mim a impressão de um lugar abstrato, de uma galeria de espelhos... Lugar de lacunas e de elipses, onde pessoalmente não conseguia mais me comunicar." Artaud, no entanto, se comunicava. E de maneira muito enigmática, com Breton, depois que se reconciliaram. Lê-se numa das cartas a Jean-Louis Barrault (1943) publicadas por Bordas em 52: "André Breton arriscou sua pele sob as metralhadoras da polícia para vir me soltar". A Breton ele próprio escreveu: Breton veio esperá-lo no Havre, em sua viagem de volta da Irlanda, sob os olhos dos policiais, no cais. Na realidade, Breton jamais veio. E Artaud sabe disso, afirma Blin. Ele sabe e vê Breton no cais. "Seria uma maneira de lhe agradecer" pela amizade que lhe testemunhou? Com a viagem à Irlanda começou uma era de comunicações acima de todos os laços que se rompiam cada vez mais.

A viagem à Irlanda? É preciso voltar às noites de La Coupole para compreender. A necessidade da droga, do láudano. E antes disso, o que Paule Thévenin denomina as dores físicas de origem nervosa, de que Artaud padecia desde sua adolescência e durante toda sua vida. Que ele procura acalmar primeiro indo de uma casa de saúde para outra (reformado por sonambulismo em 14-18, dirá ele, zombeteiro), em seguida recorrendo à droga, depois que começa a viver em Paris. A mecânica temível das nevralgias conduz ao ópio e às noites de Montmartre ou de Montparnasse, em torno das quais giravam os "pequenos malandros", de que fala Blin, os suspeitos vendedores de ampolas. "Se eu tivesse apenas forças para tanto, eu me daria ao luxo de submeter em pensamento qualquer espírito de renome à maceração de uma dor tão opressiva," escreve ele a Jacques Rivière. Não terei eu nenhum meio de compreender seus tormentos?, responde este último com inábil caridade. Tzara, Breton, Reverdy?, replica Artaud: "A alma deles não foi fisiologicamente atingida". Existe, sem dúvida, o mal que é "verdadeiramente o ar da época, um milagre flutuando no ar, um prodígio cósmico e perverso". Mas "não há dúvida de que eles não sofrem e que eu sofro, não somente no espírito, mas na carne e na minha alma de todos os dias". Então o láudano, aqui, não é mais a procura do paraíso, nem o ópio justo, sutil e poderoso. "Ele odiava os tóxicos, dirá Jean-Louis Barrault, e sempre me falou muito mal deles. Ele jamais quis que eu experimentasse." Os amigos de La Coupole e Blin, a testemunha quotidiana, assistem a esta gravitação no campo do láudano. E também às tentativas de desintoxicação. É o que anuncia, em junho de 35, uma carta a Barrault: "É preciso que você realize sua obra, com sua maneira pessoal de compreender certas idéias. Quanto a mim, tenho a intenção de me recolher por algum tempo e tentar expulsar finalmente os vícios que me paralisam. Isto pode durar alguns meses". No intervalo entre *Os Cenci* e a viagem à Irlanda nasceu o curioso projeto de se casar. Será por Cécile Shramme, a jovem de Bruxelas, que Artaud "decidiu arriscar tudo para mudar de vida", como escreve à Paulhan? O espetáculo de J.-L. Barrault, acrescenta de passagem (a propósito de "Em torno de uma Mãe") parece ter "mudado verdadeiramente alguma coisa nos espíritos". E é justamente Barrault que permitirá a Artaud, em janeiro de 36, partir para o México: "Barrault tinha ganho um pouco de dinheiro com um filme", diz Blin: será ele quem pagará uma parte da viagem. Na volta, Artaud irá a Bruxelas fazer uma conferência sobre essa viagem mexicana. Ela terminará com invectivas lançadas contra o público, causa do rompimento com a noiva.

É talvez a bengala da Savóia que o leva até a Irlanda, porque ele a associa com o bastão de São Patrício, patrono dos irlandeses. Trata-se de magia ou humor? Era um personagem duplo, dirá Barrault. "Um era de uma lucidez vertiginosa e de um humor dos mais alegres. Tinha consciência de tudo, de uma maneira permanente e até mesmo de uma maneira alarmante. Consciência de tudo o que se passava em torno de si: à direita, à esquerda, na frente, atrás, muito perto, muito longe..." Mas o outro, o outro Artaud? Haviam "montado num carro de turismo um motor de avião". O outro Artaud: "Um personagem inflamado e vistoso... realmente belo".

Munido de sua bengala com treze nós, Artaud desembarca em Cobh. Trazia em si as seqüelas de um tratamento de desintoxicação mal feito, julga Blin. De Kilronan, nas ilhas Aran, segue uma carta para Breton, em 23 de agosto de 1937: "O mundo vai pagar com sangue o crime de se ter enganado *conscientemente* quanto à natureza da realidade... E isto é tão verdadeiro quanto o fato de que nasci em Marselha em 4 de setembro de 1896, às oito horas da manhã". E em 8 de setembro: "Deixo Galway e vou em direção a meu destino". De Dublin ele foi deportado no *Washington,* em decorrência, conforme ele próprio contará mais tarde, "de fatos acontecidos na rua e causados pela bengala que eu então carregava". No desembarque no Havre, dá-se o internamento.

A ruptura em Hölderlin em 1801 e mais tarde em 1806, a derrota de Nietzsche em 1889 não tiveram efeitos tão surpreendentes sobre a linguagem humana como esse corte aí, aniversário do ano zero de uma guerra mundial e de sua repetição. Em Hölderlin, trata-se primeiro de uma culminação da poesia, depois o acesso a uma longa planície indiferente, marcada ao longo de mais de trinta anos despersonalizados por quadras límpidas e inocentes, escandidas com a mão. Depois de sua queda, soluçando aos pés do cavalo que ele protege com seu corpo contra as pancadas de um carroceiro, após o acesso que o fulminou, Nietzsche cessa de escrever e de ser, ao mesmo tempo. Mas Artaud, após o silêncio forçado do internamento, retorna. O homem jovem e magnificamente belo se apresenta, com menos de cinqüenta anos, na figura deste velho desdentado que possui e arma a linguagem mais cortante.

Eu só o revi em Sainte-Anne, escondido num canto, diz Blin. Logo depois ele me escreveu, pedindo-me láudano. Nesse momento estava em Ville-Evrard, com os cabelos cortados, vestindo o uniforme dos alienados. Colocaram-no no pavilhão dos drogados. A sugestão de Blin era que se tentasse novamente um tratamento de desintoxicação, mas desta vez com um controle mais cuidadoso. Mas nada disso foi tentado, de modo algum. Apenas o puseram com os outros, em Ville-Evrard, com aqueles que eram considerados "irrecuperáveis".

"Irrecuperável": aquele mesmo que irá encher a lápis, com uma escrita rápida, já quase apagada, essas pilhas de cadernos que seus amigos salvaram e começaram a decifrar?
"Pois o corpo, sabe-se o que é,
mas o espírito,
quem disse que ele era o princípio de onde brotou tudo aquilo que tem vida?
Foi o espírito que deu as idéias, é no espírito que se vê as idéias. Essas espécies de mamas criadoras a partir das quais se infla tudo aquilo que mostra energia.
Mas Platão, nos dá dor de barriga, e você, Sócrates, e você, Epíteto, Epicuro, e você Kant, e Descartes também.
pois pode-se muito bem inverter o problema e dizer que o espírito não teria existido,
nem seus valores ou seus dados, se o corpo não estivesse lá, ele que pelo menos os transpirou,
quando o espírito, que não se move jamais, se contentou em olhá-los...
Mas como, através de que sórdidas imundícies, se nomeou, um dia, deus.
É o que a história jamais revelou.
E eu digo Latrina ao espírito.
...O corpo que trabalha não tem tempo de pensar e de imaginar coisas.
As idéias não passam do vazio do corpo. Interferências de ausência e de privação,
entre dois movimentos de realidade manifesta
que o corpo, só por sua presença, jamais deixou de impor...
...O corpo é um fato que dispensa a idéia."

Seguramente o outro Artaud, inflamado e vidente, que escreve essas linhas a lápis, é ao mesmo tempo aquele que tem uma consciência alarmante de tudo, e uma lucidez e um humor cada vez mais surpreendentes. O mesmo que, na edição Denoël da *A Arte e a Morte,* em 1929, descrevia Heloísa ou Paolo Uccello, ou "o claro Abelardo". Mas "Heloísa também tem pernas. O melhor de tudo é que ela tenha pernas. Ela também tem essa coisa que é como um sextante de marinha, em redor da qual toda magia gira e pasta, essa coisa que é como uma espada deitada".

Foi Allendy, diz Blin, quem organizou a conferência que Artaud realizou na Sorbonne sobre "A Arte e a Morte". (Mas esse texto nada tinha a ver com o pequeno volume de poemas em prosa com esse mesmo nome, e que nenhum amigo de Artaud conseguiu localizar). Allendy dirigia o "Grupo de estudos filosóficos e científicos para o exame das novas tendências" e foi através dele que uma singular "idéia" tomou corpo: o Teatro Alfred Jarry. Na conferência de 1928, no anfiteatro Michelet, houve uma intervenção de Breton, diz

Blin. "De repente ele berrou: Abaixo a morte." Depois, em dezembro de 31 e em abril de 33, houveram duas outras conferências na Sorbonne: *A Encenação e a Metafísica* e *O Teatro e a Peste*. Todas as duas, juntamente com artigos, cartas e manifestos publicados na N.R.F., serão reencontrados em *O Teatro e seu Duplo*, este prodigioso tratado da mensagem e do signo cuja modernidade tem 20 anos de avanço sobre seu tempo. Publicado em fevereiro de 38, em uma data em que seu autor reveste o uniforme daqueles que a sociedade e a ciência julgaram "irrecuperáveis".

"Foi igualmente através de Allendy", diz Blin, "que foi organizada a leitura de *Ricardo II* feita por Artaud em casa de Paul e Lise Deharme, diante de Madelaine Ozeray. (Em janeiro de 34). Artaud expôs seu projeto de encenação. Esperando levantar fundos — que não vieram."

Será que Allendy poderia fazer alguma coisa por Artaud no momento de seu retorno da Irlanda? "Ele havia começado uma psicanálise com Artaud", precisa Blin. Mas no momento da volta ele não estava lá para ajudá-lo.

Para Artaud, o que se passou entre o surrealismo e a Irlanda foi o teatro. Não apenas como uma prática de ator, com os grandes de seu tempo, Lugné-Poe, sobretudo Dullin, Pitoeff (e durante um momento, Jouvet, com o qual ele não se entendeu). Mas o teatro como... idéia? Ou melhor, como linguagem, "ou relação da imaginação com a linguagem" e sobretudo linguagem do espaço oposta à linguagem das palavras. Palavras "tomadas no seu sentido corrente", reduzidas "às idéias que fazem de todo o teatro uma espécie de constatação psicológica, um trabalho de guardião e agrimensor dos sentimentos e do pensamento" (t. V, 14).

Foi o teatro chinês, em visita a Moscou em 1935, que causou em Brecht um choque decisivo. Para Artaud, foi o teatro balinês, vindo a Paris por ocasião da exposição de 1931. Será preciso perguntar-se (seriamente) um dia por que eles reagiram a essa descoberta do teatro oriental de maneira aparentemente inversa. Artaud, pelo "teatro da crueldade", que conclama à participação, à *"identificação mágica"* (t. IV, 80), Brecht, pelo teatro da alienação, ou do *distanciamento*, que ele mesmo opõe à "Identifikation" (*Schriften*, III, 28). Mas, dirá Artaud, seu esforço em direção ao teatro deve "consistir em concretizar e objetivar" princípios iguais aos seus: os balineses realizam a idéia do teatro puro, onde tudo só vale "por seu grau de objetivação em cena". E reciprocamente, Brecht dará como exemplos de "distanciamento" as experiências... do surrealismo. Haveria um significativo e estranho diálogo (uma não menos estranha dialética, como os dois gostavam de dizer) a ser encetado entre Artaud e Brecht.

O teatro balinês para Artaud? Através deste "dédalo de gestos, de atitudes, de clamores lançados", através das evoluções e das curvas "que não deixam nenhuma porção do espaço cênico inutilizada", o que se depreende para o observador ocidental é o "sentido de uma nova linguagem física à base de signos e não mais de palavras". A palavra? Não se trata de suprimi-la, mas de "mudar sua destinação", de "servir-se dela em um sentido concreto e espacial", de combiná-la "com tudo o que o teatro contém de espacial e de significação no domínio concreto"; finalmente de "manipulá-la como um objeto sólido e que em primeiro lugar agita as coisas no ar, e em seguida em um domínio infinitamente mais misterioso e mais secreto mas cuja extensão ele mesmo admite". Existe nesse teatro oriental "um tomar posse pelas formas de seus sentidos e de suas significações, em todos os planos possíveis". Ou, acrescenta Artaud, "se preferirmos, suas *conseqüências vibratórias* não são extraídas de um só plano mas de todos os planos do espírito ao mesmo tempo". Ninguém, nem mesmo Brecht depois dele, viu mais lucidamente que as "formas" da "arte" não são suscetíveis de moldagens ou de constatações (psicológicas ou descritivas); que antes de tudo são comunicação de signos por meio de vibrações: "poder comunicativo". E que nada as distingue da famosa "vida", a não ser "a inutilidade da ação que uma vez feita não mais deve ser feita". Longe de "copiar a vida", as formas cênicas, o teatro, se põem "em comunicação com as formas puras". O que é o teatro? O único lugar no mundo, responde Artaud, "o único conjunto de meios que nos resta para atingir diretamente o organismo e, nos períodos de neurose e de sensualidade baixa como aquele em que mergulhamos, o único meio de atacar essa sensualidade baixa por meios físicos aos quais ela não resistirá". Tal é "o sentido de *ação direta e em massa*" ao qual ele recorre de repente. E que ele distingue dos "objetivos sociais imediatos" aos quais recusa fazer o teatro "servir".

É preciso ler ou reler no tomo IV das *Obras*, publicado na primavera de 64, esses textos para um "teatro da crueldade". Crueldade, não tanto dos homens entre si, mas "aquela muito mais terrível e necessária que as coisas podem exercer contra nós". "Se a gente não consegue se esquentar, diz o chefe de brigada Tiurine a Ivan Denissovitch Chukhov, vamos morrer de frio, como cães." Esta mistura de gestos humanos e do frio em uma mesma crueldade violenta e tranqüila, na narrativa de Soljénitsin, basta para traçar um signo: "O sol já vai alto, mas ele não aquece". Não somos livres, diz Artaud (ele quase grita). "E o céu ainda pode desabar sobre nós. E o teatro antes de mais nada é feito para nos ensinar isto."

Artaud é cheio de projetos. Montar *Ricardo II*, mas também outros elisabetanos, a *Tragédia do Vingador,* de Cyril Tourneur, *Arden de Feversham,* peças de John Ford e Webster (*O Demônio Branco, A Duquesa de Amalfi*), um conto de Sade, a *Sonata dos Espectros* (será Blin que realizará o projeto, mas sem conhecer a encenação já escrita por Artaud), o *Woyzeck* de Büchner, o *Empédocles* de Hölderlin. As realizações? Antes de mais nada, as do teatro Alfred Jarry: o primeiro ato de *Partage de Midi* (que o crítico de *Aux Écoutes* vai escutar "com profundo tédio"), seguido do filme de Pudovkin, *A Mãe;* de Vitrac, *Os Mistérios do Amor* e (oh, Anouilh) *Victor ou As Crianças no Poder,* e enfim *O Sonho.* Vem depois o pródromo de uma segunda onda que ficará em suspenso, *Os Cenci.*

Eu sofria com sua impotência, diz Blin. Sua impotência em realizar seus projetos. Foi graças aos recursos fornecidos por Denoël, seu editor, que ele conseguiu montar *Os Cenci.* "A mulher de Denöel, Cécile Bressant, queria fazer teatro. Ela interpretou o papel de Lucrécia. Iya Abdy, a intérprete de Beatriz Cenci, também contribuiu com recursos."

Parti em busca de um local. Está claro que achamos o mais precário de todos: o "Folies-Wagram" (atualmente o Teatro de l'Étoile). Iya Abdy, que Artaud comparava à Gorgona de Corfu, "eu a reencontrei em 45, capitã do exército inglês". A distribuição inicial dos papéis deveria incluir Barrault — como Bernardo — e Alain Cuny — no papel de um dos assassinos. O outro seria o próprio Blin, que exerceu ao mesmo tempo a função de assistente e redigia o diário da encenação, até hoje em seu poder. Escrito e desenhado a lápis: "Artaud me havia dado lápis de cor", diz Blin.

Na distribuição final, havia Pierre Asso e entre os guardas... Édouard Pignon. Barrault veio durante muito tempo aos ensaios, mas não se entendia com Iya Abdy. Entre ele e Artaud não houve a menor ruptura: algumas semanas após as representações dos *Cenci* aparecia na N.R.F. o artigo de Artaud sobre *Em torno de uma Mãe* (adaptação de *Enquanto eu Agonizo*). "Pode-se dizer que é isso o teatro, isso o que Jean-Louis Barrault fez."

"Nas primeiras representações dos *Cenci*, Artaud estava quase afônico", diz Blin. "Ele havia gritado demais, nos dias anteriores."

"O que havia de mais interessante nos Cenci, eram, afinal de contas, os cenários de Balthus. E a música e os efeitos sonoros de Désormière."

Numa entrevista de 6 de junho, Artaud declarava: Roger Désormière está em vias de "captar em uma fábrica de subúrbio os ruídos de máquinas que encaixarão perfeitamente bem com uma câmara de torturas da Idade Média". (O ruído das máquinas, sala de tortura do mundo atual). E Alain Cuny recorda que já na idade de vinte anos, em Marselha, Artaud preparava "um teatro espontâneo", que pretendia levar "no meio das fábricas, como os Elisabetanos pretendiam representar no pátio das fazendas". Há um eco disso nesta entrevista de junho de 35: "Na Rússia, são os operários que milagrosamente interpretam o Rei Lear". A que Artaud estará fazendo alusão? Ao *proletkult,* ao teatro "auto-ativo", ao *Samodeiatelny* dos primeiros anos após outubro? Sem dúvida, pensa Blin. Em 1932, Artaud encontra-se em Berlim e não será a única vez. Assistiu, segundo Paule Thévenin, as realizações dos grandes encenadores alemães e russos, Reinhardt, Piscator, Meyerhold. Ele mesmo trabalhou em 24 na peça de um expressionista franco-alemão, o *Matusalém,* de Ivan Goll. Da mesma forma que para Brecht — e bem mais do que para qualquer um dos grandes do Cartel parisiense — o expressionismo, no sentido amplo, unindo-se ao futurismo e ao construtivismo russos, é o pano de fundo sobre o qual se destaca a forma que ele esboça aqui e acolá:

"um teatro de sangue
um teatro que a cada representação fará com que se ganhe *corporalmente*
alguma coisa".

Como efeito sonoro, para os Cenci, queria sinos *reais,* colocando o espectador "no centro de uma rede de vibrações sonoras". Mas, acrescenta a contragosto, "eu não poderia sequer sonhar em empregar o som direto e, como se faz na Rússia, mandar instalar no teatro sinos de dez metros de altura e que envolvessem o espectador em uma rede de vibrações que se apoderassem dele". De fato, instalara alto-falantes nos quatro cantos da sala: uma espécie de estereofonia, nota Blin, e que pela primeira vez foi tentada em Paris.

Outra alusão ao teatro russo (e alemão?) em um artigo que anuncia e apresenta a encenação dos Cenci (esta encenação que a *Action Française* atacará com indignação, como havia venenosamente atacado o Manifesto do Teatro da Crueldade). Balthus, diz ele, conhece a simbologia das formas e das cores, assim como Désormière nada ignora "do valor comunicativo dos ruídos". A luz virá "unir-se aos ruídos" a todo momento, convergindo com eles para "uma linguagem teatral única". Pois "com gestos, sons, ruídos, cenários, texto, iluminação, tentamos mostrar ao público de Paris uma tentativa que possa rivalizar com aquelas que no momento atual, na Europa, praticam os países onde o teatro voltou a ser uma religião". Ele parece ver aqui com seus olhos os espetáculos russos dos anos revolucionários, a céu aberto, que ele, é claro, não assistiu. Tais como *A Tomada do Palácio de Inverno,* montada em 1919 diante do próprio palácio e do Neva, por encenadores que eram aliás especialistas em mistérios medievais e autos. E sucedeu também que Artaud designasse como seus modelos os mistérios, ao lado do teatro oriental ou elisabetano.

"Artaud", diz Blin, "estava próximo do teatro russo, na medida em que também queria realizar uma totalidade".

"O que ele pretendia dizer, é que existem países onde as pessoas vão ao teatro e são loucas pelo teatro — o que não acontecia na França."
Lettres Françaises, n. 1064, 21.1.1965, publicado em "Le Récit Hunique", Ed. du Seuil.

DOCUMENTO

VENTRE QUEIMADO OU A MÃE LOUCA

Quadro Musical de Antonin Artaud (*Esquema reconstituído por Robert Maguire*)[a]

"Entra em cena um personagem vestido com um amplo vestido negro, usando luvas; sua longa cabeleira esconde-lhe o rosto e parece feita de couro molhado e rígido. Dança uma espécie de *charleston* numa quase completa escuridão, avança e recua uma cadeira pronunciando frases misteriosas. Estoura um raio e ele cai. Neste momento entra o Mistério de Hollywood, vestido com um longo vestido vermelho, com o olho prolongado em direção à boca graças a uma máscara que tem uma risca no meio. Este último toma entre seus dedos os longos fios da cabeleira e como que fascinado coloca-os sob a luz violeta para estudá-los, como um alquimista faria com sua proveta. Neste momento, do outro lado da cena, um personagem — Corno da Abundância — grita:

"Acabou o macarrão, Mistério de Hollywood."

Ao que Mistério de Hollywood responde:

"Cuidado com o raio, Corno da Abundância, cuidado com o raio."

Uma rainha passa e morre (entre outros personagens que também morrem), mas seu cadáver levanta-se à passagem do rei para lhe gritar: "Cornudo!", antes de voltar a deitar-se definitivamente.

A segunda cena é dedicada ao enterro, uma espécie de marcha fúnebre semigrotesca, semipungente, durante a qual o

---

a. R. MAGUIRE, *Le Hors-théâtre*, Paris, 1960, p. 258 e s. Tese de doutoramento. Este esquema pôde ser estabelecido a partir das recordações dos atores interrogados por R. Maguire e de Maxime Jacob, cujo depoimento encontraremos adiante. Como nos previne o autor desta pequena pesquisa, é preciso evidentemente acolher com reservas o roteiro assim reconstituído. Ele pode unicamente nos ajudar a imaginar o que devia ser o "quadro musical" de Artaud, assim definido na brochura "O Teatro Alfred Jarry e a Hostilidade Pública". "Obra lírica que denunciava humoristicamente o conflito entre o cinema e o teatro" (II, 37). Em nossa parte iconográfica, ver também o programa do primeiro espetáculo Jarry com a distribuição de *Ventre Queimado*.

cortejo, atingido por um jato de luz violeta vindo dos bastidores, desfila ao toque de um tambor atrás de uma cortina de efeitos de luz".

CARTA DE MAXIME JACOB A ROBERT MAGUIRE

A propósito de "Ventre Queimado" [a]

"Quanto a mim, infelizmente sou incapaz de reconstituir o tema e o desenvolvimento da peça. Posso somente lhe dizer que ela se ligava ao esforço de negação e de revolta do movimento surrealista. Parece-me que as personagens — o rei, sua mulher — encarnavam a angústia do autor e sua recusa desesperada ou blasfematória diante da vida: amor, casamento, morte, sociedade, etc., parece-me, eram mais particularmente visadas. Guardo a lembrança de uma espécie de marcha fúnebre, semigrotesca, semipungente. Por isso eu concebera uma música quase exclusivamente para percussão; pulsações monótonas ou frenéticas, ritmos elementares e suas combinações pareciam-me indicados para ilustrar muito bem os tormentos da alma do autor, dos quais eu, aliás, não partilhava de modo algum."

OUTRO TESTEMUNHO DE MAXIME JACOB [b]

"Eu absolutamente não sei por que Artaud, que tinha um prestígio tão grande nos meios de vanguarda, entregou sua peça a um músico de vinte anos! Talvez simplesmente porque não conhecia nenhum outro (...) A peça teve um destino estranho: o manuscrito desapareceu (...) Sobrou somente o título, alguns fragmentos de minha partitura, escrita para percussão e contrabaixo (*sic*) e uma única fala gravada, só Deus sabe porque, no fundo de minha memória. Génica Athanasiou dizia com grande intensidade de expressão: 'Ah, cornudo, eu morri!' (...)"

a . R. MAGUIRE, *op. cit.* No programa do primeiro espetáculo do Teatro Alfred Jarry, em 1 e 2 de junho de 1927, nota-se com efeito que *Ventre Queimado ou A Mãe Louca* é apresentado como "um quadro musical de Antonin Artaud com a colaboração de Maxime Jacob". Na sua pesquisa para reconstituir ao menos um esquema da obra extraviada (cf. II, 264, n. 18), R. Maguire foi logicamente levado a procurar a pista do músico que havia entrado na religião.
b . MARIE-ROSE CLOUZOT, *Lembranças a duas Vozes, de Maxime Jacob a dom Clément Jacob*, Toulouse, Privat, 1969, pp. 90-91.

Bibliografia

AVISO

1. Se podemos levantar com um máximo de exatidão os textos de Artaud publicados até hoje, parece impossível, por outro lado, estabelecer o repertório de todos os estudos que lhe foram dedicados, importantes ou não. Isto não se deve unicamente ao fato de que a reputação de Artaud ultrapassa de muito os limites de seu país e de seu continente de origem. Mesmo na França, não existe um mês em que não apareça algum estudo novo, na província ou em Paris, sob forma impressa ou datilografada. A partir desse fato, um levantamento, que, em determinada data, objetivaria ser exaustivo, colocaria provavelmente o recurso a uma pesquisa coletiva.

Por outro lado, pareceria impensável limitar uma bibliografia de Artaud aos trabalhos que se referem à sua concepção e à sua prática do teatro. Nele, onde começa e onde acaba o teatro? Se o teatro é uma chave decisiva, como tentamos demonstrar, para penetrar no universo de Artaud, nada que pertença a este universo pode ser absolutamente estranho ao teatro.

Isto posto, tentamos organizar um repertório relativo a um máximo de textos (apoiando-nos em obras de referências e nas raras bibliografias já existentes), mas sem esconder as lacunas prováveis de uma pesquisa, a ser completada por sua vez pelas investigações dos próximos anos. O trabalho que segue deve ser bastante longo e pareceu-nos útil indicar inicialmente uma espécie de bibliografia mínima para guiar os primeiros passos do leitor não-iniciado e lhe evitar o desencorajamento das perspectivas indefinidas.

PONTOS DE PARTIDA OBRIGATÓRIOS

— *As Obras Completas.*
— Na sua falta, pode-se procurar em edições de bolso: *O Teatro e seu Duplo,* bem como *O Umbigo dos Limbos* (acompanhado do *Pesa-Nervos* e dos textos do período surrealista).

— Os grandes textos dos últimos anos (*Cartas de Rodez, Artaud o Momo, Aqui Jaz...*) ainda não reeditados são provisoriamente encontráveis, a não ser nas grandes bibliotècas. O que há de essencial em *Van Gogh** pode ser ouvido em um disco.
— Nenhum estudo satisfatório de conjunto foi até agora tentado. O leitor deve portanto remeter-se a revistas e a números especiais de revistas, principalmente:
— *Cahiers Renaud-Barrault* 22-23 (1958) e 69 (1969).
— *Tel Quel* 20 (1965) e *Critique* 230 (1966) (para os estudos de J. Derrida).
— *Sipario* 230 (1965) O Teatro da Crueldade. *Teatro Festival* 2-3 (1967): colóquio Artaud em Parma (1966). Estas duas revistas exigem um conhecimento do italiano.

Pode-se prever que os anos imediatamente próximos nos oferecerão um importante florescimento de textos novos sobre Artaud. É preciso desejar que as breves indicações que forneceremos em seguida se tornem caducas.

I. OBRAS DE ANTONIN ARTAUD

1. LIVROS

1922. *La Marée — Marine*, Mercure de France.
1923. *Tric-Trac du Ciel*, Galerie Simon; *Maeterlinck — Doze cantigas*, Pref., Stock.
1925. *Le Pèse-Nerfs*, Coleção « Pour vos beaux yeux »; *L'Ombilic des Limbes*, N.R.F.; *Lettre à la Voyante*, Révolution surréaliste 2.
1927. *A la grande nuit ou le bluff surréaliste*, o próprio autor; *Correspondance avec Jacques Rivière*, N.R.F.; *La Coquille et le Clergyman* (separata do n.º 170 da N.R.F.); *Le Pèse-Nerfs*, Corti; *Le Pèse-Nerfs*, seguido de *Fragments d'un Journal d'Enfer*, Les Cahiers du Sud.
1929. *L'Art et la Mort*, Denoël, à maneira dos Três Macacos.
1930. *Au Fil des Préjugés* (Progrès Civique). Prefácio da Antologia do Dr. Toulouse.
1931. M.-G. LEWIS, *Le Moine*, recontada por Antonin Artaud, Denoël e Steele.
1932. *Le Théâtre de la Cruauté*, Manifeste, N.R.F.
1934. *Héliogabale ou l'Anarchiste couronné*, Denoël e Steele.
1937. *Nouvelles Révélations de l'Etre*, não assinado, Denoël.
1938. *Le Théâtre et son Double*, Gallimard, reeditado em 1944.
1944. *Révolte contre la Poésie*, sem o nome do editor; « mis en page et imprimé avec amour à Paris dans la brume de 1944 pour ceux qui savent choisir ».
1945. *Au pays des Tarahumaras*, Coleção l'Age d'Or, ed. Fontaine.
1946. *Lettres de Rodez*, G.L.M.; Fontaine; *Xylophonie contre la Grande Presse et son petit public*, com *Histoire entre la Groume et Dieu*, de A. Artaud, sem o nome do editor.
1947. *Portraits et dessins — Le visage humain*, poema, Galerie Pierre; *Artaud le Mômo*, Bordas; *Van Gogh, le suicidé de la société*, K. editor; *Ci-gît*, precedido da *La Culture indienne*, K. editor.
1948. *Pour en finir avec le Jugement de Dieu*, K. editor; *Textes et Documents, Témoignages*, K. editor.
1949. *Lettre contre la Cabbale*, J. Haumont, editor; *Supplément aux Lettres de Rodez*, seguido de *Coleridge le Traître*, G.L.M.; *Théâtre de Séraphin*, Cahiers de la Pléiade, primavera 1949; tem sido editado anteriormente pelo próprio Bettencourt, coleção L'Air du Temps.
1950. J. PREVEL: *De Colère et de Haine* (contém um poema de A. Artaud).
1952. *Lettres d'Antonin Artaud à Jean-Louis Barrault*, Bordas; M. BÉALU: *La Bouche ouverte* (contém um comentário de A. Artaud).

* Cf. lista de discos.

1953. *Vie et mort de Satan le Feu*, ed. Arcanes.
1955. *Galapagos, les Iles du Bout du Monde* (águas-fortes originais de Max Ernst); *Les Tarahumaras*, editor Marc Barbezat, L'Arbalète; reed. 1963.
1956. *Oeuvres complètes, tome I*, Gallimard; contém:
   Préambule — Correspondance avec Jacques Rivière — L'Ombilic des Limbes — Le Pèse-Nerfs — L'Art et la Mort — Textes et Poèmes inédits.
1957. *Autre chose que de l'enfant beau*, Miroir du Poète III, com uma ponta-seca de Picasso e um texto de Louis Broder.
1961. *Oeuvres complètes, tome II*, Gallimard:
   Théâtre Alfred-Jarry — Une pantomime — Un argument pour la scène — Deux projets de mise en scène — Notes sur les Tricheurs — Comptes rendus — A propos d'une pièce perdue — A propos de la littérature et des arts plastiques.
   Oeuvres complètes, tome III, Gallimard:
   Scenarii — A propos du cinéma — Interviews — Lettres.
1964. *Oeuvres complètes, tome IV*, Gallimard:
   Le Théâtre et son Double — Le Théâtre de Séraphin — Les Cenci.
   Oeuvres complètes, tome V, Gallimard:
   Autour du Théâtre et son Double e de *Os Cenci*.
1966. *Oeuvres complètes, tome VI*, Gallimard:
   Le Moine, de Lewis, recontada por Antonin Artaud.
1967. *Oeuvres complètes, tome VII*, Gallimard:
   Héliogabale — Les Nouvelles Révélations de l'être; Le Théâtre et son Double, ed. Poche, Gallimard.
1968. *L'Ombilic des Limbes*, seguido de *Le Pèse-Nerfs* e outros textos, Poésie-Gallimard, 1968.
1969. *Lettres d'Antonin Artaud à Génica Athanasiou*, Gallimard.
1970. *Oeuvres complètes, tome I*, nova ed. revista e corrigida, Gallimard; *Oeuvres complètes, supplément au tome I: Lettres, appendice*, Gallimard.

2. TEXTOS PUBLICADOS EM REVISTAS

1933. *Le Temple d'Astarté* (14, rue du Dragon, junho, n.º 4).
1935. *Après les Cenci*, La Bête Noire, maio, n.º 2 (cf. V, 45 e 54).
1945. *Fragments*, L'Heure Nouvelle, n.º 1.
1946. *Lettre sur Lautréamont*, Les Cahiers du Sud, n.º 275, pp. 6-10; *Centre-Noeuds*, n.º 18, 18 junho 1946; *Les Mères à l'étable*, L'Heure Nouvelle, n.º 2; *Le Théâtre et l'Anatomie*, La Rue, 12 julho 1946; *Centre pitere et Potron chier*, Troisième convoi, n.º 3, novembro 1946; *Lettre à Adamov*, L'Arche, n.º 16, junho 1946, pp. 38-42 e fragmento; *Histoire entre la Groume et Dieu*, Fontaine, n.º 57, pp. 673-677; *Lettre*, Lettres, Genebra, n.º 4.
1947. *Les malades et les médecins*, Les Quatre-Vents, n.º 8; *L'aveu d'Arthur Adamov*, Les Cahiers de La Pléiade, n.º 2, pp. 138-140; *La magre a la condition la même et magre à l'inconditionné*, 84, n.º 1; *Van Gogh*, 84, n.º 2; *L'arve et l'aume, tentative antigrammaticale contre Lewis Carroll*, L'Arbalète, n.º 12, pp. 159-184.
1948. *Lettre à Peter Watson*, Critique, outubro 1948, tomo 4, pp. 868-874; *Main d'ouvrier et main de singe — Lettres. Il fallait d'abord avoir envie de vivre*, K, junho 1948, n.ºs 1-2; *Lettre à Maurice Bataille*, France-Asie, setembro 1948; *Le Chevalier Mate-tapis* (segundo Lewis Carroll), Cahiers du Sud, n.º 287, p. 2; *Paris-Varsovie*, 84, n.ºs 3-4; *Huit poèmes de Suppôts et Suppliciations et une lettre à Paule Thévenin*, 84, n.ºs 5-6; *Aliéner l'acteur — Le théâtre et la science*, L'Arbalète, n.º 13; *Coleridge del Traître — Main d'ouvrier et main de singe — Il fallait d'abord avoir envie de vivre — Lettres — La Coquille et le Clergyman*

— *La révolte du boucher*, K, junho, n? 1; *Le visage humain*, Mercure de France, tomo 303, pp. 98-102.
1949. *Extraits de Suppôts et Suppliciations*, Les Temps Modernes, n? 40, fevereiro 1949; *Inédits*, Les Temps Modernes, tomo 4, pp. 217-229; *Il y a une vieille histoire...*, 84, n? 7; *Extraits de Suppôts et Suppliciations*, 84, n?s 8-9, notas pp. 278-284; *C'est qu'un jour..., Je suis l'inerte. L'erreur est dans le fait*, 84, n?s 10-11; *Textes*, Cahiers de la Pléiade, n? 7, primavera 1949, pp. 113-140.
1950. *La Mort et l'homme*, 84, n? 13; *Je n'ai jamais rien étudié*, 84, n? 16.
1951. Trechos de *Suppôts et Suppliciations*, La Nef, janeiro 1951; *Trois lettres adressées à des médecins — L'éperon malicieux — Le double cheval*, Botteghe oscure, 8? caderno.
1952. *Lettre à André Breton*, Soleil Noir, Positions n? 1, fevereiro; *Lettre (29 março 1944)*, Revue théâtrale, n? 20.
1953. *Trois textes écrits pour être lus à la galerie Pierre lors de l'exposition Portraits et Dessins*, Le Disque Vert, n? 4.
1954. *Le Théâtre et la science* (fragmento), Théâtre populaire, n? 5, janeiro-fevereiro 1954; *Deux textes*, Cahiers Renaud-Barrault, 2? ano, 3? caderno, Julliard.
1956. *Trois lettres inédites d'Antonin Artaud*, Revue théâtrale, n? 32.
1959. *Lettre à Henri Thomas*, Cahiers des Saisons, primavera 1959; *Trois lettres au docteur Ferdière — Trois lettres à sa famille*, La Tour de Feu, n?s 63-64.
1960. *Lettre à Albert Camus*, N.R.F., maio 1960; *Lettre à Jean Paulhan*, N.R.F., novembro 1960; *Chiotte à l'esprit*, Tel Quel, n? 3, *Envoi à Desnos*, Réalités secrètes, n? 7.
1961. *L'homme et sa douleur — Cinq lettres au docteur Latremolière — Extraits du Cahier — Lutèce*, La Tour de Feu, n? 69; *Fragmentations*, Les Temps Modernes, janeiro 1961; *Lettre à Roger Karl*, Lettre ouverte, n? 2.
1963. *Une note sur la peinture surréaliste en général, des commentaires de mes dessins*, Tel Quel, outono 1963.
1964. *Lettres d'Artaud à Vitrac*, apresentadas por Henri Béhar, N.R.F., abril 1964.
1965. *Onze lettres à Anaïs Nin*, Tel Quel, n? 20, inverno 1965; *Lettre à Alfredo Gangotena*, N.R.F., maio 1965; *Lettres sur les chimères*, Tel Quel, n? 22, verão 1965.
1966. *Le rite des rois de l'Atlantide*, N.R.F., 1 junho 1966.
1967. *Ainsi donc la question...*, Tel Quel, n? 30, verão 1967; *Lettres inédites d'Antonin Artaud*, Opus international 3, outubro 1967.
1968. *Il y a dans la magie...*, Tel Quel, n? 35, outono 1968; *Lettres à André Breton et Dessins, pages de cahier*, L'Ephémère, n? 8, inverno 1968.
1969. *Le Courant plan... — Le Mexique et l'esprit primitif: Maria Izquierdo*, Promesse, n?s 25-26, verão-outono 1969; *Quatre lettres*, L'Ephémère, n? 10, verão 1969: textos inseridos depois no Supplément no tomo I dos O.C., Gallimard, 1970; *La Main de singe, et autres textes inédits*, Tel Quel, n? 39, outono 1969.
1970. *Le théâtre d'après-guerre à Paris*, Cahiers Renaud-Barrault, n? 71: texto inserido antes no tomo *VIII* dos O.C.; *Le visage humain. Dessins*, L'Ephémère, n? 13, primavera 1970.

II. OBRAS SOBRE ANTONIN ARTAUD

1. ESTUDOS

1959. *Antonin Artaud*, de Georges CHARBONNIER, Seghers, 1959.
1960. *Antonin Artaud, le suicidé de la société*, de Jean HORT, ed. Connaître, Genebra, 1960.

BIBLIOGRAFIA 383

1962. *Le naufrage prophétique d'Antonin Artaud*, pelo Dr A. BONNETON, Lefebvre, 1962.
1963. *Antonin Artaud et son Double*, pelo Dr Armand LAROCHE (Tese de doutoramento em medicina, 1963);
Antonin Artaud: de la maladie à l'oeuvre, pelo Dr. COLLOMP. (Tese de doutoramento em medicina, 1963).
1964. *Antonin Artaud théoricien du théâtre*, de Valère NOVARINA. (Memória de D.E.S., sob a direção de Alain Virmaux, Faculdade de Letras e Ciências Humanas de Paris, maio 1964).
1966. *Une étude des théories théâtrales d'Artaud*, de Franco TONELLI. (Tese, Louisiane State University, 1966; resumido nas Dissertation abstracts, vol. *XXVII*, n.º 12, parte 1, junho 1967).
1967. *Antonin Artaud homme de théâtre*, de Gérard LIÉBER. (Memória de D.E.S., sob a direção de Alain Virmaux, Faculdade de Letras e Ciências Humanas de Paris, maio 1967).
1968. *Portrait d'Antonin Artaud*, de Otto HAHN, ed. Le Soleil Noir;
Jarry, Reverdy and Artaud: the abrupt path, de John Richard NASH. (Tese Stanford University, 1967); Dissertation abstracts, vol. *XXVIII*, n.º 7, janeiro 1968). *The dramatic concepts of A.A.*, de Eric SELLIN. (Chicago-London, The University of Chicago Press);
A.A. and the theatre of cruelty, de Robert-Edward TEMBECK. (Tese, Univ. Minnesota, 1968; Dissertation abstracts, vol. *XXIX*, n.º 8, fevereiro 1969).

2. BIOGRAFIAS

1952. Marie-Ange MALAUSSÉNA, Revue théâtrale, n.º 23, 1952;
de Paul ARNOLD: *Lettres d'Antonin Artaud à Jean-Louis Barrault*, Bordas, 1952.
1958. Paule THÉVENIN, Cahiers de la Compagnie Renaud-Barrault, maio 1958.
1962. Otto HAHN, Les Temps Modernes, maio e junho 1962.
1965. Paule THÉVENIN: *Antonin Artaud dans la vie*, Tel Quel, n.º 20, inverno 1965.

3. PREFÁCIOS

1952. Paul ARNOLD: *Lettres d'Antonin Artaud à Jean-Louis Barrault*, Bordas, 1952;
André FRANCK: *Lettres d'Antonin Artaud à Jean-Louis Barrault*, Bordas, 1952.
1953. Serge BERNA: *Vie et mort de Satan le Feu*, ed. Arcanes, 1953.
1968. Alain JOUFFRY: *L'Ombilic des Limbes*, seguido de *Le Pèse-nerfs* e *autres textes*, col. Poésie (Gallimard, 1968).

4. CAPÍTULOS DE LIVROS

1948. GIDE: *Eloges*, Neuchâtel, Ides et Calendes.
1949. GIDE: *Feuillets d'automne*, Mercure de France, pp. 132-134;
Jean-Louis BARRAULT: *Réflexions sur le théâtre*, Vautrain, ed.
1952. André BRETON: *Entretiens avec André Parinaud* (ver também entrevistas com André Parinaud, na lista de emissões radiofônicas no apêndice);
Jean ROUSSELOT: *Panorama critique des nouveaux poètes français*, Seghers, 1952, pp. 61-68.
1958. A. ROUSSEAUX: *Littérature du XX e siècle, tome VI*, Albin-Michel, 1958; *Nuit et Lumière d'Antonin Artaud*, pp. 113-131; 1. « Un homme en quête de l'homme »; 2. « Magie mexicaine »;
Claude MAURIAC: *L'allitérature contemporaine*, Albin-Michel, 1958, reed. 1969;

André MASSON: *Entretiens avec Georges Charbonnier*, Julliard, 1958.
1959. Maurice BLANCHOT: *Le livre à venir*, Gallimard, 2 ed., 1959; « Artaud», pp. 45-52;
S. DHOMME: *Histoire de la mise en scène d'Antoine à Brecht*, Fernand Nathan, 1959.
1960. R. MAGUIRE: *Le Hors-Théâtre*. (Tese datilografada, Doutoramento da Université, Paris 1960); *Le problème du voyage d'Antonin Artaud en Irlande*. Questão complementar ao doutoramento universitário, Paris, 1960 (12 pp. datilografadas).
1961. Gaëtan PICON: *L'usage de la lecture, tome II*, Mercure de France, 1961; sobre « Antonin Artaud », pp. 189-194;
Wallace FOWLIE: *Dionysus in Paris*, Nova York, 1961.
1962. Maria KESTING: *Panorama des Zeitgenössischen Theaters*, Munique, 1962.
1963. Jean VILAR: *De la tradition théâtrale*, L'Arche, 1963; 1 ed., 1955.
1966. Henri BÉHAR: *Roger Vitrac*, Nizet, 1966.
1967. Henri BÉHAR: *Etude sur le théâtre dada et surréaliste*, Gallimard, 1967.
1966. *Roger Désormière et son temps*, obra coletiva, ed. du Rocher, Mônaco, 1966;
J.-J. LEBEL: *Le happening*, Dossier des Lettres Nouvelles, Denoël, 1966;
Geneviève SERREAU: *Histoire du Nouveau Théâtre*, coleção Idées, 1966, n.º 104.
1967. Jacques DERRIDA: *L'Ecriture et la Différence*, ed. du Seuil.
Jean-Pierre FAYE: *Le Récit Hunique*, ed. du Seuil.
1968. Arthur ADAMOV: *L'Homme et l'enfant, Souvenirs, Journal*, Gallimard, 1968;
Pierre BINER: *Le Living Theatre*, La Cité, ed. L'Age d'Homme, Lausanne, 1968;
Susan SONTAG: *L'OEuvre parle*, ed. du Seuil, 1968;
Gilbert TARRAB: *Le Happening*, Revue d'Histoire du Théâtre, 1968-I;
Raymonde TEMKINE: *Grotowski*, La Cité, ed. L'Age d'Homme, Lausanne, 1968;
Ernest de GENGENBACH: *L'Expérience démoniaque*, E. Losfeld, Le Terrain Vague, 1968;
1969. Jacques BARON, *L'An 1 du surréalisme*, Denoël, 1969;
Jacques ROBERT: *Mon après-gurre* (Memórias, tomo 2), Julliard, 1969;
Maurice BLANCHOT: *L'Entretien infini*, Gallimard, 1969 (contém texto sobre A.A. « La cruelle raison poétique »).
Anais Nin: *Journal 1931-1934*, Stock, 1969.

NÚMEROS ESPECIAIS DE REVISTAS

1948. *France-Asie*, setembro 1948, n.º 30; « Hommage à Artaud »; textos de Jean de Bosschère, Aimé Patri, Camille Bryen, Jean Rousselot, Marcel Bataille.
K., 1948, n.ºs 1-2; « Spécial Antonin Artaud »; textos de Adamov, Dullin, Cuny, Pichette, Audiberti, Maurice Nadeau, Maurice Saillet.
84, 1948, n.ºs 5-6; « Spécial Antonin Artaud »; textos de Antonin Artaud e depoimentos de Adamov, Henri Thomas, André Gide, Paule Thévenin, Roger Blin, Alain Cuny, Marthe Robert, Pierre Minet, Jean Paulhan, Jacques Prével...
1958. *Cahiers de la Compagnie Renaud-Barrault*, n.ºs 22-23, maio 1958; « Antonin Artaud et le théâtre de notre temps »; textos e estudos de: André Masson, Marthe Robert, Maurice Blanchot, Abel Gance, Adamov, Ionesco, Weingarten, Poliéri, Paule Thévenin...
1959-1961. *La Tour de Feu*, dezembro 1959, n.ºs 63-64; abril 1961, n.º 69.

1963. *Tulane Drama Review*, tomo 22, inverno 1963 (duas traduções dos artigos franceses de Paul Arnold e Romain Weingarten, e textos traduzidos de Artaud).
1965. *Sipario* 230, junho 1965, número especial sobre « Le Théâtre de la Cruauté »; *Tel Quel*, n.º 20, inverno 1965; onze cartas a Anaïs Nin e estudos de Sollers, Paule Thévenin, Jacques Derrida.
1967. *Teatro Festival* 2-3, fevereiro-março 1967; Actes du Colloque Artaud de Parme (março 1966).
1969. *Cahiers Renaud-Barrault*, n.º 69, reed. parcial e completa dos n.ºs 22-23 de 1958.

6. ARTIGOS DE PERIÓDICOS

1932. *L'Intransigeant*, 26 junho; *Comoedia*, 26 junho; *L'Intransigeant*, 3 julho; *Comoedia*, 21 setembro; *L'Action Française*, 14 outubro; *Paris-Soir*, 14 julho.
1935. *L'action Française*, 17 maio; *Candide*, 23 maio; *N.R.F.*, junho: artigo de Pierre-Jean Jouve sobre *Les Cenci* (cf. Apêndice).
1945. *L'Heure Nouvelle*, n.º 1: « Le théâtre mort et vivant », de H. Thomas.
1946. *Combat*, 8 junho; *Les Nouvelles Littéraires*, n.º 984: Cl. CHONEZ « L'hommage à A. Artaud »; *Juin*, 18 junho, A. Adamov: « Introduction à Antonin Artaud ».
1947. *Paru*, abril: artigo de Adamov: *La Gazette des Lettres*, 28 junho; *Combat*, 24 janeiro; *Opéra*, 29 janeiro; *Combat*, 7 fevereiro, 25 julho.
1948. *Ópera*, 10 março: *Arts*, 12 março; *Le Figaro Littéraire*, 13 março; *Combat*, 19 março: artigo de André Gide; *Les Nouvelles Littéraires*, n.º 1071; *Transition 48:* artigo de M. Saillet; *Le Mercure de France*, tomo 303, p. 103; *Les Cahiers de la Pléiade*, primavera: H. Thomas; *Les Lettres Françaises*, 25 março: Tristan Tzara; *La Table Ronde*, março 1948; *La Table Ronde*, abril 1948, n.º 4. Ci-gît A.A., pp. 692--98; *Sur* (maio), Julio Cortázar: « Muerte de A.A. ». Carta de A.A. a H. Parisot, 17-9-45; *Revue du Rouergue*, janeiro-março: « A.A. à Rodez »; *Partisan Review*, 15, março, pp. 332-338, Hivnor Marie-Otis: « Barrault and Artaud »; *K.*, n.ºs 1-2: « Artaud: textes, documents, témoignages ».
1949. *Les Cahiers de la Pléiade*, primavera, n.º 7; *Combat*, 3 março.
1950. *La Revue Théâtrale*, verão, n.º 13; *Le Figaro*, 10 março; *Paris-Presse*, 11 março; *Le Figaro Littéraire*, 18 março.
1953. *France-Asie*, novembro.
1956. *Le Figaro Littéraire; Combat*, 2 agosto; *Théâtre Populaire*, maio, n.º 18: R. Weingarten; *N.R.F.*, novembro: M. Blanchot, « Artaud », pp. 873--881; *Lettres Nouvelles*, setembro; Paule Thévenin; *Tempo presente*, n.ºs 6-7: « Artaud il delirante », de L. Codignola.
1957. *Critique*, n.º 119, abril, René Ménard: « A.A. et la condition poétique »; *Mercure de France*, abril; *Monde Nouveau*, janeiro.
1958. *Arts*, 26 janeiro: J.-L. Barrault, A. Franck, Ph. Soupault; *Le Figaro Littéraire*, 15 março; *Vin nouveau*, janeiro: « Artaud de châtré », de Bersani; *Réforme*, 29 março.
1959. *Le Revue de Paris*, março: « A.A. ou la vocation du délire », A. Bosquet; *Antarès*, março: « Ein erster Hinweis auf den Visionär der Bühne »; *France-Observateur*, 30 abril: Maurice Nadeau; *Carrefour*, 8 julho: Pierre Berger; *Le Bulletin des Lettres*, 15 junho; *L'Express*, 3 dezembro: F. Mauriac; *Nô*, n.º 1, fevereiro 1959: Fr. Buache.
1960. *The Sewanee review*, n.º 67: W. Fowlie; *Revue générale belge*, janeiro: « Artaud et le théâtre de nouvelle vague », de Paul Arnold; *Cahiers de la Compagnie Renaud-Barrault*, fevereiro, n.º 29: « Artaud et la bataille des Cormorans », de S. Benmussa; *Rivarol*, 13 julho: R. Poulet; *Poesia espagnola*, julho; *Revue du Rouergue*, julho-setembro 1960: J. Digot; *Cahiers de la Compagnie Renaud-Barrault*, n.º 31: « De A. Artaud aux céremonies hittites », de A. Franck; *Le Monde et la Vie*, julho; *Dé-*

fense de l'Homme, agosto; *L'Express*, 24 janeiro; *L'Express*, 18 fevereiro.
1961. *Le Figaro Littéraire*, 2 setembro: « La femme à Roudoudou », fotomontagem de A. Artaud apresentada pelo Dr Ferdière; *Candide*, 22 julho; *France-Observateur*, 21 dezembro: André Dalmas.
1962. *Esprit*, abril; *Le Journal des Poètes*, novembro; *Le Nouveau Candide*, 11 janeiro; *Carrefour*, 10 janeiro; *L'Express*, 4 janeiro; *Démocratie 62*, 25 janeiro; *Arts*, 7 fevereiro; *Les Temps Modernes*, maio e junho; *Cahiers de la Compagnie Renaud-Barrault*, n.º 37: « Du livre des morts à Saint-Patrick », de A. Franck; *Corriere della Serra*, 16 março; « Il teatro della crudelità », de G. Macchia; *Le Figaro Littéraire*, 17 fevereiro: R. Kanters; *Akzente*, fevereiro: «Artaud und das Theater der Grausamkeit », de M. Kesting; *Les Lettres françaises*, 11 janeiro: R. Lacôte; *N.R.F.*, fevereiro e março: « En compagnie d'Antonin Artaud », de J. Prevel; *La Table Ronde*, maio, *Les Nouvelles Littéraires*, 26 abril: P. de Massot; *Le Matin*, 14 janeiro; *La Tribune de Lausanne*, 20 janeiro; *Candide*, 19 janeiro: K. Haedens.
1963. *Les Nouvelles Littéraires*, 28-2-63: « Les Francs-tireurs du Surréalisme », de Robert Aron; *The Listener*, LXX, n.º 1799, setembro; *Theater Heute*, IV, n.º 9, setembro: «Der Vater des modernes Theaters: Antonin Artaud ».
1964. *London Magazine*, III, n.º 12, março: « Artaud's cruelty », de Allan Seymour; *Il Mondo*, ano XVI, n.º 16, 21 abril: « Artaud et la crudeltà », de Chiaromonte Nicola; *Yale French Studies*, New Haven, maio 1964: « A new type of magic », de Bettina Knapp; *Encore XI*, n.º 3, maio-junho: « Artaud for Artaud's sake », de Peter Brook; *Nouvelle Frontière*, n.ºs 59-61, junho-julho: « Antonin Artaud le suicidé du théâtre », de J.-M. Royer; *France-Observateur*, n.º 741, 16 julho 1964: « Artaud, homme de théâtre », de Jean Thibaudeau; *L'Express*, n.º 685, 30 julho: « Pour un théâtre de la Cruauté », de Alain Jouffry; *Strophes*, n.º 4, novembro 1964: « Artaud poète de la chair », de J.-F. Rollin.
1965. *Lettres Françaises*, n.º 1064, 21 janeiro 1965: « Artaud vu par Blin », de J.-P. Faye; *Esprit*, maio: « Sur les traces d'Artaud », de Michael Kustow; *Entretiens psychiatriques*, n.º 11, Toulouse Privat: « Antonin Artaud, l'inapplication à la vie », de M. Touly; *Tel Quel*, n.º 20: « La pensée émet des signes », de Philippe Sollers; « La parole soufflée », de Jacques Derrida; *Etudes cinématographiques*, n.ºs 38-42: « Surréalisme et Cinéma », de Alain Virmaux; *Cahiers Renaud-Barrault*, n.º 51, novembro: Notas de mise-en-scène de Antonin Artaud para *Les Cenci*.
1966. *N.R.F.*, 1.º junho: « Je suis le plus malade des surréalistes », de Anaïs Nin; *Le Monde*, 19-2-66: « Une fausse image d'Artaud aux Etats-Unis », de David Rattray; *Critique*, n.º 230, julho: « Le théâtre de la cruauté et la clôture de la représentation », de Jacques Derrida; *Tulane Drama Review*, T. 33, outono 1966: « Artaud and Film », de Alain Virmaux; *Tulane Drama Review*, T. 34, inverno 1966: « Notes on the Theater of Cruelty », de Charles Marowitz.
1967. *N.R.F.*, janeiro: «Sous le signe d'Artaud», de Robert Abirached; *Le Point*, janeiro: « Mythe et réalité du théâtre », de J.-P. Sartre; *Le Point*, fevereiro: « La route de l'hystérie », de J.-P. Berckmans; *Les Temps Modernes*, n.º 251, abril 1967: « Il n'était pas entièrement lui-même », de Jerzy Grotowski; *Les Lettres Françaises*, 28-6-67, n.º 1189: « Antonin Artaud, écriture, pensée et matérialisme », de Jacques Henric; *Le Nouvel Observateur*, n.º 138, 5 a 11-7-67: « L'idiot sacré de notre village », de Cl. Roy; *La Quinzaine Littéraire*, n.º 32, 15 a 31-7-67: « Moi, Antonin Artaud », de Henri Ronse; *Le Monde*, 29-12-67: « La leçon d'Antonin Artaud », de B. Poirot-Delpech.
1968. *Preuves*, n.º 205, março 1968: «Antonin Artaud et sa double idée du théâtre », de Nicola Chiaromonte; *Magazine Littéraire*, n.º 17, abril 1968: « Absence d'Antonin Artaud », de Pierre Minet; *Critique 255-*

-*256*, agosto-setembro 1968: « Le schizophrène et la mort », de Gilles Deleuze; *Europe 475-476*, novembro-dezembro 1968: « Antonin Artaud et le Surréalisme » e « l'indignation d'Artaud », de Jean-Gabriel Nordmann; *Le Nouveau Commerce 12*, inverno 1968: « Antonin Artaud ou la pensée au supplice », de Roger Laporte; *French Review*, fevereiro 1968: « Artaud's myth of motion », de Mary-Ann Caws; *Romanische Forschungen*, H 2/3, 1968: « A.A., Theater der Grausamkeit », de Karl-Alfred Blücher.

1969. *La Nouvelle Revue Française*, 1-5-69, número especial J. Paulhan: « Le bouquet de violettes de Jean Paulhan », de Paule Thévenin; *Combat*, 9-5-69: « Cet insurgé du corps: Antonin Artaud », de André Almuro; *Times* (Literary Supplement), 8, maio 1969: « Le mythe d'Artaud »; *Carrefour*, 5-2-1969: « Portraits de poètes (Otto Hahn, A.A.) », de Pascal Pia; *La Nouvelle Critique*, junho 1969: « Brecht et Artaud », de Guy Scarpetta; *Revue des Lettres Modernes*, n.ºs 212-216 (1969): « Note sur Artaud et Camus », de Alan J. Clayton; *Tel Quel 39*, outono 1969: « Entendre/Voir/Lire », de Paule Thévenin; *Tel Quel*, inverno 1969-1970: « Entendre/Voir/Lire », de Paule Thévenin.

A APARECER:

Antonin Artaud et le théâtre grec, de Jacqueline Marc-Vigier.

COLEÇÃO ESTUDOS

1. *Introdução à Cibernética*, W. Ross Ashby.
2. *Mimesis*, Erich Auerbach.
3. *A Criação Científica*, Abraham Moles.
4. *Homo Ludens*, Johan Huizinga.
5. *A Lingüística Estrutural*, Giulio C. Lepschy.
6. *A Estrutura Ausente*, Umberto Eco.
7. *Comportamento*, Donald Broadbent.
8. *Nordeste 1817*, Carlos Guilherme Mota.
9. *Cristãos-Novos na Bahia*, Anita Novinsky.
10. *A Inteligência Humana*, H. J. Butcher.
11. *João Caetano*, Décio de Almeida Prado.
12. *As Grandes Correntes da Mística Judaica*, Gershom Scholem.
13. *Vida e Valores do Povo Judeu*, Cecil Roth e outros.
14. *A Lógica da Criação Literária*, Käte Hamburger.
15. *Sociodinâmica da Cultura*, Abraham Moles.
16. *Gramatologia*, Jacques Derrida.
17. *Estampagem e Aprendizagem Inicial*, W. Sluckin.
18. *Estudos Afro-Brasileiros*, Roger Bastide.
19. *Morfologia do Macunaima*, Haroldo de Campos.
20. *A Economia das Trocas Simbólicas*, Pierre Bourdieu.
21. *A Realidade Figurativa*, Pierre Francastel.
22. *Humberto Mauro, Cataguases, Cinearte*, Paulo Emílio Salles Gomes.
23. *História e Historiografia do Povo Judeu*, Salo W. Baron.
24. *Fernando Pessoa ou o Poetodrama*, José Augusto Seabra.
25. *As Formas do Conteúdo*, Umberto Eco.
26. *Filosofia da Nova Música*, Theodor Adorno.
27. *Por uma Arquitetura*, Le Corbusier.
28. *Percepção e Experiência*, M. D. Vernon.
29. *Filosofia do Estilo*, G. G. Granger.
30. *A Tradição do Novo*, Harold Rosenberg.
31. *Introdução à Gramática Gerativa*, Nicolas Ruwet.
32. *Sociologia da Cultura*, Karl Mannheim.
33. *Tarsila sua Obra e seu Tempo* (2 vols.), Aracy Amaral. (F.C.)
34. *O Mito Ariano*, Léon Poliakov.
35. *Lógica do Sentido*, Gilles Delleuze.
36. *Mestres do Teatro I*, John Gassner.
37. *O Regionalismo Gaúcho*, Joseph L. Love.
38. *Sociedade, Mudança e Política*, Hélio Jaguaribe.
39. *Desenvolvimento Político*, Hélio Jaguaribe.
40. *Crises e Alternativas da América Latina*, Hélio Jaguaribe.
41. *De Geração a Geração*, S. N. Eisenstadt.
42. *Política Econômica e Desenvolvimento do Brasil*, Nathanael H. Leff.
43. *Prolegômenos a uma Teoria da Linguagem*, Louis Hjelmslev.
44. *Sentimento e Forma*, Susanne K. Langer.
45. *A Política e o Conhecimento Sociológico*, F. G. Castles. (F.C.)
46. *Semiótica*, Charles S. Peirce.
47. *Ensaios de Sociologia*, Marcel Mauss.
48. *Mestres do Teatro II*, John Gassner.

* F.C.: Fora de Catálogo

49. *Uma Poética para Antonio Machado*, Ricardo Gullón.
50. *Burocracia e Sociedade no Brasil Colonial*, Stuart B. Schwartz.
51. *A Visão Existenciadora*, Evaldo Coutinho.
52. *América Latina em sua Literatura*, Unesco.
53. *Os Nuer*, E. E. Evans-Pritchard.
54. *Introdução à Textologia*, Roger Laufer.
55. *O Lugar de Todos os Lugares*, Evaldo Coutinho.
56. *Sociedade Israelense*, S. N. Eisenstadt.
57. *Das Arcadas do Bacharelismo*, Alberto Venancio Filho.
58. *Artaud e o Teatro*, Alain Virmaux.
59. *O Espaço da Arquitetura*, Evaldo Coutinho.
60. *Antropologia Aplicada*, Roger Bastide.
61. *História da Loucura*, Michel Foucault.
62. *Improvisação para o Teatro*, Viola Spolin.
63. *De Cristo aos Judeus da Corte*, Léon Poliakov.
64. *De Maomé aos Marranos*, Léon Poliakov.
65. *De Voltaire a Wagner*, Léon Poliakov.
66. *A Europa Suicida*, Léon Poliakov.
67. *O Urbanismo*, Françoise Choay.
68. *Pedagogia Institucional*, A. Vasquez e F. Oury. (F.C.)
69. *Pessoa e Personagem*, Michel Zeraffa.
70. *O Convívio Alegórico*, Evaldo Coutinho.
71. *O Convênio do Café*, Celso Lafer.
72. *A Linguagem*, Edward Sapir.
73. *Tratado Geral de Semiótica*, Umberto Eco.
74. *Ser e Estar em Nós*, Evaldo Coutinho.
75. *Estrutura da Teoria Psicanalítica*, David Rapaport.
76. *Jogo, Teatro & Pensamento*, Richard Courtney.
77. *Teoria Crítica I*, Max Horkheimer.
78. *A Subordinação ao Nosso Existir*, Evaldo Coutinho.
79. *A Estratégia dos Signos*, Lucrécia D'Aléssio Ferrara.
80. *Teatro: Leste & Oeste*, Leonard C. Pronko.
81. *Freud: a Trama dos Conceitos*, Renato Mezan.
82. *Vanguarda e Cosmopolitismo*, Jorge Schwartz.
83. *O Livro dIsso*, Georg Groddeck.
84. *A Testemunha Participante*, Evaldo Coutinho.
85. *Como se Faz uma Tese*, Umberto Eco.
86. *Uma Atriz: Cacilda Becker*, Nanci Fernandes e Maria Thereza Vargas (orgs.).
87. *Jesus e Israel*, Jules Isaac.
88. *A Regra e o Modelo*, Françoise Choay.
89. *Lector in Fabula*, Umberto Eco.
90. *TBC: Crônica de um Sonho*, Alberto Guzik.
91. *Os Processos Criativos de Robert Wilson*, Luiz Roberto Galizia.
92. *Poética em Ação*, Roman Jakobson.
93. *Tradução Intersemiótica*, Julio Plaza.
94. *Futurismo: uma Poética da Modernidade*, Annateresa Fabris.
95. *Melanie Klein I*, Jean-Michel Petot.
96. *Melanie Klein II*, Jean-Michel Petot.
97. *A Artisticidade do Ser*, Evaldo Coutinho.
98. *Nelson Rodrigues: Dramaturgia e Encenações*, Sábato Magaldi.
99. *O Homem e seu Isso*, Georg Groddeck.
100. *José de Alencar e o Teatro*, João Roberto Faria.
101. *Fernando de Azevedo: Educação e Transformação*, Maria Luiza Penna.

* F.C.: Fora de Catálogo

102. *Dilthey: um Conceito de Vida e uma Pedagogia*, Maria Nazaré de C. P. Amaral.
103. *Sobre o Trabalho do Ator*, Mauro Meiches e Silvia Fernandes.
104. *Zumbi, Tiradentes*, Cláudia de Arruda Campos.
105. *Um Outro Mundo: a Infância*, Marie-José Chombart de Lauwe.
106. *Tempo e Religião*, Walter I. Rehfeld.
107. *Arthur Azevedo: a Palavra e o Riso*, Antonio Martins.
108. *Arte, Privilégio e Distinção*, José Carlos Durand.
109. *A Imagem Inconsciente do Corpo*, Françoise Dolto.
110. *Acoplagem no Espaço*, Oswaldino Marques.
111. *O Texto no Teatro*, Sábato Magaldi.
112. *Portinari, Pintor Social*, Annateresa Fabris.
113. *Teatro da Militância*, Silvana Garcia.
114. *A Religião de Israel*, Yehezkel Kaufmann.
115. *Que é Literatura Comparada?*, Brunel, Pichois, Rousseau.
116. *A Revolução Psicanalítica*, Marthe Robert.
117. *Brecht: um Jogo de Aprendizagem*, Ingrid Dormien Koudela.
118. *Arquitetura Pós-Industrial*, Raffaele Raja.
119. *O Ator no Século XX*, Odette Aslan.
120. *Estudos Psicanalíticos sobre Psicossomática*, Georg Groddeck.
121. *O Signo de Três*, Umberto Eco e Thomas A. Sebeok.
122. *Zeami: Cena e Pensamento Nô*, Sakae M. Giroux.
123. *Cidades do Amanhã*, Peter Hall.
124. *A Causalidade Diabólica I*, Léon Poliakov.
125. *A Causalidade Diabólica II*, Léon Poliakov.
126. *A Imagem no Ensino da Arte*, Ana Mae Barbosa.
127. *Um Teatro da Mulher*, Elza Cunha de Vicenzo.
128. *Fala Gestual*, Ana Claudia de Oliveira.
129. *O Livro de São Cipriano: uma Legenda de Massas*, Jerusa Pires Ferreira.
130. *Kósmos Noetós*, Ivo Assad Ibri.
131. *Concerto Barroco às Óperas do Judeu*, Francisco Maciel Silveira.
132. *Sérgio Milliet, Crítico de Arte*, Lisbeth Rebollo Gonçalves.
133. *Os Teatros Bunraku e Kabuki: Uma Visada Barroca*, Darci Kusano.
134. *O Idiche e seu Significado*, Benjamin Harshav.
135. *O Limite da Interpretação*, Umberto Eco.
136. *O Teatro Realista no Brasil: 1855-1865*, João Roberto Faria.
137. *A República de Hemingway*, Giselle Beiguelman-Messina.
138. *O Futurismo Paulista*, Annateresa Fabris.
139. *Em Espelho Crítico*, Robert Alter.
140. *Antunes Filho e a Dimensão Utópica*, Sebastião Milaré.
141. *Sabatai Tzvi: O Messias Místico I, II, III*, Gershom Scholem.
142. *História e Narração em Walter Benjamin*, Jeanne Marie Gagnebin.
143. *A Política e o Romance*, Irwing Howe.
144. *Os Direitos Humanos como Tema Global*, J. A. Lindgren.
145. *O Truque e a Alma*, Angelo Maria Ripellino.
146. *Os Espirituais Franciscanos,* Nachman Falbel.
147. *A Imagem Autônoma*, Evaldo Coutinho.
148. *A Procura da Lucidez em Artaud,* Vera Lúcia Gonçalves Felício.
149. *Memória e Invenção: Gerald Thomas em Cena*, Sílvia Fernandes Telesi.
150. *Nos Jardins de Burle Marx*, Jacques Leenhardt.
151. *O* Inspetor Geral *de Gógol/Meyerhold*, Arlete Cavalière.
152. *O Teatro de Heiner Müller*, Ruth Röhl.
153. *Psicanálise, Estética e Ética do Desejo*, Maria Inês França.
154. *Cabala: Novas Perspectivas*, Moshe Idel.

155. *Falando de Shakespeare*, Barbara Heliodora.
156. *Imigrantes Judeus / Escritores Brasileiros*, Regina Igel.
157. *A Morte Social dos Rios*, Mauro Leonel.
158. *Barroco e Modernidade*, Irlemar Chiampi.
159. *Moderna Dramaturgia Brasileira*, Sábato Magaldi.
160. *O Tempo Não-Reconciliado*, Peter Pál Pelbart.
161. *O Significado da Pintura Abstrata*, Mauricio Mattos Puls
162. Work in Progress *na Cena Contemporânea*, Renato Cohen
163. *Mito e Tragédia na Grécia Antiga*, Jean-Pierre Vernant e Pierre Vidal-Naquet
164. *A Teoria Geral dos Signos*, Elisabeth Walther
165. *Lasar Segall: Expressionismo e Judaísmo*, Cláudia Valladão Mattos
166. *Escritos Psicanalíticos sobre Literatura e Arte*, Georg Groddeck
167. *Norbert Elias, a Política e a História*, Alain Garrigou e Bernard Lacroix
168. *A Cultura Grega e a Origem do Pensamento Europeu*, Bruno Snell
169. *O Freudismo – Esboço Crítico*, M. M. Bakhtin
170. *Stanislávski, Meierhold & Cia.*, J. Guinsburg
171. *O Anti-Semitismo na Era Vargas*, Maria Luiza Tucci Carneiro
172. *Apresentação do Teatro Brasileiro Moderno*, Décio de Almeida Prado
173. *Imaginários Urbanos*, Armando Silva Tellez
174. *Psicanálise em Nova Chave*, Isaias Melsohn
175. *Da Cena em Cena*, J. Guinsburg
176. *Jesus*, David Flusser
177. *O Ator Compositor*, Matteo Bonfitto
178. *Freud e Édipo*, Peter L. Rudnytsky
179. *Avicena: A Viagem da Alma*, Rosalie Helena de Souza Pereira
180. *Em Guarda Contra o "Perigo Vermelho"*, Rodrigo Sá Motta
181. *A Casa Subjetiva*, Ludmila de Lima Brandão
182. *Ruggero Jacobbi*, Berenice Raulino
183. *Presenças do Outro*, Eric Landowski
184. *O Papel do Corpo no Corpo do Ator*, Sônia Machado Azevedo
185. *O Teatro em Progresso*, Décio de Almeida Prado
186. *Édipo em Tebas*, Bernard Knox
187. *Arquitetura e Judaísmo: Mendelsohn*, Bruno Zevi
188. *Uma Arquitetura da Indiferença*, Annie Dymetman
189. *A Casa de Adão no Paraíso*, Joseph Rykwert
190. *Pós-Brasília: Rumos da Arquitetura Brasileira*, Maria Alice Junqueira Bastos
191. *Entre Passos e Rastros*, Berta Waldman
192. *Depois do Espetáculo*, Sábato Magaldi
193. *Franz Kafka: Um Judaísmo na Ponte do Impossível*, Enrique Mandelbaum
194. *Em Busca da Brasilidade*, Claudia Braga
195. *O Fragmento e a Síntese*, Jorge Anthonio e Silva
196. *A Análise dos Espetáculos*, Patrice Pavis
197. *Preconceito Racial: Portugal e Brasil-Colônia*, Maria Luiza Tucci Carneiro
198. *Nas Sendas do Judaísmo*, Walter I. Rehfeld
199. *O Terceiro Olho*, Francisco Elinaldo Teixeira
200. *Maimônides, O Mestre*, Rabino Samy Pinto
201. *A Síntese Histórica e a Escola dos Anais*, Aaron Guriêvitch
202. *Cabala e Contra-História*, David Biale
203. *A Sombra de Ulisses*, Piero Boitani
204. *Samuel Beckett: Escritor Plural*, Célia Berrettini
205. *Nietzsche e a Justiça*, Eduardo Rezende Melo
206. *O Canto dos Afetos: Um Dizer Humanista*, Ibaney Chasin
207. *As Máscaras Mutáveis do Buda Dourado*, Mark Olsen

208. *O Legado de Violações dos Direitos Humanos no Cone Sul*, Luis Roniger e Mario Sznajder
209. *Tolerância Zero e Democracia no Brasil*, Benoni Belli
210. *Ética contra Estética*, Amelia Valcárcel
211. *Crítica da Razão Teatral*, Alessandra Vannucci (org.)
212. *Os Direitos Humanos na Pós-Modernidade*, José Augusto Lindgren Alves
213. *Caos / Dramaturgia*, Rubens Rewald
214. *Crítica Genética e Psicanálise*, Philippe Willemart
215. *Em que Mundo Viveremos?*, Michel Wieviorka
216. *Desejo Colonial*, Robert J. C. Young
217. *Para Ler o Teatro*, Anne Ubersfeld
218. *O Umbral da Sombra*, Nuccio Ordine
219. *Espiritualidade Budista I*, Takeuchi Yoshinori
220. *Entre o Mediterrâneo e o Atlântico*, Maria Lúcia de Souza Barros Pupo
221. *As Nazi-tatuagens: Inscrições ou Injúrias no Corpo Humano?*, Célia Maria Antonacci Ramos
222. *Memórias de Vida, Memórias de Guerra*, Fernando Frochtengarten
223. *Sinfonia Titã: Semântica e Retórica*, Henrique Lian
224. *Metrópole e Abstração*, Ricardo Marques de Azevedo
225. *Yukio Mishima: o Homem de Teatro e de Cinema*, Darci Yasuco Kusano
226. *O Teatro da Natureza*, Marta Metzler
227. *Margem e Centro*, Ana Lúcia Vieira de Andrade
228. *A Morte da Tragédia*, George Steiner
229. *Ibsen e o Novo Sujeito da Modernidade*, Tereza Menezes
230. *Ver a Terra: Seis Ensaios sobre a Paisagem e a Geografia*, Jean-Marc Besse
231. *Em Busca de um Lugar no Mundo*, Silvia Gombi dos Santos
232. *Teatro Sempre*, Sábato Magaldi
233. *O Ator como Xamã*, Gilberto Icle
234. *A Idéia de Cidade*, Joseph Rykwert
235. *A Terra de Cinzas e Diamantes*, Eugenio Barba
236. *A Literatura da República Democrática Alemã*, Ruth Röhl e Bernhard J. Schwarz
237. *A Ostra e a Pérola*, Adriana Dantas de Mariz
238. *Tolstói ou Dostoiévski*, George Steiner
239. *A Esquerda Difícil*, Ruy Fausto
240. *A Crítica de um Teatro Crítico*, Rosangela Patriota
241. *Educação e Liberdade em Wilhelm Reich*, Zeca Sampaio
242. *Dialéticas da Transgressão*, Wladimir Krysinski
243. *Viaje a la Luna*, Reto Melchior
244. *1789-1799: A Revolução Francesa*, Carlos Guilherme Mota
245. *Proust: A Violência Sutil do Riso*, Leda Tenório da Motta
246. *Ensaios Filosóficos*, Walter I. Rehfeld
247. *O Teatro no Cruzamento de Culturas*, Patrice Pavis
248. *Ensino da Arte: Memória e História*, Ana Mae Barbosa (org.)
249. *Eisenstein Ultrateatral*, Vanessa Oliveira
250. *Filosofia do Judaísmo em Abraham Joshua Heschel*, Glória Hazan
251. *Os Símbolos do Centro*, Raïssa Cavalcanti
252. *Teatro em Foco*, Sábato Magaldi
253. *Autopoiesis. Semiótica. Ecritura*, Eduardo Elias
254. *A Arte do Ator*, Ana Portich
255. *Violência ou Diálogo?*, Sverre Varvin e Vamik D. Volkan (orgs.)
256. *O Teatro no Século XVIII*, Renata S. Junqueira e Maria Gloria C. Mazzi
258. *A Gargalhada de Ulisses*, Cleise Furtado Mendes
260. *A Cena em Ensaios*, Béatrice Picon-Vallin
262. *O Teatro da Morte*, Tadeusz Kantor

Impresso nas oficinas
da Yangraf Impressão e Acabamento
em março de 2009